Mannheimer Geschichtsblätter

Herausgeber
Prof. Dr. Hermann Wiegand
Prof. Dr. Alfried Wieczorek
Prof. Dr. Ulrich Nieß
Dekan i. R. Günter Eitenmüller

Vorwort der Herausgeber

Forschungsarbeit zeitigt manchmal Überraschungen: Die Untersuchung eines Mumienkopfes mit neuester Medizintechnik bringt einen Mord ans Licht, der Fund eines unscheinbaren Alltagsgegenstandes wie einer Zahnbürste erhellt die Wirtschaftsgeschichte der Region. „Lanz" steht nicht nur für ein Unternehmen, sondern auch für die Schicksale dreier Frauen, die Einblicke in die Sozialgeschichte der Gründerzeit erlauben. Bei intelligenten und gelehrten Männern wie den Professoren Max Wundt und Adalbert Wahl findet sich Gedankengut, das Taten legitimieren sollte, von denen sie sich doch wohl distanziert hätten. Die heutige Flusslandschaft der Region hat nichts mit Natur zu tun, eher etwas mit Abwehr, Planung und Kontrolle. Ein Revolutionär aus Mannheim macht sein Glück in Amerika. Die ersten jüdischen Literaten in Mannheim tragen bei zur „Oientalisierung des Judentums".

Eine Kehrtwendung, ein Seitenblick rufen Initiativen mit Wandlungsmacht hervor: Ein neuer Lehrstuhl wird eingerichtet. Der Friedhof bietet nun auch den Lebenden einen „Ort des Verweilens". Behutsame Rekonstruktion wertet eine vernachlässigte Straßenecke auf.

Und noch mehr dergleichen wartet auf die hoffentlich neugierigen Leserinnen und Leser.

Mannheim, im März 2018

Prof. Dr. Hermann Wiegand | Prof. Dr. Ulrich Nieß

Prof. Dr. Alfried Wieczorek | Dekan i. R. Günter Eitenmüller

Editorial

MAV-Wissenschaft

Fördererkreis für die rem

ISG-Report

rem-Wissenschaft und rem-aktuell

Impressum

Abb. 1
Porträt von
Johann Seobald Fabricius
Um 1660
WL-Landesmuseum
für Kunst und Kultur-
geschichte Münster;
Bilddatei: lwl-c567501pad;
Aufn.-Datum: 2012

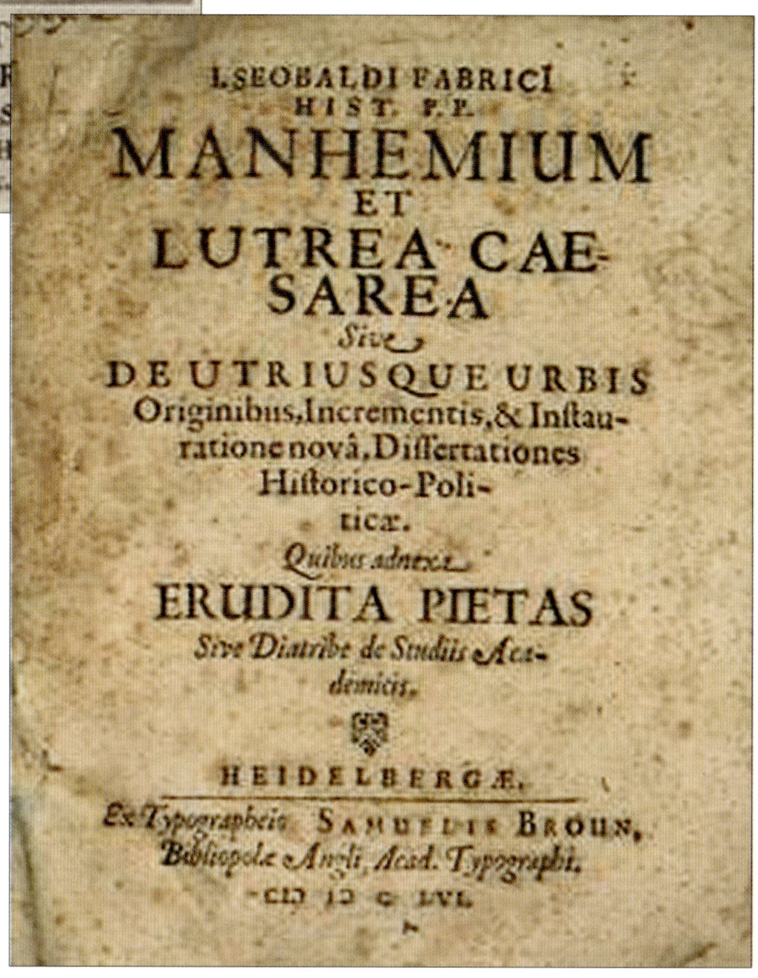

I. SEOBALDI FABRICI
HIST. P. P.
MANHEMIUM
ET
LUTREA CAE-
SAREA
Sive
DE UTRIUSQUE URBIS
Originibus, Incrementis, & Instau-
ratione novâ, Dissertationes
Historico-Poli-
ticæ.
Quibus adnexa
ERUDITA PIETAS
Sive Diatribe de Studiis Aca-
demicis.

HEIDELBERGÆ,
Ex Typographeio SAMUELIS BROUN,
Bibliopolæ Angli, Acad. Typographi.
CIƆ IƆ C LVI.

Abb. 2
Titelblatt der Mannheim-
Monographie von
Fabricius
1656
127)Münchner Digitalisie-
rungszentrum MDZ

Hermann Wiegand

Mannheims erste Stadtgeschichte von 1656

I.

Die Anfänge der Stadt Mannheim sind eng verbunden mit dem humanistischen Interesse an der Geschichte unserer Heimat.[1] Bekanntlich verfasste der kurpfälzische Humanist, Jurist und Historiker Marquard Freher (1565-1614) den einzigen Augenzeugenbericht der Gründung der Festung Friedrichsburg und der Stadt.[2] Mannheims Entwicklung nach der Stadtgründung wurde durch die Ereignisse des Dreißigjährigen Krieges sehr stark beeinträchtigt.[3] Erst mit der Rückkehr Kurfürst Karl Ludwigs 1649 begann ein Aufschwung der Stadt, der freilich durch den pfälzischen Erbfolgekrieg erneut wieder empfindlich gestört wurde.[4] Diese zweite Gründung mit den berühmten erneuerten Stadtprivilegien von 1652[5] veranlasste den Heidelberger Universitätsprofessor Johannes Se(o)bald Fabricius-Fabritius (Abb. 1) zu einem ersten Abriss der Geschichte der Stadt in lateinischer Sprache unter dem Titel „MANHEMIUM ET LUTREA CAESAREA SIVE DE UTRIUSQUE URBIS Originibus, Incrementis et Instauratione novâ, Dissertationes Historico-Politicae [...]“, Heidelberg (Browne) 1656.[6] Diese erste „Stadtgeschichte“ Mannheims (Abb. 2) fand bisher kaum Beachtung, sodass es dich lohnen mag, sie kurz vorzustellen.

II.

Ihr Verfasser, Johann Se(o)bald Fabricius[7] wurde am 15. Januar 1622 in Speyer geboren, immatrikulierte sich 1638 in Basel und 1645 am Gymnasium illustre in Deventer. 1641 erwarb er in Basel den Magistertitel und wurde nach Studienreisen in Deutschland, Frankreich und den Niederlanden dritter Pfarrer in Köln, 1650 Pfarrer in Nußloch, 1652 Pfarrer in Lambsheim und Weisenheim am Sand. Er wurde schließlich im Mai 1652 an die Universität Heidelberg berufen, wo er zunächst 1653 Professor für Logik und Griechisch, seit dem 17. August 1654 auch Professor der Geschichte wurde. 1657 wurde er zum Doktor der Theologie promoviert. Von 1660 bis 1682 amtierte er (zugleich noch Mitglied der Universität) als Pfarrer an der Heidelberger Peterskirche und hielt sich 1674 in England auf.

In seiner Eigenschaft als Professor der Geschichte publizierte er nicht nur einen Abriss der Geschichte Kaiserslauterns und Mannheims, sondern 1658 unter dem Titel „MYRTILLETUS URBANA SIVE ILLUSTRIS URBIS HAIDELBERGENSIS DESCRIPTIO HISTORICA [...]“ anlässlich einer akademischen Promotionsfeier auch eine kurze Geschichte Heidelbergs.[8] Weiter beschäftigte er sich mit dem „Nutzen der Universalgeschichte“[9] und der „Idea Polyhistoriae" [...] mit einem synchronistischen Vergleich der Reiche Israels, der Chaldäer, Perser und Griechen.[10]

III.

Fabricius widmet seine Mannheim-Monographie dem Landesherrn Karl Ludwig, dem zu Recht das Verdienst zugeschrieben wird, die Stadt aus Schutt und Asche wiederaufzubauen, sodass sie „Karlsstadt“ (CIVITAS CAROLINA) genannt werden könne.[11] Der Verfasser hofft, mit dem durch Karl Ludwig vorangetriebenen Wachstum der Stadt werde auch die patriotische Liebe zu ihr wachsen: „Patrius ille, qui nos impellit Amor, cum Urbe crescente crescet [...].“[12]

In 13 Abschnitten rekapituliert Fabricius die Geschichte der Stadt. Er geht aus von ihrer Lage am Rhein im jenseits des Rheins liegenden Germanien, führt den Lobdengau an, weiter die Herrschaft des sagenhaften Stadtgründers Mannus, der aus der „Germania“ des Tacitus stammt und bei Fabricius zum zweiten König der Alamannen avanciert, nachdem er Sachsen verlassen hatte.[13] Dann kommt er zum munimentum Mannheim der römischen Kaiserzeit, über das Valentinian als „Pfalzvogt“[14] gebot, ehe er Kaiser wurde. Fabricius diskutiert dabei die divergierenden Ansichten der humanistischen Historiker Beatus Rhenanus,[15] Johannes Basilius Herold[16] und Philipp Clüver[17]. Dem fränkischen Mannheim widmet Fabricius zwei Kapitel, ehe er in Kapitel sieben zur rheinischen Pfalzgrafschaft übergeht, deren Fürsten er ermüdend aufzählt. Zur Erklärung des Namens Pfalz zitiert er das große Rheingedicht des neulateinischen Dichters Bernardus Mollerus,[18] der ihn vom Pfalzgrafenstein herleitet. Zwei Kapitel widmet der Autor der „ripuarischen“ und „bructerischen“ Pfalz, um endlich in Kapitel zehn auf das Gebiet Mannheims zu sprechen zu kommen, das im Jahr 940 von Hunnen und

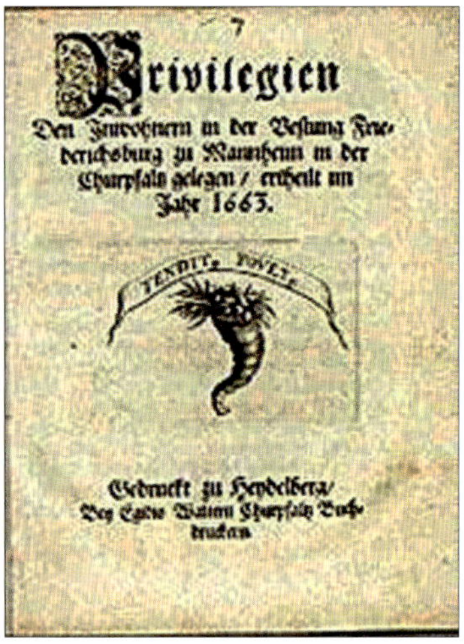

Abb. 3
Erneuerte Privilegien
Druck von 1663

Slawen zerstört worden sei. Kapitel elf handelt von Burg Eichelsheim sowie Festung und Stadt Mannheim, die von Kurfürst Friedrich IV. am äußersten Eck, da wo der Rhein den Neckar aufnimmt, gegründet worden sei. Hier folgt Fabricius weitestgehend dem Bericht von Marquard Freher in der zweiten Auflage der „Origines Palatinae" von 1612/13.[19] In Kapitel zwölf bespricht Fabricius die drei Belagerungen Mannheims im Dreißigjährigen Krieg durch Tilly (1622); Bernhard von Weimar (1631) und die Bayern (1635). Erst der (westfälische) Friede habe die Rückkehr des legitimen Kurfürsten Karl Ludwig ermöglicht.

In Kapitel 13 schildert Fabricius ausführlicher die Maßnahmen Karl Ludwigs zum Wiederaufbau der Pfalz und besonders Mannheims, nachdem er die Reste der Stadt besichtigt hatte. Den Leitfaden für die Darstellung des Fabricius bilden die Stadtprivilegien von 1652 (Abb. 3).[20]

In ihnen werden alle Privilegien für Mannheim garantiert, die Frankenthal erhalten hatte. Besonders hebt Fabricius die Befreiung vom Militärdienst hervor, ebenso die Steuerbefreiung für zwanzig Jahre. Wichtig sind ihm die Bekenntnis- und Gewissensfreiheit der Bewohner jeden christlichen Bekenntnisses, die Einrichtungen der reformierten Gemeinden der Deutschen, Franzosen und Wallonen, genannt werden zudem die Stipendien für zwei oder drei Stadtbürgersöhne, die sich höheren Studien widmen wollen, wichtig ist vor allem die städtische Selbstverwaltung. Gerühmt wird der Stadtdirektor Henry Clignet,[21] der nicht nur von den Mannheimern geliebt werde, sondern auch die Gunst des Fürsten genieße.[22] Dank seiner Tatkraft und eines weisen Stadtrats bildeten die aus verschiedenen Nationen kommenden Bürger Mannheims eine einträchtige Gemeinschaft:

„Quod diverssisimarum nationum, morumque & cultus varii confluens popellus aequi bonique & concordiae civicae vinculis constringatur."[23]

Unter den Bauwerken rage – so Fabricius – das Neckartor hervor, das der Fürst ebenso wie noch weitere Bauten habe errichten lassen. Geradezu hymnisch preist Fabricius die Aufhebung des Zunftzwanges, die vor allem den Kaufleuten zu Gute kommt, die unter anderem Lastschiffe nach Worms, Oppenheim, Mainz, Speyer, Straßburg und „unser" Heidelberg senden, aber auch die Handwerker aller Art wie Techniker, Baumeister und viele andere leisten Hervorragendes. Fabricius kann kaum ein Ende finden, die Handwerke in Mannheim aufzuzählen, die wie die Wollschläger und Ledermacher zuerst Rohstoffe angeboten bekommen müssen, ehe Nicht-Mannheimer zum Zuge kommen.[24]

Begeistert sucht der Autor einzelne Häuser auf, die von einer sehr angenehmen Luft durchweht werden, nicht leicht könne verdorbene Luft nach Mannheim gelangen. Die Bedeutung der Gewässer für Mannheim komme der des Nils für Ägypten gleich. Die Flüsse brächten den Bürgern ungezählte Vorteile, sie schafften Waren herbei, die Gaben der Ceres (Getreide und Gerstensaft) ebenso wie die des Bacchus. Holz wird aus den Wäldern geliefert, Mühlen verarbeiten die Frucht, Fische werden in den Stadtgräben zum Nutzen der Bürger gehalten, den Häusern werden Äcker, Wiesen und Weiden zugemessen, die Getreidespeicher Mannheims sind wohlgefüllt. Die Weiden bieten für Schafe und Pferde, Rinder und Kälber reichlich Nahrung, auch an Früchten fehlt es nicht, dazu an Blumen und Kräutern. In den Wäldern dürfen die Bewohner jagen und Holz schlagen, um Baumaterial für ihre Häuser zu gewinnen. Aus den Nachbarbergen dürfen Steine gewonnen werden.

Daher sorge die Güte des Fürsten dafür, dass die treue Gesinnung der Bürger ein nicht geringeres Denkmal für ihn bildet als es eines aus Marmor wäre.

Die erste Stadtgeschichte Mannheims wird beschlossen von einer Monumentalinschrift für den „Gründer, Wiederhersteller und Vergrößerer" der Stadt Mannheim,[25] sowie ein umfangreiches Gebet für sein Wohlergehen.

Die Arbeit von Johann Se(o)bald Fabricius eröffnet die lange Reihe der Stadtgeschichten Mannheims als ein Lob auf den zweiten Stadtgründer Karl Ludwig (1617-1680). Sie ist es wert, nicht ganz vergessen zu werden.

Hermann Wiegand

1 Vgl. dazu Hermann Wiegand: Der Humanismus und die Anfänge Mannheims, in: Hansjörg Probst (Hrsg.): Mannheim vor der Stadtgründung. Teil 2. Bd. 1: Mittelalter und Frühe Neuzeit im unteren Neckarland. Das Dorf Mannheim, Regensburg 2006, S. 350-357.

2 Zu Marquard Freher vgl. jetzt den Sammelband: Jörg Kreutz und Hermann Wiegand (Hrsg.): Marquard Freher: Jurist, Historiker und Dichter der Kurpfalz in der Frühen Neuzeit, Heidelberg 2016 (Rhein-Neckar-Kreis. Bausteine zur Kreisgeschichte. Bd. 16). Dort findet sich eine umfassende Bibliographie im Anhang des Beitrages von Wilhelm Kühlmann. Über Marquard Frehers Bericht zur Festungs- und Stadtgründung vgl. jetzt den Beitrag von Ulrich Nieß: Vom Dorf zur Doppelsternanlage – die Stadt- und Festungsgründung, in: Ulrich Nieß und Michael Caroli (Hrsg.): Geschichte der Stadt Mannheim. Bd. I 1607-1801, Heidelberg-Ubstadt-Weiher-Basel 2007, S. 1-55, hier S. 25-40.

3 Vgl. dazu den Beitrag von Franz Maier: Im Dreißigjährigen Krieg, in: Nieß/Caroli (Anm. 29), S. 100-151.

4 Vgl. den Beitrag von Udo Wennemuth: Zuwanderungserfolge und Integrationsprobleme nach der zweiten Gründung durch Kurfürst Karl Ludwig, in: Nieß/Caroli, wie Anm. 2, S. 152-231.

5 Vgl. Wennemuth, wie Anm. 4, S. 155-158.

6 Digitalisat des Münchner Digitalisierungszentrums (MDZ) im Netz zugänglich. Die ersten 40 Seiten dieser Publikation sind Mannheim gewidmet. Ein Separatdruck erschien mit dem Titel: Manhemium sive de originibus Manhemii Regii Caesarei Franco-Palatini castro et urbe antiqua. Heidelbergae: Browne, 1656. Ein Exemplar besitzt die Universitätsbibliothek Heidelberg. Dieser Titel erscheint in der Doppelmonographie über Mannheim und Kaiserslautern auf separatem Blatt.

7 Zu ihm vgl. Dagmar Drüll: Heidelberger Gelehrtenlexikon 1652-1802. Berlin u. a. 1991, S. 32f. mit der älteren Literatur.

8 Zugänglich im Netz als Digitalisat in MDZ, wie Anm. 6.

9 De Historiae Universalis Usu. Heidelberg 1656.

10 Erschienen in Heidelberg 1660. Zu seinen Werken vgl. auch Johannes Schwab: Quatuor Seculorum Syllabus Rectorum, qui ab anno 1386 ad annum 1786 in alma et antiquissima academia Heidelbergensi magistratum academicum gesserunt. Teil 2. Heidelberg 1790, S. 29f.

11 Über ihn u. a. Volker Sellin: Kurfürst Karl Ludwig von der Pfalz: Versuch eines historischen Urteils. Gesellschaft der Freunde Mannheims und der ehemaligen Kurpfalz, Mannheim 1980. Das Zitat zur „Karlstadt" findet sich in Manhemium, wie Anm. 6, S. 30.

12 Manhemium, wie Anm. 6, S. 2.

13 Tacitus, Germania 2,2: „celebrant carminibus antiquis (quod unum apud illos memoriae et annalium genus est) Tuisconem deum Terra editum et filium Mannum originem gentis conditorisque. Manno tris filios assignant, e quorum nominibus proximi Oceano Ingaevones, medii Herminones, ceteri Istaevones vocentur."(„Als Stammväter und Begründer ihrer Völkerschaft verherrlichen sie [die Germanen] in alten Liedern – der einzigen Art historischer Überlieferung, die sie kennen – Tuisto, einen Erdentsprossenen Gott, und seinen Sohn Mannus. Dem Mannus schreiben sie drei Söhne zu, nach deren Namen die dem Ozean Nächsten Inguionen, die in der Mitte Herminonen, die übrigen Istävonen genannt sein sollen.") Das Zitat aus Manhemium, wie Anm. 6, S. 8.

14 Im Original deutsch. Manhemium, wie Anm. 6, S. 12.

15 Felix Mundt (Hrsg.): Beatus Rhenanus, Rerum Germanicarum libri tres (1531). Ausgabe, Übersetzung, Studien. Niemeyer, Tübingen 2008, Frühe Neuzeit, Band 127.

16 Über ihn vgl. Andreas Burckhardt: Johannes Basilius Herold. Kaiser und Reich im protestantischen Schrifttum des Basler Buchdrucks um die Mitte des 16. Jahrhunderts. Diss. phil. Basel 1965, Basel/Stuttgart 1966 (Basler Beiträge zur Geschichtswissenschaft. Bd. 104).

17 Über ihn vgl. den Artikel von Peter Fuchs: Clüver, Philipp, in: Neue Deutsche Biographie (NDB). Band 3. Berlin 1957, S. 295 mit Literatur.

18 Zu ihm vgl. jetzt Seraina Plotke: Hydrographie als poetisches Prinzip der Digression. Die Flußbeschreibung Rhenus et eius descriptio elegans (1570) von Bernardus Mollerus, in: Carmen Cardelle de Hartmann und Ulrich Eigler (Hrsg.): Latein am Rhein. Zur Kulturtopographie und Literaturgeographie eines europäischen Stromes, Berlin /Boston 2017, S. 82-93 (Frühe Neuzeit Bd. 213). In dem Band finden sich zwei weitere Beiträge zu Mollerus von Beate Hintzen und Thomas Gärtner.

19 Vgl. den Beitrag von Ulrich Nieß, wie Anm. 2.

20 Warhafftige und gewisse Privilegien der Stadt Mannheim in der Pfalz gelegen 1652. Heydelberg (Gotthard Vögelin Erben) 1652. Als Digitalisat zugänglich im MDZ.

21 Vgl. zu ihm die Angaben in: Ulrich Nieß/Michael Caroli (Hrsg.): Geschichte der Stadt Mannheim. Ergänzungs- und Registerband, Heidelberg-Ubstadt-Weiher-Basel 2011, S. 56 (Register).

22 Manhemium, wie Anm. 6, S. 32.

23 Manhemium, wie Anm. 6, S. 32.

24 Aufzählung der Handwerke vgl. Manhemium, wie Anm. 6, S. 33.

25 CONDITORI RESTAURATORI AMPLIFICATORI. Manhemium, wie Anm. 6, S. 37.

Hermann Wiegand

Faszinierende Einblicke in das Mannheimer Kunstleben nach dem Zweiten Weltkrieg

Michael Gassenmeiers Buch über den Illustrationszyklus von Ernst Gassenmeier zu Robert Musils Roman „Der Mann ohne Eigenschaften"[1]

Wenn der Sohn ein Werk seines tragisch früh verlorenen Vaters bespricht und interpretiert, mag man zunächst skeptische Zurückhaltung walten lassen, da man allzu panegyrische Absichten vermuten könnte. Nicht so in diesem Fall. Zwar verleugnet Michael Gassenmeier, früher Anglist an der Universität Mannheim und jetzt emeritierter Professor der Universität Duisburg, nicht den persönlichen Bezug und Zugang zum Werk des Vaters, nähert sich ihm indes als professioneller Literaturwissenschaftler von subtiler Interpretationskunst. Sehr sympathisch berührt, dass er sich – vielleicht mehr als nötig – seiner fachlichen Grenzen bewusst ist und für die kunsthistorische und kunsttheoretische Einbettung des Werkes zwei Mitautoren gewonnen hat, nämlich Manfred Farth und Alfred Huber, beide ausgewiesene Kenner der Mannheimer Kunstszene.

Farth verortet das Werk des studierten Chemikers Ernst Gassenmeier (1913-1953) in der Aufbruchszeit nach dem Zweiten Weltkrieg und der Gründung der „Vereinigung zeitgenössisches Geistesleben Mannheim e.V.", an der Gassenmeier 1949 beteiligt war. Sie wollte die Stagnation des deutschen Kulturlebens durch die Nationalsozialisten überwinden und der verfemten modernen Kunst, Musik und Literatur wieder öffentlichen Raum schaffen. Huber ordnet die von ihm als „originäre Formensprache" apostrophierte Zeichensprache Ernst Gassenmeiers in die von Hans Sedlmayr angestoßene erbitterte Debatte um den „Verlust der Mitte" (1848) ein.

Dass Ernst Gassenmeier nicht als Dilettant künstlerisch tätig war, zeigt nicht zuletzt die frühe Verbindung zu Kunstschaffenden wie Rudi Baerwind, Willi Baumeister oder Rudolf Müller-Landau, die in ihm einen Ebenbürtigen sahen und ihm freundschaftlich verbunden waren. Gassenmeier setzte sich kritisch mit den Haupttendenzen und Kontroversen der Nachkriegskunst zwischen gegenständlicher und ungegenständlicher Kunst auseinander und schuf Werke, die beiden Richtungen zugeordnet werden können. Mit seinen Monotypien zu Musils „Der Mann ohne Eigenschaften", dessen erste zwei Bände 1930-33 bei Rowohlt in Berlin erschienen und dessen dritter Band 1943 außerhalb Deutschlands in Lausanne publiziert werden musste, wählt sich Ernst Gassenmeier einen Roman als Gegenstand künstlerischer Auseinandersetzung, der nicht nur zu den bedeutendsten der deutschsprachigen Literatur des 20. Jahrhunderts gehört, sondern zunächst nach 1945 kaum präsent war – schon dies ein Beleg für Gassenmeiers feines Sensorium für hohe literarische Qualität, die ein adäquates Gegenstück in seiner künstlerischen Auseinandersetzung findet. Sie bietet – wie Michael Gassenmeier eindrucksvoll zeigt – einen eigenen originellen interpretatorischen Zugang zum Werk Musils. Insofern ist die von Michael Gassenmeier in der Einleitung auf dem Hintergrund der Diskussion über den Eigenwert der Künste seit Lessing erörterte Frage nach der Berechtigung von bildkünstlerischer Auseinandersetzung mit einem Werk der Weltliteratur durch Ernst Gassenmeiers Monotypienzyklus klar beantwortet: Natürlich hat ein solcher Zugriff seine Berechtigung, wenn sich erweist, dass der Künstler Wichtiges zum Werk beitragen kann oder sich zu eigenständigem „Weiterdenken" anregen lässt.

Michael Gassenmeier widmet sich seiner schwierigen Aufgabe mit großer Umsicht. Nicht nur hatte er den „Ort" jedes Bildes im Roman zu ermitteln, was keineswegs leicht war, sondern auch in einlässlicher Interpretation die Bild-Textbezüge zu erhellen. Der Rezensent darf ihm bescheinigen, dass dies bestens gelungen ist – im Rückgriff etwa auf die Musil-Interpretationen Barbara Neymeyers von 2005 und in souveräner Auseinandersetzung mit großen Teilen der modernen Musil-Forschung – in einer unprätentiösen, sachgerechten Sprache.

Wer sich über einen wichtigen Künstler im Nachkriegs-Mannheim informieren will, über sein kulturelles Umfeld und seine Auseinandersetzung mit Robert Musil, wird von Michael Gassenmeier faszinierend und umfassend informiert. Auch die Musil-Forschung ist gut beraten, sich mit diesem Buch auseinanderzusetzen und sich von ihm anregen zu lassen.

1 Michael Gassenmeier: Robert Musils Roman Der Mann ohne Eigenschaften und seine künstlerische Rezeption in dem 1951 entstandenen Illustrationszyklus von Ernst Gassenmeier (1913-1952). Heidelberg (Winter) 2013.

Julian Köck

Völkische Bewegung und Bildungsbürgertum

Gedanken zum Bürgertum in der ersten Hälfte des 20. Jahrhunderts am Beispiel der beiden aus Mannheimer Familien stammenden Professoren Max Wundt und Adalbert Wahl

Die Beschäftigung mit der Völkischen Bewegung, in deren Umfeld die heterogene politische Erscheinung des Nationalsozialismus entstanden ist, ist derzeit en vogue. Hitlers – in weiten Teilen durch und durch völkisches – Buch „Mein Kampf"[1] verkauft sich in der neu erschienenen Ausgabe bestens, in den Periodika wird darüber ausführlich berichtet, aber auch aktuelle politische Entwicklungen regen den Blick zurück zur Völkischen Bewegung an: In der FAZ wurde die AfD als „neue völkische Bewegung" apostrophiert.[2] Dieses Interesse ist zu begrüßen, stand die Völkische Bewegung doch lange kaum im Fokus der Forschung, und trotz der richtungsweisenden Schriften von Uwe Puschner und Stefan Breuer gilt es noch einige Lücken zu schließen.[3] Besonders erfreulich ist es, dass nun auch stärker, was lange nicht der Fall war,[4] das Verhältnis von Bildungsbürgertum und Völkischer Bewegung in den Blick genommen wird, zuletzt in Thomas Vordermayers 2015 erschienenen Dissertation „Bildungsbürgertum und völkische Ideologie".[5]

Folgend soll das Verhältnis von Völkischer Bewegung und Bildungsbürgertum am Beispiel zweier Professoren, die sich als Erste ihrer Profession affirmativ zur Völkischen Bewegung geäußert haben, aufgezeigt werden.[6] Beide stammen aus angesehenen Mannheimer Bürgerfamilien. Von ihrer Herkunft her – Wahl war gar der Sohn einer englischen Mutter – lässt zunächst nichts darauf schließen, dass sie zu Völkischen, die oft gebrochene Biographien hatten, werden sollten. Sie erlebten keine Verarmung, ihre wissenschaftlichen Karrieren verliefen zügig, kurz: Sie können als erfolgreiche Bürger beschrieben werden. Ihre Hinwendung zur Völkischen Bewegung, das sei dem Aufsatz vorgeschickt, lässt sich vielmehr durch ihre Gedankenwelt, wie sie sich in ihren wissenschaftlichen Schriften erkennen lässt, in Verbindung mit dem Zusammenbruch des Kaiserreichs erklären. Zunächst soll auf Max Wundt (I.), dann auf Adalbert Wahl (II.) eingegangen werden, schließlich soll ein Vergleich erfolgen (III.).

I. Max Wundt

Max Wundt wurde am 29. Januar 1879 in Leipzig geboren. Dorthin hatte es seinen Neckarauer Vater Wilhelm Wundt verschlagen, der hier das erste Psychologie-Institut der Welt gründete. Die Familie Wundt kann als idealtypisch für das Bildungsbürgertum gelten: Zahlreiche protestantische Pfarrer – so zum Beispiel Max Wundts Großvater Maximilian Wundt (1787-1846) und der Urgroßvater Friedrich Peter Wundt (1742-1805) – und Professoren, darunter der Kieler Theologe Heinrich August Mau (1806-1850), zählen zu Max Wundts Vorfahren. Sein Vater Wilhelm Maximilian Wundt wurde am 16. August 1832 in Neckarau geboren – noch heute erinnern die Wilhelm-Wundt-Schule (Abb. 1) sowie die Wilhelm-Wundt-Straße und der Wilhelm-Wundt-Platz an ihn.

Wilhelm studierte in Tübingen und Heidelberg Medizin. Es hielt den vielseitig interessierten jungen Arzt aber nur kurz an der Heidelberger Klinik, lieber studierte er bei Emil Heinrich du Bois-Reymond in Berlin weiter, um 1857 als Privatdozent der Physiologie nach Heidelberg zurückzukehren. Dort lehrte seit 1858 Hermann von Helmholtz, wovon Wundt stark profitierte. 1874 folgte ein Ruf nach Zürich und im Folgejahr einer nach Leipzig, wo er

Abb. 1
Die Wilhelm-Wundt-Schule in Mannheim
Foto: www.mannheim.de/bildung-staerken/wilhelm-wundt-schule

bis zu seiner Emeritierung 1915 ein ausgesprochen vielseitiges und interdisziplinäres Forscherdasein verbrachte. Diese geistige Offenheit korrespondierte mit einer – zumindest anfänglich – liberalen Haltung in politischen Fragen. Als junger Heidelberger Dozent war er zwischen 1863 und 1866 stark beim Heidelberger Arbeiterbildungsverein – am 27. April 1863 in Mannheim begründet – engagiert.[7] Neben zahlreichen Vorträgen zu vielfältigen Themen übernahm Wundt 1863 die Leitung des Vereins von seinem Freund Eduard Pickford, dem Sohn eines englischen Kaufmanns, der sich verstärkt seiner Tätigkeit als Publizist („Volkszeitung für Süddeutschland", „Konstanzer Zeitung") und Politiker (Mitglied der zweiten badischen Kammer) widmen wollte. Als Funktionär des Arbeiterbildungsvereins lernte Wundt wichtige Köpfe der deutschen Arbeiterbewegung kennen, darunter August Bebel. Wundt trat dafür ein, allen Auszubildenden eine adäquate Bildung durch Kurse zu ermöglichen, die während der Arbeitszeit stattfinden sollten. Im März 1866 starb Pickford, und Wundt (Abb. 2) folgte ihm erneut nach, diesmal als Abgeordneter in der zweiten Kammer der Badischen Ständeversammlung. Da der Privatdozent kein ausreichendes Einkommen hatte, musste er sich mit geborgten Geldern eine Lizenz als Weinhändler sichern. Damit war seiner wirtschaftlichen Satisfaktionsfähigkeit Genüge getan, auch andere Parlamentarier bedienten sich dieser Methode. Als Abgeordneter erwies sich der Extraordinarius als fortschrittlich und als Gegner Bismarcks. Die Arbeiterbewegung suchte er in enger Fühlung mit dem liberalen Bürgertum zu halten, mit den Ansichten eines Ferdinand Lassalles konnte Wundt nichts anfangen.

Abb. 2
Wilhelm Wundt, der Vater von Max Wundt
1902
Aus: Reclams Universum Weltrundschau 1902

Seinem Sohn ermöglichte Wilhelm Wundt (Abb. 3) eine typisch bildungsbürgerliche Ausbildung.[8] Nach dem Besuch des humanistischen Gymnasiums studierte Max Wundt Altphilologie und Philosophie in Freiburg, Berlin und Leipzig. Zu seinen akademischen Lehrern gehörten Wilamowitz-Moellendorff, Diels und Wachsmuth, die Dissertation über Herodot[9] schloss er 1903 bei Justus Hermann Lipsius in Leipzig ab. Der Altphilologie blieb der junge Doktor nicht treu, von da an widmete er sich ganz der Philosophiegeschichte. Sein Weg führte ihn – nach einem kurzen Zwischenstopp als Gymnasiallehrer in Dresden – ins Elsass an die Reichsuniversität Straßburg. Dort habilitierte er sich 1907 bei Theobald Ziegler und Clemens Baeumker. Die Wahl der Betreuer lässt darauf schließen, dass Wundt damals noch nicht die weltanschaulichen Überzeugungen hatte, die später sein Werk maßgeblich beeinflussen sollten: Ziegler war ein Liberaler – Theodor Heuss rechnete den philosophischen Lehrer Albert Schweitzers „als Typus zu den Schwaben, die überwunden werden müssen" –[10] und Baeumker ein katholischer Neuscholastiker.[11] Die Habilitationsschrift „Der Intellektualismus in der griechischen Ethik" erschien 1907 bei Wilhelm Engelmann in Leipzig,[12] und stellt eine Vorstufe zur 1908 bzw. 1911 im gleichen Verlag veröffentlichten „Geschichte der griechischen Ethik" dar.[13] Hier lässt sich bereits die Bedeutung erkennen, die Platon – als „Reformator" apostrophiert – für Wundts Ideenwelt haben sollte. 1914 erhielt der junge Privatdozent die Möglichkeit, eine Monographie über „Platons Leben und Werk" im bekannten Diederichs Verlag zu veröffentlichen.[14]

Vom Schreibtisch zog Wundt 1914 in den Krieg. In seinen unveröffentlichten Kriegserinnerungen aus den 1920ern beschreibt er, wie ihn der Krieg zeitweilig euphorisierte, aber auch wie ihn die Versuche, einen Frieden zu schließen oder in Deutschland die Demokratie einzuführen, abstießen.[15] Im Marschgepäck hatte der Träger des Eisernen Kreuzes II. Klasse (1915) und I. Klasse (1918) Schriften von Hegel, darunter die „Phänomenologie", das Alte Testament und

Abb. 3
Max Wundt
Um 1960
Foto: Universitätsbibliothek Tübingen, Hugo Kocher

verschiedene Texte deutscher Romantiker. Eine rein universitäre Karriere reichte Wundt nicht mehr, er begann für Zeitschriften wie „Deutschlands Erneuerung" (begründet von Wagners Schwiegersohn Houston Stewart Chamberlain; Abb. 4), „Kreuzzeitung", „Der Tag", „Die Sonne", „Der Türmer" und die „Alldeutschen Blätter" zu schreiben.[16] Politisch war bereits 1918 nicht mehr daran zu zweifeln, wo Wundt stand. Seine Publizistik reihte ihn in die Phalanx der Feinde der jungen Republik ein.

Seine wissenschaftliche Karriere setzte Wundt in Uniform fort. Ende 1918 kam er auf seinen ausdrücklichen Wunsch als Extraordinarius an die Universität Dorpat (Abb. 5), wo er Adalbert Wahl kennen lernte. Die beiden waren nicht die einzigen ehemaligen Offiziere, die dort lehrten, vielmehr gehörte es zum guten Ton, in Uniform zu dozieren.[17] Die damit ausgedrückte Feindschaft gegenüber der jungen Republik trug Wundt in den schnell sprießenden Blätterwald der Rechten, in „Deutschlands Erneuerung" verkündete er, dass der eigentliche Sinn der ganzen deutschen Philosophie darin bestünde, den „Demokratismus zu überwinden".[18] Seiner Karriere schadete dies nicht: 1919 wurde er auf Betreiben Bruno Bauchs zum Nachfolger Rudolf Euckens in Jena berufen.[19] Wundt konnte nun vom Lehrstuhl aus seine Gedanken entwickeln. Dabei wurde ihm seine Frontlektüre nützlich. 1920 legte er die Schrift „Vom Geist unserer Zeit"[20] vor, die im einschlägigen J. F. Lehmanns Verlag erschien und sich an einer fast gleichnamigen Schrift Ernst Moritz Arndts gegen Napoleon orientierte.[21]

Anhand dieser eigentümlichen Schrift, die stark auf Hegels Philosophie vom Weltgeist beruht, aber auch Platon und Karl Marx rezipiert, lässt sich der Kern des Gedankensystems zeigen, an dem Wundt bis nach 1945 festhalten sollte. Der junge Ordinarius stand für eine dem Leben zugewandte Philosophie der Sinnstiftung. „Nicht ein Beweis", schreibt er, „sondern ein Entschluß öffnet den Zugang zur Philosophie, nicht eine Erkenntnis, sondern eine Tat ist der erste Schritt in ihr Reich."[22] Wundt blieb dabei ganz der idealistischen Philosophie verbunden: Die „wahre Wirklichkeit" erschließe sich nur in der „Welt der Ideen".[23] Geschichte war für ihn immer Geistesgeschichte: Die konkreten Ereignisse hatten keine eigene Bedeutung, außer dass sie die direkten Produkte der in der Welt widerstreitenden Ideen waren. Darauf ist später einzugehen. Noch über den Ideen stand aus dieser Sicht der Geist, der die Ideen bündelte, formte und sie in der Welt verwirklichte. Dieser Geist war „das Allgemeine, [das] überall nur in dem Besonderen, in der Bestimmt-

Abb. 4
Titelblatt einer Ausgabe von „Deutschlands Erneuerung"
1920

Abb. 5
Die Universität Dorpat
Gemälde von Louis Höflinger
1860
Tartu Art Museum
Album von Dorpat, TKM 0031H 05, crop.jpg

heit des Einzelnen Gestalt [gewinnt]. Er ist einer. Er lebt in der Seele des Einzelnen und er lebt in allen Formen der Wirklichkeit."[24] Anders als Hegel ging es dem jungen Professor aber nicht um den Weltgeist, der in der gesamten menschlichen Kultur waltete, sondern um einen spezifisch deutschen Geist. Verwoben war diese Vorstellung eng mit einem idealistischen Gottesbild; der Geist kann aus dieser Perspektive als Schöpfung Gottes, und als Auftrag an die Deutschen verstanden werden. Gegen den eigenen Geist handeln, heiße, Gottes Willen zu ignorieren. Die Niederlage im Weltkrieg avancierte zur Strafe Gottes dafür, dass sich die Deutschen von ihrer Bestimmung abgewendet hätten. Die Rettung aus der gegenwärtigen Not und das Entwicklungsziel für die Zukunft gleichermaßen konnten in diesem Denken nur durch die Besinnung auf das eigene Wesen bestimmt werden, welches über historische Untersuchungen annäherungsweise erkannt werden könnte. Der Blick des promovierten Altphilologen richtete sich aber nicht auf die germanischen Urwälder oder die gotischen Kathedralen des Mittelalters, sondern auf das Athen Platons. Krieg und Revolution konnten in ihm keine Zweifel an der Bedeutung der Platonrezeption für die Gegenwart wecken, er hielt an seiner instruktiven Einführung in die Platonbiographie von 1914 fest: „Von nichts Vergangenem redet, wer heute an Platon erinnert. Laufen doch durch das Gewebe des historischen Geschehens geheime Fäden hindurch, die entfernte Zeitalter miteinander verknüpfen, zeitlich Benachbartes scheiden. Weite Vergangenheit wird unversehens wieder Gegenwart, während das eben noch Gegenwärtige zukunftslos ins Reich der Schatten hinabsinkt, harrend einer neuen Verkörperung, die vielleicht auch ihm dereinst beschieden ist."[25]

Wundt stand in der Tradition deutscher Graecophilie und proklamierte eine direkte Verbindung griechischen und deutschen Geistes: „In dem Spiegel der Antike erblickt der Germane sein eigenes Wesen, er steht ihm frei gegenüber und kann es daher mit vollem Bewußtsein umfangen."[26] Der Sinn der deutschen Geschichte lag für Wundt darin, deutschen und griechischen Geist zur „Vermählung" zu bringen.[27] Die Zeit des Humanismus sei ein erster Schritt in diese Richtung gewesen, einen weiteren, noch weit bedeutenderen Schritt meinte er in der Platonrezeption des deutschen Idealismus zu erkennen. Spricht Wundt vom griechischen Geist, dann geht es ihm letztlich immer um Platon und das Christentum, das für ihn der Abschluss der griechischen Antike ist; die Sophistik, die Epikureer und die Stoa sind für ihn dagegen Fehlentwicklungen, die ihrerseits in der modernen westlichen Philosophie ihre Wiedergeburt erlebt hätten. Hier lässt sich ein wichtiges Motiv in Wundts Werk zeigen: die europäische Geistesgeschichte als ein Kampf Platons gegen die Sophisten, ein Kampf zwischen wahr und falsch. Die griechische Antike war für ihn ein Experimentierfeld der Geschichte, hier meinte er die Konflikte erstmals erkennen zu können, wie er sie im Deutschland des frühen 20. Jahrhunderts und besonders nach 1918 wahrnahm. Dreimal habe in der Geistesgeschichte die Platonrezeption den zersetzenden Geist des Sophismus überwunden; einmal in Gestalt des neoplatonischen Einflusses auf das spätantike Christentum, dann in der deutschen Mystik des Spätmittelalters als Überwinderin der Scholastik und schließlich in der Platonrezeption des deutschen Idealismus nach 1800.[28] Eine solche Rückbesinnung auf Platon schwebte Wundt 1920 vor. Ergänzt sollte diese freilich um ein Erstarken des Christentums sein. So eindrucksvoll seine Formulierungen sind – „das Licht der Welt", „die reine christliche Lehre leuchtet wieder über der Welt" etc. –,[29] so unklar ist, wie man sich dieses „reine" Christentum vorzustellen hat. Zu Recht kritisierte dies der Biologe Hermann Gustav Holle, ein Autor der „Politisch-Anthropologischen Revue" und „Deutschlands Erneuerung"; er warf Wundt in einer ansonsten positiven Rezension vor, das Christentum als eine „nur willkürlich so zu nennende idealistische Weltanschauung" zu verstehen.[30]

Verzichtete Wundt in der Zeit direkt nach dem Krieg noch darauf, sich den Völkischen zuzurechnen, lassen seine Veröffentlichungen nun keinen Zweifel mehr daran, dass er sich diesen bei aller Kritik[31] zugehörig fühlte. Auch er hatte sich – wie so viele Liberale – während des Ersten Weltkriegs und danach im politischen Spektrum nach rechts bewegt. Er gehörte nicht nur zu den 93 deutschen Kulturschaffenden, die im September 1914 mit ihrem „Aufruf an die Kulturwelt" den Überfall auf Belgien gerechtfertigt hatten, sondern wurde wohl auch Mitglied der „Deutschen Vaterlandspartei",[32] geführt von Alfred von Tirpitz und Wolfgang Kapp. Max Wundt lehnte zeit seines Lebens Parteien ab, engagierte sich dafür aber in verschiedenen Gesellschaften. Zwischen 1925 und 1933 war er Vorsitzender der Gesellschaft „Deutscher Staat", der auch Adalbert Wahl, Bruno Bauch, Georg von Below, Martin Spahn und Othmar Spann angehörten. Auch wirkte er im Vorstand des „Alldeutschen Verbands", einer der größten rechten Organisationen der Weimarer Republik.

1926 legte Wundt mit „Deutsche Weltanschauung" ein Buch vor, das sich dezidiert an die Völkische Bewegung richtete, die darin als Suchbewegung des Volkes „nach der ihm eigenen Gestalt" apostrophiert wurde.[33] Dies war gleichbedeutend mit der Genese einer völkischen Weltanschauung, verstanden als die zu erfüllende Idee davon, was und wie das Volk sein sollte. Mehrfach sei es fast zu einer solchen Idee gekommen: Beim Kontakt von Germanen und griechischer Weltanschauung in der Spätantike und dem Mittelalter, besonders unter den fränkischen und sächsischen Kaisern, dann bei Luther und der frühen Reformation. Beide Male habe besonders der Einfluss Roms dies verhindert, und erst Fichte, Hegel, Kant, Schelling, Schopenhauer, Goethe, Schiller, Novalis und Kleist hätten dann „unter starken Anregungen des dem Deutschen stammverwandten griechischen Denkens" eine Weltanschauung begründet.[34] Doch dann – so Wundt – brach das schlechte Erbe der Antike in Gestalt von Aufklärung, Materialismus und Positivismus erneut aus dem Westen hervor, und die Deutschen verloren ihre Weltanschauung wieder. Die Kulturentwicklung erklärte er zu einer durch die Dualität eines griechisch-germanisch-christlichen Geistes und eines römisch-hellenistisch-romanisch-jüdischen Geistes bedingten Erscheinung.[35] Freilich ist es müßig, dieser Argumentation detailliert zu folgen, sie macht aber deutlich, dass Wundt damit eine Synthese – einen „wunderbareren Dreiklang" aus „[g]ermanische[m] Wille[n], christliche[r] Liebe und griechische[m] Geist"[36] in seinen Worten – geschaffen hat, die völkische Gedanken in einer für humanistisch gebildete Bildungsbürger nachvollziehbaren und akzeptablen Form präsentierte.

Die Bedeutung, die Wundt der griechischen Klassik und neben Platon besonders der Tragödie zumaß, steht in der verklärenden Tradition eines Wilhelm Humboldt: „Man tut deshalb gar nicht gut, die Anschauung dieser reinen Welt durch eine vergleichende geschichtliche Betrachtung des

Altertums überhaupt zu ersetzen."[37] Dieser antihistoristische und dabei gleichzeitig anachronistische Ansatz musste zu Problemen führen: Strebten die meisten Völkischen doch eine Überwindung des Historismus durch die Zuwendung zu modernen Theorien an, wie man sie in der Rassenlehre gefunden zu haben meinte; Ludwig Woltmann, Willibald Hentschel und Heinrich Driesmans seien hier als Beispiele genannt.[38] Mitte der 1920er Jahre wollte der Idealist Wundt davon nichts wissen, er scheute auch nicht davor zurück, die Rassenlehre als materialistisch und damit als geradezu jüdisch[39] zu attackieren: „Rassen haben keine Geschichte, denn sie sind Naturmächte. Ein Volk wird aber vor allem durch seine Geschichte zu seiner besonderen völkischen Gestalt herangebildet."[40]

Es ist aufschlussreich, dass Wundt mehr über die Genese und die Quellen dieser völkischen Weltanschauung schrieb als über deren konkrete Bestandteile. Man mag dies auf sein Desinteresse an konkreten politischen Inhalten zurückführen, das all seine Werke charakterisiert. Eine Rolle wird auch seine Abneigung gegenüber dogmatischen Sätzen gespielt haben, die sich nicht zuletzt aus seinem unbedingten Glauben an die dialektische Entwicklung von Geist und Weltanschauung gespeist haben dürfte. Mit anderen Worten: Noch war die Zukunft für den Philosophen offen. Freilich lassen sich Elemente seiner Weltanschauung bestimmen: die idealistische Platonrezeption, die Vorstellung, dass der Ständestaat die natürliche Ordnung des Volkes sei, der Glauben an den Wert der Arbeit an sich, die freiwillige Unterordnung des Individuums unter den Staat, schließlich die Ablehnung von Demokratie – die ihm als die Despotie der Masse ohne Gewaltenteilung galt –[41] sowie Materialismus und der intellektuell verbrämte Antisemitismus. Diese weitgehende Offenheit in Detailfragen hatte auch strategische Gründe, wie Wundt in „Deutschlands Erneuerung" ausführte: „Wenn die völkische Bewegung, wie es ihr dringend not tut, sich zur geistigen Bewegung vertieft, und als geistige Bewegung eben wirklich Bewegung und nicht nur das starre Festhalten an toten Formeln sein will, so wird sie der Mannigfaltigkeiten der Auffassungen und ihrer wechselseitigen Reibungen und Auseinandersetzungen gar nicht entbehren können. Es kommt nur darauf an, daß bei solchen Auseinandersetzungen das Bewußtsein der Einigkeit im Ziel nicht verloren geht und die belebenden Reibungen nicht in ertötende Zänkereien ausarten."[42]

1929 ereilte ihn ein Ruf an die Universität Tübingen. Dort war maßgeblich Adalbert Wahl, sein Freund aus Dorpater Tagen, für ihn eingetreten.[43] In Tübingen näherte sich Wundt dem Nationalsozialismus an (Abb. 6); schon vor 1933 wirkte er bei Alfred Rosenbergs 1928 begründetem „Kampfbund für deutsche Kultur" mit. Nach 1935 arbeitete er in der „Forschungsabteilung Judenfrage" des „Reichsinstituts für Geschichte des neuen Deutschlands" mit, das vom nationalsozialistischen Historiker Walter Frank geführt wurde. 1933 rückte Wundt in den Vorstand der „Deutschen Philosophischen Gesellschaft" auf. Zuvor hatte er in einem Brief an seine Schwester die Befürchtung geäußert, dass der Vorsitzende Felix Krueger, ein Schüler Wilhelm Wundts, ihn als „alte[n] Nationale[n]" durch „Konjunkturmenschen wie Hartmann oder Heidegger" ersetzen würde.[44] Diese Angst war nicht unbegründet, wie allein das Beispiel des Jenenser Historikers Friedrich Schneider zeigt. Dieser klagte 1935 in einem Brief, dass das Eiserne Kreuz wohl nichts mehr wert sei und die guten Stellen nur noch an junge SA-Männer gehen würden.[45] Max Wundt trat indes nicht der Partei bei. Ein Grund dafür mag seine

Abb. 6
„Völkische Tagung" mit Max Wundt als einem der Vortragenden Plakatdatenbank der Bibliothek für Zeitgeschichte in der Württembergischen Landesbibliothek, Sign. 4.4/87

grundsätzliche Abneigung gegenüber Parteien gewesen sein, gewiss auch ein elitäres Selbstverständnis. Untersucht man die weltanschaulichen Publikationen Wundts während des Dritten Reichs, dann lässt sich eine bemerkenswerte Änderung im sonst so gleichmäßigen Denken des Philosophen erkennen: Wundt bekannte sich seit den 1940er Jahren zur Rassentheorie. 1940 publizierte er ein Büchlein mit dem programmatischen Titel „Aufstieg und Niedergang der Völker. Gedanken über Weltgeschichte auf rassischer Grundlage". Durch die ganze Schrift zieht sich der Versuch, einerseits der Rassentheorie einen Platz in Wundts Gedankengebäude zu geben, andererseits aber die zuvor vertretenen Positionen nicht preisgeben zu müssen. Es ist deshalb bezeichnend, dass Wundt die Schriften von Gobineau und Chamberlain rezipierte und sich nicht mit zeitgenössischen Anthropologen auseinandersetzte. Im Kern seiner Ausführungen steht die Ansicht, dass alle kulturelle Leistung das Produkt der „geschichtstragende[n] Rasse" sei.[46] Deshalb zeigten „die Schöpfungen der geschichtlichen Völker bei aller umweltbedingten Verschiedenheit doch immer auch eine große Verwandtschaft".[47] Die von ihm schon immer proklamierte Verbindung alter griechischer und deutscher Kultur ließ sich so anthropologisch unterfüttern. Die „nordische" Rasse sei in der Eiszeit entstanden, alle Energie sei für das Überleben im unwirtlichen Norden benötigt gewesen. Dadurch hätten sich ausdauernde, „edelrassige Bauern" über viele Generationen hinweg entwickelt.[48] Mit dem Steigen der Temperaturen sei nun auf einmal Energie frei und die Bevölkerung größer geworden, und es habe sich ein Zug der Indogermanen in den Süden erstreckt, womit die Geschichte im eigentlich Sinne erst begonnen habe. Diese Gedanken waren keineswegs originell, die Entstehung der Indogermanen im eiszeitlichen Nordeuropa kann als Gemeinplatz im völkischen Denken gelten; dass alle Kulturleistungen von der „weißen" Rasse stammen sollten, hatte schon Graf Gobineau Mitte des 19. Jahrhunderts proklamiert. Neu war, dass Wundt die Bedeutung der „nordischen" Rasse dadurch erklärte, dass in ihr aus „Erinnerung und Voraussicht die Fähigkeit zu sachlicher Auffassung der Welt" entstanden und damit der „Geist" in die Welt gekommen sei.[49] Dieser Geist kann nun tatsächlich als Weltgeist im Sinne Hegels verstanden werden, da er bzw. die nordische Rasse in allen Kulturvölkern wirke: „Es ist immer das gleiche, ewige Gut, das in der Geschichte herausgearbeitet wird, wenn es sich auch, entsprechend der verschiedenen Völker, in verschiedenen Gestalten darstellt."[50] Dieses „Gut" stellten für ihn „Freiheit und Recht, Schönheit und Weisheit" dar. Auch hielt Wundt an der Dialektik fest, mehr noch: Er betonte ausdrücklich, dass die großen Kulturleistungen aus inneren Spannungen heraus entstanden seien. Diese seien nicht zuletzt durch Rassenmischungen bedingt, im Falle der Deutschen liege eine Mischung „nordischer und fälischer" Rasse vor.[51] Freilich ging Wundt nicht detaillierter darauf ein, was eine Rasse eigentlich sei, woran man sie erkenne etc. Durchaus interessant sind seine Überlegungen, die in Verbindung zur Völkerpsychologie seines Vaters und der Strukturpsychologie Eduard Sprangers stehen. Max Wundt ging davon aus, dass es verschiedene, sich jeweils sehr ähnliche Charaktere in allen Völkern und Zeiten gebe. Die großen Epochen, Romanik, Gotik, Renaissance, Barock, Klassik und Romantik, entstünden durch den „Wechsel des herrschenden Menschenschlages".[52] Rückgebunden an die Rassentheorie wurde dieser Gedanke nicht, man kann also zwei überzeitliche, völkerübergreifende Konstanten in seiner Geschichtsvorstellung erkennen.

Der Ordinarius entlieh sich nicht nur den Gedanken der kulturschaffenden „weißen" Rasse von Gobineau, sondern auch dessen Gedanken zum Kulturverfall. Beide waren der Ansicht, dass Kultur nur da entstehen könne, wo eine Oberschicht „nordischer" Rasse über eine Unterschicht anderer Rasse herrsche.[53] Mit der Zeit würden sich nun beide Rassen mischen, wodurch das kulturelle Niveau sänke. Wundt fügte seine Ansichten in den in Deutschland so wirkmächtigen Gedanken des Dualismus von Kultur und Zivilisation ein: Ohne die Oberschicht wäre das Volk nicht mehr in der Lage, kulturelle Leistungen zu erbringen, es bliebe nur eine „rationalisierte" und „mechanisierte" Zivilisation übrig.[54] Seine Loyalität zum Regime machte Wundt eindrücklich deutlich; Adolf Hitler und der Nationalsozialismus würden sich dem schicksalhaften Niedergang entgegenstemmen: „Damit ist eine entscheidende Wendung im Leben der Menschheit eingetreten. Was die Völker bisher mit dumpfer Ergebung als unausweichliches

Geschick haben über sich ergehen lassen, soll nunmehr vom menschlichen Willen beherrscht und geleitet werden."[55] Freilich verzichtete Wundt nicht darauf, Empfehlungen auszusprechen. So sei Hans F. K. Günthers Forderung einer „Wiedervernordung" richtig, doch käme es mehr auf die geistigen Anlagen an und weniger auf den Phänotyp – überhaupt sei ein übertriebener Körperkult Schwärmerei. Hier kommt wieder Wundts latente Abneigung gegenüber biologischen Gesichtspunkten hervor. Damit einher geht seine Warnung, dass auch ein Volk, das keine Religion mehr habe, zum Niedergang verdammt sei. Das Buch beendete er mit folgenden Zeilen: „Dies Ewige ist der göttliche Wesensgrund der Welt, die Offenbarung Gottes in ihr. Wenn Gott die Welt geschaffen hat, um seine Herrlichkeit kundzutun, so schuf er in ihr den Menschen, damit diese Offenbarung erkannt werde. Die Geschichte ist der strenge Weg, den Menschen zum Schauen des Ewigen heranzuzüchten und heranzuziehen."[56] Dies ist ein Beleg mehr dafür, dass Wundt seine im Kern idealistische und metaphysische Philosophie nicht aufgegeben hatte, sondern sie durch die Inklusion der Rassentheorie an den Zeitgeist anpassen wollte. Große Resonanz hat die Schrift, sieht man von einer ambivalenten Besprechung in der „Historischen Zeitschrift" ab, nicht gehabt.[57]

Abb. 7
Max Wundt
1962
Foto: Universitätsarchiv Tübingen, Charlotte Gröger

1945 wurde Wundt (Abb. 7) in den Ruhestand versetzt. Da er kein Parteigenosse gewesen war, konnte er seine volle Pension beziehen und auch weiter publizieren. Weltanschaulich äußerte er sich nicht mehr. Aufschlussreich ist Georg Klaus' Nachruf auf Wundt von 1964. Der Leiter der Abteilung „Philosophiehistorische Texte" an der Akademie der Wissenschaften der DDR stellte treffend fest, dass der „bürgerliche Philosoph Max Wundt" ganz in der Tradition des Idealismus des 18. und 19. Jahrhunderts gestanden hatte.[58] Über Wundts „einige Veröffentlichungen fragwürdigen Charakters" urteilte der ehemalige KZ-Häftling Klaus milde: „Aus ihnen geht hervor, daß auch er wie viele Vertreter der deutschen Intelligenz dem Einfluß des deutschen Faschismus erlegen war." Indes würde man diese vergessen, „während die Früchte seines aufrichtigen, sachlichen und dem geistigen Fortschritt der Menschheit dienenden Schaffens als unverlierbarer Bestandteil in den Schatz des menschlichen Wissens eingehen werden".[59]

II. Adalbert Wahl

Stammte Max Wundt aus einer typisch bildungsbürgerlichen Familie, dann könnte man die Familie Adalberts Wahls als den Idealtypus einer evangelischen Kaufmannsfamilie sehen. Die Familie Wahl stammte aus Neuwied, einer Rheinstadt nördlich von Koblenz. Dort betrieben die Angehörigen der Herrnhuter Gemeinde seit 1809 eine Sago-, Zucker- und Kartoffelmehlfabrik. Adalberts Vater Rudolph Wahl wurde am 23. Januar 1823 geboren, 1857 zog er nach Mannheim, 1882 für kurze Zeit nach Den Haag. Seine erste Frau Margaretha Emilie Herzog (1835-1866) stammte aus einer Baseler Kaufmannsfamilie. Aus der Ehe sind zwei Halbgeschwister Adalberts hervorgegangen, Friedrich Rudolph Emanuel und Emilie Karola, die am 25. März 1882 den Mannheimer Korkstopfenfabrikanten Augustin Bender heiratete. Wahl hatte drei Reedereien – „Cosmopolit", „Independent" und „Neutral" – und war Aufsichtsratsvorsitzender der „Badischen Schrauben-Dampfschiffahrtsgesellschaft",[60] seine Interessen gingen über die Rheinschifffahrt, die freilich den Schwerpunkt der Reedereien ausmachte, deutlich hinaus, wie beispielhaft seine Forderung nach einem „deutschen Hongkong" von 1896 an den Reichskanzler Hohenlohe deutlich macht.[61]

Gemeinsam mit Mannheimer Größen wie dem Kaufmann Ludwig Bassermann und dem Bankier Carl Ladenburg, aber auch Aktionären aus New York und Rotterdam gründete Wahl am 9. März 1872 die „Deutsche Seehandlung“ mit einem Startkapital von zehn Millionen Talern zwecks „[k]ommisionsweise[m] An- und Verkauf und Beleihung von Waren, insbesondere von Baumwolle und anderen überseeischen Rohprodukten“.[62] Die im Hotel „Europäischer Hof“ untergebrachte Firma sollte vor allem den englischen Firmen Konkurrenz machen, die den Baumwollhandel nach Süddeutschland und in die Schweiz beherrschten. Auch weiß seine Schwiegertochter Emilie Bender zu berichten, dass Wahl als erster Mannheimer ein Fahrrad englischer Bauweise gehabt habe.

Nach dem Tod seiner ersten Frau heiratete Rudolph Wahl erneut, diesmal die Londoner Kaufmannstochter Francis Sophie Lambert (1846-1905). Mit ihr hatte er drei Kinder: Adalbert Emil August, Kurt Albrecht Rudolph und Hans Reginald Anton. Vor diesem Hintergrund spricht wenig dafür, dass der am 29. November 1871 geborene Adalbert Emil August Wahl zu einem völkischen Nationalisten werden sollte. Seine Kindheit verbrachte er in Mannheim, unterrichtet wurde er zusammen mit seinen Brüdern im Elternhaus. Aufgrund einer beruflichen Veränderung des Vaters, der zum Direktor der Kölner „Rhein- und Seeschiffahrtsgesellschaft“ berufen wurde, zog die Familie nach Bonn, wo Adalbert Wahl 1890 das Abitur am örtlichen Gymnasium ablegte. Dann führte ihn sein Weg ins Land der Mutter: Von 1890 bis 1892 studierte er Geschichte und Altphilologie am Corpus Christi College in Oxford. Im Oktober 1892 setzte er für ein Jahr sein Studium in Bonn fort, um dann für ein Semester nach Wien zu gehen, wo er unter anderem bei dem Philosophen und Psychologen Franz Brentano, dem Althistoriker und Wirtschaftshistoriker Emil Szanto sowie dem Mittelalterhistoriker und Archivar Karl Uhlirz hörte. Ostern 1894 ging er zurück nach Bonn. 1895 erhielt er eine „öffentliche Belobigung“ für eine Preisarbeit mit dem beeindruckenden Titel „Quae tempore Imperatoris Matthiae agitante Kleselio de negotio tam successionis quam compositionis tractata sunt ita examinentur, ut praecipe quas partes dux Bavariae, electores ecclesiastici et archidux Maximilianus secuti siut quaeratur“.[63] Am 7. Dezember 1895 wurde er mit einer überarbeiteten, deutschen Fassung der Arbeit in Bonn promoviert. Zu seinen Lehrern in Bonn zählen der für Mannheim so wichtige Eberhard Gothein, der liberale Ökonom Heinrich Dietzel, der Historiker Reinhold Koser sowie der Althistoriker Heinrich Nissen. Ein besonders enges Verhältnis hatte der Student zu Moriz Ritter, dem Doktorvater Georg von Belows.

Von Bonn ging Wahl nach Freiburg, wo er hauptsächlich zur Französischen Revolution und der Verfassungsgeschichte des 19. Jahrhunderts arbeitete. 1900 erfolgte seine Habilitation zur Vorgeschichte der Französischen Revolution.[64] In Freiburg hatten damals der Ranke-Herausgeber Alfred Dove, ein Liberaler, der zeitweise Redakteur bei „Die Grenzboten“ und später der „Allgemeinen Zeitung“ war, und Heinrich Finke historische Lehrstühle inne. Der Katholik Finke stand, wie man damals sagte, fest auf dem nationalen Standpunkt. 1915 diagnostizierte der nachmalige Präsident der „Görres-Gesellschaft“ eine „Neigung zum Zersetzenden, Krankhaften, Gemeinen“ in der zeitgenössischen Presse und Belletristik und noch dazu eine „Ablehnung alles Idealen“ sowie einen „Wirklichkeitsfanatismus“; seine Antwort war der „Ruf nach dem reinen, reineren Deutschtum“.[65] Damit lag er nicht nur begrifflich auf einer Linie mit dem führenden Völkischen Friedrich Lange, der 1893 sein Hauptwerk „Reines Deutschtum“ erstmals veröffentlicht hatte.[66] Dass Finke nicht erst durch den Ersten Weltkrieg radikalisiert wurde, macht schon seine Mitgliedschaft in Ludwig Schemanns „Gobineau-Vereinigung“ um die Jahrhundertwende herum deutlich. Zwar lässt sich in Ermangelung von Quellen nicht feststellen, ob Finke einen politischen Einfluss auf Wahl hatte, im Hinblick auf die später von Wahl vertretenen, in vielen Fragen sehr ähnlichen Positionen erscheint es als möglich.

Wahls erste wichtige Veröffentlichung stellt die 1905 bzw. 1907 publizierte Vorgeschichte der Französischen Revolution in zwei Bänden dar.[67] Was für Max Wundt Platon im affirmativen Sinne war, das war für Wahl die perhorreszierte Französische Revolution als Sinnbild des zersetzenden westlichen Geistes bzw. der „Ideen von 1789“, auf die Wahl über die Jahrzehnte immer wieder zurückkommen sollte. Erklärtes Ziel seiner Vorgeschichte war es, die Meistererzählung Hippolyte Taines zu widerlegen, der in seinen einflussreichen Schriften zur französischen Geschichte im 18. und 19. Jahrhundert[68] das Bild eines unterdrückten und geknechteten Volks gezeichnet hatte, das sich letztendlich in Notwehr befand, als es die alte Ordnung zerstörte. Wahl setzte dem ein anderes Bild entgegen: Der Staat sei so schwach gewesen, dass „man aufgehört [hatte] ihn zu fürchten; man hatte sich ganz und gar daran gewöhnt, ihn zu mißachten, zu mißhandeln, zu verspotten und als despotisch zu beschimpfen, um sich dann von ihm verzeihen zu lassen".[69] Überhaupt hätte der dritte Stand ausreichend Besitz gehabt, ja es sei ihm besser gegangen als je zuvor. Wenn aber keine politische und ökonomische Unterdrückung entscheidend war, was dann? Der Zeitgeist. Wahl versuchte zu erweisen, dass die „Aufklärungsliteratur" zu einer homogenen Denkweise geführt habe, die den „Individualismus" als einen Ruf „zur Freiheit ohne Maß und Ziel" als Kern hatte.[70] An seiner Abneigung ließ er keine Zweifel: „Wer die Revolution studiert, muß die öffentliche Meinung der Zeit kennen, denn die Revolution wurde gemacht und geleitet nicht von hervorragenden Geistern, sondern in allem wesentlichen von gewöhnlichen Trägern der öffentlichen Meinung, jener unheimlichen Macht, die keine Ziele hat als ihr eigenes Ansehen und keine Zwecke, die sie dauernd verfolge; die glaubt, ohne zu prüfen, die verurteilt, ohne den Angeklagten gehört zu haben; die kein anderes Ideal hat als die Phrase, kein Kampfmittel als Geschwätz; die die Sklavin jedes Nichtigen ist, aber eine grausame Herrin vieles Großen; [...]".[71] Voltaire galt ihm als der „Vulgarisator im großen Stil", von Rousseaus Defiziten war er überzeugt: „Er war ohne Zweifel moralisch, wie geistig krank."[72]

Letztlich war es also staats- und damit – für den Historiker Wahl gleichbedeutend – geschichtsfeindliches Denken, das die französische Monarchie gestürzt hatte. Kein Verzweiflungskampf um eine würdige Existenz, sondern ein „Kampf um die Macht, der um seiner selbst willen unternommen" wurde.[73] Allerdings hing er keinem deterministischen Geschichtsdenken an; wäre die Monarchie nicht so schwach gewesen, hätten die „Männer von 1789" keine Chance gehabt: „Unter einem starken und harten Monarchen wäre sie nie ausgebrochen. Die Treue ferner von wenigen Kavallerieregimentern und der rechtzeitige Wille, sie einhauen zu lassen, hätten 1789 genügt, die Bewegung in ihren Schranken zu halten."[74] 1908 spitzte Wahl seine Thesen in einem langen Aufsatz „Über die Ursachen der Französischen Revolution" in der „Historischen Zeitschrift" noch einmal zu: Ein „weichliches Geschlecht" habe 1789 seinen Untergang gefunden, „weil es sich nicht zu wehren verstand".[75] Ein Jahr später erläuterte Wahl an der gleichen Stelle seine Vorstellungen über die Menschenrechte, die für ihn ebenfalls einen „Einbruch des reinen oder naiven Individualismus"[76] in das Staatsleben darstellten, mit den entsprechenden bereits vorher ausgeführten Folgen. Wahl konnte sich durchaus einer positiven Rezeption erfreuen: Friedrich Meinecke übernahm Gedanken Wahls, besonders was die Reformfreudigkeit Ludwigs XVI. und die keineswegs erschütternde Situation des Dritten Standes anbelangt.[77] Ähnlich äußerte sich auch Theodor Ludwig in der „Historischen Zeitschrift", der allerdings an Wahl kritisierte, dass dieser zu sehr die Tatsachen, nicht aber die emotionale Situation der Franzosen berücksichtigt habe.[78]

Die „Ideen von 1789" spielten aus Wahls Sicht nicht nur für die französische Geschichte eine wichtige Rolle, vielmehr sah er in ihnen den Ursprung auch des deutschen Liberalismus. In der „Historischen Zeitschrift" ging er diesen Gedanken nach.[79] Ideengeschichtlich vereinfachte er die politischen und ideologischen Auseinandersetzungen des 19. Jahrhunderts auf den Konflikt zwischen Liberalismus und Konservatismus. Zeichnete sich der Liberalismus so als Produkt der „Ideen von 1789" aus, diese selbst verwurzelt „in der individualistischen Philosophie und im Rationalismus, in der natur- und menschenrechtlichen Jurisprudenz und Staatslehre",[80] so stellte der Konservatismus die abwehrende Reaktion auf diese Gedanken dar, am deutlichsten erkennbar „in den herrlichen Schriften Edmund Burkes"[81] und den Autoren der deutschen Romantik. Bei seiner Charakterisierung des ursprünglichen Liberalismus stützte er sich auf seine Frankreichstudien; im Kern des Liberalismus stünde der „naive Individualismus", der gleichmacherisch, rationalistisch, geschichts- und staatsfeindlich sei. Dem stellte er den Konservatismus entgegen, der den Staat als historische Größe betrachten würde und das Individuum außerhalb dieses Verbands auch nicht denken könne. Allerdings redete Wahl keineswegs einem prinzipiellen Beharren auf dem status quo das Wort, sondern betonte, dass der

Konservatismus Reformen in Gestalt der „Fortbildung ausschließlich in der Richtung der bisherigen Entwicklung" wolle.[82] Den ursprünglichen Liberalismus, der 1848 noch einmal in Deutschland aufgekommen sei, hielt er für wissenschaftlich überwunden, weswegen er zu konstatieren können meinte, dass zumindest das Gros der deutschen Liberalen sich immer weiter weg vom ursprünglichen Liberalismus bewegt habe. Der Nationalliberalismus erschien ihm als „eine geradezu vollendete, nach peinlichen Erfahrungen herbeigeführte Versöhnung der Gegensätze von Aktion und Reaktion".[83] Aufschlussreich ist Wahls Bemühen, von ihm hochgeschätzte Denker wie den Freiherrn vom Stein und sogar Friedrich Christoph Dahlmann als im Kern konservativ zu erweisen. Einen ähnlichen Versuch unternahm er an anderer Stelle für Montesquieu.[84] Seiner Karriere schadeten die deutlichen Werturteile und Belehrungen darüber, auf welcher Seite er sich befand, nicht: 1908 wurde er als Professor an das neugegründete Hamburgische Kolonialinstitut berufen, aus dem heraus 1919 die Universität Hamburg entstehen sollte. Der Krieg unterbrach – wie bei Max Wundt – die erfolgreiche wissenschaftliche Karriere. 1916 bis 1918 diente Wahl als Hauptmann an der Front; er erhielt das Eiserne Kreuz I. und II. Klasse. Von der Front wechselte Wahl an die Universität Dorpat, wo er Max Wundt kennenlernte. 1919 folgte Wahl (Abb. 8) dem Ruf an die Universität Tübingen, an der er bis zur Emeritierung 1937 lehren sollte.

Nach dem vorher Gesagten nimmt es nicht Wunder, dass die Niederlage im Ersten Weltkrieg und die damit verbundene Revolution den jungen Ordinarius schwer erschütterten. Für ihn musste es sich so anfühlen, als habe sich die Geschichte wiederholt. Der wissenschaftlich überwunden geglaubte Individualismus krempelte den deutschen Staat gründlich um. Demokratie und Menschenrechte werden für Wahl nur die Spitze des Eisbergs gewesen sein. Ungeachtet seiner aristokratischen Weltsicht trat er im Gegensatz zu Wundt einer Partei – der „Deutschnationalen Volkspartei" – bei. 1928 wurde er Mitglied in Alfred Rosenbergs „Kampfbund für deutsche Kultur"; er scheute also nicht davor zurück, sich ganz rechts im politischen Spektrum zu positionieren. Mitte der 1920er Jahre beschäftigte sich Wahl explizit mit der völkischen Ideologie. 1925 publizierte er den 1028. Band von „Friedrich Mann's pädagogischem Magazin", der gleichzeitig der 20. Band der „Schriften zur politischen Bildung" der von Max Wundt geleiteten Gesellschaft „Deutscher Staat" war: „Der völkische Gedanke und die Höhepunkte der neueren deutschen Geschichte."[85] Wahl war kein Freund unklarer Begriffe, wie allein seine Polemik „Von Ismen und andern Verwirrungen" in den „Süddeutschen Monatsheften" zeigt.[86] Entsprechend war er auch um eine Definition des schwammigen Begriffs „völkisch" bemüht. Dabei betonte er, dass „völkisch" begrifflich weiter gefasst sei als „antisemitisch", aber enger als „national". Völkische Bestrebungen seien „die, welche überall – im Staat und auf allen Gebieten der Kultur – das Eigentümliche des eigenen Volkes zum Siege führen wollen; also bei uns die deutsche Art erhalten und vertiefen, durch Anknüpfung an die eigene Vergangenheit und Erkenntnis der in ihr liegenden Richtungen. Oder negativ ausgedrückt: das Ablehnen des dem Deutschen so nahe liegenden Bestrebens, sich nach ausländischem, besonders französischem Vorbild zu richten und sich einem fremden Geist, etwa dem semitischen, zu unterwerfen".[87] Ein Auftrumpfen des „völkischen Gedankens" meinte er in der Reformation – der „folgenschwerste[n] und

Abb. 8
Adalbert Wahl
Um 1920
Foto: Universitätsbibliothek Tübingen, Julius Wilhelm Hornung

gewichtigste[n] Leistung des deutschen Geistes" –[88], im Preußen Friedrichs II., bei den Freiheitskriegen und schließlich im „Zeitalter der Reichsgründung" erkennen zu können. Allein, nach diesen Hochphasen habe es immer einen Rückschlag gegeben, den Wahl durch äußere Einflüsse verursacht sah. Die deutsche Geschichte wurde so in den Kontext der europäischen Geschichte eingefügt, die für Wahl das Schlachtfeld zwischen zwei Ideen bildete. Zwar ging er mit deren Herleitung nicht so weit zurück wie Wundt, doch lief es auf den gleichen Dualismus hinaus: auf der einen Seite die als rationalistisch apostrophierte Philosophie der Aufklärung und die von ihr verursachte Französische Revolution, auf der anderen die „Romantik und die historischen Schulen und die völkischen Auffassungen des 19. Jahrhunderts".[89] Diese Ansichten Wahls können freilich nicht mehr verwundern, hatte er sie doch schon in seiner Habilitationsschrift und danach prominent vertreten. Jetzt aber ging er soweit, diese Auseinandersetzung als „Kampf des Guten gegen das Böse" zu beschreiben.[90] Hatte er zuvor den Freiherrn vom Stein als Konservativen erwiesen und vom Vorwurf des Liberalen exkulpiert , so ernannte er ihn nun zum Vordenker der Völkischen – „Er ist vielmehr durch und durch deutsch, völkisch, wenn Sie wollen und historisch, was ja nahezu dasselbe ist"[91] – und stellte er ihn in eine Reihe mit Wilhelm von Humboldt, Fichte, Kleist, Arndt und Görres. Auch das Christentum wurde von Wahl für den völkischen Gedanken vereinnahmt: Phasen der Besinnung auf das eigene Volk seien häufig mit neuem, leidenschaftlichem Glauben einhergehend. In den Freiheitskriegen schließlich sei „unser Herrgott [...] geschichtlich und deutsch gemacht" worden.[92] Für Aspekte der Dogmatik interessierte sich Wahl nicht, sie galten ihm als scholastische Rückfälle. Abwendung vom Christentum sei das Ergebnis des Einflusses jüdischen oder französischen Geistes.

Zumindest den Beginn der Kaiserreichs verklärte der 1871 geborene Historiker: Die Reichsgründung habe den völkischen Gedanken wieder empor getragen, nachdem seit den 1840er Jahren nur ein nationaler Gedanke mit Anleihen am „philosophische[m] Materialismus", also dem Gegenteil der völkischen Idee, gewirkt habe.[93] Freilich lehnte er das allgemeine Wahlrecht ab, umso mehr begrüßte der Kurpfälzer den „praktischen Idealismus" der Preußen, der im Reich vorherrschend gewesen sei.[94] Das „Zentrum völkischer Gedanken" habe in Bayreuth gelegen, Wagner sei ein geistiger Nachfolger Luthers gewesen, der das Christentum noch deutscher gemacht habe. Aber auch der „Verein Deutscher Studenten" und der „Alldeutsche Verein" sowie Treitschke und Lagarde hätten den völkischen Gedanken gestärkt. Nach dem Ersten Weltkrieg indes sei sein Einfluss rapide gesunken, „wie nicht mehr seit den Tagen der finstersten Aufklärung".[95]

Aus seiner Perspektive tat politische Bildung not. 1926 steuerte er einen weiteren Band der „Schriften zur politischen Bildung" der Gesellschaft „Deutscher Staat" bei: „Vom schlechten und vom rechten Individualismus".[96] Darin systematisierte er seine Ansichten. Einerseits gebe es den „schlechten Individualismus", der mit den Sophisten in der Antike begonnen und 1789 dann seinen Höhepunkt erreicht habe. Dieser Individualismus sei auf das atomisierte Individuum ausgerichtet, gleichzeitig gleichmacherisch, staats- und geschichtsfeindlich. Wahls Kritik daran fußte nicht zuletzt auf Platons Philosophie: Gleichheit gebe es nicht, ebenso wenig den Menschen ohne Staat: „Wir wissen vielmehr heute, daß nicht der Mensch den Staat geschaffen, sondern der Staat den Menschen, d. h. daß nur das Zusammenleben im Staate aus unsern Vorfahren wirklich des Namens würdige Menschen gemacht hat."[97] Mit anderen Worten: „Erst in allen diesen Gemeinschaften [Staat, Familie, Berufsgemeinschaft etc. – J. K.] und durch sie ist er Mensch."[98] Dagegen setzte er den „rechten Individualismus" der Romantik, dessen tragende Größe nicht das Individuum, sondern die Individualität gewesen sei. Es ginge nicht um Freiheit vor dem Staat, sondern um Freiheit im Staat. Hier klingen deutlich Gedanken des deutschen Idealismus an. Ideengeschichtlich deutete er das 19. Jahrhundert als Kampf zwischen schlechten und rechtem Individualismus, der seinen Ausdruck auch im Kampf „zwischen naturwissenschaftlicher und historischer Welt= und Staatsansicht" gefunden habe.[99] Er nutzte seine Schrift für eine scharfe Gegenwartskritik: In Deutschland herrsche eine „Ochlokratie"; überhaupt: „Moderne Demokratie ist Plutokratie."[100] Besonders scharf fiel sein Urteil über die Parteien aus. Diese dienten dem isolierten Individuum als künstlicher Ersatz für die verlorene Gemeinschaft, die dort vertretenen Partikularinteressen seien schädlich für die Interessen der Allgemeinheit. Noch dazu seien die Parteifunktionäre „[i]n der Mehrzahl leere Utilitarier, [sie] mißbrauchen ihre Macht, um Geld zu verdienen".[101] Korruption sei die zwingende Folge. Allerdings sah Wahl Hoffnung, würde man nur den falschen Individualismus austilgen und der Versuchung widerstehen, sich den Staat für die eigenen Interessen nutzbar zu machen. Dagegen setzte er den „Gedanken des Opfers", das der Einzelne für den Staat bringen sollte.[102] Ausdrücklich lobte er Max Wundts Staatsphilosophie.

In der Mitte der 1920er Jahre begann Wahl damit, sein Hauptwerk, die „Deutsche Geschichte. Von der Reichsgründung bis zum Ausbruch des Weltkriegs", zu publizieren.[103] Darin verarbeitete er seine politischen Überzeugungen, wie sie zuvor in seinen Studien zur Ideengeschichte des 19. Jahrhunderts geformt wurden. Die Bände erschienen 1926, 1929, 1932 und schließlich 1936.[104] Den Hauptteil machen quellennahe Untersuchungen zur deutschen Außen- und Innenpolitik aus, in vorliegendem Kontext interessieren indes mehr seine Ausführungen zur Kulturgeschichte und seine politischen Ansichten. Wahl nahm für sich das Recht in Anspruch, gleichermaßen objektiv zu schreiben und seine politische Botschaft an das angestrebte breitere Publikum zu richten. Bereits im ersten Band von 1926 ließ er keinen Zweifel an seiner politischen Ausrichtung. Zu Beginn des Buchs bezog er sich erstmals auf die Rassentheorie, die zu einem wichtigen Bestandteil der politischen Codes der Rechten und besonders der Völkischen geworden war.[105] Allerdings spielte die Rasse für seine Argumentation keine wichtige Rolle, er beließ es bei Allgemeinplätzen wie dem, dass es „keine Frage [sei], daß die nordische Rasse das Salz der Erde ist" und in Deutschland eine starke „ostische" Beimischung dafür sorge, das Volk regierbar zu machen.[106] Für Auslassungen wie der, dass Marx und Lassalle „undeutschen Blutes und undeutscher Art" gewesen seien,[107] bot die Rassentheorie eine pseudonaturwissenschaftliche Basis, freilich dachte Wahl nicht daran, sich einer anthropologisch stringenten Argumentationsweise zu unterwerfen. Den Antisemitismus suchte Wahl als das Ergebnis „jüdischer Presseangriffe" auf den Hofprediger Stoecker zu erweisen.[108] In solchen Attacken meinte der Historiker wieder die Auswüchse von Rationalismus und Französischer Revolution – den großen „kulturzerstörende[n] Ereignis[sen]" – erkennen zu können.[109] Seine vor dem Krieg geäußerte Hoffnung, dass mit der Gründung des Kaiserreichs die „Ideen von 1789" überwunden worden seien, war also zunichte gemacht. Für Männer wie Wundt und Wahl wiederholte sich die Geschichte. Als wichtigste Denker des frühen Kaiserreichs galten Wahl Nietzsche, der Vordenker der Völkischen Paul de Lagarde und interessanterweise auch Constantin Frantz, der ein erbitterter Gegner Bismarcks und der preußischen Dominanz in Deutschland war. Im zweiten Band von 1929 widmete sich Wahl dann dem „allerbedeutendsten" Denker des Kaiserreichs: Julius Langbehn, dem sogenannten Rembrandtdeutschen.[110] Dass Langbehn (Abb. 9) bei allem Publikumserfolg nicht die Ordinarien für sein Projekt der Überwindung des Spezialistentums durch die Kunst gewinnen konnte, wertete Wahl als Zeichen für den schlechten Zustand der damaligen (Geistes-)Wissenschaft. Diese sei einerseits zu materialistisch gewesen, aber auch der philosophisch vorherrschende Neukantianismus fand nicht seine Zustimmung, sondern galt ihm als „verstiegene[r] Idealismus".[111] Umso wichtiger sei Langbehns Werk gewesen, so Wahl im dritten Band von 1932, eine „Fanfare", die um 1890 eine „neue Zeit" angekündigt habe.[112] Das Aufkommen der Rassentheorie erschien ihm als positiv, ließ sich so doch eine ungleiche Menschheitsvorstellung unterfüttern,

Abb. 9
Julius Langbehn
Fotografie
Um 1900
http://www.friedrichnietzsche.de/.bin/showpic.php?picnr=107 Julius Langbehn autograph.jpg

die gegen den verhassten „Internationalismus" der Aufklärung stand. Freilich kritisierte er eine zu stark naturwissenschaftlich angelegte Rassenforschung, was den obigen Befund erhärtet: Wahl war die Rassentheorie recht, wenn sie sich argumentativ auf einer Linie mit seinen Gedanken befand, die naturwissenschaftliche Überlagerung des Metiers der Geisteswissenschaftler – wie dies ein Ernst Haeckel angedacht hatte – lehnte er strikt ab. Entsprechend fand v. a. die Rassentheorie des französischen Grafen Gobineau, der noch am Entstehen der Menschheit bei Adam und Eva festhielt, seine Zustimmung. Mit dem „Wundermann" Gobineau – „wo man ihn anpackt, ist er interessant" – hatte sich Wahl bereits 1922 in der „Historischen Zeitschrift" beschäftigt.[113] Auch Ludwig Woltmanns Bücher, in denen dieser anhand von etymologischen, kunsthistorischen und anthropologischen Methoden zu erweisen suchte, dass in Frankreich und Italien vor allem die Nachfahren von Germanen für kulturelle und politische Erfolge verantwortlich gewesen seien,[114] fanden seine Zustimmung, ebenso die „Grundlagen des Neunzehnten Jahrhunderts" von Wagners Schwiegersohn Houston Stewart Chamberlain.[115]

Was seine politischen Überzeugungen anbelangt, kann Wahls (Abb. 10) Schaffen als außerordentlich homogen bezeichnet werden. Brüche lassen sich keine erkennen, nach 1918 aber eine Radikalisierung der Gedanken. Der „uns aufgezwungene" Erste Weltkrieg[116] stellte für Wahl den Bruch mit der gewünschten, nämlich völkischen Entwicklung des Kaiserreichs dar, an die es wieder anzuknüpfen galt. In seinem Ruf nach einem Führer, der Deutschland auf den rechten Weg bringen würde, lag er auf einer Linie mit weiten Teilen der deutschen Rechten. Während des „Dritten Reichs" scheint sich Wahl zurückgehalten zu haben, was publizistische Tätigkeiten anbelangt; Mitglied der NSDAP wurde er nicht. 1937 wurde er emeritiert, nach 1945 veröffentlichte er keine weiteren Bücher mehr. In der „Historischen Zeitschrift" wurde nach seinem Tod im Jahre 1957 die „Deutsche Geschichte" ausdrücklich gelobt und ihm ein „Sinn für die Eigenart von Stämmen und Landschaften" zugesprochen.[117] Der Verfasser dieses Nachrufs war ein alter Bekannter Wahls: Adolf Rapp. Rapp arbeitete als Gymnasiallehrer, gab aber auch Lehrveranstaltungen an Hochschulen. Schon vor 1933 war das zeitweilige Mitglied der „Deutschen Vaterlandspartei" eifriger Anhänger der Rassentheorie.[118] 1966 erhielt Rapp das Bundesverdienstkreuz Erster Klasse.[119]

III.

Vergleicht man die Biographien Wundts und Wahls, dann liegen zahlreiche Überschneidungen auf der Hand. Beide gehörten der „Gründerzeitgeneration" (Detlev Peukert) an, beide stammten aus bürgerlichen Familien und erfuhren eine geradezu idealtypisch bildungsbürgerliche Ausbildung. Beide erlebten den Ersten Weltkrieg an der Front, nachdem sie schon zuvor wissenschaftlich tätig waren. Obgleich beide aus Kurpfälzer Familien stammten, sangen sie doch das Hohelied auf Preußen und seinen Einfluss in Deutschland.

Beide entwickelten ihre ideologischen Systeme aus historischen Untersuchungen heraus. Standen bei Wundt das klassische Athen und der Konflikt zwischen Platon und den Sophisten im Mittelpunkt, so waren es bei Wahl die „Ideen von 1789" und die Reaktion darauf. Beide hingen einem zyklischen Geschichtsverständnis an und entdeckten den jeweiligen „Ursprungskonflikt" immer wieder in der Geschichte und besonders in der Gegenwart. Darum stellten historische Untersuchungen für beide keinen Selbstzweck dar, sondern dienten der politischen bzw. ideologischen Auseinandersetzung in der Gegenwart. So historisch verschieden ihre Herleitungen auch waren, die großen Kon-

Abb. 10
Adalbert Wahl
Fotografie seines Porträts in der Professorengalerie der Universität Tübingen, gemalt von Ruth von Scholley (1893-1969)
Um 1957
Foto: Universitätsbibliothek Tübingen, Alfred Göhner

fliktlinien zeichneten beide gleich: Materialismus, Demokratie, Aufklärung, Idee von 1789, Gleichheit aller Menschen auf der einen, der „falschen" Seite und Idealismus, Ständestaat, Romantik, Ungleichheit der Menschen auf der anderen Seite. Weitere Gemeinsamkeiten sind die Propagierung eines dogmenfreien, deutschen Christentums sowie die Ablehnung und Verteufelung der Plutokratie, die beide in der Weimarer Republik zu erblicken meinten. Freilich lagen sie damit auf einer Linie mit der bürgerlichen Mittelstandsideologie, die ein wesentlicher Bestandteil der völkischen Ideologie war. Lediglich Wundts Ablehnung der Rassentheorie noch in der Mitte der 1920er Jahre kann als untypisch gelten. Freilich passte er sich hierbei an und beschäftigte sich schlussendlich weit intensiver mit der Rassentheorie als Wahl. Es wurde bereits darauf hingewiesen, dass beide die Rassentheorie als Unterfütterung ihrer ideengeschichtlichen Argumentationen übernahmen, sie aber nicht zur Grundlage einer neuen Argumentation erhoben. Dieser Befund trifft auch auf andere Völkische wie Ludwig Schemann oder Heinrich Wolf zu und illustriert die Anfälligkeit idealistischer Geschichtsschreibung dafür, physische Substrate als Grundlage des Weltgeistes zu proklamieren.

Die Niederlage im Ersten Weltkrieg und die Revolution danach haben beide nicht auf neue gedankliche Wege geführt, vielmehr sahen beide hier ihre zuvor am historischen Modell entwickelten Ängste erfüllt. Die Mitgliedschaft in verschiedenen Organisationen und mehr noch ihre Publikationen dienten der Bekämpfung dieser Missstände. Die Republik stellte für beide keinen tragbaren Kompromiss dar, sondern drohte den deutschen Geist zu ersticken. Justus H. Ulbricht hat 2005 den klugen Vorschlag gemacht, die Völkischen mehr „als Nachgeschichte des Kaiserreichs, sowie als Kommentar zur Krise der ‚klassischen Moderne' denn als Vorgeschichte des ‚Dritten Reiches' zu lesen".[120] Zumindest für Wahl und Wundt – beide als Ordinarien Ausnahmen in der Völkischen Bewegung – mag dies zutreffen: Gedanklich blieben sie in weiten Teilen dem 19. Jahrhundert verhaftet und hingen einer idealisierten Vorstellung des Kaiserreichs an. Freilich war beiden klar, dass nicht an eine Wiedereinsetzung des letzten Kaisers zu denken war, doch bedeutete dies nicht automatisch eine Hinwendung zum Nationalsozialismus, der beiden in vielen Punkten fremd war. Allein ihr elitäres Selbstverständnis und ihre rückwärtsgewandten ökonomischen Ansichten, die sich um Kleinbetriebe und Zünfte drehten, standen in deutlichem Gegensatz zum „Volksgenossen"-Staat und der Industrieromantik der Nationalsozialisten. Auch erschien ihnen eine Zensur an den Hochschulen als unverzeihlicher Angriff auf die für sich in Anspruch genommene Freiheit der Gedanken. Entsprechend traten beide auch nicht der NSDAP, der SA oder SS bei, wie dies andere Professoren taten.

Ideengeschichtlich sollte man bürgerliche Völkische wie Wundt und Wahl nicht als Protonationalsozialisten verstehen; wohl aber haben sie durch ihre gedanklichen Modelle – und ihre absolute Gegnerschaft gegen den deutschen Staat nach 1918 – dazu beigetragen, bildungsbürgerliche Gedanken und Werte von der jungen Republik abzukoppeln und auf die Übernahme durch den autoritären Staat, der in jedem Fall als die bessere Alternative zur verhassten Republik galt, vorzubereiten. Ob ihnen bewusst wurde, dass sie damit ebendiese Vorstellungen und Ideen ihrer Vernichtung preisgaben, wissen wir nicht.

1 Hartmann et al. 2016.

2 http://www.faz.net/aktuell/politik/inland/afd-die-neue-voelkische-bewegung-13937439.html.

3 Vgl. hier v. a. Puschner et al. 1996, Puschner 2001, Breuer 2008. Ein Überblick über die Forschung findet sich bei Köck 2015, S. 29-45.

4 In den einflussreichen Studien von Kurt Sontheimer (Sontheimer 1962) und Jost Hermand (Hermand 1988) wurde den Völkischen, die als intellektuelle Randerscheinung der Rechten begriffen wurden, beispielsweise kein nennenswerter Einfluss auf das (Bildungs-)Bürgertum zugesprochen.

5 Vordermayer 2015.

6 Biographische Aufsätze liegen zu beiden Autoren bisher nicht vor, an vorhandener Literatur vgl. für Wahl: Daniels 2009, S. 280-311; Köck 2015, S. 402-411; Vordermayer 2015, S. 247-259; für Wundt: Tilitzki 2002, S. 124-126, 284; Köck 2015, S. 211-247; Hantke 2015, S. 187-237, 396-439.

7 Vgl. hierzu Bringmann et al. 1995.

8 Vgl. Lundgreen 1985.

9 Wundt 1903.

10 Theodor Heuss an Hermann Missenharter, 11.11.1919, in: Dorr mann 2008, S. 131f.

11 Zu Ziegler vgl. Grässer 1979, 13, mit weiterem Hinweis; zu Baeumker: Lohner 2013, Flasch 2005, S. 349f., 355. Biographische Studien gibt es zu beiden nicht.

12 Wundt 1907.

13 Wundt 1908/1911.

14 Wundt 1914.

15 Vgl. dazu Hantke 2015, S. 197.

16 Vgl. Köck 2015, 214 mit weiteren Hinweisen.

17 Hantke 2015, S. 198.

18 Wundt 1918, S. 199.

19 Tilitzki 2002, S. 124.

20 Wundt 1920.

21 Arndt 1806/1809.

22 Wundt 1920, S. 9.

23 Ebd. S. 9.

24 Ebd. S. 10.

25 Wundt 1914, S. 1.

26 Wundt 1920, S. 100.

27 Ebd. S. 109.

28 Wundt 1914, S. 165.

29 Wundt 1920, S. 166.

30 Holle 1920.

31 Vgl. hierzu besonders Wundt 1924.

32 Hantke 2015, S. 191, Fn. 1027.

33 Wundt 1926, S. 10.

34 Ebd. S. 15-18, Zitat: S. 17.

35 Ebd. S. 74.

36 Ebd. S. 86.

37 Ebd. S. 47.

38 Vgl. dazu Köck 2015, S. 289-300.

39 Wundt 1926, S. 11.

40 Ebd. S. 29.

41 Wundt 1925, S. 16. Wundt übernimmt seine Argumente wider die Demokratie weitgehend von Thukydides und Platon, wobei er die immensen Unterschiede zwischen antiker und modernen Demokratie nicht thematisiert.

42 Wundt 1927, S. 420.

43 Hantke 2015, S. 188-190.

44 Max Wundt an Eleonore Wundt, 14.9.1933, zitiert nach: ebd. S. 399, Fn. 2139.

45 Friedrich Schneider an Ludwig Schemann, 24.3.1935; Universitätsbibliothek Freiburg NL 12 / 2794.

46 Wundt 1940, S. 18.

47 Ebd. S. 14.

48 Ebd. S. 24-26, Zitat: S. 26.

49 Ebd. S. 21.

50 Ebd. S. 73.

51 Ebd. S. 34.

52 Ebd. S. 62.

53 Zu Gobineau vgl. Köck 2012 mit weiteren Hinweisen.

54 Wundt 1940, S. 66.

55 Ebd. S. 63.

56 Ebd. S. 76.

57 Stammler 1942.

58 Klaus 1964, S. 238.

59 Ebd.

60 Für diese Auskunft habe ich mich bei Volkhard Huth vom Institut für Personengeschichte in Bensheim zu bedanken.

61 Rudolph Wahl an Chlodwig Fürst zu Hohenlohe-Schillingsfürst, 26.5.1896, zitiert nach: Mühlhahn 2000, S. 84.

62 StadtA MA - ISG, Signatur 15/2002–00100.

63 Nissen 1895, S. 13.

64 Wahl 1901, V.

65 Finke 1915, S. 231.

66 Lange 1893.

67 Wahl 1905/1907.

68 Taine 1875-1893.

69 Ebd. Bd. 1, S. 31.

70 Wahl 1905/1907, Bd. 1, S. 115.

71 Ebd. Bd. 1, S. 112.

72 Ebd. Bd. 1, S. 121; 136.

73 Wahl 1905/1907, Bd. 1, S. 348.

74 Ebd. Bd. 1, S. 188.

75 Wahl 1908, S. 320.

76 Wahl 1909, S. 84.

77 Schönpflug 2006, S. 42. Auch der liberale Hans Glagau habe viel von Wahl übernommen.

78 Ludwig und Meinecke 1906. Ludwig verstarb bereits 1905, sein Freund Meinecke gab den Aufsatz postum heraus, wobei unklar ist, ob Meinecke auch in den Text eingegriffen hat.

79 Wahl 1910.

80 Ebd. S. 546.

81 Ebd. S. 549.

82 Ebd. S. 550.

83 Ebd. S. 594.

84 Wahl 1912.

85 Wahl 1925, folgend wird zitiert nach der 2. Auflage von 1934.

86 Wahl 1926c.

87 Wahl 1934, S. 6.

88 Ebd. S. 7.

89 Ebd. S. 16.

90 Ebd. S. 16.

91 Ebd. S. 20.

92 Ebd. S. 22.

Julian Köck

93 Ebd. S. 24-26, Zitat: S. 25.
94 Ebd. S. 25.
95 Ebd. S. 30.
96 Wahl 1926b.
97 Ebd. S. 8. Zum Verweis auf Platon vgl. ebd. S. 9.
98 Ebd. S. 10.
99 Ebd. S. 12.
100 Ebd. S. 20.
101 Ebd. S. 22.
102 Ebd. S. 30.
103 Eine gute Zusammenfassung bietet Daniels 2009, S. 280-300.
104 Wahl 1926-1936.
105 Köck 2015, S. 107-112.
106 Wahl 1926a, S. 37.
107 Ebd. S. 479.
108 Ebd. S. 520.
109 Ebd. S. 587.
110 Wahl 1929, S. 599-607, Zitat: S. 600.
111 Ebd. S. 569.
112 Wahl 1932, S. 1.
113 Wahl 1922, S. 143.
114 Woltmann 1905, Woltmann 1907.
115 Chamberlain 1899.
116 Wahl 1936, S. 750.
117 Rapp 1958.
118 Rapp 1931.
119 Daniels 2009, S. 321, F. 1547.
120 Ulbricht 2005, S. 235.

Literatur

Arndt, Ernst Moritz (1806/1809): Geist der Zeit. 2 Bde., ohne Ort

Breuer, Stefan (2008): Die Völkischen in Deutschland. Kaiserreich und Weimarer Republik, Darmstadt

Bringmann, Wolfgang/Ungerer, Gustav/Bringmann, Michael (1995): Wilhelm Wundt and the Workers' Educational Movement, in: Psycho logie und Geschichte, Jg. 6, H. 3/4, S. 233-243

Chamberlain, Houston Stewart (1899): Die Grundlagen des Neunzehnten Jahrhunderts, 1. Auflage, München

Daniels, Mario (2009): Geschichtswissenschaft im 20. Jahrhundert Insitutionalisierungsprozesse und Entwicklung des Personenverbandes an der Universität Tübingen 1918-1964, Stuttgart

Dorrmann, Michael (Hrsg.) (2008): Theodor Heuss. Bürger der Weimarer Republik, Berlin

Finke, Hinrich (1915): Deutsche Zukunftsfragen, in: H. Finke (Hrsg.), Kraft aus der Höhe. Ein Pfingstgruß ehemaliger und jetziger Professoren an ihre Kommilitonen im Felde, Köln, S. 225-233

Flasch, Kurt (2005): Theorie der Philosophiehistorie, Frankfurt/Main

Grässer, Erich (1979): Albert Schweitzer als Theologe, Tübingen

Hantke, Manfred (2015): Geistesdämmerung. Das Philosophische Seminar an der Eberhard-Karls-Universität Tübingen 1918-1945, Tübingen

Hartmann, Christian/Vordermayer, Thomas/Plöckinger, Othmar/Töppel, Roman (Hrsg.) (2016): Hitler, Mein Kampf. Eine kritische Edition. 2 Bde., München

Hermand, Jost (1988): Der alte Traum vom neuen Reich. Völkische Utopien und Nationalsozialismus, Frankfurt/Main

Holle, Hermann Gustav (1920): Rezension zu: Max Wundt, Vom Geist unserer Zeit, in: Deutschlands Erneuerung, Jg. 4, H. 9, S. 597f.

Klaus, Georg (1964): Nachruf auf Max Wundt, in: Jahrbuch der Deutschen Akademie der Wissenschaften zu Berlin, S. 237-238

Köck, Julian (2012): Joseph Arthur de Gobineau – Rezeption in Deutschland und Umdeutung zum Propheten der völkischen Bewegung, in: Jahrbuch der Hambach-Gesellschaft 19, S. 117-135

Köck, Julian (2015): „Die Geschichte hat immer Recht". Die Völkische Bewegung im Spiegel ihrer Geschichtsbilder, Frankfurt a. M.

Lange, Friedrich (1893): Reines Deutschtum. Grundzüge einer nationalen Weltanschauung, Berlin

Lohner, Alexander (2013): Clemens Baeumker, in: E. Blattmann (Hrsg.), Philosophenbriefe von und an Peter Wust, S. 30-48

Ludwig, Theodor/Meinecke, Friedrich (1906): Neue Forschungen zur Vorgeschichte der französischen Revolution, in: Historische Zeitschrift, Jg. 96, H. 1, S. 81-97

Lundgreen, Peter (1985): Zur Konstituierung des „Bildungsbürgertums". Berufs- und Bildungsauslese der Akademiker in Preußen, in: W. Conze/J. Kocka (Hrsg.), Bürgertum im 19. Jahrhundert. Teil 1: Bildungssystem und Professionalisierung im internationalen Vergleich, Stuttgart, S. 79-108

Mühlhahn, Klaus (2000): Herrschaft und Widerstand in der „Musterkolonie" Kiautschou. Interaktionen zwischen China und Deutschland, 1897-1914, Berlin

Nissen, Heinrich (Hrsg.) (1895): Chronik der Rheinischen Friedrich-Wilhelms-Universität zu Bonn für das Rechnungsjahr 1894/95. Jg. 20

(Neue Folge Jg. 9), Bonn

Puschner, Uwe (2001): Die völkische Bewegung im Kaiserreich. Sprache - Rasse - Religion, Darmstadt

Puschner, Uwe/Schmitz, Walter/Ulbricht, Justus H. (Hrsg.) (1996): Handbuch zur „Völkischen Bewegung" 1871-1918, München

Rapp, Adolf (1931): Rezension zu: Ludwig Schemann: Die Rasse in den Geisteswissenschaften. Studien zur Geschichte des Rassegedankens. Band 2: Hauptepochen und Hauptvölker der Geschichte in ihrer Stellung zur Rasse, in: Historische Zeitschrift, Jg. 144, H. 2, S. 300f.

Rapp, Adolf (1958): Adalbert Wahl, in: Historische Zeitschrift, Jg. 186, H. 1, S. 236f.

Schönpflug, Daniel (2006): Revolution und „Erhebung". Friedrich Meinecke über 1789 und die deutsche Geschichte, in: G. Bock/D. Schönpflug (Hrsg.), Friedrich Meinecke in seiner Zeit. Studien zu Leben und Werk, Stuttgart, S. 21-49

Sontheimer, Kurt (1962): Antidemokratisches Denken in der Weimarer Republik. Die politischen Ideen des deutschen Nationalismus zwischen 1918 und 1933, München

Stammler, Gerhard (1942): Rezension zu: Max Wundt, Aufstieg und Niedergang der Völker, in: Historische Zeitschrift, Jg. 165, H. 2, S. 338-340

Taine, Hippolyte (1875-1893): Les Origines de la France Contemporaine. 5 Bd., Paris

Tilitzki, Christian (2002): Die deutsche Universitätsphilosophie in der Weimarer Republik und im Dritten Reich. 2 Bde., Berlin

Ulbricht, Justus H. (2005): Agenturen der „deutschen Wiedergeburt". Prolegomena zu einer Geschichte völkischer Verlagsarbeit in der Weimarer Republik, in: W. Schmitz/C. Vollnhals (Hrsg.), Völkische Bewegung - Konservative Revolution - Nationalsozialismus. Aspekte einer politisierten Kultur, Dresden, S. 235-244

Vordermayer, Thomas (2015): Bildungsbürgertum und völkische Ideologie. Konstitution und gesellschaftliche Tiefenwirkung eines Netzwerks völkischer Autoren (1919-1959), Berlin

Wahl, Adalbert (1901): Studien zur Vorgeschichte der Französischen Revolution, Tübingen

Wahl, Adalbert (1905/1907): Vorgeschichte der Französischen Revolution. 2 Bde., Tübingen

Wahl, Adalbert (1908): Über die Ursachen der Französischen Revolution, in: Historische Zeitschrift, Jg. 101, H. 2, S. 283-320

Wahl, Adalbert (1909): Zur Geschichte der Menschenrechte, in: Historische Zeitschrift, Jg. 103, H. 1, S. 79-85

Wahl, Adalbert (1910): Beiträge zur deutschen Parteiengeschichte im 19. Jahrhundert, in: Historische Zeitschrift, Jg. 104, H. 3, S. 537-594

Wahl, Adalbert (1912): Montesquieu als Vorläufer von Aktion und Reaktion, in: Historische Zeitschrift, Jg. 109, H. 1, S. 129-148

Wahl, Adalbert (1922): Sammelrezension zu: Ludwig Schemann, Gobineau; ders., Quellen und Untersuchungen zum Leben Gobineaus; Alexander Cartellieri, in: Historische Zeitschrift, Jg. 125, H. 1, S. 143 Gobineau „Wundermann", „wo man ihn anpackt, ist er interessant."

Wahl, Adalbert (1925): Der völkische Gedanke und die Höhepunkte der neueren deutschen Geschichte, Langensalza

Wahl, Adalbert (1926a): Deutsche Geschichte. Von der Reichsgründung bis zum Ausbruch des Weltkriegs (1871-1914). 4 Bde., Stuttgart, 1. Band

Wahl, Adalbert (1926b): Vom schlechten und vom rechten Individualismus, Langensalza

Wahl, Adalbert (1926c): Von Ismen und andern Verwirrungen, in: Süddeutsche Monatshefte, Jg. 23, H. 10, S. 288-292

Wahl, Adalbert (1926-1936): Deutsche Geschichte. Von der Reichsgründung bis zum Ausbruch des Weltkriegs (1871-1914). 4 Bde., Stuttgart

Wahl, Adalbert (1929): Deutsche Geschichte. Von der Reichsgründung bis zum Ausbruch des Weltkriegs (1871-1914). 4 Bde., Stuttgart, 2. Band

Wahl, Adalbert (1932): Deutsche Geschichte. Von der Reichsgründung bis zum Ausbruch des Weltkriegs (1871-1914). 4. Bde., Stuttgart, 3. Band

Wahl, Adalbert (1934): Der völkische Gedanke und die Höhepunkte der neueren deutschen Geschichte, 2. Auflage, Langensalza

Wahl, Adalbert (1936): Deutsche Geschichte. Von der Reichsgründung bis zum Ausbruch des Weltkriegs (1871-1914). 4 Bde., Stuttgart, 4. Band

Woltmann, Ludwig (1905): Die Germanen und die Renaissance in Italien, Leipzig

Woltmann, Ludwig (1907): Die Germanen in Frankreich, Jena

Wundt, Max (1903): De Herodoti elucutione cum sophistarum comparata, Diss. Leipzig

Wundt, Max (1907): Der Intellektualismus in der griechischen Ethik, Leipzig

Wundt, Max (1908/1911): Geschichte der griechischen Ethik. 2 Bde., Leipzig

Wundt, Max (1914): Platons Leben und Werk, Jena

Wundt, Max (1918): Deutsche Staatsauffassung, in: Deutschlands Erneuerung, Jg. 2, S. 199-202

Wundt, Max (1920). Vom Geist unserer Zeit, München

Wundt, Max (1924): Richtungen der völkischen Bewegung, in: Die Sonne, Jg. 1, S. 770-775

Wundt, Max (1925): Die Zukunft des deutschen Staates, 2. Auflage, Langensalza

Wundt, Max (1926): Deutsche Weltanschauung. Grundzüge völkischen Denkens, München

Wundt, Max (1927): Der völkische Gedanke in romantischer und klassischer Beleuchtung, in: Deutschlands Erneuerung, Jg. 11, H. 10, S. 417-422

Wundt, Max (1940): Aufstieg und Niedergang der Völker. Gedanken über Weltgeschichte auf rassischer Grundlage, München

Heinrich Renschler

Neckardurchschnitte Mannheim-Feudenheim – Neckarbrücke 1789-1805 (Teil 1)

Einleitung

Das Bild des fast vollkommen geraden Neckarverlaufs etwa von Neuostheim bis zur Neckarspitze, also zur Mündung in den Rhein, vermittelt den Eindruck, dass diese gerade Linienführung im Jahr 1878 mit Beginn der Kettenschleppschifffahrt und dann mit der 1904 beginnenden Planung als Großschifffahrtstrasse angelegt wurde (Abb. 1 und 2).

Dies ist indes nicht der Fall. Bereits mit der Wahl des hochwasserfreien Hügels des alten Dorfes Mannheim zwischen Rhein und Neckar durch Kurfürst Friedrich IV. im Jahr 1606 war für die Festung Friedrichsburg und für die künftige Stadt Mannheim die Hochwassergefährdung vorherzusehen. Zwangsläufig begannen schon im 17. und 18. Jahrhundert Überlegungen zur Beseitigung der Gefahren, die von Neckar und Rhein drohen. Der Neckarlauf mit den angedeuteten Durchschnitten in der Federzeichnung von Christoph Gemeinhardt „Die Stadt Mannheim vom Neckar her" in den Jahren 1760/1764 könnte die Überlegungen von C. A. Collini widerspiegeln.

Um Schaden zu vermeiden, sollte der Neckar möglichst rasch an Festung und Stadt vorbeifließen. Das einzige Mittel dazu sah man damals in Begradigungen, die, wie nachfolgend beschrieben, von 1789 bis 1805 durchgeführt wurden.

Die notwendigen Neckardurchschnitte begünstigten die in der Mitte des 18. Jahrhunderts einsetzende bauliche Erweiterung der Stadt Mannheim links und rechts des Neckars. Durch eine damals nachhaltige Stadtplanung blieben erhebliche Flächen zwischen den alten Neckarschlingen unbebaut und werden heute als Garten- und Parkanlagen genutzt, so das „Feudenheimer Aliment" mit den Sellweiden-Gärten und „Neu Wies" mit dem Luisenpark.

In stadtgeschichtlichen Abhandlungen wird diese für die städtebauliche Entwicklung Mannheims bedeutsame wasserbauliche Maßnahme kaum angesprochen. Friedrich Facius erwähnt in seiner Abhandlung „Hafenbau und Flusskorrektion"[1] die Neckardurchschnitte. In den „Mannheimer Stadtgeschichte(n)"[2] widmete Hans Weckesser der Bändigung des „Wilden Neckars" einen kurzen Beitrag.

Nach einem kurzen historischen Rückblick soll hier versucht werden, anhand der Akten des Generallandesarchivs Karlsruhe, des Stadtarchivs Mannheim - Institut für Stadtgeschichte und der Reiss-Engelhorn-Museen die Planung und Ausführung der Großen Neckarkorrektion im 18. Jahrhundert darzustellen.

Teil I

1. Anlass der wasserbaulichen Maßnahmen

Die Wahl des hochwasserfreien Hügels des alten

Abb. 1 und 2
Blick von der Friedrich-Ebert-Brücke in Mannheim über den Neckar nach Osten (links) und nach Westen (rechts)
26. November 2009
Foto: Verfasser

Dorfes Mannheim zwischen Rhein und Neckar durch Kurfürst Friedrich IV. im Jahr 1606 war der Beginn systematischer Planungen, um die Festung und künftige Stadt vor den Gefahren zu bewahren, die Hochwasser von Neckar und Rhein mit sich bringen. Ohne die Beherrschung der beiden Flüsse war eine dauerhafte erfolgreiche Stadtgründung ausgeschlossen.

2. Neckarkorrektion im 17.Jahrhundert

Damals steckten die naturwissenschaftlichen Kenntnisse der Flusshydraulik und deren Auswirkungen bei Veränderungen des Abflussregimes noch in den Anfängen. Die damaligen Baumeister vertrauten ihren Erfahrungen.

2.1 Baumaßnahmen um 1615 bis 1620

Die Bedeutung wasserbaulicher Maßnahmen an Rhein und Neckar für die Sicherheit von Festung und Stadt hat die kurpfälzische Regierung sehr bald erkannt. Um 1615 wurde Heinrich von dem Busch, auch Dubios genannt, als Reißwerker ernannt. Die Bezeichnung „Reißwerker" weist auf das Reißbrett hin, also das Zeichenbrett, auf dem auch wasserbauliche Planzeichnungen entstehen. Dubois wurden die Aufgaben des kurfürstlichen Wasserbauinspektors übertragen, in dieser Eigenschaft war er unmittelbar dem Gouverneur unterstellt. Bei Walter[3] ist zu lesen: „[...] ferner hatte er jährlich zweimal im Frühjahr und im Herbst eine amtliche Rheinbereisung vorzunehmen, um Gegenmaßregeln zu treffen, wo durch die ‚Einfressung des Landes' Schäden entstanden."

Auf einer Karte von der Belagerung Mannheims aus dem Jahr 1622 (Abb. 3) ist ein angefangener Durchstich des Neckars etwa beim heutigen Ruderverein Amicitia, Ludwig-Ratzel-Straße/Josef-Braun-Ufer/Hans-Reschke-Ufer, zu erkennen. Ob er aus militärischen oder anderen Gründen angelegt wurde, ist nicht bekannt.

Der Bau wurde wegen der kriegerischen Auseinandersetzungen zwischen den bayrischen Wittelsbachern und dem pfälzischen Wittelsbacher Kurfürst Friedrich V., dem Winterkönig, abgebrochen, der Durchstich verlandete.

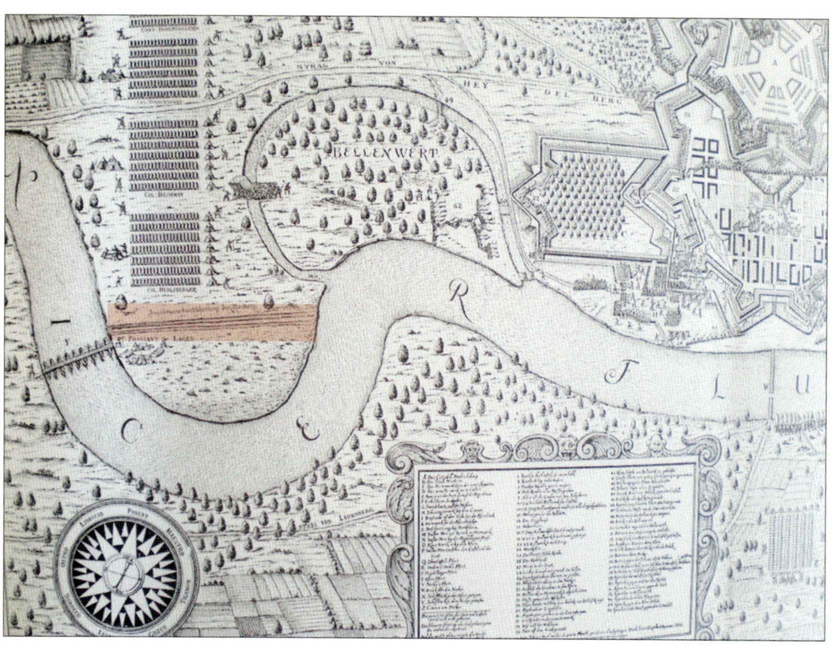

Abb. 3
Die Karte von der Belagerung Mannheims zeigt den um 1620 begonnenen Neckardurchstich. 1622 (hier rot unterlegt)
Aus: Walter, Bd. I, S. 158

2.2 Baumaßnahmen um 1663

Nach dem Ende des Dreißigjährigen Krieges begann Kurfürst Carl Ludwig 1652 mit dem Wiederaufbau der zerstörten Stadt. Die Hochwassergefahr blieb ein bestimmendes Thema im Stadtrat. Walter schreibt dazu: „Schon 1653 bezeichnete man der Regierung eine Neckarregulierung (Durchschnitt) als dringend notwendig, da der Baumgarten immer mehr weggeflotzt werde, und der Fluß sich immer mehr in das Land hineinfresse, so dass zu besorgen sei, er werde wohl gar den Stadtgraben einreißen und dadurch die Stadt in große Gefahr bringen."[4]

Als sich 1661 beim Stadtrat ein Pachtliebhaber für den Rosengarten und die dabei anwachsende Insel meldete, wurde er abgewiesen, da man noch nicht wissen könne, wie der neue Neckar seinen Durchbruch nehmen möchte. Die große Gefahr, die die weit ins Gebiet der heutigen östlichen Stadterweiterung hineinreichende Rosengartenschleife für die Stadt barg, versuchte bald darauf ein Neckardurchstich zu beseitigen, durch den der Rosengarten, oder wie der van Deyl'sche Plan, auf dem diese Korrektion schon zu sehen ist, schreibt, „Rossengarten", zeitweilig zur Insel wurde. Im Plan der Stadt Mannheim aus dem Jahr 1663 von Jakob van Deyl (Abb. 4) ist diese Baumaßnahme eingezeichnet; der Neckardurchstich war etwa bei der heutigen Einmündung der Ludwig-Ratzel-Straße ins Josef-Braun-Ufer.

Zur Bedrohung von Stadt und Festung Mannheim ist bei Facius[5] zu lesen: „Die Gefahr eines Neckardurchbruchs an der Südostflanke der Festung,

Heinrich Renschler

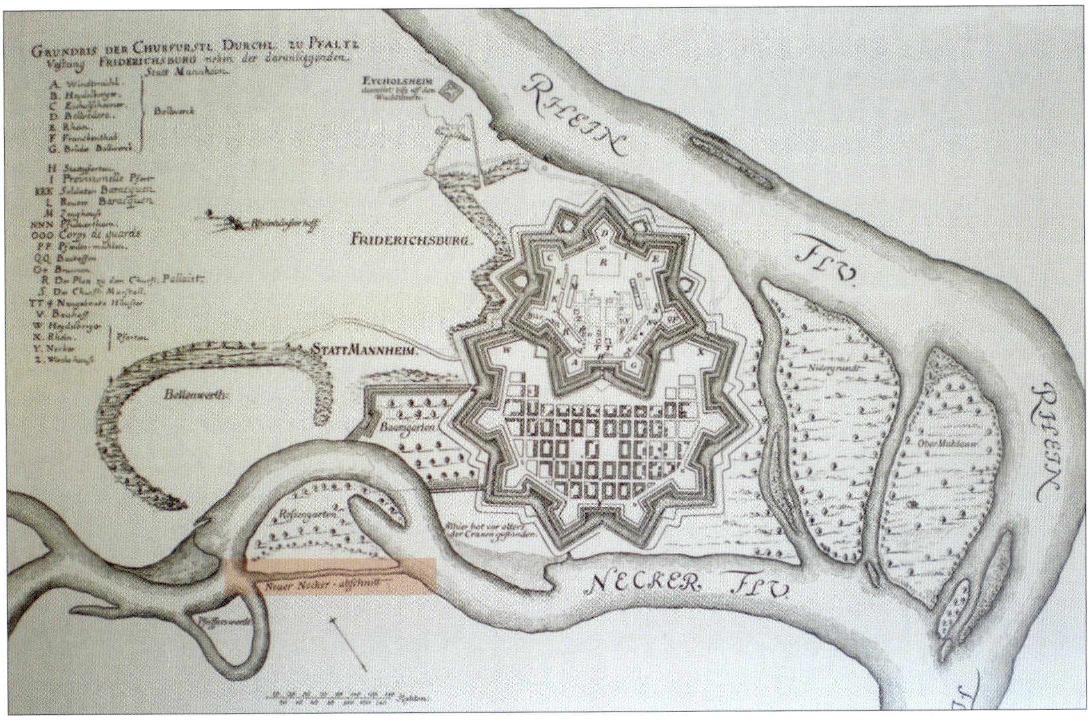

Abb. 4
Plan der Stadt Mannheim von Jakob van Deyl mit dem Neckardurchstich, beschrieben als „Neuer Neckar-abschnitt" (hier rot unterlegt) 1663
Aus: Walter, Bd. I, S. 204

vom Rosengarten her und beim Baumgarten, war vor 1620 wegen der Kriegswirren nicht gebannt worden. Schon 1653 bedrohte daher der Neckar an derselben Stelle [beim Rosengarten] wieder die im Bau befindliche neue Festung und erzwang eine gründliche Regulierung: Ein Leitgraben sollte den Neckar vom bisherigen Bogen ablenken und ihm einen neuen Lauf geben; der Leitgraben war 1663 fertig gestellt."

Ein Thema waren im 17. Jahrhundert auch der Ernteausfall in der Landwirtschaft und die damit für die Stadt ausbleibenden Pachtzinsen. Walter[6] nennt hygienische und bautechnische Probleme, die zum Handeln zwangen: „Eine weit größere Gefahr jedoch drohte der Gesundheit der Mannheimer Bevölkerung von den stagnierenden Altwässern, den Tümpeln, die vom Hochwasser zurückblieben, den Sümpfen, die fast in der ganzen Gemarkung anzutreffen waren."

Auch durch sogenannte Krippen, die an gefährdeten Einbuchtungen vom Ufer aus in den Fluss eingebaut wurden, um den Anprall des Wassers zu schwächen, suchte man einen geregelten Flusslauf herbeizuführen, aber es war alles nur Stückwerk, schnell hergestellt und ebenso schnell wieder zerstört.

Bezüglich der Kosten der wasserbaulichen Maßnahmen als Daseinsvorsorge gab es schon im 17. Jahrhundert Meinungsverschiedenheiten zwischen der Stadt und dem Kurfürsten. Bei Walter ist weiter zu lesen: „Große Geldmittel waren dafür nicht flüssig zu machen, und es kam sogar vor (1664), dass die Stadt eine Beteiligung an den Kosten ablehne, da solche Bauten überhaupt nicht ihre Sache seien." Die Regulierung eines Flusses wie des Neckars mit einem Einzugsgebiet von ca. 13.958 km^2 und einer Gesamtlänge von 367 km ist auf Grund seiner wasserwirtschaftlichen Bedeutung Aufgabe des Landesherrn.

2.3 Baumaßnahmen um 1698 und 1725

Nach der Zerstörung der Stadt Mannheim im Pfälzischen Erbfolgekrieg durch die Franzosen 1689 verhandelte während der Regierungszeit von Kurfürst Johann Wilhelm (1690-1716) im Februar 1692 der Rat der Stadt Mannheim mit der kurpfälzischen Regierung in Heidelberg über eine Ansiedlung auf dem rechten Neckarufer.[7] Zur Diskussion standen die hochwasserfreien Sandäcker westlich des heutigen Hauptfriedhofs und die Wiesen am Herrenried. Gegen die Sandäcker hatte der Stadtrat Bedenken wegen der im Sommer dort herrschenden Hitze, gegen das Herrenried sprach die Hochwassergefahr.

In diesen Jahren begann die kurpfälzische Regierung mit dem Wiederaufbau der Festungsanlagen.

In diesem Zusammenhang schreibt Walter[8], dass im September 1698 ein pfälzisches Regiment Arbeiten für einen neuen Neckardurchstich aufnahm, wahrscheinlich bei der Rosengartenschleife oder beim ersten Durchstich. Ein Hochwasser im Frühjahr 1699 dürfte diese Arbeiten zerstört haben.

Um 1705/1706 wurden weitere Neckarschleifen durchstochen, vermutlich eine vor der Neckarmündung. Zweck dieser Korrektionen könnte gewesen sein, den Abfluss des Neckars in den Rhein zu beschleunigen und so dem Rückstau entgegen zu wirken. In der Literatur und den Akten fanden sich keine Einzelheiten zu diesen Baumaßnahmen.

Im November 1709 genehmigte Kurfürst Johann Wilhelm den Entwurf des Festungsingenieurs Nottum für die „Fortifikation und fernere ordentliche Erbauung der Stadt Mannheim"[9]. Ob der Entwurf auch bautechnische Maßnahmen zum Hochwasserschutz einschloss, ist Walter nicht zu entnehmen.

Als Kurfürst Carl Philipp (1716-1742) im Oktober 1720 seine Residenz von Heidelberg nach Mannheim verlegte, befasste man sich gründlicher mit der Abwendung der Hochwassergefahr, denn der Neckar drohte zwischen den Bastionen St. Matthäus und St. Paulus das Neckartor zu gefährden. Zum Schutz wurde 1725 ein neues begradigtes Flussbett gegraben; Abb. 5 zeigt den kleinen Durchstich. Facius[10] beschreibt die Maßnahme: „Um die Festungsanlagen zu sichern, wurde von der St. Mathias- bis zur St. Paulus-Bastion an der Schiffsbrücke ein neues, begradigtes Flussbett als „Kanal" bezeichnet, gegraben. Das gegenüberliegende Ufer bei der Schafweide und dem Weißen Sand wurde begradigt und mit zwei längeren Krippen [Pfahlwerken] befestigt. Dabei entstand dort eine kleine Insel; sie verschwand später, als der alte, durch einen Damm abgeriegelte Neckarlauf verlandet war."

Abb. 5
Kleiner Durchstich am Neckartor 1725 (hier rot unterlegt)
Aus: Facius, S. 67

Über die Reste des Altwassers wurde später der Bayerdamm gelegt, auf dem von der Neckarschanze aus die Chaussee nach Käfertal führte (s. Abb. 10).

3. Die Situation im 18. Jahrhundert bis 1789

Trotz der vorangegangenen Versuche, die Hochwassergefahr von Festung und Stadt abzuwenden, behielt der Neckar seine zerstörerische Gewalt. Die militärischen Stellen drängten auf den Schutz der Befestigungsanlagen, sicher im Hinblick auf die politische Lage in Europa. Dazu kam mit steigender Bedeutung der neuen Residenzstadt ein verstärkter Schiffsverkehr. Um 1740 wurde der Lauer, die Schiffsanlegestelle, als dauerhafte Mauer mit Quadersteinen auf einer Länge von ca. 370 m bei der Schiffsbrücke neu gebaut. Dazu gehörten der Kranen, das Waaghaus und Lagerhäuser, so Facius.[11] Die Schiffsbrücke befand sich bei der St. Paulus-Bastion; heute kurz unterhalb der Kurpfalzbrücke. Der „Plan der Residenzstadt Mannheim aus der Vogelschau vom Jahr 1758" (Abb. 6) gibt die damalige Situation am Neckar sehr anschaulich wieder.

Zwischen 1742 und 1789 hatte Mannheim ca. acht Mal unter verheerenden Überflutungen zu leiden, Aufzeichnungen finden sich im „Tagebuch eines Landwirts und fleißigen Beobachters".[12] Besonders die tiefer liegenden Quadrate der Unterstadt waren betroffen. Das Schloss und die Quadrate oberhalb der heutigen Planken blieben wegen ihrer Lage auf dem alten Hochgestade verschont. Bei den Bastionen St. Bartholomäus und St. Simon griff der Neckar die Festung vom Rosengarten her an.

Die Gegend um Mannheim mit Rhein und Neckar zeigt die Spezialkarte von Ferdinand Denis aus dem Jahr 1780/1782 (Abb. 7, aus: „Der Neckar in alten Karten", Badische Landesbibliothek Karlsruhe 1988).

Im Winter 1783/1784 herrschten strenge Kälte und starke Schneefälle; Walter[13] beschreibt diese Wochen anschaulich. Zur Abwendung der Gefahren

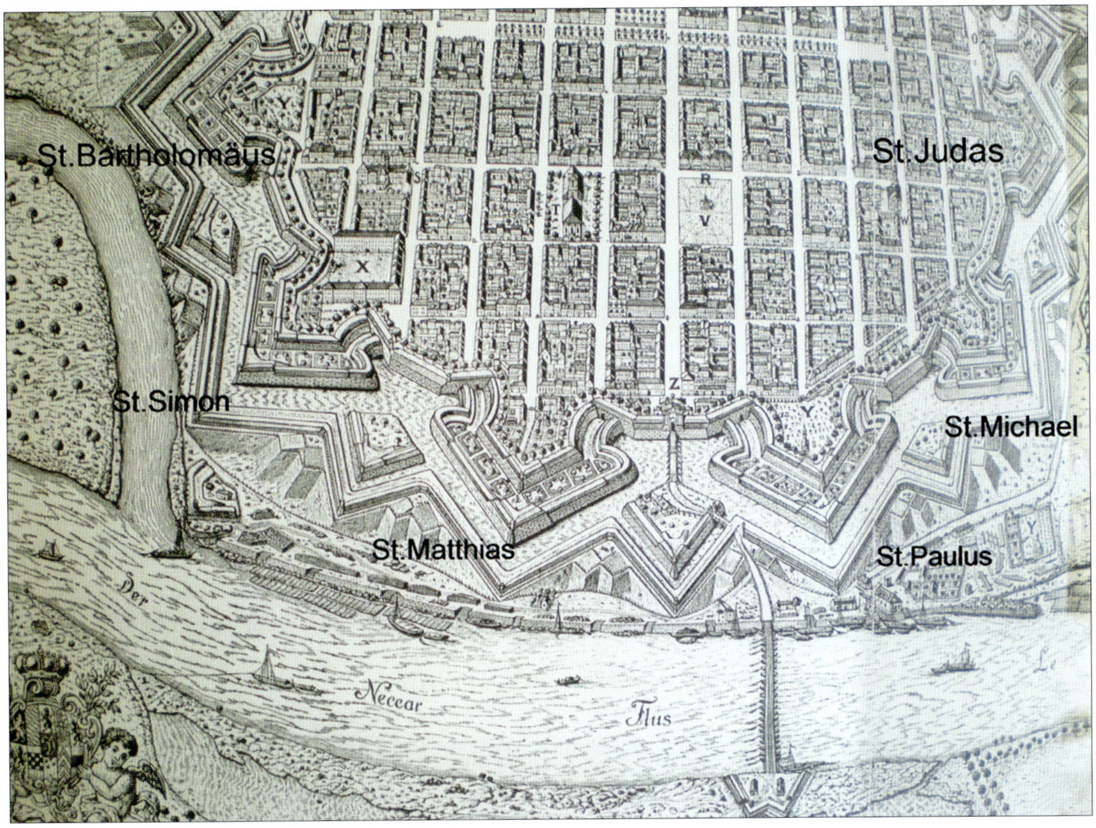

Abb. 6
Plan der Residenzstadt Mannheim aus der Vogelschau (Ausschnitt)
1758
Die ersten Hafenanlagen wurden vor dem Neckartor zwischen Michaels- und Simonsbastion errichtet. (Eintragung der Basteinamen vom Verfasser)
Aus: Walter, Bd. I, S. 558

bei anschließendem Tauwetter veranlasste der Stadtrat die Schneeabfuhr aus der Innenstadt. Am 27./28. Februar 1784 strömte bei Eisgang und Hochwasser der Neckar von Feudenheim in seinem alten Weg über Neckarau in den Rhein. Über den Hauptgraben drang der Fluss bei der St. Bartholomäusbastion und der St. Simonsbastion in die Unterstadt ein, betroffen waren die heutigen Quadrate Q 6 bis T 2. Auch zwischen den Bastionen St. Michael und St. Judas überflutete der Neckar die heutigen Quadrate G, H und I. Eine nicht mehr erhaltene Hochwassermarke an der im Zweiten Weltkrieg zerstörten Trinitatiskirche zeigte den Wasserstand des Jahres 1784 mit 94,037 m ü. NN.

Im Juli 1789 traf die Überschwemmung die Unterstadt noch heftiger als im Eiswinter 1783/1784, das Wasser stand in der Trinitatiskirche in G 4,18 sogar bis zum Altar.[14] In einem Grundriss des unteren Teils der Stadt von 1799 (Abb. 8) sind die überfluteten Quadrate eingetragen.

Damit war die Unzulänglichkeit aller Wasserbaumaßnahmen der Vergangenheit bestätigt. Nur ein radikaler Eingriff in das bestehende Flusssystem im Bereich der Stadt Mannheim konnte Abhilfe schaffen.

4. Planung der Großen Neckarkorrektion

Unter dem Eindruck der verheerenden Katastrophen von 1784 und 1789 verhandelten die kurpfälzische Regierung und der Mannheimer Stadtrat über einen dauerhaften Hochwasserschutz für Festung und Stadt. Bei der Lösung der Hochwasserprobleme haben mitgewirkt:

- Cosimo Alessandro Collini, Mitglied der Kurfürstlichen Akademie der Wissenschaften und Direktor des Kurfürstlichen Naturalienkabinetts, mit grundlegenden hydraulischen Betrachtungen,
- Johann Andreas von Traitteur als beratender Sachverständiger der Hofkammer[15],
- Jakob Arnold Dyckerhoff, Oberrheinbaudirektor[16], Bauleitung,
- Friedrich Christoph Dyckerhoff, Oberrheinbaudirektor[17], Bauleitung, und
- Generalmajor Chevalier Benjamin de Thompson, Mitglied der Kurfürstlichen Akademie der Wissenschaften[18], Kritiker.

Nachdem Kurfürst Carl Theodor seine Residenz 1778 nach München verlegen musste, übermittelte sein ständiger Statthalter in der Kurpfalz, Minister Franz Albert Graf von Oberndorf, dessen Entscheidungen mit dem Zusatz „auf spezial gnädigsten Befehl“[19].

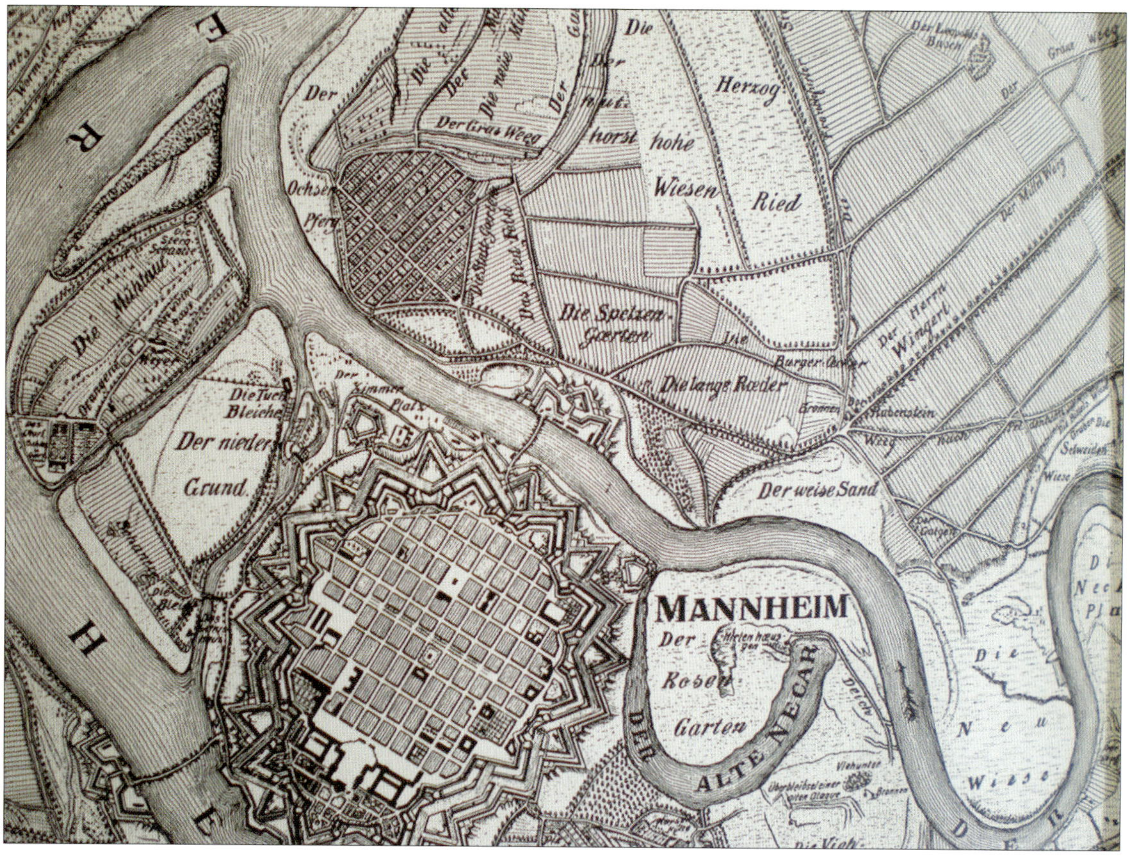

Abb. 7
Spezialkarte der Gegend um Mannheim mit Rhein und Neckar von Ferdinand Denis 1780/1782
Aus: Der Neckar in alten Karten, Badische Landesbibliothek Karlsruhe 1988, S. 132

Abb. 8
In einem Grundriss des unteren Teils der Stadt von 1799 sind die von den Überflutungen 1783/1784 und 1789 betroffenen Quadrate eingetragen.
(Eintragung der Basteinamen vom Verfasser)
Aus: Walter, Bd. I, S. 722

Heinrich Renschler

4.1 Hydraulische Grundsätze zur Beseitigung der Hochwassergefahren von Cosimo Alessandro Collini

Eine auf hydraulischen Grundlagen erarbeitete Planung der kurpfälzischen Hofkammer-Baucommission zum Schutz der Residenzstadt und Festung Mannheim ist aus den eingesehenen Akten nicht eindeutig erkennbar. Es soll hier versucht werden, darzustellen, inwieweit die Wasserbautechniker und Bausachverständigen der kurpfälzischen Verwaltung und der Militärverwaltung hydraulische und wasserbautechnische Erkenntnisse bei der Entscheidung heranzogen.

Die immer wiederkehrenden Hochwasser veranlassten Collini, sich mit der Lösung wasserbaulicher Fragen zu beschäftigen. Am 14. Oktober 1765 trug er an der Academia Theodoro Palatinae seine Abhandlung mit dem Titel „Über die Überschwemmungen des Neckars bei Mannheim mit Beweisen und Erläuterungen"[20] vor. Nach den Hochwasserkatastrophen im Winter 1783/1784 und im Juli 1789 veröffentlichte Collini diesen Vortag als „Memoire sur les inondations du Neckar pres Mannheim avec preuves et eclaircissements. Tire du Tome VI Physique des Memoire de l'Academie Electoral des Sience de Mannheim, Mannheim 1789"[21]. Die Abhandlung fand Beachtung in der damaligen wissenschaftlichen Welt, so in der Rezension von Abraham Gotthelf Kästner und Johann Gmelin in „Göttingsche Anzeigen der gelehrten Sachen", 102. Stück, vom 26. Juni 1790, S. 1720[22]. Da Collini weitgehend die spätere Ausführung in ihren Grundzügen beschreibt, sei ausführlicher aus seiner Arbeit zitiert:

Seite 6 und 7: „Alle Gewässer sind unwandelbaren Gesezen unterworfen. Wenn ein Fluß sein altes Bett verlässt, um sich ein neues selbst zu graben, wenn eine Statt plötzlich von einen Ufer an das entgegengesezte verpflanzet wird; so sind dies blos natürliche Folgen dieser Geseze, welche man sogar ohne viele Mühen voraussehen könnte.

Der heutige Lauf des Neckars unweit von Mannheim ist, wie aus einem alten, von J. V. Deyl gezeichneten Plane dieser Stadt zu sehen ist, von jenem, dem er vor hundert Jahren folgte ganz verschieden. Vielleicht wird man in 2 oder 300 Jahren Mühe haben, seinen gegenwärtigen zu bestimmen.

Wenn die Hand des Menschen der Bewegung des Wassers keine Schranken sezet, so wird es durch nichts aufgehalten; daher kömmt jene Verwüstung, welche unserem Auge den traurigen Anblick durchbrochener Dämme, entwurzelter Bäume, umgeworfener Mauern, zusammengestürzter und hinweg gerissener Brücken, darstellt. In der Zeit also, wo das Wasser ruhig und folglich nicht gefährlich ist, müssen wir auf Mittel denken, seine Wuth zu hemmen, und unsere Wohnungen und Besizungen gegen seine Anfälle sichern." Collini mahnt also an, in ruhigen Zeiten Vorsorge zu treffen.

„Der Neckar ergiesset sich ziemlich oft über die Gegend von Mannheim; manchesmal sezet er sogar den unteren Theil dieser Stadt unter Wasser. Wir müssen es als Folge dieser Ueberschwemmungen betrachten, wenn so vieles Erdreich an beiden Ufer dieses Flusses unfruchtbar oder unbebauet bleibet [...] Ich schränke gegenwärtige Betrachtungen blos auf eine Strecke dieses Flusses zwischen Feudenheim und seinem Zusammenflusse mit den Rhein ein."

Die Ursachen der Überschwemmungen betrachtet Collini auf Seite 8: „Die unmittelbaren Ursachen der öfteren Ueberschwemmungen des Neckers bei Mannheim sind

1.ten die großen und öfteren Krümmungen dieses Flusses, der sich in seinem Laufe wie eine Schlange windet.

2.ten die allzustarke Breite seines Bettes an einigen Orten, wo es nicht einmal durch Ufer verwahret ist, und sich folglich ohne Widerstand über das weite Feld verbreiten kann.

Das Austreten eines Flusses ist nichts anderes als das Steigen seines Gewässers über seine Ufer. Wenn man keine Dämme anlegen will, so gibt es nur ein einziges Mittel dieses Steigen zu verhindern, nämlich; wenn man die Schnelligkeit und Geschwindigkeit des Wassers vermehret. Die Richtigkeit dieses Grundsatzes ist durch eine langjährige Erfahrung bewiesen."

Seite 10 und 11: „Die vielen Krümmungen des Neckars bei Mannheim stehen der Geschwindigkeit seines Gewässers anhaltend im Wege. Jeder Winkel mindert und bricht die Schnelligkeit seines Laufes. Die durch diese Hindernisse veranlasste Langsamkeit erzeuget nothwendiger Weise ein Bestreben, sich zu erheben, und in den Zeiten der Wächse das Austretten und die Überschwemmungen." Die Konsequenz sei: „Diesem Uebel kann man nur allein dadurch steuern, wenn man das Wasser dieses Flusses nöthiget, sich geschwinder fortzuwälzen, und dieses kann man nicht anders geschehen, als wenn man seinen Lauf eine gerade Richtung gibt. Man werfe einen Blick auf den anliegenden Plan, worauf man den Lauf des Neckars gezeichnet, und alle wichtigen Umstände bemerkt hat, welche diese Gegend betreffen." (Abb. 9)

Anmerkung Collinis dazu: „Dieser Plan wurde in den Jahren 1762, 63 und 64 in der Absicht verfertiget, um dadurch die Krümmungen des Neckers bei Mannheim zu untersuchen, die so beträchtlich und auffallend sind, dass sie ganz natürlich den Gedanken erzeugen mussten, durch ein neues in gerader Linie verlaufendes Bette den Ueberschwemmungen künftig vorzubeugen."

Seite 13: „Diesen Ueberschwemmungen würde am besten begegnet werden, wen man diesem Flusse nahe bei Mannheim ein neues Bette in gerader Linie bis zu seinem Ergiesen in den Rhein eröffnete."

Collini vertritt die Auffassung, dass die natürlichen Gegebenheiten eines Flusssystems nur durch Eingriffe des Menschen in dessen Sinn dauerhaft zu ändern sind. Dem hydraulischen Zusammenhang zwischen Laufverkürzung und Erosion maß er keine erwähnenswerte Bedeutung bei. Dazu auf Seite 18: „Es besteht ein ziemlich allgemeines Vorurteil, dass die Überschwemmungen des Neckars blos daher rührten, weil die Größe seines Bettes, so vieles Wasser zu fassen, nicht hinreiche. Ich behaupte aber, dass just die entgegen gesetzte Ursache, weil nämlich sein Bett zu groß ist, die Wirkung hervorbringe; indem eben die Größe die Geschwindigkeit des Wassers schwäche.

Die Erfahrung lehret uns, dass in Gegenden, wo die Flüsse schmal und gepackt sind, das Wasser weit geschwinder, und folglich in weit größerer Menge vorbeirollet."

Und Seite 19: „Man kann also zu Regel festsezen, dass ein Flussbette, wenn es verhältnismäßig schmal ist, die Ueberschwemmungen weit fuglicher abhalten kann, als ein breiteres, des Gestade so, wie der Necker bei Mannheim, dem Wasser den Austritt in die angränzernden Felder sehr merklich erleichtern."

In den „Beweisen und Erläuterungen" zu den Darlegungen von 1765 kommt Collini unter N IX auf Seite 42 zu folgendem Schluss: „Es ist also wichtig und wesentlich nothwendig, dass man die Krümmung oberhalb Feudenheim befestiget, wenn man nicht das neue Bette des Neckers noch hinauf etwa verlängert, als man in dieser Abhandlung vorgeschlagen hat. In diesem Fall könnte man vielleicht auch Ilbesheim und Seckenheim vor den Verwüstungen der Überschwemmungen sichern, welche aber wohl schwerlich anderst wird geschehen können, als man nach den Grundsäzen und Vorschlägen verfährt, der in den vorliegenden Beweisen entwickelt und auseinandergesezet sind."

Neben den Durchschnitten der Neckarplatte bei Feudenheim und der Neuwiese bei Mannheim ist für Collini der Hochwasserschutz für Stadt und Festung Mannheim erst mit dem Durchstich bei Ilvesheim/Seckenheim vollständig.

Seite 22 und 23 schließt Collini seine Gedanken zur Lösung der Hochwasserproblematik mit folgenden Sätzen: „Diese Betrachtungen über den Lauf des Neckers bei Mannheim haben mir um so wichtiger geschienen, als dieser Fluß, wenn er seinen gegenwärtigen Lauf behält, das größte Ungemach über die ganze Gegend verbreiten muß. Das Mittel, welches ich hier vorgeschlagen habe, ist kein neuer blos theoretischer Gedanke, welcher erst durch die Uebung das Gepräge der Aechtheit und Nuzbarkeit erhalten muß; es ist schon unzählige Male mit dem besten Erfolge angewendet, und von allen, die es gebraucht haben als unverwerflich

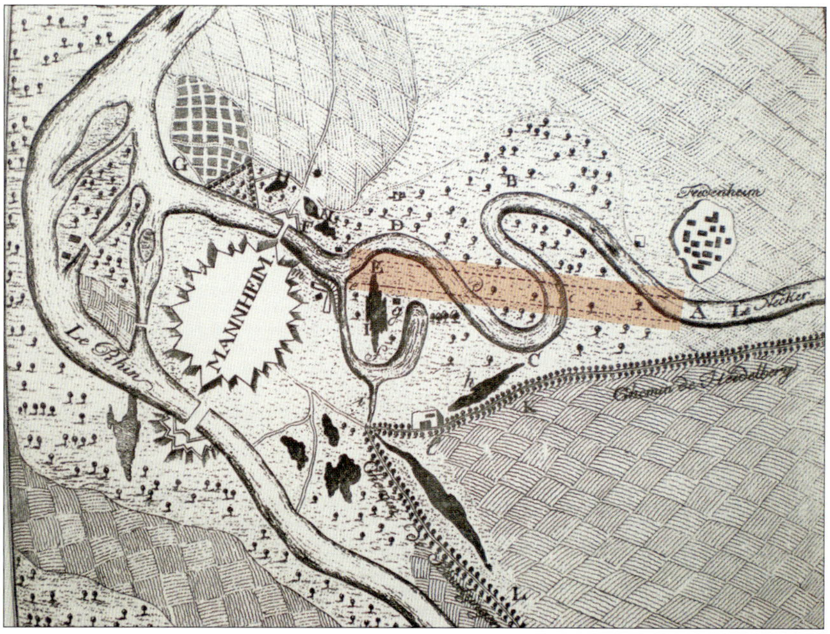

Abb. 9
Vorschlag von C. A. Collini (gestrichelte Linien, hier rot unterlegt) in seiner „Memoire sur les inondations du Neckar pres Mannheim avec preuves et eclaircissements. Tire du Tome VI Physique des Memoire de l'Academie Electoral des Sience de Mannheim"
Mannheim 1789
Aus: Der Neckar in alten Karten, Badische Landesbibliothek Karlsruhe 1988, S. 127

angepriesen worden. Das Beste bewog mich allein, diese Bemerkungen zu machen. Ich habe diesen Fluß oft betrachtet, ich habe ihn unter verschiedenen Umständen, wenn nämlich sein Wasser klein, wenn es dem Ufer zugleich, wenn es über dasselbe ausgetretten war, mit der großen Aufmerksamkeit beobachtet. Ich habe also nicht vernachlässiget, was mich dem ausgesteckten Ziele näher bringen konnte. Der Beifall derer, die an der Sache Antheil nehmen, sey meine Belohnung."

Soweit Collini, der die Ursachen der Hochwasserkatastrophen gut beschreibt und die notwendigen Folgerungen zieht.

Diese wasserbauliche Darstellung ist die einzige dem Verfasser bekannte wasserbautechnische Grundlage für die künftige Neckarkorrektion zum Schutz von Festung und Stadt Mannheim. Im Grundsatz ist dies schon der von Johann Andreas von Traitteur und von Jakob Arnold Dyckerhoff zusammen mit seinem Sohn Friedrich Christoph Dyckerhoff ab 1789 realisierte Plan der Großen Neckarkorrektion.

4.2 Planungen in den Jahren 1785 bis 1790

4.2.1 Geplante Durchschnitte 1785

Besonders gefährdet waren die Bereiche der Bartholomäusbastion und der Simonsbastion – heute bei den Quadraten Q 5 bis T 5 – am damaligen Rosengarten. Ingenieurleutnant Steimig erarbeitete einen Entwurf für zwei Durchschnitte, links des Neckars beim Rosengarten und rechts des Neckars bei der Schafweide, mit einer Zeichnung vom 12. August 1785 und einer ausführlichen Beschreibung vom 22. April 1788.[23] Der Stadtrat und Sachverständige hielten dies für unzureichend und forderten in Anlehnung an die Betrachtungen von Collini die Durchschnitte der Neckarschleifen bei der Neuwiese und beim Feudenheimer Neckarplatt.[24] Diese beiden Durchstiche werden Bestandteil der Ausführungsplanung von 1790.

4.2.2 Ausführungsplanung 1790

Nach den mit hohem Schaden verbundenen Hochwässern und Eisgängen 1784 und 1789 sollten Festung und Stadt Mannheim sowie die neckaraufwärts gelegenen Gemeinden Ilvesheim, Seckenheim und Feudenheim dauerhaft vor solchen katastrophalen Naturereignissen geschützt werden. Aus damaliger Sicht waren folgende Maßnahmen zu betrachten:

- Durchschnitt der Neckarschleife Ilvesheim/Seckenheim,
- Erhöhung der Chaussee nach Heidelberg bis etwa zur Feudenheimer Fahrt,
- Durchschnitt der Neckarplatte bei Feudenheim,
- Durchschnitt der Neuwiese bei Mannheim,
- ein kleiner Durchschnitt beim Rosengarten,
- ein kleiner Durchschnitt an der Schafweide,
- die Schleifung der Neckarschanze am rechten Neckarufer.

Am Flusslauf unterhalb der Neckarschanze waren bis zur Mündung in den Rhein keine Baumaßnahmen vorgesehen.

Die bereits 1789 begonnen Arbeiten an den Durchschnitten gingen offenbar nur stockend voran, weshalb der Kurpfälzische Regierungsrat nach der Sitzungsniederschrift vom 8. Januar 1790[25] um kurfürstliche Verfügung zur Sicherstellung eines zügigen Bauablaufs bittet.

Johann Andreas von Traitteur, J. A. Dyckerhoff und sein Sohn F. C. Dyckerhoff gliederten die Planung der kurpfälzischen Verwaltung in folgende Abschnitte:

- Erhöhung der Chaussee nach Heidelberg bis etwa zur Feudenheimer Fahrt,
- Durchschnitt der Neckarplatte bei Feudenheim,
- Durchschnitt der Neuwiese bei Mannheim,
- ein kleiner Durchschnitt beim Rosengarten,
- ein kleiner Durchschnitt an der Schafweide,
- die Schleifung der Neckarschanze am rechten Neckarufer oder Durchbruch des Bayerdammes mit nördlicher Umgehung durch einen Seitenkanal.

Am Flusslauf unterhalb der Neckarschanze waren bis zur Mündung in den Rhein keine Baumaßnahmen vorgesehen.

Diese Planung der kurpfälzischen Verwaltung kritisiert der pfalz-bayrische Generalmajor Chevalier Benjamin de Thompson in seinem Brief vom 18. Januar 1790[26] an den kurfürstlichen Statthalter in der Pfalz, Minister von Oberndorf. Chevalier de Thompson hatte nämlich gute Kenntnisse der örtlichen Situation und des Abflussverhaltens des Neckars, da er im Auftrag des Militärs Vermessungs- und Absteckungsarbeiten für den ersten Neckardurchschnitt von der Feudenheimer Fahrt bis zur Neuwiese (Durchschnitt des Neckarplatts) auszuführen hatte. Dies ist einem von J. A. Traitteur und Ingenieurcapitain Steimig aufgestellten Vermerk „Pro Memoria" vom 7. November 1789[27] zu entnehmen. Er betrachtete die Planung der Verwaltung als eine wasserbauliche und wirtschaftliche Fehlplanung. Da dem Neckar die natürlichen Retensionsflächen durch die Erhöhung der Chaussee nach Heidelberg genommen werden, könnten bei Hochwasser große Wassermengen mit hoher Schleppkraft auf den Bereich von Festung und Stadt Mannheim zukommen. Unterhalb der Neckarbrücke strömt das Neckarwasser in die Mühlau und die Rheinmündung. Bei gleichzeitig hohem Rheinwasserstand kommt es zum Rückstau in die Mühlau mit Ablagerungen von Sand und dem Entstehen von Inseln im Mündungsbereich.

De Thompson schlägt folgende Alternative vor:

- Anlage eines ca. 500 bis 600 Schuh (150 bis 180 m) breiten Abzugskanals über die Felder neben dem Sandbuckel mit Ablauf bei Überschwemmungen in den tiefer liegenden Rhein. Dazu sollte die Chaussee nach Keferthal[28] geöffnet werden, die ohnehin öfters vom Neckar durchbrochen wird.
- Schutz der Neckargärten und der anstoßenden Felder durch einen zum Sandbuckel parallel verlaufenden Damm
- Verzicht auf die Durchstiche des Neckars bei Feudenheimer Allmend/Neuwiese und Rosengarten/Pfeiferswörth
- Erhalt der Neckarschanze

Nach der kurfürstlichen Entscheidung vom 24. Februar 1790[29] soll der Verwaltungsentwurf Traitteur/Dyckerhoff ausgeführt werden, wobei die Interessen der Gemeinden Feudenheim, Seckenheim und Neckarau zu beachten seien. Dies könnte bedeuten, die landwirtschaftlich genutzten Felder zu schützen und diese nicht, wie de Thompson vorsah, als Retensionsflächen im Hochwasserfall zu nutzen.

Der kurpfälzische Regierungsrat hat sich, wie aus den Akten des Generallandesarchivs Karlsruhe zu ersehen, intensiv mit dem Planungsvorschlag Traitteur/F. C. Dyckerhoff auseinandergesetzt. Zwei Punkte erschienen dabei wichtig:

Ist der Durchschnitt bei Ilvesheim/Seckenheim zwingend erforderlich? Für Collini ist dieser Durchstich ein wesentlicher Bestandteil des Hochwasserschutzes.

Muss die Neckarschanze zurückgesetzt werden oder kann als Alternative der sogenannte „Bayer Damm", die erhöhte Keferthaler Chaussee, durchbrochen werden?

Dies und die Kritik des Chevalier de Thompson in seinem Schreiben vom 18. Januar 1790 wurden in der Besprechung des kurpfälzischen Regierungsrats vom 26. März 1790[30] eingehend behandelt. Grundlage war ein Bauplan, der leider in keiner Akte aufzufinden ist. Das Besprechungsergebnis lässt sich wie folgt zusammenfassen:

- Die Versetzung der Neckarschanze ist die bessere Lösung, da dem Neckar ein uneingeschränkter Abfluss ermöglicht werde. Falls diese Lösung auf Schwierigkeiten stößt, könnte die Durchschneidung des Bayerdammes (Keferthaler Chaussee) und damit die nördliche Umgehung mit einem Kanal in Betracht gezogen werden. Heute ist dies der Bereich des Alten Messplatzes (Abb. 10).
- Die Dammanlage am Keferthaler Sandbuckel, die auch de Thompson in seinem Vorschlag vom 18. Januar 1790 benannte, wird abgelehnt.
- Der Vorschlag Traitteurs für gerade Durchschnitte zwischen der Feudenheimer Fahrt und der Neckarbrücke wird angenommen.
- Der Durchschnitt bei Seckenheim wird zurückgestellt, da durch die beiden Durchschnitte unterhalb Feudenheims für Mannheim eine ausreichende Sicherheit gegeben sei.

Die Stadt Mannheim kann keine Kosten für den Hochwasserschutz übernehmen. Sie hofft, dass die kurfürstliche Regierung diese weitgehend übernimmt. Später wurde mit kurfürstlichem Erlass vom 6. Oktober 1791[31] der Stadt Mannheim ein Vorschuss durch die kurpfälzische Hofkammer angewiesen.

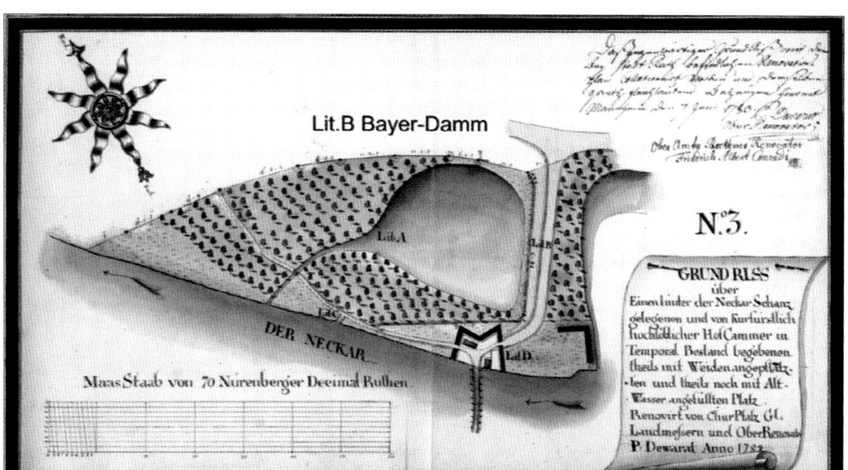

Abb. 10
Neckarschanze mit Bayerdamm
1782
Generallandesarchiv Karlsruhe, Sig. 66, Nr. 10703, H Mannheim 12

Heinrich Renschler

Die Militärbehörde soll angewiesen werden, zu dem Problem der Versetzung der Neckarschanze und der nördlichen Umgehung eine gutachterliche Stellungnahme abzugeben.

Der kurfürstlichen Regierung wurden sämtliche Akten mit Plan zu der Baumaßnahme vorgelegt. Gleichzeitig erging die Bitte, dass die Militärbehörde angewiesen werden solle, die Regierung bei der Ausführung zu beraten. Der zögerliche Fortgang der Bauarbeiten während der günstigen Jahreszeit, dem Sommer, führt zu einer scharfen Kritik des Kurfürsten im Erlass vom 10. Juni 1790.[32] Darin macht er die kurpfälzischen Stellen für mögliche eintretende Schäden verantwortlich. Am 15. Juni 1790[33] beriet deshalb der kurpfälzische Regierungsrat über die Ausführung des Hochwasserschutzes. Im Protokoll vom 15. Juni 1790 werden die wichtigsten Feststellungen des Gutachtens der Militärkommission vom 4. Mai 1790[34] wiedergegeben:

- Die Neckarschanze auf der rechten Neckarseite sei von äußerster Wichtigkeit und könne ohne Nachteil für die Festung nicht versetzt werden. Dies widerspräche auch den Grundsätzen der Fortifikation.
- Der Bayerdamm (Keferthaler Chaussee) soll nicht verändert werden; dadurch würden unnötige Kosten gespart und zudem könnten unvorhergesehne Ereignisse im Hochwassserfall Nachteile für die Residenzstadt bewirken.
- Es sollte ein Seitenabfluss des Neckars über die Keferthaler Chaussee am Sandbuckel mit einer Breite von 500 bis 600 Schuh (ungefähr 200 m) Breite hergestellt werden.

Diese Maßnahmen vertrat auch Generalmajor de Thompson in seinem Schreiben vom 18. Januar 1790 an Minister von Oberndorff.

F. C. Dyckerhoff erachtete die Versetzung der Neckarschanze als die beste Lösung für den schadlosen Hochwasserabfluss, er sei aber auch mit dem Umgehungskanal an der Käfertaler Straße einverstanden, den das Militär vorschlägt.

Die Besprechungsteilnehmer machten der kurfürstlichen Regierung den Vorschlag, dass mit der Zurücksetzung der Neckarschanze oder der Abgrabung des Bayerdammes und des Umgehungskanals an der Käfertaler Straße erst begonnen wird, wenn der gerade Durchschnitt des Neckars von der Feudenheimer Fahrt bis zu Neckarbrücke fertig und etliche Hochwässer in den Durchschnitten bereits schadlos abgeflossen seien. Bei der späteren Ausführung stellte sich diese Frage dann nicht mehr, denn das kurpfälzische Militär maß der Neckarschanze keine Bedeutung mehr bei.

Auch über den Durchschnitt auf Ilvesheimer Gemarkung sollte später entschieden werden. Der kurfürstlichen Regierung wurden die gesamten Akten – Protokolle und Plan – zur Entscheidung vorgelegt. Sie waren dann Grundlage für die kurfürstliche Entscheidung. Carl Theodor erteilte am 19. Juni 1790 in einem Erlass die Genehmigung[35] mit Hinweisen zu den einzelnen Baumaßnahmen und auch der Finanzierung. Die drei wichtigsten Verfügungen sind:

Mit der Zurücksetzung der Neckarschanze oder der Abgrabung des Bayerdammes sowie der Ableitung des Neckars an der Käfertaler Straße wird erst begonnen, wenn der gerade Durchschnitt des Neckars von der Feudenheimer Fahrt bis zur Neckarbrücke vollständig fertig gestellt und etliche Hochwässer in den Durchschnitten schadlos abgeflossen sind.

F. C. Dyckerhoff hat die von J. A. Traitteur erstellte Gesamtplanung – die Durchschnitte und die Uferverwahrungen – zügig auszuführen.

Die Kasse der kurpfälzischen Hofkammer hat die von F. C. Dyckerhoff angeforderten Zahlungen zu leisten.

Aus den Akten ist ersichtlich, dass es auch nach der kurfürstlichen Verfügung vom 19. Juni 1790 über die Ausführung im Bereich der Neckarschanze zwischen J. A. von Traitteur und F. C. Dyckerhoff unterschiedliche Auffassungen gab. Der kurpfälzischen Regierung wird mit Erlass vom 28. Juni 1790[36] der Entwurf von J. A. Traitteur zurückgegeben und F. C. Dyckerhoff mit der Ausführung beauftragt. Dyckerhoff wurde die Möglichkeit gegeben, sich zu äußern, falls er gegen die Ausführung nach den von Traitteur'schen Vorstellungen Bedenken habe. Von Traitteur war sich offenbar mit der Militärbehörde einig, die Neckarschanze nicht zu versetzen und stattdessen einen Seitenabfluss des Neckars über die Keferthaler Chaussee am Sandbuckel mit einer Breite von 500 bis 600 Schuh (ungefähr 200 m) Breite herzustellen.

Der kurpfälzische Regierungsrat entschied in der Sitzung vom 6. Juli 1790[37] unter der Leitung des Präsidenten von Venningen, dass in diesem Punkt entsprechend der kurfürstlichen Verfügung vom 19. Juni 1790, Ziffer 1, zu verfahren sei; d.h. mit der Zurücksetzung der Neckarschanze oder der Abgrabung des Bayerdammes sowie der Ableitung des Neckars an der Käfertaler Straße darf erst begonnen wird, wenn der gerade Durchschnitt des Neckars von der Feudenheimer Fahrt bis zur Neckarbrücke vollständig fertig gestellt und etliche Hochwässer in den Durchschnitten schadlos abgeflossen seien. F. C. Dyckerhoff sah dies offenbar als eine Niederlage an, er wollte sofort die Zurücksetzung der Neckarschanze.

1 Friedrich Facius: Hafenbau und Flusskorrektion, Sonderdruck Mannheimer Hefte 1981/2, S. 70.
2 Hans Weckesser: Mannheimer Stadtgeschichte(n), Mannheimer Morgen 06./07.09. 1997.
3 Friedrich Walter (Hrsg): Mannheim in Vergangenheit und Gegenwart 1607-1907, 3 Bände, Mannheim 1907, Band 1, S. 138.
4 Ebd. S. 205.
5 Facius, wie Anm. 1, S. 67.
6 Walter, wie Anm. 3, S. 206.
7 Ebd. S. 347.
8 Ebd. S. 368, 369.
9 Ebd. S. 374.
10 Facius, wie Anm. 1, S. 67.
11 Ebd. S. 69.
12 Mannheimer Geschichtsblätter, IV. Jahrgang, 1905, Sp. 69 und 70.
13 Walter, wie Anm. 3, S. 719-721.
14 Ebd. S. 721.
15 Sr. Durchlaucht zu Pfalzbaiern Hof- und Staatskalender 1789, S. 131.
16 Ebd. S. 162.
17 Ebd.
18 Ebd. S. 71 und S. 105.
19 Walter, wie Anm. 3, S. 715.
20 Cosimo Alessandro Collini, Vortrag „Über die Überschwemmungen des Neckars bei Mannheim mit Beweisen und Erläuterungen" aus dem Französischen übersetzt in der Neuen Hof- und Akademischen Buchhandlung 1790, StadtA MA - ISG, Sig. A 17/5.
21 Jörg Kreutz: Cosimo Alessandro Collini (1712-1806). Ein europäischer Aufklärer am kurpfälzischen Hof, Ubstadt-Weiher 2009, S. 401.
22 Ebd. S. 401.
23 Generallandesarchiv Karlsruhe 213/3172 Damm und Reparation Stadt Mannheim.
24 Walter, wie Anm. 3, S. 723.
25 Generallandesarchiv Karlsruhe Bestand 229 Nr. 28319: Den nötig erscheinenden Durchschnitt des Neckars überhalb der Feudenheimer Fahrt 1789-1798.
26 Ebd.
27 Ebd.
28 Generallandesarchiv Karlsruhe Abt. Mannheim Specialia 213/3165. Sanierung an der Keferthaler Chaussee. Schreiben des Rats der Stadt Mannheim vom 17.08.1789.
29 Generallandesarchiv Karlsruhe, wie Anm. 25.
30 Ebd.
31 Generallandesarchiv, wie Anm. 25.
32 Generallandesarchiv, wie Anm. 25.
33 Generallandesarchiv, wie Anm. 25.
34 Generallandesarchiv, wie Anm. 25.
35 Generallandesarchiv Karlsruhe Abt. Mannheim Specialia 213/3169, Acta den Neckar Durchschnitt dahier betreffend 1789-1790.
36 Generallandesarchiv, wie Anm. 25.
37 Ebd.

Alfred Storch

Ein Initiativantrag „von außen", der im letzten Kriegsjahr 1918 die Handelshochschule Mannheim um einen „nicht vorgesehenen" Lehrstuhl für Philosophie, Psychologie und Pädagogik bereicherte

Im März 1918 rief Oberbürgermeister Theodor Kutzer die Versammlung des Bürgerausschusses ein. Entschieden werden sollte unter anderem über einen außergewöhnlichen Stadtratsbeschluss, der die „Errichtung einer hauptamtlichen Dozentur für Philosophie, Psychologie und Pädagogik an der Handelshochschule" vorsah (Abb. 1).

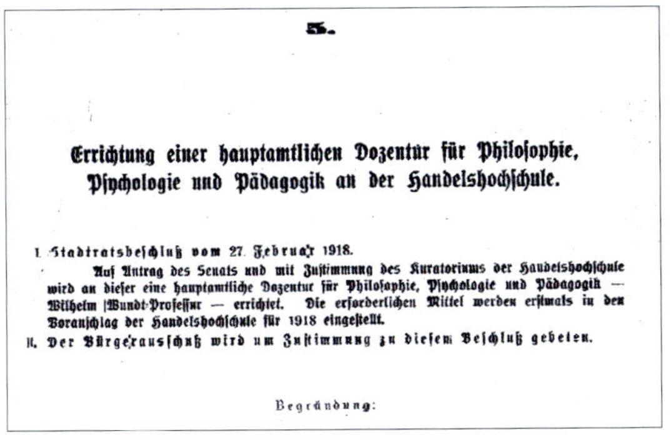
5.

Errichtung einer hauptamtlichen Dozentur für Philosophie, Psychologie und Pädagogik an der Handelshochschule.

I. Stadtratsbeschluß vom 27. Februar 1918.
Auf Antrag des Senats und mit Zustimmung des Kuratoriums der Handelshochschule wird an dieser eine hauptamtliche Dozentur für Philosophie, Psychologie und Pädagogik — Wilhelm Wundt-Professur — errichtet. Die erforderlichen Mittel werden erstmals in den Voranschlag der Handelshochschule für 1918 eingestellt.
II. Der Bürgerausschuß wird um Zustimmung zu diesem Beschluß gebeten.

Begründung:

Abb. 1
Stadtratsbeschluss vom 27. Februar 1918, Tagesordnungspunkt 5 „Errichtung einer hauptamtlichen Dozentur"
UA MA 1 Nr. 89 , Lehrstuhl für Psychologie

Nach einer zum Teil sehr kontrovers geführten Debatte auf der Grundlage des Stadtratsbeschlusses stimmte der Bürgerausschuss der hauptamtlichen Dozentur mehrheitlich zu. Somit wurde die Errichtung des Lehrstuhls – vor einem Jahrhundert – im März 1918 beschlossen und er konnte zum Sommersemester 1919 besetzt werden (Abb. 2).

In der Gründungszeit „nicht in Aussicht genommen gewesen"

In einer weichenstellenden Kuratoriumssitzung im Jahr 1917 war auch Professor Eberhard Gothein, der in engem Zusammenwirken mit Oberbürgermeister Otto Beck als Spiritus Rector der Handelshochschule gilt, anwesend. Er konstatierte, rückblickend auf das Jahr 1907, als die Handelshochschule ihren vollen Lehrbetrieb aufnahm, war eine solche hauptamtliche Dozentur „nicht in Aussicht genommen gewesen". Aber nun, zehn Jahre später, sollte nach Gothein „in der Vaterstadt Wilhelm Wundts [...] eine derartige Dozentur unbedingt errichtet werden."[1] (Abb. 3)

Die im darauffolgenden Jahr tatsächlich geschaffene und nach Wilhelm Wundt benannte Dozentur blieb angesichts ihrer besonderen Fächerkombination der „Philosophie, Psychologie und Pädagogik" die einzige, die zu jener Zeit an einer deutschen Handelshochschule eingerichtet wurde (Abb. 4).

Die historischen Wurzeln des heutigen „Otto-Selz-Instituts" der Universität Mannheim werden nun unter der folgenden Leitfrage näher untersucht: Wer brachte den Stein zur Institutsgründung auf welche Art und Weise ins Rollen? Im Fokus der Abhandlung steht folglich der Beginn des mehrjährigen Entstehungsprozesses dieser besonderen hauptamtlichen Dozentur an der Handelshochschule Mannheim.

Die Fachdisziplinen „Philosophie, Psychologie und Pädagogik" wurden im Senat erstmals – jedoch eher beiläufig – am 15. Oktober 1912 im Rahmen „einer allgemeinen Besprechung" des Haushaltsvoranschlags für das Jahr 1913 thematisiert. Angesichts der Bedeutung des Warenhandels in Mann-

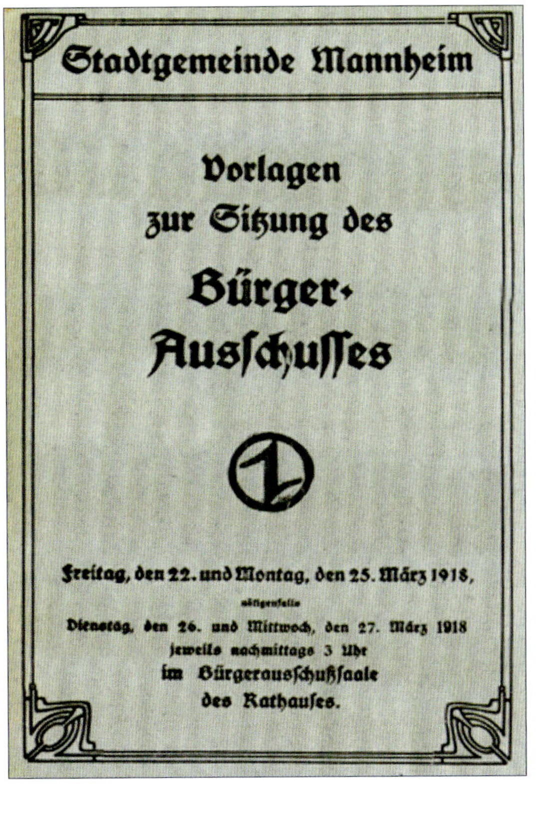
Stadtgemeinde Mannheim

Vorlagen zur Sitzung des Bürger-Ausschusses

1

Freitag, den 22. und Montag, den 25. März 1918,
nötigenfalls
Dienstag, den 26. und Mittwoch, den 27. März 1918
jeweils nachmittags 3 Uhr
im Bürgerausschußsaale
des Rathauses.

Abb. 2
Vorlagen zur Sitzung des Bürgerausschusses am 22. und 25. März 1918
UA MA 1 Nr. 89 , Lehrstuhl für Psychologie

Abb. 3
Eberhard Gothein, Mitbegründer der Handelshochschulen Köln und Mannheim
http://www.egs-mannheim.de/cms/index.php?id=56

Abb. 4
Der in Neckarau geborene Mannheimer Ehrenbürger Wilhelm Wundt
StadtA MA - ISG, Bildsammlung KF 022987

heim könne laut Senatsprotokoll „[...] die Errichtung einer hauptamtlichen Dozentur für Warenkunde nicht mehr länger hinausgeschoben werden". Folglich wurde mit einhelliger Unterstützung des Senats der bisherige Leiter des „warenkundlichen Unterrichts" Dr. Viktor Pöschl bereits zum Wintersemester 1913/14 zum hauptamtlichen Dozenten und Direktor des schon 1912 gegründeten „Instituts für Warenkunde" berufen.[2] Wohl beantragte man „Mittel für Vorlesungen über Philosophie, Psychologie und Pädagogik", ein „Lehrstuhl" mit dem ungewöhnlichen Fächertriplet „Philosophie, Psychologie und Pädagogik" lag damals aber nicht im Diskussions- und Vorstellungshorizont, weder des Senats noch des Kuratoriums. Auch die Bemühungen des Senats, sich mittels öffentlicher Bildungsangebote mit der Stadtgesellschaft zu vernetzen, lassen eine solche Lehrstuhlinitiative nicht erkennen, wie nun gezeigt werden soll.

„um die Allgemeinheit mehr für die Handelshochschule zu interessieren"

Seit Anfang 1913 stellte sich eine gesondert eingerichtete, von Professor Max Rumpf geleitete Senatskommission der „Volksbildungsfrage", um diese in Form eines „öffentlichen Vortragswesens" in Angriff zu nehmen. Durch eine solche Veranstaltung gelte es, die noch junge Handelshochschule „bekannter und volkstümlicher" zu machen, „um die Allgemeinheit mehr für die Handelshochschule zu interessieren". Alsbald schloss sich der Senat der ultimativen Einschätzung seiner Kommission an, falls ein an die Bürgerschaft gerichtetes „öffentliches Vortragswesen" nicht auf den Weg gebracht werde, zukünftig „der Bürgerausschuss jede Anforderung der Handelshochschule als eine lästige Sache [...] betrachten wird".[3] Angesichts der Abhängigkeit der Handelshochschule von der begrenzten Finanzkraft und Zuwendungsbereitschaft der Stadtgesellschaft sowie alarmiert durch die zurückgehende Hospitanten- und Gasthörerzahl aus der Mannheimer Bevölkerung entwarf die Senatskommission eine Denkschrift „Über das Mannheimer Vortragswesen".

Auf deren Grundlage vereinbarte das Kuratorium unter Vorsitz von Oberbürgermeister Paul Martin (Abb. 5) Ende Mai 1913 unter anderem:

- Ab Wintersemester 1913/14 für nicht-studentische Besucher kostenpflichtige Vortagszyklen in zwei Ausrichtungen anzubieten.
- Eine eher „volkstümliche für breitere Schichten

Abb. 5
Oberbürgermeister Paul Martin
StadtA MA - ISG, Bildsammlung KF 016126

der einheimischen Bevölkerung Mannheims", um die namentlich genannten Zielgruppen „Kaufleute", „Arbeiter" und „Frauen" beruflich (weiter-) zu qualifizieren.

- Eine zweite, eher „wissenschaftsorientierte" Variante, mit dem Anspruch, ebenfalls berufliche Qualifizierungen zu flankieren, vor allem aber zur Allgemeinbildung des gehobenen Bürgertums beizutragen.
- Für den zweiten Vortragstypus, der besonders die an der Handelshochschule nicht vertretenen Fachgebiete der „Kulturwissenschaften" präsentieren sollte, auswärtige „Persönlichkeiten von wissenschaftlichem Rang" als Referenten zu gewinnen.[4]

„eine wirkliche Bildungsanstalt, nicht nur eine Vermittlerin spezieller Kenntnisse"

Beide Vortragsangebote waren auch für die Vollstudierenden der Handelshochschule bei „freiem Eintritt" gedacht. Denn wie in der Denkschrift „Über das Mannheimer Vortragswesen" bedauernd ausgeführt, konnte im aktuellen Studium die Möglichkeit, „allgemeine Bildung zu erwerben", nicht geboten werden. Bezugnehmend auf diese im Vergleich mit anderen Hochschulen defizitäre Lehrsituation stellt die Denkschrift fest: „[...] so wird auch die Handelshochschule Mannheim sich nicht der berechtigten Forderung entziehen dürfen, eine wirkliche Bildungsanstalt, nicht nur eine Vermittlerin spezieller Kenntnisse zu sein."[5] Die „berechtigte Forderung", als Hochschule „wirkliche Bildungsanstalt" sein zu wollen, wird allerdings weder konkretisiert noch adressiert. Die Denkschrift bescheidet sich stattdessen mit bloßen Hinweisen auf „regelmäßige Vorlesungen und Abteilungen allgemeinwissenschaftlicher Art", die an technischen Hochschulen wie zum Beispiel in Karlsruhe bereits verwirklicht seien, sowie auf bestehende „eigene Professuren für Philosophie und Geschichte" an einzelnen (Handels-) Hochschulen im Reich. Jedoch wurden solche beneideten Ausstattungen in dem für die Personalbesetzung der Handelshochschule Mannheim zuständigen Kuratorium[6] weder in Erwägung gezogen noch satzungsgemäß auf dem Dienstweg beantragt.

Die Haltung des Senats, die defizitäre Position im Hochschulvergleich nur beklagend hinzunehmen, hatte gewiss „auch" mit dem Tatbestand zu tun, dass die Handelshochschule allein durch die Bürger der Stadt Mannheim finanziert wurde.[7] Angesichts der beschränkten Finanzlage versicherte der Senat in seiner Denkschrift, durch den geplanten „Ausbau des Vortragswesens" keine Erweiterung der gegebenen Lehrstuhlstruktur zu beabsichtigen, indem er betont: „Diese Pläne, die wir hiermit unterbreiten, stellen lediglich eine organische Fortbildung derjenigen Einrichtungen der Handelshochschule dar, die bisher gepflegt wurden."[8]

„ein Bestreben, das sich schon 1913 zu Anträgen an die Stadt und die Hochschulleitung verdichtet hat"

In dieser Situation, am Fuße der Planung und Vereinbarung des „Öffentlichen Mannheimer Vortragswesen(s)", traf ein Schreiben, datiert auf den 27. Mai 1913, sowohl bei der Leitung der Handelshochschule als auch beim Oberbürgermeister der Stadt ein. Es übermittelte von der „pädagogischen Kommission" der „Freien Lehrerkonferenz Mannheim" (FLM) ausgearbeitete „Vorschläge zur Volksschulfrage", mit dem als gesondertem Punkt angefügten „Aufruf des Deutschen Lehrervereins".[9] Der Vorsitzende des „Mannheimer Bezirkslehrervereins" Nerz und Schriftführer Schmolck stellen in Ihrem Begleitschreiben fest, man gestatte sich, die Anträge der FLM zur Volksschulreform vorzulegen (Abb. 6).

Ein Initiativantrag von „außen"

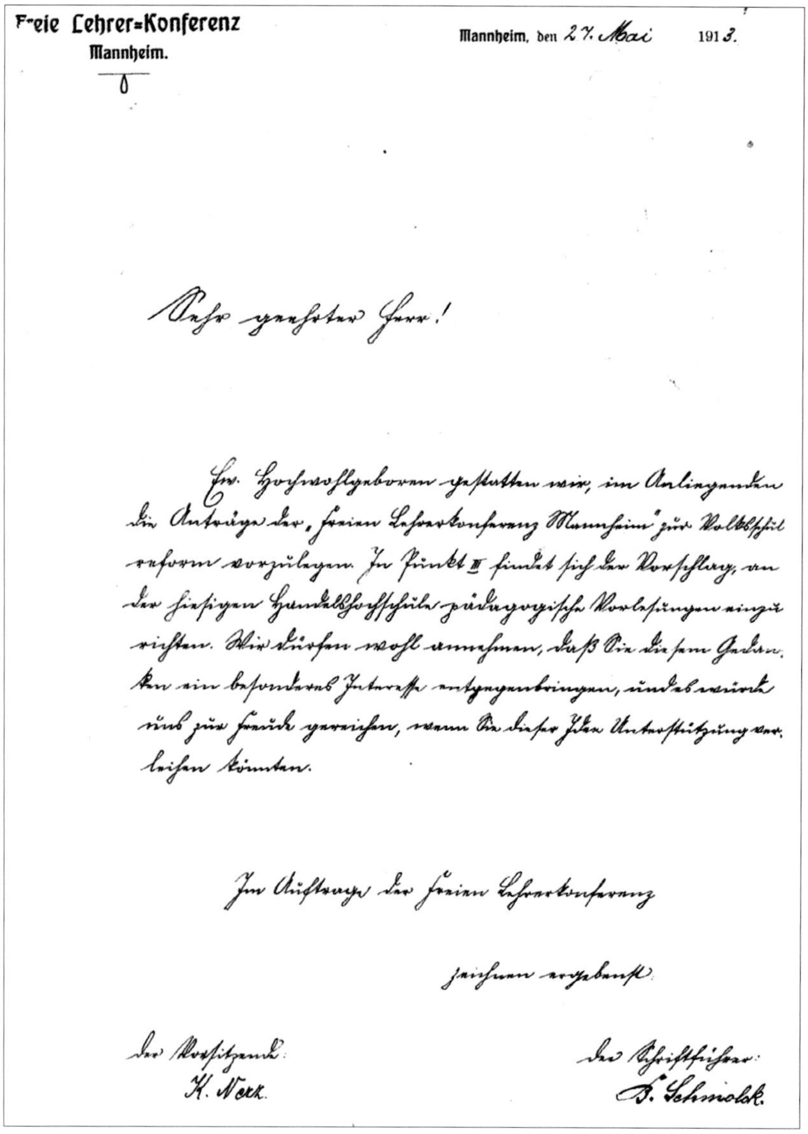

Freie Lehrer-Konferenz
Mannheim.

Mannheim, den 27. Mai 1913.

Sehr geehrter Herr!

Ew. Hochwohlgeboren gestatten wir, im Anliegenden die Anträge der „freien Lehrerkonferenz Mannheim" zur Volksschulreform vorzulegen. In Punkt II findet sich der Vorschlag, an der hiesigen Handelshochschule pädagogische Vorlesungen einzurichten. Wir dürfen wohl annehmen, daß Sie diesem Gedanken ein besonderes Interesse entgegenbringen, und es würde uns zur Freude gereichen, wenn Sie diesem Plan Unterstützung verleihen könnten.

Im Auftrage der freien Lehrerkonferenz

zeichnen ergebenst

Der Vorsitzende: H. Nerk.

Der Schriftführer: A. Schmolck.

Vorschläge der
„Freien Lehrerkonferenz Mannheim" zur Volksschulfrage.
Ausgearbeitet von ihrer „Pädagogischen Kommission".

Abb. 6 (oben)
Begleitschreiben des Mannheimer Bezirkslehrervereins zur Volksschulreform
UA MA 1 Nr. 89, Lehrstuhl für Psychologie

Abb. 7 (unten)
UA MA 1 Nr. 89, Lehrstuhl für Psychologie

Bereits der Titel der im Begleitschreiben zu „Anträgen" erhobenen „Vorschläge zur Volksschulfrage" lässt darauf schließen, dass es sich bei der FLM und ihrer „Pädagogischen Kommission" um Organisationen der „Volksschullehrerschaft" Mannheims handelt (Abb. 7). Sie waren wesentliche Gremien des regionalen „Bezirkslehrervereins Mannheim", einer lokalen Untergliederung des „Badischen Lehrervereins", der als Berufsorganisation bereits im Jahre 1891 mit ca. 3.600 Mitgliedern nahezu alle badischen Volksschullehrer repräsentierte.[10] Der „Deutsche Lehrerverein" (DLV) vertrat als Dachverband – obwohl für Lehrpersonal aller Schularten offen – faktisch die Interessen der Volksschullehrerschaft des Reiches (Abb. 8).

Um 1900 organisierte der DLV bereits über 80 aller protestantischen Lehrkräfte und verzeichnete zwischen 1900 und 1914 einen rapiden Zuwachs von 100.000 auf 131.748 Vereinsmitglieder.[11] In jener Zeit revidierte er seine satzungsmäßige Zielsetzung, allein mit schulpolitischen Maßnahmen die „Förderung der Volksbildung durch Hebung der Volksschule" zu verfolgen. Die Unzufriedenheit der Volksschullehrerschaft mit ihrer pädagogisch-psychologischen Berufsqualifikation veranlasste den DLV in oben erwähntem „Aufruf", seine regionalen Vereine zu eigenständigen Fachvorträgen, aber auch zu institutionellen Initiativen zu ermuntern. Keineswegs zufällig richtete sich folglich das Interesse der organisierten Volksschullehrerschaft Mannheims in Gestalt der Antragsinitiative an die Handelshochschule. Möglicherweise auch deshalb, weil im Rahmen der Denkschrift über das „öffentliche Vortragswesen" als Antwort auf die „Volksbildungsfrage" kein Angebot zur „pädagogischen Lehrerbildung" vorgesehen war.

So gesehen bot die „Denkschrift über das Mannheimer Vortragswesen" eine willkommene „Steilvorlage" für den Bezirkslehrerverein, um durch seine Antragsinitiative einen auf das Bildungsfach „Pädagogik" zentrierten Institutionalisierungsprozess an der Handelshochschule in Gang zu setzen. Durch die beabsichtigte „pädagogische" Schwerpunktsetzung der „Öffentlichen Vorlesungen bzw. Vortragszyklen" und eine auf „Schulreform und Lehrerbildung bezogenen Dozentur" ging die Antragsinitiative erheblich über den gerade zwischen Stadtspitze und Handelshochschule abgesprochenen Rahmen des „Öffentlichen Mannheimer Vortragswesens" hinaus.

Doch kann diese im Jahr 1913 an die Leitung der Handelshochschule und an den Oberbürgermeister als Vorsitzendem des Kuratoriums herangetragene Initiative als erster Anstoß für eine Institutsgründung im Sinne der eingangs formulierten Fragestellung gewertet werden?

Offensichtlich ja, wie ein Blick in die Beschlussvorlage des Stadtrates, die dem Bürgerausschuss 1918 zur Entscheidungsfindung über die Einrichtung einer hauptamtlichen Dozentur diente, erkennen lässt. Dort wird in der Begründung für eine Dozentur auf die Initiative der FLM im Jahre 1913 wie folgt Bezug genommen: „Seit Jahren ist vielmehr das Bestreben der Mannheimer Lehrerschaft auf die Angliederung psychologisch-pädagogischer Einrichtungen an die Handelshochschule gerichtet, ein Bestreben, das sich schon 1913 zu Anträgen an die Stadt und die Hochschulleitung verdichtet hat [...].“[12]

Dem im Jahre 1913 vorgebrachten Anliegen der FLM und ihres Bezirkslehrervereins wird damit eindeutig „Erst-Antragsstatus“ zugebilligt. Erst Jahre später (1916 und 1917) wurden seitens des Senats Antragsverfahren gemäß der bestehenden Hochschulsatzung auf den Weg gebracht. Dieser Sachverhalt ist auch insofern bedeutsam, als die zitierte Vorlage des Stadtrates für den Bürgerausschuss von Professor Sigmund Schott (Abb. 9) in Absprache mit dem Kuratoriumsvorsitzenden Oberbürgermeister Theodor Kutzer (Abb. 10) verfasst und von beiden unterzeichnet wurde.[13]

Bereits seit dem Jahr 1897 Leiter des Statistischen Amtes der Stadt Mannheim, wurde Schott von 1907 bis 1909 zusätzlich mit der Leitung der Handelshochschule als „Studiendirektor“ betraut. In den Folgejahren war er nicht nur als Lehrender an der Handelshochschule präsent, sondern zugleich an den durch die Antragsinitiative der FLM ausgelösten und sich über fünf Jahre hinziehenden Diskussionen um die Schaffung des Lehrstuhls in den Senatssitzungen aktiv beteiligt.

Wie dem obigen Zitat aus der Beschlussvorlage des Stadtrats gleichfalls zu entnehmen ist, stellte die Antragsinitiative des Mannheimer Volksschullehrerverbandes nicht nur eine „Initialzündung“ des institutionellen Gründungsprozesses dar. Offenbar setzte sie in der Folgezeit unter Einbezug der Lehrerschaft auch anderer Schularten Mannheims längerfristige Aktivitäten („Seit Jahren") in und außerhalb der Handelshochschule in Gang.

Schließlich beförderte sie die oben genannten formellen Antragstellungen des Senats und Rektors an das Kuratorium der Handelshochschule in den Jahren 1916 und 1917. In beiden Anträgen werden die Bestrebungen der „hiesigen Lehrerschaft“ argumentativ genutzt und im letztlich erfolgreichen Antrag von 1917 längere Textpassagen des Initiativantrags der FLM aus dem Jahr 1913 als Anlage beigefügt.[14]

Abb. 8
Organisationspyramide des Deutschen Lehrervereins (DLV)
Graphik: Verfasser

Angesichts des offensichtlichen Wirkungspotentials, das der Initiativantrag im Jahre 1913 und in den Folgejahren zu entfalten vermochte, soll nun die Art und Weise der Argumentation im damaligen Antragstext näher betrachtet werden. Zunächst wird der Begründungszusammenhang dargelegt, den die FLM zwischen ihrem reformpädagogischen Anliegen und der angestrebten Institutsgründung herstellte.

„die systematische Pflege der Eigentätigkeit des Kindes in allen Fächern“

Im Fokus des Antragstextes steht das Konzept der „Arbeitsschule“. Für dessen Einführung in die Schulpraxis wird ein pragmatisches Vorgehen empfohlen, nämlich mit der „Errichtung von Reform- oder Versuchsklassen“ zu beginnen. Ausführlich werden deren Rahmen- und Umsetzungsbedingungen beschrieben, um im Sinne der Arbeitsschulprinzipien „die systematische Pflege der Eigentätigkeit des Kindes in allen Fächern [...] und die Pflege der Selbstbestimmung des kindlichen und jugendlichen Gemeinschaftslebens“ zu fördern“.[15] (S. 1)

Durch „Reform- oder Versuchsklassen“ solle das Gelingen der Arbeitsschulreform „in engster Verknüpfung mit der Persönlichkeit des Lehrers“ angestrebt und den in Verantwortung genommenen Lehrkräften an der Schule vor Ort konsequenterweise „Mitbestimmungsrechte“ und in

Abb. 9 (links)
Professor Sigmund Schott
StadtA MA - ISG, Bildsammlung GF 00055

Abb. 10 (rechts)
Oberbürgermeister Theodor Kutzer
StadtA MA - ISG, Bildsammlung KF 007649

pädagogisch-didaktischer Hinsicht „weitgehendste Freiheit gewährt werden". (S. 2)

Einerseits werden an dieser Stelle „von oben" applizierte Innovationen kritisch beurteilt, da diesen meistens „die innere Kraft, die Festigkeit von Grund auf" fehlten (S. 2), andererseits sieht man den angestrebten Reformerfolg keineswegs allein durch pädagogisch-didaktische Freiräume für das Lehrpersonal, flankiert von stärker an der Lebenswelt der Kinder orientierten Lehrplänen, garantiert.

Auch deshalb wird zur Absicherung zielführender pragmatischer Reformschritte vorgeschlagen, zunächst mit der Errichtung exemplarischer Pilotklassen einzusteigen. Im Falle des Nicht-Erreichens ihrer innovativen Unterrichts- und Erziehungsziele wäre somit eine prophylaktische Schadensbegrenzung bedacht, im Falle des Erfolgs auf dem Weg „zu einer grundsätzlichen Reform der Schule ein erster und ernster Schritt getan, der [...] zu weiteren Reformversuchen ermutigen dürfte". (S. 3)

Indem die FLM folglich die erhoffte Ermutigung zu weiteren Reformversuchen an konkret vorweisbare Erfolge der Pilotklassen gebunden sieht, ist sie sich des hohen subjektiven Erfolgsdrucks und der notwendigen pädagogischen Qualifizierung dort unterrichtender Lehrkräfte bewusst.

„eine Art Seminar oder eine Stätte zur gegenseitigen Aussprache über spezielle Fragen der Pädagogik und Methodologie, zu pädagogischen Übungen unter Leitung eines Dozenten"

Unter Bezugnahme auf die auch von der Stadtspitze begrüßte Volksschulreform im Sinne des Arbeitsschulprinzips, wird im Text schließlich die Brücke von den vorgeschlagenen „Reform- bzw. Versuchsklassen" zu einer Institutsgründung an der Handelshochschule geschlagen. Freimütig wird angesichts der reichsweiten Arbeitsschuldiskussion festgestellt: „Erscheint nun die Frage der Arbeitsschule psychologisch und pädagogisch hinreichend begründet, theoretisch so ziemlich geklärt, so kann man nicht behaupten, dass über die praktische Lösung eine Übereinstimmung bis jetzt erzielt worden ist." (S. 1)

Daher könne die Lehrerschaft bei ihren pädagogischen Reformschritten im Schulalltag „festen Grund" und „Rückhalt" erfahren, „an einem wissenschaftlichen Institut, wie es die Mannheimer Handelshochschule darstellt". (S. 4)

Aufgabe der Stadt Mannheim sei hier in erster Linie, an ihrer Handelshochschule ein „vorbildliches Unternehmen" zu schaffen, um die „pädagogische Arbeit" des von ihr beschäftigten Lehrpersonals an den städtischen Schulen zu unterstützen, „wodurch diese Arbeit aus der Stufe der Versuche und des Tastens in sichere Bahnen gelenkt würde". (S. 4)

Für die Lehrerschaft erhoffte man sich jedoch nicht nur Orientierungshilfe und sichernde Begleitung in einem durch hohen Verantwortungs- und Erfolgsdruck geprägten Reformprozess. In wertschätzender Bezugnahme auf das Ideal der Autonomie der Hochschule als Stätte wissenschaftlicher Forschung und Lehre wird darüber hinaus selbstkritisch angemerkt: Es läge „in der Natur der Sache, dass sich die pädagogische Bewegung, wenn sie ganz auf sich selbst gestellt ist, in einseitiger Weise nach ihren isolierten Zielen ausbildet: ein wissenschaftlicher, objektiver und allseitiger Vortrag der Probleme und Lösungen kann nur von unabhängiger Seite erfolgen". (S. 4)

Der Handelshochschule wäre folglich „anheimzustellen", angesichts dieser Schwachstelle engagierter Schulpraxis, „eine Art Seminar oder eine Stätte zur gegenseitigen Aussprache über spezielle Fragen der Pädagogik und Methodologie, zu pädagogischen Übungen unter Leitung eines Dozenten" einzurichten. (S. 4) Sie käme damit den Bedürfnissen der gesamten Lehrerschaft und ihrem von Jahr zu Jahr wachsenden Bestreben entgegen, „die im Seminar erworbene pädagogische Ausbildung zu erweitern und zu vertiefen im Zusammenhang mit den im Beruf gewonnenen Erfahrungen". (S. 3)

Zugleich wird selbstbewusst der Stellenwert der Lehrerschaft für „das Gedeihen" des „Unternehmens Lehrstuhl" betont, indem mit der gewünschten (reform-)pädagogischen Weiterqualifizierung die Bereitschaft verknüpft wird, bei der praktischen Durchführung der Idee nach Kräften mitzuwirken. (S. 4)

Entsprechend sieht beispielsweise Otto Scheibner, Zeitzeuge und engagierter Vertreter der Arbeitsschulidee, deren Verwirklichung an „eine auf empirische Psychologie gegründete pädagogische Bildung" der Volksschullehrerschaft gebunden, stellt aber just in jenem Jahr 1913 fest: „Noch aber fehlen hierzu auf den Hochschulen die unerlässlichen Einrichtungen."[16]

Wie aber den damals nach Scheibner mit der Entwicklung der Arbeitsschulidee „lauter und dringlicher gewordenen Ruf" nach solchen Fort- und Ausbildungsinstituten auch in Mannheim nicht verhallen, sondern durch die Antragsinitiative der FLM Gestalt werden lassen?

Aus dem Antragsschreiben der FLM werden deshalb nun jene Textpassagen vorgestellt, die mit Erfolg die Interessenlage der adressierten Handelshochschule und Stadtpolitik antizipieren, um beide als Bündnispartner für eine Institutsgründung mit „pädagogischem" Profil zu gewinnen.

„Dieselbe Aufgabe läge der hiesigen Handelshochschule um so näher, als sie Handelslehrer auszubilden hat, die teilweise noch gar keine pädagogische Vorbildung mitbringen"

Offensichtlich hatte sich die FLM über das Vorhaben des „öffentlichen Vortragswesens", das der Senat in seiner „Denkschrift" im Februar 1913 formulierte, kundig gemacht. In ihrem Initiativantrag stellt sie in „drastifizierender" Weise die Lehrsituation der badischen Nachbarstadt der mangelnden „pädagogischen" Qualifizierung Mannheimer Studienanfänger gegenüber und nennt akuten Handlungsbedarf beim Namen: „Die technische Hochschule zu Karlsruhe lässt Pädagogik für Lehrpersonen vortragen: Dieselbe Aufgabe läge der hiesigen Handelshochschule umso näher, als sie Handelslehrer auszubilden hat, die teilweise noch gar keine pädagogische Vorbildung mitbringen." (S. 4) Damit nahm die Volkschullehrerschaft quasi schulartübergreifend die Ausbildungsinteressen der Studierenden des Handelslehramts in ihr Boot mit Kurs auf Schaffung einer hauptamtlichen Dozentur, von der sie sich im Eigeninteresse den offenen Zugang zu berufsrelevanten Veranstaltungen des „Faches Pädagogik" versprach.

Zahlte sich dieser keineswegs uneigennützige „Stellvertreter-Einsatz" für die pädagogisch-wissenschaftliche Handelslehrer-Ausbildung aus, um bei Senat und Stadt deren aktive Parteinahme für eine Institutsgründung zu erreichen?

Während der Senat in seiner Denkschrift „Über das Mannheimer Vortragswesen" im Jahr 1913 lediglich zum Ausdruck brachte, wie sehr er andere Hochschulen um deren eigene Professuren für „Philosophie und Geschichte" beneide, stellte er 1916 und erneut 1917 Anträge zur „Institutsgründung" und thematisierte nunmehr in aller Deutlichkeit den hochschulinternen Missstand einer Ausbildungslücke im „Pflichtfach Pädagogik" des Studiengangs für das Handelslehramt in Mannheim. Infolgedessen wird das von der FLM bereits in ihrem Antragstext 1913 deutlich markierte pädagogische Ausbildungsdefizit des Handelsschullehramts auch in der „Beschlussvorlage des Stadtrats" für die Errichtung der Dozentur im Jahr 1918 argumentativ wie folgt aufgegriffen: Die nur gelegentlich gebotenen pädagogischen Vorträge werden als eine „naturgemäß lückenhafte und summarische Art der Belehrung" und auf Dauer „unstatthaft" moniert.[17]

Beide, Stadtpolitik wie Senat, rekurrierten somit in affirmativer Weise auf die in der Antragsinitiative der FLM vorgebrachte Argumentation. Die Relevanz einer „pädagogisch" ausgerichteten Dozentur untermauerte die FLM jedoch nicht nur aus der Perspektive des Ausbildungsdefizits der Lehramtsstudierenden an der Handelshochschule.

„Das Interesse an Erziehungs- und Schulfragen ist ein ganz allgemeines geworden"

Auf die Kräftigung des Einzelnen wie der Gemeinschaft gerichtet, trage Reformpädagogik – so die Darlegungen der FLM – zum geistigen und materiellen Kulturgut und damit zum Wohl des Volkes im „Wettbewerb der Nationen" bei.[18] Auf diese Weise in den Dienst der Nation in einer globalisierten Welt gestellt, könne sich kein Staat und keine Gemeinde „dem Ansturm dieser Ideen" verschließen. (S. 1) Auch deshalb erweitere sich der Adressatenkreis der Dozentur über die Lehrerbildung hinaus auf die gesamte Stadtgesellschaft: „Das Interesse an Erziehungs- und Schulfragen ist ein ganz allgemeines geworden für alle diejenigen, welchen es um die Zukunft ihrer Kinder und die Erhaltung der geistigen Gesundheit der Nation ernstlich zu tun ist." (S. 4) Wie aber den Senat der Handelshochschule für eine Dozentur motivieren, die das Lehrfach „Pädagogik" an den aktuellen gesellschaftlichen Fragen und Erziehungsthemen der Großstadt Mannheim und der Nation orientieren würde?

„auf welche Weise der Vortrag der Pädagogik sich allgemeine Aufmerksamkeit sichern könnte"
Um ganz im Sinne von Stadtpolitik und Senat die Handelshochschule in der Stadtgesellschaft bekannter, ja populär zu machen, wird quasi eine pädagogisch-didaktische Expertise angeboten, „auf welche Weise der Vortrag der Pädagogik sich allgemeine Aufmerksamkeit sichern könnte". (S. 4) Von einem historischen und systematischen Vortrag der „Weltanschauungslehre" sei es nämlich nur „ein kleiner Schritt zur Bearbeitung der Lehre von der angewandten Weltanschauung: der Pädagogik". (S. 4) Werde folglich in den Veranstaltungen der Handelshochschule aufgezeigt, wie die Geschichte der obersten pädagogischen Prinzipien mit der Geschichte des Geistes und der Kultur „aufs innigste verwandt" seien, indem herausragende historische Persönlichkeiten der Pädagogik und exemplarische Stilepochen der Kunst und Literatur in ihren jeweiligen gesellschaftshistorischen Bedingungsgefügen vorgestellt würden, fänden in dieser Weise aufbereitete Themenkreise gewiss allgemeines Entgegenkommen bzw. Interesse, „mehr aber noch der Vortrag der Pädagogik im Zusammenhang mit den Kulturströmungen der Gegenwart, ihren geistigen Zielen und sozialen Nöten". (S. 4) Neben dieser Prioritätssetzung gelte es „ferner" die Prinzipienlehre der Pädagogik in den Rang allgemeinen Kulturgutes zu erheben, „denn schließlich sollte die Erziehung der Allgemeinheit soviel Aufmerksamkeit abzwingen, als die Kunst". (S. 4)

Das Fazit des gerafft wiedergegebenen pädagogisch-didaktischen Plädoyers der FLM: Eine hohe Resonanz in der Stadtgesellschaft erzielt ein Vorlesungsangebot, das eine den sozio-kulturellen Gegenwartsfragen verpflichtete Pädagogik präferiert, ohne damit den allgemeinen Bildungswert philosophisch-historischer Betrachtungen gänzlich in Abrede zu stellen.

„eine alte Klage, dass die Pädagogik auf den Hochschulen im allgemeinen nur mäßig vertreten ist"
Mit den skizzierten Empfehlungen, wie durch „Pädagogik und Erziehung" die Veranstaltung „Volksbildung" in Mannheim populär zu machen sei, signalisierte die FLM insofern Schulterschluss mit den „Vereinbarungen" des Kuratoriums und des Senats über das „Mannheimer Vortragswesen", als sie die dort verabredete Planung, im Rahmen der sogenannten Hochschulabende „für ihre Studenten und für Mannheims Bevölkerung die allgemeinbildenden Fächer vortragen zu lassen", zustimmend zitiert. (S. 4)

Zugleich nutzte die FLM diese beabsichtigte Öffnung des bisher auf das Wirtschaftsleben zentrierten Fächerspektrums an der Handelshochschule als Einfallstor für ihren Vorschlag eines öffentlichkeitswirksamen „pädagogischen" Fachvortrags. Dabei scheute sie sich nicht, die spärliche Existenz des Faches „Pädagogik" an Hochschulen im Reich zu markieren und den „geistig führenden Kreisen" die Verantwortung für die Verhinderung „pädagogischer" Lehrstühle zuzuschreiben, um bereits im nächsten Satz zu appellieren, „dass gerade darum hier eine Aufgabe und reiche Möglichkeit vorliegt, besonders für badische Verhältnisse". (S. 5) Die an den Senat gerichtete Botschaft, es liege nun quasi in seiner Hand, die Handelshochschule um das „Fach Pädagogik" zu bereichern und damit das Defizit in Mannheim wie im Land Baden zu lindern, ergänzte die FLM wiederum mit einer Empfehlung, nunmehr die „Wissenschaftskonzeption der Pädagogik" betreffend.

„dass die Pädagogik [...] zuerst einer breiten ethischen und geistesgeschichtlichen Grundlegung bedürfe"
Nach ihrer auf die Besitzstandswahrung der Lehrstuhlinhaber für das Fach Philosophie gemünzten Kritik ermahnt die FLM in eigener Sache die „Einseitigkeit" der anwachsenden pädagogischen Bewegung, der sie selbst angehört. Dementsprechend sei für das Forschungs- und Lehrfach „Pädagogik" eine „Ergänzung" vorzuschlagen. Diese tue Not, „nämlich in der Art, dass die Pädagogik nicht nur der zur Zeit stark betonten naturwissenschaftlichen und psychologischen, sondern zuerst einer breiten ethischen und geistesgeschichtlichen Grundlegung bedürfe". (S. 5)

Auch diese Schwerpunktsetzung trug dazu bei, dass sich die Pforte der Handelshochschule für eine solche Lehrstuhlkonzeption öffnete, trotz des Sachverhalts einer sich zunehmend empirischer Methodik bedienenden Reformpädagogik. Gegenüber einer philosophisch ausgerichteten

Pädagogik – wie im Antragstext der FLM skizziert – war der damalige Senat durchaus aufgeschlossen. Das offenbarte sich vehement in den Jahren 1917/18, als der Lehrstuhl in greifbare Nähe rückte und eine stärkere Gewichtung der „experimentellen Psychologie“ nun vor allem von betriebswirtschaftlicher Seite vertreten wurde. Die sich darüber entzündende senatsinterne Diskussion führte zu einer zeitweise überbordenden Konflikteskalation. Sie soll hier nur durch die euphemistisch anmutende Formulierung aus der Feder Sigmund Schotts in der schon mehrfach zitierten Beschlussvorlage des Stadtrats zur Begründung der Errichtung des Lehrstuhls im Jahre 1918 angedeutet werden. Hoffnungsvoll und versöhnend wird dort die „neue Dozentur für Philosophie und Psychologie“ mit dem Namen des Ehrenbürgers der Stadt Mannheim als „Wilhelm-Wundt-Professur“ bezeichnet, „dem ehrwürdigen Namen des anerkannten Meisters beider Wissenschaften, der ältesten und der jüngsten“.[19]

Bisher wurde der im Antragstext der FLM dargelegte Begründungszusammenhang zwischen dem zu schaffenden „pädagogischen“ Lehrstuhl und dem Reformanliegen der „Arbeitsschule“, sowie der dazu notwendigen berufsbegleitenden Qualifizierung der (Volksschul-)Lehrerschaft wiedergegeben. Darüber hinaus wurden im Text angewandte appellative und persuasive Strategien vorgestellt, die darauf abzielten unter Einbeziehung der Interessenslagen von Stadtpolitik und Handelshochschule diese als Unterstützer für die Institutionalisierung zu werben.

In den sich anschließenden Ausführungen soll veranschaulicht werden, wie die FLM die „Überzeugungskraft“ ihrer Argumentation durch die Referenz auf Verlautbarungen ihres reichsweit agierenden Dachverbandes, dem Deutschen Lehrerverein (DLV), zu optimieren wusste.

„ein Eroberungskampf zur Erschließung der Wege, die nach oben führen“ und die Pflicht, „auf die pädagogisch-wissenschaftliche Seite ihrer Arbeit noch mehr Gewicht zu legen als bisher“

Wohlüberlegt wurde der bereits im Februar 1913 erschienene „Aufruf des DLV“ als Bestandteil und Bezugspunkt dem Text der „Antragsinitiative“ hinzugefügt. Er kündigte nämlich eine programmatische Neuausrichtung des DLV an, die hier kurz skizziert werden soll. Zunächst konstatiert der „Aufruf“ nach einem Rückblick auf das erste Jahrhundert des Volksschullehrerstandes, das sich als „ein Befreiungskampf zurückhaltenden Gewalten gegenüber und als ein Eroberungskampf zur Erschließung der Wege, die nach oben führen“ darstellte, zum gegenwärtigen Zeitpunkt die gesetzten schulpolitischen und berufsständischen Ziele des DLV „noch keineswegs als erreicht gelten können“. (S. 5) Gleichwohl mache es die rege pädagogische Bewegung den Lehrervereinen nunmehr zur Pflicht, „auf die pädagogisch-wissenschaftliche Seite ihrer Arbeit noch mehr Gewicht zu legen als bisher“. (S. 5) Einer solchen qualifizierten Lehrerbildung bedürfe es, gerade um weiterhin die Aufgabe der „Förderung der Volksbildung durch Hebung der Volksschule“ nach Kräften zu betreiben. Für die „größeren Lehrervereine“ in den Städten empfehle sich, den bereits gelungenen Beispielen pädagogisch-psychologischer Institutsgründungen in München, Leipzig und Berlin nachfolgend, „besondere pädagogische Fachabteilungen“ einzurichten. Demgemäß stelle die „pädagogische Zentrale“ des DLV in Aussicht, die Lehrervereine nach Kräften bei der Gründung solcher Abteilungen „mit Rat und Tat unterstützen“. (S. 5)

Die hier proklamierte Unterstützungsbereitschaft des DLV und seiner „pädagogischen Zentrale“ nutzt die FLM, indem sie im Rahmen ihres Initiativantrags keinen Zweifel daran lässt, mit programmatischer und tatkräftiger Rückendeckung ihres Dachverbandes die beabsichtigte Institutsgründung für Mannheim zu betreiben. Ein Signal, das von Stadtpolitik und Handelshochschule gewiss registriert wurde. Gleichzeitig stellt sie klar, dass sie sich nicht nur zu den im „Aufruf“ angesprochenen „größeren Lehrervereine“ zählt. Sie hebt zudem die vereinsinterne Vorreiterrolle der Freien Mannheimer Lehrerkonferenz hervor, ganz im Sinne der „ausgerufenen“ Neuausrichtung des DLV, „innerhalb der badischen Lehrerschaft bahnbrechend vorangegangen zu sein“ und die dafür notwendige Strukturreform im „Badischen Lehrerverein“ schon im Oktober 1912 auf der Hauptversammlung in Konstanz bewirkt zu haben. (S. 4) Durchaus machtbewusst – aber ohne die „kämpferische“ Diktion des

„Aufrufs" – präsentiert sie ihre berufsqualifizierende Zielsetzung: „Hand in Hand mit einer mächtigen allgemeinen Bewegung auf dem Gebiete der Pädagogik", die sich im schulischen Engagement einzelner Lehrkräfte zeige, „mehr aber noch in korporativen Arbeiten, in der Gründung und Unterstützung wissenschaftlicher Institute". (S. 3) Infolgedessen zitiert der Initiativantrag seinerseits die im „Aufruf" des DLV als „nachahmenswerte" Beispiele genannten Institutsgründungen und fügt einen weiteren Berufungs- und Stadtentscheid hinzu, der gleichfalls durch das Betreiben der vor Ort organisierten Volksschullehrerschaft erreicht werden konnte: „Die Stadt Hamburg ist dem allgemeinen Bedürfnis nach Errichtung eines Lehrstuhls für Pädagogik entgegengekommen." (S. 3)

„das Streben in der Lehrerschaft selbst stark und gesund genug ist, um sich seine Reife und seine Organe selbst zu verschaffen"

Mit dem bloßen Verweis auf die genannten Städte, die sich durch ihren Vorbildcharakter der Institutsgründung auszeichneten, begnügte sich die FLM jedoch nicht. Sie arrangierte die Dringlichkeit einer gemeinsamen Entscheidungsfindung zur Institutsgründung in einem Balance-Akt zwischen ihrem Eigeninteresse sowie den von ihr postulierten Interessen der Handelshochschule und dem von der Stadtgemeinde und dem Staat zu vertretenden Allgemeininteresse. Einerseits deklariert sie im Antragstext ihre Präferenz für ein Institut, das „Rückhalt [...] an größeren wissenschaftlichen Körperschaften" erfahre, wie dies etwa bei den Instituten für Psychologie und Pädagogik in Leipzig und München durch ihre Angliederung an Universitäten der Fall sei (S. 4). Andererseits betont sie angesichts der Mächtigkeit der pädagogischen Reformbewegung (S. 3) die Option einer eigenständigen Institutionalisierung, denn sie zweifle nicht daran, „dass das Streben in der Lehrerschaft selbst stark und gesund genug ist, um sich seine Reife und seine Organe selbst zu verschaffen". (S. 4)

Die in den Raum gestellte Möglichkeit, eine Institutsgründung im Alleingang der organisierten Volksschullehrerschaft angehen zu können, wird schon im nächsten Satz mit der Beteuerung, an erster Stelle an einem gemeinschaftlichen Miteinander interessiert zu sein, einvernehmlich relativiert bzw. zurückgenommen: „Andererseits kann es der Schule nur förderlich sein, wenn die Lehrer und ihre Auftraggeber, Staat und Gemeinde, Hand in Hand miteinander arbeiten in einer Frage von solch allgemeinem Interesse, wenn also die Bewegung durch die öffentlichen Institute zur Pflege der Wissenschaften geregelt wird." (S. 4) Dieser mehrdeutige Appell an das „Allgemeininteresse", verbunden mit der Zitation „vorbildlicher Großstädte" und dem Hinweis auf die Mächtigkeit des DLV zur Institutsgründung in Eigenregie, konnte bei Stadtpolitik und Handelshochschule nicht ohne Wirkung bleiben.

„Die Mannheimer Freie Lehrerkonferenz [...] würde aber die Angliederung an die örtliche Hochschule nach dem Vorbild verschiedener Universitätsstädte vorziehen"

Als Beleg dafür dient wiederum der Begründungstext zum Errichtungsantrag des Stadtrates, der dem Bürgerausschuss im Jahre 1918 zur Entscheidungsfindung vorgelegt wurde. In der Tat findet sich dort die Feststellung, dass das Bestreben der Mannheimer Lehrerschaft jetzt auch auf „die in einer Reihe anderer Städte wie Berlin, Hamburg, München, Leipzig, Dortmund bereits geschaffenen und in weiteren selbst kleineren Städten wie Weimar, Zwickau usf. im Entstehen begriffenen Institute und Arbeitsgemeinschaften hinweisen kann".[20] Ob die Mannheimer Lehrerschaft während der Kriegsjahre weitere Institutsgründungen in den Städten des Reiches aufmerksam verfolgte und gegebenenfalls zur Sprache brachte, wie das Zitatende nahelegt, sei dahingestellt. Bemerkenswert ist, dass die Mannheimer Lehrerschaft wahrgenommen und argumentativ eingesetzt wird. Zudem vermochte die Nennung „vorbildlicher Großstädte" im 1913 verfassten Antragsschreiben der FLM auch noch fünf Jahre später – im letzten Kriegsjahr – auf der Ebene des Städtevergleichs Motivationsdruck zu erzeugen. Wenn schließlich selbst kleinere Städte während der Kriegszeit zur Institutionalisierung in der Lage waren, konnte die Mannheimer Stadtpolitik als „Treiber" kultureller und wirtschaftlicher Entwicklung wohl kaum darauf verzichten, auch im Bereich „Wissenschaft und Hochschule" ihre Anschlussfähigkeit als Großstadt unter Beweis zu stellen.[21]

Auch das „taktische Gedankenspiel" einer Institutsgründung in Trägerschaft des Volksschullehrervereins mit Unterstützung des Dachverbands (DLV) zeitigte bei Stadtpolitik und -verwaltung nachhaltige Wirkung, wie die folgende Passage wiederum aus der Begründungsvorlage des Stadtratsbeschlusses bestätigt: „Die Mannheimer Freie Lehrerkonferenz hat denn auch gegebenenfalls die selbständige Schaffung solcher Einrichtungen schon in Erwägung gezogen, würde aber die Angliederung an die örtliche Hochschule nach dem Vorbild verschiedener Universitätsstädte vorziehen. Diese Anschauung der Lehrerschaft kann aber von der Handelshochschule nur dankbar begrüßt werden, die sich von jeher die hohe Aufgabe gestellt hat, einen Sammelpunkt der geisteswissenschaftlichen Strebungen für unsere Stadt zu bilden."[22]

Demnach erreichte der Antrag der FLM mit der Strategie, die „Eigenmächtigkeit" einer Institutsgründung zu postulieren, sein eigentliches Ziel, diese tatsächlich im Rahmen der Handelshochschule zu platzieren. Wie die FLM gleichfalls beabsichtigte wird im obigen Zitat das Anliegen der Lehrerschaft nun als deckungsgleich mit dem Eigeninteresse der Handelshochschule definiert und könne folglich von dieser nur „dankbar begrüßt" werden.

Abb. 11
Professor Samuel Altmann
UA MA 100 Nr. 6

„Es ist erfreulich, dass unsere Idee auf guten Boden fiel"

Doch wieder zurück in das Jahr 1913. Das im Mai an die Handelshochschule und den Oberbürgermeister gerichtete Antragschreiben der FLM führte umgehend zu Handlungskonsequenzen im Senat. Dort stellte, bereits drei Tage nach Eingang des Schreibens der Volkschullehrerorganisation, am 30. Mai 1913, Professor Samuel Altmann (Abb. 11) den Antrag, „die Frage der Regelung des Vortragswesens für Lehrer" zur Vorarbeit an die Senatskommission „Öffentliches Vortragswesens", zu überweisen.[23] Der Senat stimmte zu, sodass die Senatskommission nunmehr der Berufsgruppe „Lehrerschaft" größeres Gewicht einräumte, was ganz im Sinne der FLM gewesen sein durfte.

In entsprechender Weise verständigten sich die Senatsmitglieder eine Woche später darauf, dem Bezirkslehrerverein über Rektor Charles Glauser folgende Antwort zukommen zu lassen (Abb. 12 und 13): „Der Senat steht der Anregung der Freien Lehrerkonferenz Mannheim auf Abhaltung pädagogischer Vorlesungen an der Handelshochschule sympathisch gegenüber. Die Sache wird im Auge behalten und ich hoffe, Ihnen alsbald weitere Mitteilung machen zu können."[24]

Der Vorsitzende des Mannheimer Bezirkslehrervereins Nerz übernahm noch im gleichen Monat die Schriftleitung der pädagogischen Wochenschrift „Volksschulwarte" (Abb. 14). Bereits in der Juli-Ausgabe veröffentlichte das Presseorgan „Die Vorschläge der ‚Freien Lehrerkonferenz Mannheim' zur Volksschulreform" und berichtete über eine gutbesuchte Konferenz des Lehrervereins, die am Abend des 17. Juni im Restaurant „Germania" stattfand. Mit Genugtuung wird festgestellt: „Es ist erfreulich, dass unsere Idee auf guten Boden fiel." Demzufolge werden bereits für die nächsten Tage erste Besprechungen in der Sache „pädagogische Vorlesungen" zwischen Vertretern der FLM und der Handelshochschule angekündigt und in lokalpatriotischer Weise die Hoffnung zum Ausdruck gebracht: „Es wäre ein neues Ruhmesblatt unserer unternehmungslustigen Heimatstadt, wenn diese Verhandlungen bald greifbare Formen annehmen würden."[25] Und tatsächlich kam der Stein des Anstoßes zu einer Institutsgründung auch über die Handelshochschule hinaus ins Rollen. Gleichfalls

Ein Initiativantrag von „außen"

Abb. 12 (links)
Rektor Charles Glauser UA MA 100 Nr. 3

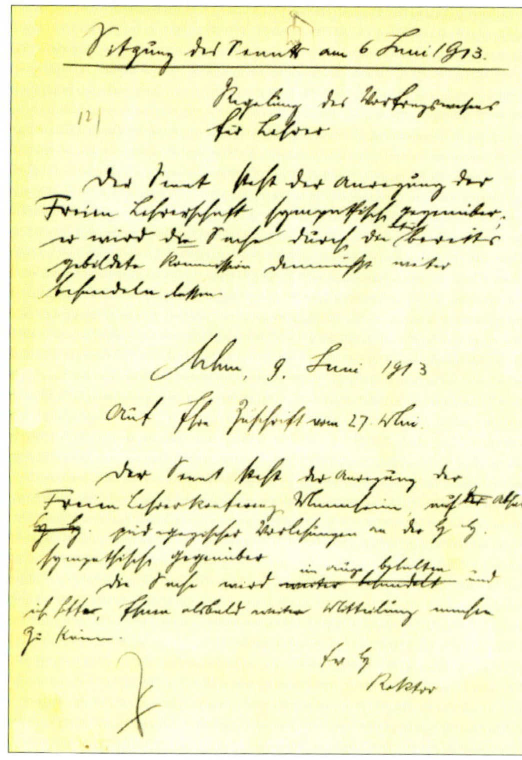

Sitzung des Senats am 6. Juni 1913.

Mhm, 9. Juni 1913

Rektor

Abb. 13 (rechts)
Antwortentwurf des Rektors auf die Zuschrift des Mannheimer Bezirkslehrerverein vom 27. Mai 1913 auf der Grundlage des Senatsbeschlusses vom 6. Juni 1913
UA MA 1 Nr. 69, Senatsprotokolle 1913

im Juli erging die Aufforderung des Kuratoriums an den Senat, zu erkunden und zu berichten, inwieweit die Handelshochschule durch „Pädagogische Vorlesungen" sowie eine etwaige „pädagogische Dozentur" den Bedürfnissen der Lehrerschaft – nun erstmals unter Befragung auch der anderen Schularten Mannheims – entsprechen könne. Zunächst nur im Blick auf die eigene Studentenschaft wurde die Anfrage des Kuratoriums dahingehend beantwortet, „dass der Senat die Einrichtung pädagogischer Vorlesungen für durchaus notwendig halte, da die Handels-Hochschule seinen Handelslehrerkandidaten Gelegenheit zur pädagogischen Durchbildung geben müsse". Das Senatsprotokoll führt weiter aus, angesichts der „mit den Mittel- und Volksschullehrern" bereits aufgenommenen und noch andauernden Verhandlungen könne man im Augenblick dem Kuratorium noch nicht genau mitteilen „in welcher Weise das Bedürfnis (nach pädagogischen Vorlesungen A.d.V.) zu befriedigen sei".[26]

Bereits eine Woche später, am 28. Juli 1913, konnte dem Kuratorium ein „fast" übereinstimmender Bedarf an „Vorlesungen über Philosophie, experimentelle Psychologie und Pädagogik mit den entsprechenden Übungen" gemeldet werden. Die Bedarfseinschätzung geschah nunmehr auf der Grundlage von Stellungnahmen des Volksschulrektorats und der Leitungen der Gewerbe- und Handelsschule, die sich aus den Meinungsäußerungen ihrer Schulkollegien ergaben.[27] Die Einschränkung „fast" bezog sich auf das Meinungsspektrum, das sich Rektor Glauser sowie den Mitgliedern der Lehrer-Senatskommission, Altmann und Rumpf, in einer Besprechung mit den Leitungen des höheren Schulwesens offenbarte.

Abb. 14
Der Vorsitzende des Bezirkslehrervereins Nerz ist ab Nr. 25 im Juni 1913 Schriftleiter der „Volksschulwarte".

Nr. 25. 1913 | Karlsruhe, 19. Juni | 5. Jahrgang

Volksschulwarte

Zuschriften f. d. redaktionellen Teil an d. Schriftleitung. Schluss der Redaktion: Sonntag.

Unabhängige pädagogische Wochenschrift

Erscheint jeden Donnerstag. Bezugspreis M 1.50 vierteljähr. Anzeigen: die 4gespaltene Petitzeile 25 Pf. Anzeigen-Annahme: Karlsruhe/B. Karlfriedrichstr. 14

Verantwortliche Schriftleitung: K. Nerz, Mannheim, K 1, 12.

Verlag der G. Braunschen Hofbuchdruckerei. Karlsruhe i. Baden

„Wo wissenschaftlich gearbeitet wird, müssen Standesfragen ausscheiden"

Rektor Glauser eröffnete die Besprechung mit der Frage, was die Gelehrten der höheren Lehranstalten Mannheims von dem „Plan der Handelshochschule" hielten, „pädagogische Vorlesungen" und eine „hauptamtliche Professur für Pädagogik" einzurichten. Die Schulleitungen erklärten sich mit dem Vorhaben „prinzipiell einverstanden" und bekundeten ihr „großes Interesse". Eine Professur halte man für „erstrebenswert". Auf die Schulkollegien insgesamt bezogen vermerkt das Versammlungsprotokoll „im Großen und Ganzen allgemein zustimmende" Äußerungen hinsichtlich pädagogischer Vorlesungen, jedoch sei die Stimmung der Mittelschullehrer in „Mehrzahl dagegen". Am Realgymnasium regten sich sogar „große Widerstände". Die Gründe dafür manifestiert eine repräsentative Aussage des Sitzungsprotokolls, die hervorhebt, dass diese Lehrkräfte „eine gesonderte Behandlung gegenüber den Volksschullehrern verlangen und erklären: wir arbeiten mit Volksschullehrern überhaupt nicht zusammen, sie suchen nur unseren Stand herunterzudrücken [...] den bestehenden Unterschied zwischen Volksschullehrern und Mittelschullehrern abzuschwächen, ja ganz zu beseitigen". Obwohl alle Professoren der anwesenden Schulen bestätigen, „eine derartige Stimmung in ihren Reihen vorhanden sei", äußert Professor Biehler, Vertreter des Großherzoglichen Gymnasiums, die Ansicht, „dass das kein Grund sein könne, mit ihnen keine Vorlesungen zu besuchen". Auch Professor Dr. Jacki, Delegierter der Liselotteschule, postuliert: „Wo wissenschaftlich gearbeitet wird, müssen Standesfragen ausscheiden." Beipflichtend betont Professor Altmann, zwischen der „Sache" und den „Standesfragen" gelte es zu unterscheiden, die Hochschule vertrete hier einen „überparteilichen Standpunkt". Trotz der skeptischen Nachfrage, „warum die Handels-Hochschule eigentlich Pädagogik einführen, [...] der größere Teil der Professoren des Realgymnasiums von der Sache nichts wissen wolle", versichert die Schulleiterrunde, man werde den Besuch der „pädagogischen Vorlesungen" den Lehrkräften empfehlen. Rektor Glauser zitierte an dieser Stelle die Satzung der Handelshochschule, wonach man „verpflichtet sei, allgemeine Geisteswissenschaften zu pflegen [.... und] pädagogische Vorlesungen für unsere Handelslehrerkandidaten" einzurichten.[28]

Auf ihrem Erkundungsgang in das Terrain der „mittleren und höheren Lehranstalten" gerieten die Professoren der Handelshochschule mit ihrem Vortrag der „Planung" pädagogischer Vorlesungen und eines pädagogischen Lehrstuhls offensichtlich zwischen die Fronten der Standesschulen. Immerhin gelang es in der standespolitisch fragmentierten Mannheimer Schullandschaft mittels der vom „niederen" (Volks-) Schulwesen ausgehenden Pädagogik-Initiative zur Leitungs- und Kollegiumsebene des mittleren und höheren Schulwesens eine für das Vorhaben „Institutsgründung" wichtige Brücke zu schlagen.

„ob Geneigtheit besteht, an die Errichtung einer hauptamtlichen Dozentur für Philosophie und Pädagogik alsbald heranzutreten"

Das nun mit Vertretungen der Lehrerschaft nahezu aller Mannheimer Schularten ins Gespräch gebrachte Vorlesungs- und Lehrstuhlvorhaben beförderte auch den Klärungsprozess zwischen Senat und Kuratorium. War noch wenige Wochen zuvor im Vortragsprogramm der Handelshochschule das Fach „Pädagogik" nicht vorgesehen, konnte sich der Senat jetzt auf den aktualisierten Bedarf der Mannheimer Lehrerschaft berufen, um nicht nur das Angebot pädagogischer Vorlesungen, sondern „erstmals" die Notwendigkeit einer hauptamtlichen Dozentur für die Studierenden auf dem Dienstweg zu thematisieren: „Schon das Bedürfnis der hiesigen Lehrerschaft nach Behandlung pädagogischer Probleme wird durch Vortragszyklen nicht voll befriedigt werden können, geschweige denn das der Studierenden. Der Senat hält daher eine hauptamtliche Dozentur für nötig." Schon im nächsten Abschnitt des Schreibens an das Kuratorium wird die Kontaktnahme mit der Mannheimer Lehrerschaft gleichfalls genutzt, um das Kuratorium zu einer Stellungnahme hinsichtlich des jetzt auch vom Senat gewünschten Lehrstuhls zu bewegen, wie der folgende Passus manifestiert: „Um die mit der hiesigen Lehrerschaft aufgenommenen Besprechungen weiterführen zu können, wäre für den Senat eine Stellungnahme des Kuratoriums in dieser Frage sehr erwünscht, insbesondere darüber, ob Geneigtheit besteht, an die Errichtung einer hauptamtlichen Dozentur für Philosophie und Pädagogik alsbald heranzutreten."[29]

Das Schreiben an das Kuratorium ist auf den 28. Juli 1913 datiert. Im darauffolgenden Monat

Ein Initiativantrag von „außen"

Abb. 15
Ehren-Grabstätte des Oberbürgermeisters auf dem Hauptfriedhof Mannheim
Foto: Privat

meldet die „Volksschulwarte" unter der Rubrik „Rundschau" den unerwarteten Tod des Oberbürgermeisters Paul Martin während seines Kuraufenthalts in Bad Nauheim am 13. August 1913 (Abb. 15). In der Würdigung seiner Verdienste wird das „besondere Interesse" hervorgehoben, das er der Volksschule entgegengebracht habe, zum Beispiel als Unterstützer der „Idee der Arbeitsschule". Insgesamt sah er, so wird weiter ausgeführt, „in der Verinnerlichung der Schularbeit, in der Erstrebung gesicherter Ergebnisse, in der Einhaltung einer frohen Arbeitsweise Haupterfordernisse für die zeitgemäße Schulreform". Unmittelbar anschließend, in der gleichen Rubrik mit der Überschrift „Pädagogische Vorlesungen", wird der erhoffte greifbare Besprechungserfolg mit der Handelshochschule aufgegriffen und verkündet. Schon für das kommende Semester seien an der Handelshochschule „pädagogische Vorlesungen" von Professor Dr. Jonas Cohn über das von der FLM in ihrem Antrag präferierte Thema „pädagogische Zeitfragen" vorgesehen. Die von Nerz in Personalunion als Vorsitzender des Bezirkslehrervereins und Schriftleiter der „Volksschulwarte" dort am 21. August 1913 verfasste Mitteilung schließt mit der Hoffnung: „Möge das ein Anfang sein, dem der Hauptschritt bald folge, die Einrichtung eines Lehrstuhls für Pädagogik an der Mannheimer Handelshochschule."[30] Es ist der „Vorabend der Urkatastrophe". Fünf Jahre nach der Antragsinitiative wird der Lehrstuhl für Philosophie, Psychologie und Pädagogik im letzten Kriegsjahr 1918 ins Leben gerufen.

Für die intensive Unterstützung bei den Recherchen im Universitätsarchiv Mannheim möchte ich mich bei Frau Dr. Sandra Eichfelder ganz besonders bedanken.

1 UA MA 1 Nr. 89, Kuratoriumssitzung vom 15.1.1917.

2 UA MA 1 Nr. 68, Senatsprotokoll vom 15.10.1912; UA MA 16 Nr. 23, Vorlesungsverzeichnis WS 1913-14, S. 28f. sowie Kleff, Ernst: Mannheimer Hochschulführer, Darmstadt 1926/27, S. 44.

3 UA MA 1 Nr. 69, Senatsprotokoll vom 31.1. 1913.

4 UA MA 1 Nr. 69, Senatsprotokolle 1913; UA MA 1 Nr. 68, Senatsprotokolle 1912; UA MA 1 Nr. 89, Konferenz über das Mannheimer Vortragswesen mit Kunsthalle und Krankenhaus am 31.5.1913; UA MA 1 Nr. 89, Denkschrift über das Mannheimer Vortragswesen vom 21.2.1913.

5 UA MA 1 Nr. 89, Denkschrift über das Mannheimer Vortragswesen vom 21.2.1913.

6 Qua Satzung der Handelshochschule (vgl. § 7, 10, 21) verfügte das Kuratorium als Steuerungsgremium über die Budgethoheit, die Entscheidung von Personalfragen sowie die Genehmigung der Lehrpläne. Das Budgetbewilligungsrecht endete jedoch dort, wo die Ausgaben der Handelshochschule nicht durch eigene Einnahmen ausgeglichen werden konnten. Da die Stadtkasse zur Bezuschussung verpflichtet war, ging in diesem Fall die Budgethoheit des Kuratoriums an den Stadtrat über, der dann nicht nur die Deckung

der Finanzlücke, sondern auch die Budgetplanung der Handelshochschule insgesamt zu bewilligen hatte. Vgl. Pfeiff, Andreas: Die Handelshochschule Mannheim zwischen Kaiserreich, Republik und Diktatur: Eine historisch-quantitative Umweltanalyse, Ludwigshafen 2006; Hrsg. Historisches Institut der Universität Mannheim in der Reihe Mannheimer Historische Forschungen, Band 24, S. 65ff.

7 Obwohl die Handelshochschule Mannheim dem badischen Staat seine Handelslehrer (gratis) ausbildete und noch 1925 die drei anderen badischen Hochschulen „zu einem Viertel etwa mit dem Ertrag der Mannheimer Arbeit, der Steuerkapitalien der Stadt" ohne Gegenleistung bezuschusste. Vgl. Schott, Sigmund: Mannheim – Ein Stadtschicksal im Schattenriss 1925, S. 275, in: Stadtverwaltung Mannheim (Hrsg.), Schott, Sigmund: Ausgewählte Schriften, Mannheim 1957, Heft 52, S. 269-277; vgl. auch Walter, Friedrich: Schicksal einer deutschen Stadt, Band 2, Frankfurt 1950, S. 63f.

8 UA MA 1 Nr. 89, Denkschrift über das Mannheimer Vortragswesen vom 21.2.1913.

9 UA MA 1 Nr. 89, Lehrstuhl für Psychologie, Vorschläge der „Freien Lehrerkonferenz Mannheim" (FLM) zur Volksschulfrage und „Aufruf des Deutschen Lehrervereins" (DLV).

10 Kimmelmann, Alois: Zur Geschichte der Lehrer-Bewegung in Baden 1876-1926, Bühl/Baden 1926, S. 175.

11 Bölling, Rainer: Volksschullehrer und Politik, Göttingen 1978, S. 36; Hrsg.: Berding, Helmut, Kocka, Jürgen, Wehler, Hans-Ulrich in der Reihe Kritische Studien zur Gechichtswissenschaft, Band 32 vgl. auch Tenorth, Heinz-Elmar: Geschichte der Erziehung, München 2010, S. 219f.

12 UA MA 1 Nr. 89, Lehrstuhl für Psychologie, Vorlagen zur Sitzung des Bürgerausschuss März 1918, S. 10.

13 Gemäß Satzung der Handelshochschule war die Beantragung einer hauptamtlichen Dozentur formalrechtlich nur durch den Senat über die Leitung der Handelshochschule im Kuratorium als oberstem Verwaltungsgremium auf den Weg zu bringen (vgl. §3, § 11, § 16, §21 der Satzung der Handelshochschule vom Sommersemester 1912). Der Antrag bedurfte anschließend noch der mehrheitlichen Zustimmung des Stadtrats und Bürgerausschusses. Vgl. UA MA 16 Nr. 2 Satzung im Vorlesungsverzeichnis der HH vom SS 1913, S. 5ff.

14 UA MA 1 Nr. 89, Lehrstuhl für Psychologie, Antragsschreiben des Rektors vom 26.10.1916 sowie 5.11.1917 zur Begründung des neuen Lehrstuhls.

15 Die Seitenzahlen in Klammern zu den folgenden Zitaten beziehen sich auf den Antragstext der FLM und den eingefügten „Aufruf" des DLV. Vgl. UA MA 1 Nr. 89, Lehrstuhl für Psychologie, Vorschläge der „Freien Lehrerkonferenz Mannheim" (FLM) zur Volksschulfrage und „Aufruf des Deutschen Lehrervereins" (DLV).

16 Scheibner, Otto: Der Wirkungsbereich des Arbeitsschulgedankens 1913, S. 123, in : ders.: Arbeitsschule in Idee und Gestaltung – Gesammelte Abhandlungen, Heidelberg 1962, S. 114-124.

17 UA MA 1 Nr. 89, Lehrstuhl für Psychologie, Stadtratsbeschluss 1918, Tagesordnungspunkt 5 Errichtung einer hauptamtlichen Dozentur, S. 9.

18 Reichsweit verstand sich die Reformbewegung der Volksschullehrerschaft Ausgang des 19. Jahrhunderts als Teil jenes gesellschaftlichen Wandels, innerhalb dessen sich eine „Ausweitung des Gegenstandsbegriffs der wissenschaftlichen Pädagogik" vollzog. Nach Tenorth „greift ihre Reflexion über die Schule hinaus auf alle Erziehungsphänomene in der Gesellschaft aus und macht die ‚Kultur' insgesamt zum Thema". Vgl. Tenorth, Heinz-Elmar: Geschichte der Erziehung, Weinheim 2010, 5. Auflage, S. 218f.

19 UA MA 1 Nr. 89, Lehrstuhl für Psychologie, Vorlagen zur Sitzung des Bürgerausschusses 1918, S. 10.

20 UA MA 1 Nr. 89, Lehrstuhl für Psychologie, Vorlagen zur Sitzung des Bürgerausschusses 1918, S. 10.

21 Diese Annahme bestätigend stellt Nieß fest: „Auf die Leistungen im Schul- und Bildungsbereich waren die Stadt und ihre oberste Verwaltung wohl nicht zu Unrecht stolz" und den Stolz auf diese „Manifestationen ihres planerischen Handelns" ließ sich die Stadt Mannheim „durchaus anmerken". Vgl. Nieß, Ulrich: Mannheims Schul- und Bildungsgeschichte im Kaiserreich, S. 156; in: Kirchgässner, Bernhard und Becht, Hans-Peter (Hrsg.): Stadt und Bildung, Sigmaringen 1997, S. 137-156.

22 UA MA 1 Nr. 89, Lehrstuhl für Psychologie, Vorlagen zur Sitzung des Bürgerausschusses 1918, S. 10.

23 Die Senatskommission bestand seit Anfang 1913 unter der Leitung von Professor Rumpf. Anlässlich des von Professor Altmann gestellten Antrags wurde Professor Nicklisch als Vertreter der Handelswissenschaften (Handelslehramt) in die Kommission aufgenommen.

24 UA MA 1 Nr. 89, Lehrstuhl für Psychologie, Konferenz über das Mannheimer Vortragswesen vom 31.5.1913 sowie UA MA 1 Nr. 69, Senatsprotokolle vom 9.5.1913; 30.5.1913; 6.6.1913.

25 Volksschulwarte 5. Jg. Nr.27 vom 3.7.1913, S. 215.

26 UA MA 1 Nr. 69, Senatsprotokolle 1913, Handels-Hochschulabende vom 21.7.13.

27 UA MA 1 Nr. 5, Generelle Senatsbeschlüsse vom 28.7.1913 sowie UA MA 1 Nr. 69, Schreiben des Rektors am 28.7.1913.

28 UA MA 1 Nr. 89, Einrichtung pädagogischer Vorlesungen bzw. einer hauptamtlichen Professur für Pädagogik an der Handels-Hochschule Mannheim, Versammlung mit den Delegierten des höheren Schulwesens Mannheim am 17.7.1913.

29 UA MA 1 Nr. 5, Generelle Senatsbeschlüsse vom 28.7.1913.

30 Volksschulwarte 5. Jg. Nr.34/35 vom 21.8.1913, S. 276.

Volker Keller

Der Mozartgarten in R 2 und sein historisches Ziergitter

Das beeindruckende Engagement Mannheimer Bürger und des Vereins Stadtbild Mannheim ermöglichte im Jahr 2017 die Wiederherstellung der ursprünglichen Zaunanlage im Quadrat R 2. Von der rekonstruierten Einfriedung umzäunt, ist der neue Zier- und Schulgarten (Abb. 1 und 4) ein Hingucker im Zentrum Mannheims. Er entstand dort, wo vorher eine mit struppigen Bodendeckern überwucherte und meist verschmutzte Grünanlage einen unerfreulichen Anblick bot (Abb. 2). Vor dem Hintergrund der neubarocken Formen der Mozartschule, die Stadtbaurat Richard Perrey dem 1917 fertig gestellten Schulhaus und seinen Schulhöfen verliehen hatte (Abb. 3), ist die Schlossarchitektur jetzt wieder sichtbar. Die Schulhausanlage präsentiert sich nach langer Unterbrechung wieder als neubarockes Schmuckstück.

Kaum eine Mannheimer Ansicht hat sich in jüngster Zeit so zum Positiven verändert wie die der Straße zwischen R 1 und R 2. Zum 100. Jubiläum des Schulhauses im Sommer 2017 ist das historische Ziergitter nach alten Vorlagen neu erstanden (Abb. 4), und im Herbst konnten die Grundschüler den Schulgarten in Besitz nehmen. Die neue Anlage erhielt den Namen „Mozartgarten".

Nach dem Zweiten Weltkrieg war die Einfriedung des früheren Mädchenschulhofs an der Westseite von R 2 entfernt und das Schulgrundstück dort wegen der Verlegung des Gehwegs und für die Anlage von Parkbuchten verkürzt worden. Der Lehrerparkplatz wurde im Sommer 1989 durch einen Metallstabzaun von der zur Straße weisenden Grünanlage abgetrennt; im Herbst 1989 wurde das Einfahrtstor nach dem Vorbild des früheren Ziergitters neu geschaffen.

Die von außen zugängliche Grünanlage war, zumal als Vorgarten einer Grundschule, ein besonderes Ärgernis. Sie wurde als Abfalldeponie, als Bedürfnisanstalt und als Treffpunkt für Dealer missbraucht. Der Wunsch nach einer Reparatur des Stadtbildes und nach einem Schulgarten kam sowohl im Stadtbildverein als auch in der Schulleitung auf. Auch die Presse unterstützte das Vorhaben, das historische Ziergitter zu rekonstruieren und den ehemaligen Schulhof wieder pädagogisch zu nutzen. Die Stadt als Nutzerin und die evangelische Kirche als Eigentümerin des Geländes befürworteten das Projekt, solange es für sie kostenneutral bliebe. Die Stadtverwaltung beteiligte sich erfreulicherweise später doch finanziell daran.

Die Kosten waren das eigentliche Problem. Die Größe des etwa 40 m langen Geländestreifens ließ ahnen, dass die Frage der Finanzierung nicht unerheblich sein würde. Ein handelsüblicher Einfachzaun schied aus Respekt vor der denkmalgeschützten Umgebung aus. Die Kostenermittlung für eine historisch vorgegebene und ästhetisch befriedigende Lösung erbrachte das zunächst entmutigende Ergebnis von über 160.000 Euro.

Der Verein Stadtbild Mannheim fand im Jahr 2013 Verbündete im Förderverein der Mozartschule, im „Bürger- und Gewerbeverein Östliche Innenstadt" und in engagierten Bürgern. Um die erforderlichen

Abb. 1 (gegenüberliegende Seite)
Die Vision der Ziergitter-Initiative
Bildmontage 2014

Abb. 2
Zustand vor 2017:
Die unschöne Grünanlage in R 2 ist durch ein kniehohes Gitter kaum geschützt.
Foto: Volker Keller

Abb. 3
Das nach den Plänen des Stadtbaudirektors Richard Perrey erbaute Schulhaus in R 2
1917
Nachlass Richard Perrey

Abb. 4
Zustand Herbst 2017: Die Sandsteinpfeiler und das historische Ziergitter sind wiederhergestellt, dahinter ist ein Ziergarten frisch angelegt.
Foto: Volker Keller

Abb. 5
Die Schulgarten-AG ist einsatzbereit.
14. November 2017
Foto: Erika Meinhardt

Mittel aufzubringen, führte die „Initiative Mozartschule – Historisches Quadrat R 2" unter der Führung des Vereins Stadtbild vielfältige Aktionen durch. Vier Jahre engagierte Öffentlichkeitsarbeit, Spendenaufrufe, der Verkauf von „Mozartnudeln" sowie eine Präsentation auf einem von der Handwerkskammer Mannheim ermöglichten Stand auf dem Mannheimer Maimarkt 2016 lieferten den Grundstock für die Finanzierung. Den Durchbruch brachte ein sehr erfolgreiches Benefizkonzert in der Kirche St. Sebastian, das am 19. Februar 2017 von Künstlern des Nationaltheaters und dem Kurpfälzischen Kammerorchester ausgerichtet und von Toto-Lotto Baden-Württemberg unterstützt wurde. Auch die Stadtverwaltung beteiligte sich durch von Oberbürgermeister Dr. Peter Kurz verfügte Mittel am Spendenaufkommen, das schließlich über 80.000 Euro betrug. Das lag allerdings weit unter der ursprünglichen Kostenberechnung. Letztlich ermöglicht wurde das Projekt durch das ehrenamtliche Engagement des Mannheimer Architekten Lothar Schmucker und das großzügige Entgegenkommen der beauftragten Firmen. Sie ließen den Traum vom historischen Ziergitter und vom Schulgarten Realität werden.

Im März 2017 begannen die Bauarbeiten. Das Ziergitter konnte, nahezu fertiggestellt, im Rahmen des Schulfestes zum 100-jährigen Bestehen des Schulhauses am 8. Juli 2017 eingeweiht werden. Am 14. November 2017 wurde der Schulgarten im Rahmen einer Feierstunde seiner Bestimmung übergeben (Abb. 5 und 6).

Abb. 6
Die Einweihung des Schulgartens wird gefeiert.
14. November 2017
Foto: Ingrid Eisenhauer

Danksagungen

Das historische Ziergitter verdankt seine Entstehung dem großen Engagement folgender Personen, Vereine und Institutionen:

Roswitha Niedermeier, Lothar Schmucker, Professor Dr. Dietmar von Hoyningen-Huene, Christian Kirchgässner, Verein Stadtbild Mannheim (besonders: Helen Heberer, Dieter Herrmann, Dr. Lothar Stöckbauer, Bernd Hahner, Volker Keller), Bürger- und Gewerbeverein Östliche Innenstadt (besonders: Wolfgang Ockert), Stadtverwaltung Mannheim, Evangelische Kirche Mannheim, Toto-Lotto Baden-Württemberg, Handwerkskammer Mannheim Rhein-Neckar-Odenwald, Förderverein der Mozartschule (besonders: Christoph Wittmann, Sigrun Damm), Schulleitung der Mozartschule (Anna Glombitza, Nicole Fieber, Volker Keller)

Das Benefizkonzert am 19. Februar 2017 wurde ermöglicht bzw. unterstützt von:

Lorenzo Di Toro (Dirigent), Thomas Jesatko, Vera-Lotte Böcker, Heike Theresa Terjung, Christoph Wittmann (Gesangssolisten), Eva Wombacher, Christine Wittmann, Matthias Wollenweber, Lukasz Klusek (Instrumentalsolisten), Kinderchor des Nationaltheaters unter der Leitung von Anke-Christine Kober und Charlotte Sabiel, Kurpfälzisches Kammerorchester (Geschäftsführer Syen Halfar), Toto-Lotto Baden-Württemberg, Pfarrer Theo Hipp, St. Sebastian Mannheim

Folgende ausführende Firmen unterstützten das Projekt durch besonders günstige Preisgestaltung:

Birgit Dursy, Steinmetz- und Steinbildhauermeisterin, Bad Dürkheim; Kunstschmiede Martin Wilperath, Altrip; Diringer & Scheidel, Mannheim

Der Schulgarten entstand dank des Engagements und durch die Unterstützung von folgenden Personen, Institutionen und Firmen:

Kerstin Schmitz,Bau- und Betriebsservice GmbH (BBS Mannheim); Motz & Kadner, Garten- und Landschaftsbau GmbH Mannheim; Birgit Schreiber, Kinderbeauftragte der Stadt Mannheim; Kathrin Schmuck und Ingrid Eisenhauer, Mozartschule Mannheim; Marcus Beßler, Stadtverwaltung Mannheim Dez. III, Bildung, Jugend, Gesundheit, Fachbereich Bildung / Abteilung Schulbetrieb / Schulservice; BAUHAUS AG, Filiale Mannheim R 5; Rodiger Berufskleidung Mannheim; Baumschule HUBEN GmbH, Ladenburg; Gartencenter Beier GmbH, Mannheim; Weingut Wolf, Bad Dürkheim

Spender für die historische Einfriedung des Mozartgartens:

Adrian, Monica; Arndt, Gisa; Arnscheidt, Dr. Grit; Ascheberg, Heinrich; Baumgart, Maria; Bezirksbeirat Innenstadt/Jungbusch; Bau- und Betriebsservice GmbH Mannheim; Becker-Bender, Walter; Berger, Wilfried; Berndt, Birgitt und Holger; Berndt, Dr. Holger und Birgit; Besier, Roswitha; Bürger- und Gewerbeverein Östliche Innenstadt Mannheim; Bichelmeier, Hans; Bissantz, Werner; Bitz, Hilde; Blank, Ursula; Bortloff, Jens; Büscher, Erika; Dagneaud, Natascha; Damm, Harald und Sigrun; Daur, Helga Hedwig; Dorszewski, Dr. Barbara und Dr. Axel; Earth Hour; Ecksturm, Hartmut; Eilliger, Hanna; Ellwanger, Michael; Freiländer, Hans; Freireligiöse Gemeinde Mannheim; Freunde der Mozart-Grundschule; Friedmann, Rudolf; Friedrich-Engelhorn-Archiv; Frohnapfel, Petra und Fritz; Fuchs, Dr. Manfred; Gayer, Joachim; GBG – Mannheimer Wohnungsbaugesellschaft mbH; Geber, Birgitta; Gehenn, Dr. Wolfram und Rockenfeller-Gehenn, Karin; Goldene Gans, Gasthaus; Grimminger GmbH; Güthert, Kerstin; GVO Mannheim; Häfner, Dr. Marianne; Hagedorn, Theodora; Hahner, Bernd; Haubrich, Anja; Hechler, Johannes; Heeg, Hans-Peter; Hepp, Heinrich; Herrmann, Dieter und Caecilia; Heuchert, Inge; Höfer, Maria; Holzner, Frigga; Hupertz, Volker; Jentsch, Prof. Dr. Christoph; Joest, Friederike und Karl; John, Peter; Kaden, Dr. Reinhard; Kaiser, Peter; Kämpgen, Heinz-G. und Ingeborg; Kayama De Lima; Keller, Volker; Klüter, Dr. Harald; Koch, Helga Johanna; Kordes, Gert; Kopsch, Günter; Krantz, Dr. Hermann; Krause, Joachim; Kulczinski, Monika; Lang, Wolf Dieter Erich; Leiding, Norbert; Lennartz, Veit; Ligensa, Claudia; Limbourg,Christina; Löffler, Hildegard; Ludwig, Bernd; Malacarne, Rita; Maly, Siegfried; Mark, Lothar Helmut; May, Ursula; Meckle, Hans; Menz, Willi u. Renate; Mozartgesellschaft Kurpfalz; Mucic, Luca; Niedermeier, Roswitha; Noh, Karl-Heinz; NUMINE GmbH; Oebels, Lothar; Oksana, Igolnicina; Otto, Marco ; Plattner, Andreas; Pochlatko, Britta; Pott, Irmgard und Herbert; Preuß, Marie-Luise; Priester, Dr. Gabriele; Riehle, Uta; Rietschel, Dr. Gerhard; Rill, Günter und Heidrun; Rhein-Neckar-Verkehr GmbH; Römer, Peter; Rost, Dr. Dieter und Dr. Christiane; Ruppert, Dr. Bernd; Sax, Kai-Uwe; Schlage, Karl Hermann; Schmidt, Prof. Dr. Jörg; Schmitz, Dr. Eberhard; Schmucker, Angelika; Schmucker, Architekturbüro; Schöning, Dorothea; Schrauth, Rainer und Maria; Schulze-Stähle, Rosemarie; Senk, Illa; Sparkasse Rhein Neckar Nord; Stadt Mannheim, Oberbürgermeister Dr. Peter Kurz; Stadtteilverein Neuostheim; Stöckbauer, Dr. Lothar; Storch, Alfred; Strobel, Bernd; Thormaehlen, Frederik; Thormaehlen, Valentino; Toto Lotto Baden-Württemberg; Trabold, Elfriede; Transier, Ernst; Treptau, Ulrike; Trumpp, Karl-Heinz; Ulrich, Manfred; Umland, Regina; v. Kulczinski, V.K.; Vergin, Brigitte; Völker-Stetter, Dr. Christiane ; VPKM GmbH, Mannheim; VR Bank Rhein-Neckar eG; Walz-Kurz, Monika; Weber, Dr. Axel und Ulrike; Weinberger, Kerstin; Weissen, Stefanie; Wenneis, Dr. Brigitte; Wenneis, Dr. Wolffried und Waltraud; Werner, Margoth; Wienke, Fred; Wittmann, Hans-Jörg; Yurtan, Oezden; Zechner, Ruth; Zink, Friedrich; Zoller, Karl-Heinz

Viktoria Imhof und Vera Schauf

Die Reiss-Nägel
Der Jugendclub der Reiss-Engelhorn-Museen

Das Jahr 2016 sollte für die Reiss-Nägel viele Neuerungen mit sich bringen. Lange lag das Studium noch nicht zurück, erst kurze Zeit an den rem, trugen wir ab Januar die Verantwortung für Konzeption und Durchführung des Programms. Fragen über Fragen schwirrten uns durch den Kopf: Wie sollten wir Kindern und Jugendlichen, die das Museum zum Teil in- und auswendig kennen, ebendieses noch näher bringen? Wie sollten wir den langjährig Teilnehmenden die vertrauten Objekte der Dauerausstellungen spannungsvoll vermitteln? Und wie würde die Gruppe uns als neue Ansprechpartner aufnehmen? Doch bei unserem ersten Treffen waren diese Gedanken spätestens nach zehn Minuten verflogen. Denn die Neugier war nicht einseitig; auch die Reiss-Nägel waren gespannt auf die neuen Gesichter und das Jahresprogramm.

Ein buntes Potpourri ließ die Zeit schnell verstreichen, so dass wir heute auf ein weiteres abwechslungsreiches Reiss-Nägel-Jahr zurückblicken können. Es begann im Januar und Februar mit dem Besuch zweier Sonderausstellungen. Weltgeschichte wollte in der „Duckomenta" neu ENTdeckt und Glas in ZART & RAU als künstlerisches Medium begriffen werden. Auch die erweiterte Dauerausstellung „Versunkene Geschichte. Archäologie an Rhein und Neckar" mit den neuen Präsentationen „Innovation Metall" und „Ein Hauch von Rom" sowie die um einen neuen Bereich ergänzte Dauerausstellung „Welt der Antike" sollten nicht zu kurz kommen.

Einblicke – Ausblicke. Perspektiven aus Glas

Unseren Höhepunkt in den ersten vier Monaten stellte die intensive Beschäftigung mit der zeitgenössischen Glaskunst dar. Die Teile aus der Sammlung von Peter und Traudl Engelhorn im mudac Lausanne, die vom 29. November 2015 bis zum 16. Mai 2016 in den rem zu sehen waren, zeigten nicht nur die künstlerische Bandbreite dieses Materials, sondern inspirierten auch uns, den Werkstoff Glas bei einer Führung mit der Kuratorin Eva-Maria Günther näher unter die Lupe zu nehmen. Linsen aus Glas finden wir heute zum Beispiel in Kameras und Smartphones, mit denen wir experimentelle Kurzfilme gedreht haben (Abb. 1). Welche Ein-, Aus- und Durchblicke ermöglicht Glas? Welche neuen Eindrücke von unserer Umwelt schafft die Transparenz des Materials? Mit solchen und ähnlichen Fragen setzten sich die Jugendlichen auseinander. Die größte Schwierigkeit für sie lag darin, sich auf den Experimentalfilm einzulassen und sich dabei von gängigen Mustern zu lösen, um auf diese Weise die filmästhetische Theorie und Praxis zu erweitern. Die jüngeren Reiss-Nägel näherten sich dem Thema, indem sie sich mit der Haptik von Glas beschäftigten und selbst zu Glaskünstlern bzw. -künstlerinnen wurden. Sie gestalteten einen Spiegel mit Glasmosaiksteinchen, wobei rahmendes Zierwerk ebenso wie Formen, die mit dem eigenen Spiegelbild verschmelzen, wie etwa ein Mosaikschnurrbart, entstanden.

Metallaktion Formen – Gießen – Schmieden

Den alljährlichen internationalen Museumstag im Mai nahmen wir zum Anlass, einen der neuen Ausstellungsbereiche, die „Innovation Metall", in den Fokus zu stellen: Mit der Metallaktion „Formen – Gießen – Schmieden" waren die Mitglieder nach einem Rundgang mit dem Kurator Benedikt Stadler dazu aufgefordert, ihr eigenes Feuereisen herzustellen. Bei strahlendem Sonnenschein und unter der fachmännischen Anleitung des Experimentalarchäologen Frank Trommer und seines Teams hieß es, fest in die Pedale zu treten und keine Müdigkeit vorzuschützen. Mit vollem Körpereinsatz bliesen die Jungen und Mädchen in die Flammen, erhitzten die

Abb. 1
Reiss-Nägel beim Filmen auf dem Toulonplatz
Foto: rem, Vera Schauf

Eisenrohlinge und hämmerten sie auf dem Amboss in Form (Abb. 2). Nachdem das Feuereisen (Abb. 3) mit lautem Zischen im kalten Wasser ausgehärtet worden war, konnte es stolz getestet werden. Mit einem Feuerstein und Zunder schlugen die Reiss-Nägel Funken, um selbst auszuprobieren, wie man ein Feuer in der frühen Eisenzeit entfachen konnte.

Abb. 2 (rechts) und 3 (unten)
Die Metallverarbeitung auf dem Amboss
Foto: rem, Viktoria Imhof

Das fertige Feuereisen
Foto: rem, Vera Schauf

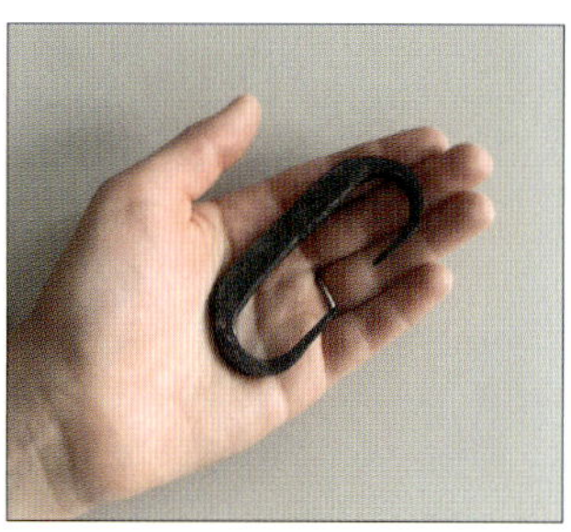

Reiss-Nägel on Tour

Wie jedes Jahr fand im Sommer 2016 der Reiss-Nägel-Ausflug statt, zu dem Eltern und Geschwister der Mitglieder herzlich eingeladen waren. Im Juli führte er nach Wiesbaden ins Schloss Freudenberg (Abb. 4). Dort erfuhren und erlebten wir unsere Umwelt mit allen Sinnen. Nicht nur die geläufigen fünf Sinne wurden bei der Erlebnisführung „Sinne 5, 7, 14, 28…" stimuliert, auch der siebte Sinn, der Gleichgewichtssinn oder der Harmoniesinn waren gefordert. Kann man die Bewegung eines Steins mit geschlossenen Augen noch wahrnehmen? Ist es möglich, einen riesigen, schweren Pendelstein lediglich mit einem Bindfaden zum Schwingen zu bringen, und wie? Bei einer weiteren Erfahrungsfeldstation musste mithilfe der Sinneseindrücke der Weg durch ein Labyrinth gefunden werden, wobei das Labyrinth für jeden und jede stets sichtbar war und die Wirrungen und Grenzen nicht physisch, sondern psychisch überwunden werden mussten. Nicht minder begeistert hat der taktile Barfußpfad (Abb. 5). Um diesen noch spannender zu gestalten, führten die Reiss-Nägel nach der eigenen Erprobung ihre Eltern, deren Augen verbunden waren, über die unterschiedlichen Hindernisse und Materialien. „Vorsicht!" „Nach einem weiteren Schritt geht es gleich eine Stufe hinunter." „Wie fühlt sich das an?" „Was meinst du, auf welches Material du gerade trittst?" Solche Fragen sowie Hinweise zeugten von dem achtsamen Umgang mit Anderen und dem Familiensinn der Kinder und Jugendlichen.

Ein weiteres Angebot für Körper und Geist gab es im Klangraum der Villa. Dabei wurden verschiedene Instrumente angestimmt, die nicht nur auditiv, sondern mit dem ganzen Körper wahrgenommen werden konnten. In Konzentration und mit geschlossenen Augen wurden nur durch den Schall riesige Gongs, Wasserklangschalen und Trommeln spürbar.

Auf die Führung folgte ein Picknick. Den Abschluss dieses Tages stellte das Agieren auf einem Balancebrett für mehrere Personen dar. Erst durch einen rücksichtsvollen Umgang miteinander konnte die Taumelscheibe im Sinne von „Gemeinsam sind wir stark!" bewältigt werden. Ein gleichmäßig-rhythmisches Schwingen versetzte die Scheibe sogar in Drehung, wobei Zentripetal- und Zentrifugalkräfte spürbar wurden. Zugleich verhandelte das gemeinschaftliche Bewegen auf dem Balancebrett grundlegende Fragen: Das experimentelle, interaktive und dialogische Handeln fördert eine andere Art der Auseinandersetzung darüber zu Tage, wie sich Individualität in der Gruppe entwickelt. Danach konnte jeder noch einmal auf eigene Faust das Ehrfahrungsfeld der Villa erkunden.

Ferienprojekt

„Barock – Nur schöner Schein?" warf bereits im August seine Schatten voraus. Noch vor der Ausstellung bereiteten wir uns auf das Thema vor und stimmten uns darauf ein: Muss „schön" immer auch „neu" heißen? Wir räumten mit dem Vorurteil vom hässlichen, dreckigen Holz auf und dachten über Transportpaletten nach: Kräutergarten, Regal, Wandverkleidung, Beistelltisch, Stellwand und Bank – zu all dem und noch mehr können alte Paletten werden. In unserem Fall entstanden aus ihnen Wandpaneele. Es wurden Nägel gezogen, gehobelt, gesägt und gemeißelt (Abb. 6) mit dem Ziel, einen persönlichen Fingerabdruck im Museum zu hinterlassen. Denn die Wandpaneele verschönern inzwischen, nach einem Anstrich mit speziellem Brandschutzlack und dank der Unterstützung des rem-Mitarbeiters Herrn Presentato, nachhaltig den Weg zum museumspädagogischen Raum im Museum Weltkulturen. Auch die Form der so entstandenen Wandpaneele spiegelt die Auseinandersetzung mit dem Zeitalter des Barock wider. Unweit des Museumsquartiers lädt die Jesuitenkirche St. Ignatius und Franz Xaver, oftmals als bedeutendste Barockkirche Südwestdeutschlands bezeichnet, dazu ein, barocke Baukunst zu bewundern. In Skizzen erkundeten die Clubmitglieder diese sowie moderne Gebäude in unmittelbarer Nachbarschaft zeichnerisch, um im weiteren Verlauf des Ferienprojekts die ehemaligen Transportpaletten als Stadtsilhouette (Abb. 7) wiedererstehen zu lassen.

Abb. 4 (oben) und 5 (links)
Schloss Freudenberg bei Wiesbaden
Foto: rem, Viktoria Imhof

Die Führung der Eltern auf dem Barfußpfad
Foto: rem, Vera Schauf

Barocke Stadtrallye

Spannend ging es im September weiter: Nachdem die vorhergehenden Monate uns gezeigt haben, dass eine Gruppentrennung in jüngere und ältere Reiss-Nägel nicht zwingend notwendig ist, sondern wir stärker von Diversität profitieren, entschlossen wir uns, den Jugendclub umzustrukturieren – fortan sollte es nur noch eine Gruppe geben! Abermals schwirrten uns Fragen durch den Kopf: Wird das funktionieren? Wie müssen wir die Aufgaben zukünftig konzipieren? Wird eine Binnendifferenzierung notwendig sein oder schaffen wir neue Aufgaben, indem die älteren Jungen und Mädchen intensiver als Experten eingesetzt werden?

Unser neues Konzept stellte sich als Erfolg heraus, daher behielten wir die Konstellation bei. Gemeinsam und auf einander achtend entdeckten wir im September die in der Stadt wahrnehmbaren Schätze des barocken Zeitalters. Von Hinweis zu Hinweis führte uns die Fährte vom barocken Zeughaus bis in die Gegenwart zur Eisdiele von Desi und Dario Fontanella, in welcher die zur Ausstellung exklusiv kreierte Eisspezialität „Quitte-Exquisit“ verkostet wurde. Der süß-saure Geschmack und die an Birne, Apfel, Rose oder Honig erinnernden Aromen der Quitte waren schon im 17. und 18. Jahrhundert allseits beliebt, stellten jedoch für die Kinder und Jugendlichen ein unbekanntes Geschmackserlebnis dar. Da sich bekanntlich über Geschmack streiten lässt, waren einige Schleckermäulchen begeistert, während andere sich über die zweite, frei wählbare Eiskugel mehr freuten. Doch bis dorthin war es ein weiter Weg, der uns vorbei an der Alten Sternwarte, der Jesuitenkirche St. Ignatius und Franz Xaver, dem Mannheimer Schloss sowie den Lauer'schen Gärten führte. An jeder Station erwartete die Mitglieder eine Aufgabe, die sie bewältigen mussten, um den Hinweis für die nächste Station zu erhalten. In den Lauer'schen Gärten, in denen wir die Überreste der barocken Befestigungsanlage entdeckten, forderten wir Klein und Groß zu einem Quiz heraus. Die letzte Frage und somit der Hinweis auf die Eisdiele lautete: „Was wurde sowohl mit Früchten und Likören als auch mit Wein und Senf verfeinert?“ Die möglichen Antworten waren: „a) Eis, b) Delfinpaste, c) Biersuppe oder d) Knödel“. Hätten Sie es gewusst?

Abb. 6 (unten) und
7 (rechts)
Die Reiss-Nägel bei der Arbeit mit dem Palettenholz und das Ergebnis: Ein Wandpaneel in Form einer Stadtsilhouette
Fotos: rem, Vera Schauf

Es rappelt in der Kiste – von der Kiste zum Papiertheater

Gut gewappnet durch das Sommerferienprojekt und die Stadtrallye ging es endlich in die Ausstellung „Barock – Nur schöner Schein?", die uns bis zum Ende des Jahres beschäftigt halten sollte. Nach und nach, von Termin zu Termin, lernten die Reiss-Nägel die Leitthemen der Ausstellung kennen: Welche Räume und Sphären galt es im Barock über den Seeweg und in der Literatur zu entdecken? Auf welche Weise und mit welchen Tipps und Tricks wurde der Körper inszeniert? Welche Errungenschaften trugen zu einer Expansion des Wissens bei? Wie wurde die Gesellschaft und das von ihr Produzierte geordnet? Welche Konflikte und Trends wurden in der Nachfolge der Reformatoren in die Religion getragen? Und wie tickte die Zeit im Barock eigentlich? Diese Anregungen nutzten die Jungen und Mädchen für eine Auseinandersetzung mit einem von ihnen gewählten Thema. Ihre Ideen und Erkenntnisse mündeten in einem eigenen Papiertheater (Abb. 8), so wie sie bereits im Zeitalter des Barocks beliebt waren. Nicht nur das Bühnenbild, sondern auch die Inszenierung galt es zu überlegen.

Deshalb hieß es im November: Spot on! Die Taschenlampenführung kann beginnen. Nach der regulären Öffnungszeit konnten wir allein in der dunklen Ausstellung sein und die Objekte ins rechte Licht rücken. Dieser Besuch im Dunkeln bildete den Kontrast zum ersten Ausstellungsbesuch. Welchen Effekt Licht erzeugen kann, wurde dabei unbewusst oder auch bewusst wahrgenommen. Über zwei Monate hinweg floss das Wissen der Kinder und Jugendlichen über das Zeitalter des Barocks sowie über Inszenierungstechniken in die Papiertheater ein, mit welchen der Jahresabschluss bestritten wurde.

Vorhang auf!

Die jährliche Sternstunde der Clubmitglieder stand bevor. Die Herausforderung bestand in diesem Jahr darin, als Theaterintendanten bzw. Theaterintendantinnen durch die Ausstellung zu führen. Vorhang auf und Bühne frei! Mit den selbstgebauten Papiertheatern entführten unsere Reiss-Nägel ihre Familien und Freunde, die zu diesem Termin eingeladen waren, in die geheimnisvolle Welt des barocken Zeitalters. Neben den kurzen Theaterstücken wurden die Ergebnisse unseres Sommerferienprogramms den Gästen gezeigt. Bei Butterbrezeln, Gummibärchen und Getränken ließen wir das Reiss-Nägel-Jahr in einer gemütlichen Runde im Foyer des Museums Zeughaus Revue passieren.

Wir freuen uns, dass der Fördererkreis für die Reiss-Engelhorn-Museen es auch im Jahr 2016 wieder ermöglicht hat, dass die Familien und Freunde die Ausstellung „Barock – Nur schöner Schein?" bei unserem Jahresabschluss kostenfrei besuchen konnten und im Anschluss an die Aufführungen mit einem kleinen Umtrunk verwöhnt wurden. Ebenso gilt unser Dank unseren Kolleginnen und Kollegen, die uns durch ihre Expertise bereichert haben, sowie allen anderen Unterstützenden wie zum Beispiel Dario und Desi Fontanella. Sie alle trugen dazu bei, dass das Jahr 2016 sowohl für die Mitglieder des Jugendclubs als auch für uns erlebnisreich und unvergesslich gewesen ist.

Abb. 8
Eines der von den Reiss-Nägeln entworfenen und gebauten Papiertheater
Foto: rem, Vera Schauf

Susanne Vogt und Harald Stockert

Der „Garten der Geschichte" auf dem Hauptfriedhof Mannheim – ein Ort des Verweilens und der Erinnerung

Anlässlich des 175. Jubiläums der Eröffnung des Hauptfriedhofs Mannheim fand 2017 ein gemeinsames Projekt des Eigenbetriebs Friedhöfe und des Stadtarchivs - ISG seinen erfolgreichen Abschluss.[1] Mit der Einweihung des „Gartens der Geschichte" auf dem Gelände des Hauptfriedhofes entstand in der dortigen Grünanlage ein weiterer attraktiver Ort des Verweilens, Erinnerns und Betrachtens (Abb. 1).

Das Bestattungswesen reicht fast an den Beginn der Geschichte der Menschheit selbst zurück, gehört doch zum Leben unausweichlich auch der Tod. Bestattungskultur ist dabei ein empathischer Ausdruck der menschlichen Evolution und Kultur.[2] So unterschiedlich wie die Kulturen sind, so vielschichtig ist auch der Umgang mit dem Ende des Lebens. In der heutigen modernen und technikgläubigen Zeit ist der Tod dabei zumeist mit negativen Konnotationen belegt und der Gedanke an ihn wird möglichst verdrängt. Daher erscheint es wichtig, sich rückzubesinnen auf das, was ein Friedhof eigentlich darstellt: nämlich ein Ort des Nicht-Vergessens, an dem Zeit bleibt, an die Verstorbenen zu denken, um sie zu betrauern, aber auch um sich liebevoll an sie zu erinnern.

Der amerikanische Schriftsteller Mark Twain äußerte sich einmal wie folgt: „Man könnte viele Beispiele für unsinnige Ausgaben nennen, aber keines ist treffender als die Errichtung einer Friedhofsmauer. Die, die drinnen sind, können sowieso nicht hinaus, und die, die draußen sind, wollen nicht hinein."[3] Dieses – zugegebenermaßen recht zynische – Zitat versinnbildlicht sehr schön den etymologischen Ursprung des Begriffs: „Friedhof" ist in erster Linie ein eingefriedeter – also eingegrenzter – Ort, die Konnotation mit „Frieden" stellte sich erst später ein. Oft wurde im Rahmen der Christianisierung der Friedhof in die Nähe einer Kirche oder Kapelle verlagert, galt doch der Boden in einem Radius von 30 Schritt um die Kirche als geweihte Erde, daher auch der gängige Begriff „Kirchhof".

Im christlichen Verständnis ist der Tod stets mit der Hoffnung auf das ewige Leben verbunden und stellt somit nur ein Zwischenstadium bis zur Auferstehung am Jüngsten Tag dar. Die Kirche versteht sich hierbei ausdrücklich als eine Gemeinschaft der Lebenden und der Toten, welche in die Gebete eingeschlossen werden. Im Mittelalter galt die Beisetzung der Toten gar als eines der sieben Werke der Barmherzigkeit. Allerdings differenzierte man hier sehr genau, wem man einen guten Start ins Jenseits wünschte und wem nicht. So wurden gesellschaftliche Außenseiter wie Kriminelle oder Angehörige

Abb. 1
Bürgrmeisterin Kubala spricht bei der Festveranstaltung ein Grußwort.
Foto: StadtA MA - ISG, AB 3945-003

unehrlicher Berufe mit einem bloßen Verscharren ihrer Leiche außerhalb der Friedhöfe geächtet.

Im Falle des mittelalterlichen Dorfes Mannheim fehlen bislang Hinweise auf einen Friedhof. Erstmals wird ein solcher im Jahr 1622 erwähnt, als bei der Belagerung durch Tilly über das im heutigen Jungbusch liegende Gelände die Stadtbefestigung durchbrochen werden konnte. Bis zur Errichtung des Hauptfriedhofs waren die Friedhöfe in Mannheim zunächst konfessionell aufgeteilt. In der zweiten Hälfte des 17. Jahrhundert, als der Calvinismus gewissermaßen noch Staatsreligion war und andere christliche Konfessionen nur geduldet wurden, gab es lediglich reformierte Friedhöfe; dort mussten auch die Lutheraner und die Katholiken ihre Toten begraben, so sie denn nicht in andere Ortschaften wie das katholische Seckenheim oder das lutherische Rheingönheim ausweichen konnten. In Krisen- und Kriegszeiten wie der Pestepidemie 1666/1667 hingegen mussten alternative Begräbnisorte gesucht werden: Wegen der großen Ansteckungsgefahr wurden die Pesttoten damals rasch auf dem sogenannten Pestbuckel im heutigen Jungbusch und damit außerhalb der Stadtmauern beigesetzt. Erst im 18. Jahrhundert sollten alle Konfessionen einen je eigenen Friedhof bekommen, sie waren allesamt innerhalb der Stadt an der Festungsmauer angesiedelt. Der katholische Friedhof befand sich in den Quadraten K 2 und K 3, der lutherische in den heutigen Quadraten Q 7 und P 7, und die Angehörigen der deutsch-reformierten Gemeinde bestatteten ihre Toten in F 6, direkt neben dem schon älteren jüdischen Friedhof in F 7.

Die Praxis, Verstorbene innerhalb der Stadtgrenzen zu beerdigen, hielt sich bis zu den Anfängen der Säkularisierung Anfang des 19. Jahrhunderts. Die Beschneidung der kirchlichen Befugnisse machte sich nunmehr auch im Bestattungswesen bemerkbar. Fortan standen dabei nicht mehr der bis dato vorherrschende religiöse Gedanke der Auferstehung und die Andacht allein im Vordergrund, sondern zunehmend auch der rational geprägte Aspekt der neuesten medizinisch-wissenschaftlichen Erkenntnisse. Man glaubte, dass „schädliche Dämpfe" von den Verstorbenen ausgingen und Seuchen hervorriefen, und erwog zunehmend die Errichtung von Friedhöfen außerhalb der Stadtgrenzen.

Zudem waren spätestens Anfang des 19. Jahrhunderts die Belegungsmöglichkeiten der drei christlichen Friedhöfe in der Stadt heillos ausgeschöpft. So mussten beispielsweise auf dem katholischen Friedhof bereits nach fünf oder sechs Jahren die Gräber geräumt und neu belegt werden. Mit der Einführung der amtlichen Leichenschau im Jahr 1812 wurde die Notwendigkeit der Errichtung einer Leichenhalle mit angrenzendem Bestattungsfeld neu diskutiert. In langjährigen Überlegungen erwog man unter anderem, den ehemaligen Militärkirchhof auf dem Pestbuckel oder auch ein Gelände auf dem Lindenhof zu nutzen, was in Bezug auf eine spätere Stadtentwicklung hätte kritisch werden können und, im Nachhinein betrachtet zum Glück, nicht zum Tragen kam. Am 6. Dezember 1838 erlaubte die Kreisregierung in einem Edikt, Friedhöfe künftig außerhalb der Stadt anzusiedeln. Dies trieb nun endgültig die Planungen voran. Man einigte sich schließlich auf das hochwassersichere Gebiet bei den „Sandäckern" unweit des Neckars, das auch den Vorteil bot, durch Ankauf weiterer Felder das Gelände vergrößern zu können. Damit griff man auf Pläne aus dem 18. Jahrhundert zurück, in denen um 1723 erstmals die Errichtung eines zentralen Friedhofs bei der sogenannten Kuhweide jenseits des Neckars diskutiert wurde. Außerdem konnte ein am Neckarufer entlang führender Weg mit geringem finanziellem Aufwand ausgebaut und damit eine Wegführung über die schon damals sehr verkehrsreiche Käfertaler Straße vermieden werden. Aber wiederum erst 1840 genehmigte der Bürgerausschuss für dieses Projekt die Anleihe von 230.000 Gulden. Als eine der Voraussetzungen galt jedoch die Errichtung einer festen Neckarbrücke, um auch im Winter die Toten aus der Stadt transportieren zu können. Am 13. April 1841 fand die feierliche Grundsteinlegung des neuen Friedhofs statt, die Einweihung erfolgte dann am 14. Juli 1842. An diesem Tag fand auch die erste Beerdigung statt. Beigesetzt wurde mit Philipp Hornig ein 34-jähriger Zimmermann, der zwei Jahre zuvor von Kreuznach nach Mannheim gezogen war. Er erhielt das erste Grab in der ersten Reihe. Die feste Neckarbrücke konnte wegen langwieriger Brückenplanungen allerdings erst 1845 fertiggestellt werden.

Im Zuge der Entwidmung der innerstädtischen christlichen Grabstätten bot man den Angehörigen der dort Bestatteten an, Gebeine und Grabmale auf den neuen Friedhof umzubetten, weshalb

Susanne Vogt und Harald Stockert

dort noch Spuren aus der kurfürstlichen Zeit und den Anfängen des Übergangs an Baden zu finden sind. Die Umbettungen zogen sich zum Teil über Jahrzehnte hin, so wurden zum Beispiel die sterblichen Überreste von Carl Ludwig Sand erst 1869 überführt.

Fast zeitgleich mit dem Hauptfriedhof wurde auf dessen östlicher Seite der jüdische Friedhof errichtet, nachdem sich der Synagogenrat gegen einen gemeinschaftlichen Friedhof ausgesprochen hatte. Parallel dazu – gemäß dem jüdischem Ritus des Wahrens der Totenruhe – bestand der alte jüdische Friedhof in F 7 noch bis zum Jahr 1938 weiter, ehe er im Zuge der Arisierung der Grundstücke von der Stadt erworben und die im jüdischen Glauben eigentlich verbotene Umbettung von mehr als 3.500 Toten durchgeführt wurde; die meisten alten Grabsteine aber wurden zerstört.

Die Erstanlage des Hauptfriedhofs umfasste 3,2 Hektar und wurde kontinuierlich bis 1965 auf acht Teile erweitert. Jede Erweiterung folgte dabei der jeweils aktuellen Gartenarchitektur. Heute umfasst das weitläufige Gelände ganze 34,4 Hektar. Der von 1839 bis 1842 als Stadtbaumeister tätige Architekt Alois Mutschlechner entwarf ein bewusst parkähnlich gehaltenes Friedhofsareal sowie die Arkaden im Eingangsbereich, die das älteste Gebäude der Anlage darstellen. Ursprünglich befanden sich in diesen Arkaden eine Bethalle und die Wohnung des Friedhofaufsehers.

Die bis dahin noch weit verbreitete Gewohnheit, die Verstorbenen zunächst zu Hause aufzubahren, barg besonders in den beengten Wohnverhältnissen der Arbeiterbevölkerung zu große gesundheitliche Gefahren, sodass die Begräbnis- und Friedhofsordnung im Jahr 1898 den Leichenhallenzwang vorschrieb. Waren bis dato noch die älteren Leichenhallen an der Ostseite des Friedhofs sowie ein weiterer Bau im dritten Teil des Friedhofs ausreichend gewesen, musste ein neues Gebäude dieser Entwicklung Rechnung tragen. Nach den Entwürfen des Vorstandes des städtischen Hochbauamtes Gustav Uhlmann und des Architekten A. Arnold entstand ein Gebäude im damals für Sakralbauten beliebten neugotischen Stil, das eine Leichenhalle und eine Kapelle umfasste (Abb. 2). Der Bau gestaltete sich langwierig. Begonnen im Jahr 1900, überschattete ein schweres Bauunglück das Geschehen. Beim Einsturz eines Giebels fanden zwei Arbeiter den Tod, drei wurden schwer verletzt. Die Bauarbeiten mussten für die Dauer von rund fünf Monaten unterbrochen werden. Die schließ-

Abb. 2
Die Trauerhalle auf dem Manhheimer Hauptfriedhof
Ohne Datum
StadtA MA - ISG, GP00026-020b

lich 1903 in Betrieb genommene Halle verfügte sogar über eine elektrische Alarmanlage. Den Leichen wurden elektrische Kontakte an den Händen angebracht, sodass im Falle des Aufwachens nach einem Scheintod das Friedhofspersonal durch den ausgelösten Alarm schnell zu Hilfe eilen konnte. Es ist allerdings nicht überliefert, ob und wie oft dieser Alarm ausgelöst wurde.

Schon in den Anfängen des Bestattungswesens war die Feuerbestattung praktiziert worden, ging aber während der Christianisierung in unserem Kulturkreis stark zurück. Erst Ende des 19. Jahrhunderts setzte sich diese Idee wieder durch. In der Frage Erd- oder Feuerbestattung standen religiöse Argumente wie die leibliche Grablegung Christi und die Auferweckung am Jüngsten Tag den hygienischen und ästhetischen Gründen für eine Einäscherung entgegen. Die überzeugten Anhänger der Feuerbestattung formierten sich 1892 im „Verein für Feuerbestattung Mannheim-Ludwigshafen", der sich 1897 in „Mannheim-Ludwigshafener Verein zur Erbauung eines Krematoriums" umbenannte. Seine Mitglieder, die sogenannten Krematisten, unterstützten den Bau mit 60.000 Mark Spendengeldern. Das Gebäude konnte 1901 seiner Bestimmung übergeben werden. Ein prominenter Anhänger dieser Bewegung war der während seiner Amtszeit verstorbene Oberbürgermeister Paul Martin, der hier 1913 kremiert wurde (Abb. 3). Die Feuerbestattung erfreute sich zunehmend größerer Akzeptanz, nicht zuletzt wegen des Zweiten Vatikanischen Konzils, das den Katholiken ausdrücklich diese Bestattungsform einräumte. In diesem Zusammenhang war die Mannheimer jüdische Gemeinde eine der ersten in Deutschland, die die kultischen Bestattungsriten im Krematorium ausübte, wenn auch gegen den anfänglichen Widerstand der orthodoxen Gemeindemitglieder (Abb. 4). Die steigende Nachfrage führte nicht zuletzt dazu, dass das alte Krematorium bald völlig überlastet war und durch ein neues ersetzt werden musste. Die letzte Einäscherung im alten Gebäude wurde 1983 durchgeführt, der Bau dann von 1987 bis 1990 aufwendig saniert, von der architektonischen Sünde eines Anbaus in den 1950er Jahren befreit und in eine Urnenhalle umgewandelt.

Ersetzt in seiner Funktion wurde der Altbau durch das neue Krematorium im Betriebshof in der Gutenbergstraße, das nach 18-monatiger Bauzeit am 10. Januar 1983 eingeweiht werden konnte. Man erbaute den vom Architekten Seraphin Zimmermann entworfenen Zweckbau bewusst nicht in der Nähe der Trauerhalle, sondern aus Kostengründen im Betriebshof, da man so einen größeren architek-

Abb. 3
Grab von Oberbürgermeister Paul Martin auf dem Mannheimer Hauptfriedhof
2. April 1914
StadtA MA - ISG, GP00051-3-131

Abb. 4
Hauptfriedhof,
Urnenhalle
Ohne Datum
StadtA MA - ISG,
KF023723

tonischen und damit finanziell höheren Aufwand vermeiden wollte. 1999 erfolgte eine größere Sanierung, um das Gebäude auf den Stand entsprechend der neueren Gesetzeslage zu bringen.[4] Eine jüngere statistische Erhebung erbrachte, dass mit 74 Prozent die Feuerbestattung gegenüber 26 Prozent der Erdbestattung mittlerweile weitaus vorgezogen wird.[5]

Heute befinden sich auf dem Mannheimer Hauptfriedhof ganze 78 zum Teil denkmalgeschützte Ehrengräber. Hierbei handelt es sich um Grabstätten von Personen, die einen engen Bezug zu Mannheim hatten und deren Gräber damit dauerhaft von der Stadt Mannheim unterhalten werden. Die quer über den Friedhof verstreuten Ehrengräber sowie zahlreiche historische Grabstätten weiterer bekannter Mannheimer Familien und Persönlichkeiten laden besonders im alten Teil der Anlage zu ausladenden Spaziergängen und dem Abtauchen in die Mannheimer Stadtgeschichte ein. Genau 3.799 Bäume und die weitläufigen Bepflanzungen machen den Hauptfriedhof neben den Stadtparks längst zu einer grünen Lunge Mannheims und tragen somit wesentlich zur Stadtökologie bei.[6]

Eine multikulturelle Stadtgesellschaft zieht konsequenterweise auch einen multikulturellen Friedhof nach sich. Auch im Tod sollen die kulturellen und religiösen Vorstellungen eines Menschen ihren Ausdruck finden können. Schon 1980 wurde das muslimische Gräberfeld eingerichtet. Seit dem 1. Januar 2014 existiert ein zweites Feld, dessen Grabstellen nach Mekka ausgerichtet und für Muslime reserviert sind. Seitdem am 26. März 2014 die Sargpflicht wegfiel, steigt die Anzahl der Bestattungen nach muslimischem Ritus stetig an. Mannheim ist für viele Mitbürger muslimischen Glaubens bereits zu der Heimat geworden, in der sie auch begraben sein möchten. 2015 wurden bereits 30 Bestattungen pro Jahr registriert. Noch in 2017 soll mit dem Bau eines muslimischen Waschhauses begonnen werden.

Ein Friedhof als Ort des Nicht-Vergessens darf auch dunkle Seiten der Stadtgeschichte nicht aussparen. So erinnert heute ein Mahnmal auf dem Ehrenfeld an die Opfer der Nationalsozialisten, die Opfer der Euthanasie, die polnischen und sowjetischen Zwangsarbeiter sowie die KZ-Häftlinge.

Der nunmehr neu eröffnete „Garten der Geschichte" ist ein weiterer Ort des Gedenkens und ein Beweis für einen verantwortungsvollen Umgang mit der Vergangenheit und einen Brückenschlag zur Gegenwart. Hier finden Grabsteine ihren letzten Platz, die in künstlerischer Hinsicht erhaltenswert sind und/oder an Menschen erinnern, die die

Mannheimer Stadtgeschichte mitgeprägt haben, auch wenn sie keinen Ehrengrabstatus erlangen konnten. Auf den Infotafeln sind außerdem QR-Codes angebracht, die weiterführende Informationen auf einer künftig geplanten Internetseite bieten. Zu den ersten Persönlichkeiten, deren Grabsteine im „Garten der Geschichte" aufgestellt wurden, gehören neben dem ehemaligen Kom-

Abb. 5
Gedenktafel für Robert Kramer, einen Mitbegründer der Mannheimer „Volksstimme"
Foto: StadtA MA - ISG, AB 8945-007

Abb. 6
Informationstafel zur christlichen Bestattungskultur
Foto: StadtA MA - ISG, AB 3945-010

munal- und Landtagsabgeordneten Robert Kramer (1857-1946) die langjährige Mannheimer Stadträtin Lilli Gräber (1918-1992) sowie der Architekt und Leiter des Hochbauamtes Richard Perrey (1866-1937) (Abb. 5). Drei Tafeln liefern Wissenswertes zum Totengedenken in den drei großen, auch in Mannheim vertretenen abrahamitischen Weltreligionen, im Judentum, im Christentum und im Islam (Abb. 6). Mögen die Riten auch unterschiedlich sein, sie haben dennoch eine gemeinsame Grundlage: Glaube und die gelebte Zugehörigkeit zu einer Religionsgemeinschaft sind – wie Kardinal Karl Lehmann es einmal bezüglich des Katholizismus formulierte – „ein Bollwerk gegen jede Tendenz, die Verstorbenen ‚technisch' zu entsorgen".[7]

Der Mannheimer Eigenbetrieb Friedhöfe versteht sich schon längst nicht mehr als reine Friedhofsverwaltung. Es gilt, das Dienstleistungsangebot ständig auszuweiten und zu verbessern und Raum für die vielfältigen Formen einer würdevollen Verabschiedung sowie der adäquaten Trauerbegleitung zu bieten. Dabei ist ein Friedhof ein Kulturgut, das in seiner Art auch Teil der Stadtgeschichte ist und das es zu bewahren gilt.

1 Leicht überarbeitete Fassung der Festrede anlässlich der Einweihung des „Gartens der Geschichte", gehalten am 9. Juli 2017. Die Vortragsform wurde beibehalten.

2 Vgl.: Arbeitsgemeinschaft Friedhof und Denkmal, Museum für Sepulkralkultur (Hrsg): Religionen. Rituale und Sitten zum Tod. Kassel 2014. S. 29f.

3 Josef Rattner / Hermann Danzer: Meister des großen Humors. Würzburg, 2008. S. 235.

4 Zur Geschichte des Hauptfriedhofs und zum Folgenden vgl.: Fördererkreis historischer Grabstätten in Mannheim (Hrsg.): Die Friedhöfe in Mannheim. Mannheim 1992; Röth, Michael: Die Entwicklung der Friedhofsanlagen und des Bestattungswesens in Mannheim und Berlin im 19. und 20. Jahrhundert. Mannheim 1999.

5 Selbstauskunft der Eigenbetriebe Friedhof, Stand Februar 2017.

6 Selbstauskunft der Eigenbetriebe Friedhof, Stand Februar 2017.

7 Kardinal Karl Lehmann in „Christliche Bestattungskultur" unter http://www.dbk.de/fileadmin/redaktion/diverse_downloads/bestattungskultur.pdf (Aufruf vom 5.10.2017).

Monika Ryll

Drei Schwestern aus gutem Hause

Helene Röchling, Emily Bumiller und Valentine von Seubert

Leben und Wirken des Mannheimer Industriellen-Ehepaares Heinrich (1838-1905) und Julia Lanz (1843-1926) wurden schon früh in der einschlägigen stadtgeschichtlichen Forschung und Lokalpresse gewürdigt.[1] Besonders das unternehmerische Engagement als weltweit tätige Landmaschinenfabrikanten, aber auch die soziale Fürsorge und das kulturelle und wissenschaftliche Mäzenatentum erfuhren mit Verleihung der Ehrenbürgerwürde, der höchsten Auszeichnung der Stadt Mannheim, an Julia Lanz im Jahre 1910 die gesellschaftliche Anerkennung.[2]

Der Lebensweg des Sohnes und Firmennachfolgers Karl Lanz (1873-1921), der – technisch ausgebildet – das väterliche Werk weiterführte, aber schon 48-jährig verstarb, ist in der jüngeren stadtgeschichtlichen Forschung ebenfalls vermehrt beleuchtet worden.[3] So bleibt Karl Lanz vornehmlich durch seine Bautätigkeit am Palais Lanz ab 1907, dem größten Privatgebäude Mannheims, und durch seine Initiative in der Entwicklung des Luftschiffes Schütte-Lanz der Nachwelt im Gedächtnis.

Die heimatgeschichtlich starke Präsenz der Eltern und des Bruders haben leider die drei Töchter von Heinrich und Julia Lanz in den Hintergrund treten lassen. Im Folgenden sollen deshalb – teilweise mit neu erschlossenen Quellen – die wichtigsten biographischen Stationen der drei Schwestern Helene Röchling, Emily Bumiller und Valentine von Seubert skizziert werden.

Herkunft

Am 9. März 1865 heiratete der aus Friedrichshafen stammende württembergische Staatsbürger Heinrich Lanz in Mannheim die Tochter des Kaufmanns Philipp Faul (1800-1890) und der Franziska Emilie Sigel (1815-1868), Julia Faul (Abb. 1).[4] Heinrich Lanz war zum 1. Januar 1864 als Teilhaber in die Firma seines Vaters J. P. Lanz & Comp., deren Mitarbeiter er bereits seit langem war, aufgenommen worden und bezog im Februar desselben Jahres eine Wohnung im Barockhaus A 3, 2 (Abb. 2). Nach Eröffnung des Zweiggeschäftes der Friedrichshafener Spedition in der Quadratestadt hatte sein Vater das Haus im Jahre 1842 vom großherzoglich-badischen Kanzleirat Friedrich Wilhelm Beck erworben.[5] Hier lernte Heinrich Lanz, selbst katholischen Glaubens, die protestantische Nachbarstochter Julia Faul kennen. Deren Eltern waren 1855 in den Besitz des daneben liegenden Anwesens A 3, 3 gekommen, und hier ist die Braut zusammen mit ihren beiden Brüdern Karl (geb. 1842) und Philipp (1855-1913) aufgewachsen. Ein frühes Bildnis zeigt die etwa Siebenjährige auf

Abb. 1 (links)
Heinrich und Julia Lanz
Fotografie
Um 1865
StadtA MA - ISG AB02357

Abb. 2 (rechts)
Wohn- und Geschäftshaus von Heinrich und Julia Lanz in A 3, 2
Fotografie vor dem Abbruch
1911
Reiss-Engelhorn-Museen Mannheim

Abb. 3
Die Geschwister Karl und Julia Faul (später verheiratete Lanz)
Aquarell von Martin Morgenroth
Um 1850
Privatbesitz Carl-Josef von Seubert, Seehausen-Seeleiten

einem Stuhl sitzend zusammen mit ihrem ein Jahr älteren Bruder Karl (Abb. 3). Das Aquarell des aus Oberfranken stammenden Martin Morgenroth (1805-1859) dürfte eine der ersten Auftragsarbeiten des Porträtmalers in Mannheim gewesen sein, nachdem er mit Frau und Kindern im Jahre 1847 aus Karlsruhe zugezogen war.[6]

In rascher Folge kamen in A 3, 2 und A 3, 3, wohin die Familie Lanz 1869 umgezogen war, die drei Töchter und der Sohn zur Welt, die alle evangelisch getauft wurden: Helene am 28. Januar 1866, Emily am 15. November 1867, Valentine am 11. November 1870 und Karl am 18. Mai 1873. Der Familienzuwachs veranlasste Heinrich Lanz im Jahre 1872, ein Grundstück gegenüber in A 2, 6 zu kaufen und mit einem größeren neoklassizistischen Wohnhaus zu bebauen (Abb. 4).[7] Hier wuchsen die Lanz-Kinder zu Jugendlichen und jungen Erwachsenen heran. Als „höhere Töchter" eines Großindustriellen erhielten Helene, Emily und Valentine vermutlich zu Hause Privatunterricht, denn alle drei tauchen nicht im Verzeichnis des Großherzoglichen Instituts Mannheim auf, einer Erziehungsanstalt, die zu Beginn des 19. Jahrhunderts gegründet wurde und bevorzugt Mädchen aus dem Adel und dem Großbürgertum aufnahm.[8]

Abb. 4
Wohnhaus von Heinrich und Julia Lanz in A 2, 6
Fotografie
Um 1950
Stadt Mannheim, FB Stadtplanung

Helene Röchling

Als erste verließ die älteste Tochter Helene (Abb. 5) das Elternhaus. Die 19-Jährige ehelichte am 20. Hochzeitstag ihrer Eltern am 9. März 1885 den Kaufmann August Röchling (1856-1937).[9] Der Bräutigam (Abb. 6) kam ebenfalls aus der süddeutschen Großindustrie. Die Gebr. Röchling-Werke haben zunächst durch Kohle- und Eisenhandel in Saarbrücken, dann nach Erwerb der Völklinger Hütte im Jahre 1881 durch die Erzeugung von Eisen und Stahl ihre Marktstellung erworben.[10] Nach Ausbau der Bahnlinie von Ludwigshafen in die Saarregion wurde gegenüber Mannheim auf der linken Rheinseite im Jahre 1849 eine Niederlassung des Saarbrücker Handelshauses eingerichtet, die der langjährige Ludwigshafener Gemeinderat Ernst Röchling (1825-1877), Vater des August Röchling, leitete. Die Schulzeit verbrachte der Sohn in Mannheim auf dem Karl-Friedrich-Gymnasium und dem Realgymnasium. Anschließend studierte er einige Semester am Karlsruher Polytechnikum und trat die Militärzeit beim 2. Westfälischen Husaren-Regiment Nr. 11 in Düsseldorf an. Nach Wanderjahren, in denen er sich kaufmännisch ausbildete, kehrte er 1884 als Prokurist an den Ludwigshafener Firmenstandort zurück. 1892 erwarb er die Teilhaberschaft. Zusammen mit seiner Schwiegermutter Julia Lanz, seinem Schwager Karl Lanz und Johann Schütte war er ab 1909 an der Gesellschaft Luftschiffbau Schütte-Lanz beteiligt. Den Stahl für die Propeller und Gondeln lieferten die Röchling-Werke. August Röchling übernahm nach dem frühen Tod seines Schwagers neben seiner Tätigkeit im eigenen Unternehmen auch für zehn Jahre die Leitung der Firma Schütte-Lanz.[11] Die Röchling-Gruppe, eines der größten Familienunternehmen mit Sitz in Mannheim, produziert heute nicht mehr Stahl, sondern Kunststoffe für Industrie, Automobile und Medizin.

Alle drei Lanz-Töchter schlossen – sicherlich auf Drängen ihrer Eltern – Eheverträge mit dem jeweiligen Bräutigam ab, so auch am 3. März 1885 Helene mit August Röchling.[12] Artikel 1 des Vertrages, der vor dem königlich-bayerischen Notar im Amtssitz Ludwigshafen August Dimrath geschlossen wurde, sah die Gütergemeinschaft ausschließlich für das Vermögen vor, das während der Ehe als „reine Errungenschaft" entsprechend dem Bürgerlichen Gesetzbuch hinzukommen sollte. Das heißt, von der künftigen ehelichen Gütergemeinschaft blieb alles bewegliche und unbewegliche Vermögen, das die Brautleute bei Eheschließung einbrachten, aber auch das, was durch Schenkung, Erbschaft, Testament oder auf sonstige Weise einseitig anfallen würde, unberührt. Nach dem Tode von Heinrich Lanz hoben die Eheleute Röchling im Dezember 1908 die Errungenschaftsgemeinschaft wieder auf und vereinbarten Gütertrennung nach dem Bürgerlichen Gesetzbuch.

Abb. 5 (rechts)
Helene Röchling
Gemälde von
Conrad Kiesel
1895
Privatbesitz Hermann Röchling, Baden-Baden

Abb. 6 (links)
August Röchling
Fotografie
Um 1890
StadtA MA - ISG
AB02357-1-037

Zunächst wohnte die junge Familie Röchling linksrheinisch in der Ludwigstraße 83 (Abb. 7) im Haus der verwitweten Schwiegermutter Anna geb. Schultz (1831-1908), einer Urenkelin des Mannheimer Oberbürgermeisters Johann Wilhelm Reinhardt.[13] Hier erblickten auch die Tochter Hedwig (1885-1969) und der Sohn Ernst (1888-1964) das Licht der Welt. Vermutlich suchte Helene die Nähe ihrer Eltern. Jedenfalls zogen die Röchlings im November 1888 nach Mannheim in die mit aufwendigem Bildhauerschmuck an Erker, Ziergiebel und Türmchen im Neorenaissancestil neu erbaute Villa L 9, 10 (Abb. 8), wo später auch der Nachzügler Heinz (1898-1968) geboren wurde. Als Eigentümer des 758 m² großen Grundstücks wurde im Grundbuch allerdings mit Datum vom 8. Juni 1888 Kommerzienrat Heinrich Lanz eingetragen.[14] Nach seinem Tod 1905 fiel das Anwesen zunächst in das Gesamtgut der Lanz-Erben und 1907 an Helene Röchling, der bereits im gemeinschaftlichen Testament der Eltern vom 31. Juli 1902 das Recht eingeräumt wurde, die Liegenschaft um den Selbstkostenpreis des Grundstücks in ihr Eigentum zu übernehmen.

Helene Röchling war als gesellschaftliche Wohltäterin sehr umtriebig. Zahlreiche großzügige Stiftungen und Spenden für soziale und kulturelle Zwecke sind in ihrer Heimatstadt mit ihrem Namen verbunden. Die Porträts, die sie in jungen Jahren zeigen, zeugen von einer lebensfrohen selbstbewussten Persönlichkeit. Das von Conrad Kiesel (1846-1921), einem damals sehr berühmten

Abb. 7 (oben)
Wohn- und Geschäftshaus Röchling, Ludwigstraße 83, Ludwigshafen (zerstört)
Foto aus: Richard Nutzinger: „Das Haus Röchling", Ludwigshafen 1929, S. 89

Abb. 8 (unten)
Wohnhaus von August und Helene Röchling in L 9, 10 (zerstört)
Zeichnung, vor 1945
Privatbesitz
Uwe Kai Erben

Berliner Porträtmaler, im Jahre 1895 geschaffene Bildnis (siehe Abb. 5) zeigt sie in der weit geschnittenen Kleidung der Lebensreformbewegung. Die Anhänger dieser Bewegung lehnten die weibliche gründerzeitliche Bekleidung mit engem Korsett als gesundheitsschädlich ab und schufen als Ausdruck der körperlichen Befreiung eine neue Mode. Das Porträt ist ein früher Hinweis auf die gefestigten weltanschaulichen Wertvorstellungen der Helene Röchling, die sich später in der anthroposophischen Bewegung weiter entfalteten. Im Gegensatz dazu ist das impressionistisch anmutende Gemälde, das der befreundete Maler Otto Propheter (1875-1927) im Jahre 1899 geschaffen hat, eine schöne Augenblicksaufnahme der Dargestellten (Abb. 9). Lächelnd neigt sie sich in gebeugter Haltung dem Betrachter zu, die Hände am Mantelkragen, als ob sie das Kleidungsstück gerade angezogen hätte und im Gehen begriffen sei. Statussymbole wie Pelz und Schmuck identifizieren die 32-Jährige als Mitglied der höheren Gesellschaftsschicht.[15] Der Mannheimer Künstler (Abb. 10), der zahlreiche Personen aus Industrie, Handel und Finanzwesen porträtierte, wuchs als Nachbarsohn der Familie Lanz in A 3, 7 auf. Das elterliche Anwesen grenzte rückwärtig an den Garten des Hauses A 3, 2 (siehe Abb. 2).[16]

Helene Röchling gehörte zu den Begründern des Mannheimer Zweiges der Theosophischen Gesellschaft. Schon im Jahre 1909 soll sie einen öffentlichen Vortrag von Rudolf Steiner (1861-1925) in der Quadratestadt mit organisiert haben.[17] Neben dem Pfarrer der Neckarstädter Lutherkirche Paul Klein war sie die Initiatorin der anthroposophischen Bewegung. So versuchten beide, Krankenpflege und Seelsorge im neu eröffneten Heinrich-Lanz-Krankenhaus in diesem Sinne auszurichten.[18] Wie eng Helene Röchling mit Steiner verbunden war, belegt die Tatsache, dass sie ihn im Sommer 1914 im eigenen Auto von Dornach nach Mannheim mitnahm und ihm in L 9, 10 (siehe Abb. 8) mehrfach Gastfreundschaft gewährte. Dem Johannesbauverein in Dornach schenkte sie 5.000 Mark unter der Voraussetzung, dass dieser in einer seiner Liegenschaften dem Ehepaar Steiner lebenslanges Wohnrecht gewährte. Auch lud sie als Wagneranhängerin die Eheleute einige Male zu den Bayreuther Festspielen ein. Ihre Villa L 9, 10 stellte sie für anthroposophische Veranstaltungen mehrfach zur Verfügung.[19]

Im Jahre 1910 beteiligte sie sich zusammen mit ihrer Mutter, ihrer Schwester Valentine und ihrem Bruder Karl anlässlich des fünfzigjährigen Bestehens der Firma Lanz an einer mit 1.000.000 Mark bedachten Schenkung zur Errichtung einer Handelshochschule, aus der später die Universität Mannheim hervorging.[20] Während des Ersten Weltkriegs engagierte sich Helene Röchling im besonderen Maße in der Krankenpflege und erhielt dafür vom badischen Großherzog im September 1916 das Kreuz für freiwillige Kriegshilfe sowie im Juni 1917

Monika Ryll

die Medaille des Roten Kreuzes verliehen.[21] Leider weitgehend in Vergessenheit geraten ist, dass die Heinrich Lanz AG gemäß Vertrag vom 3. Dezember 1925 von den fünf weiblichen Familienmitgliedern gegründet wurde. Hierzu gehörten neben Helene Röchling, die Aktien im Wert von 3.360.000 Mark einbrachte, ihre Mutter, ihre beiden Schwestern und ihre Schwägerin Gisella Lanz geb. Giulini.[22] Leider konnte das Aktienkapital den Niedergang des Familienunternehmens Lanz nicht mehr aufhalten. Die schwierigen wirtschaftlichen Verhältnisse während und nach dem Ersten Weltkrieg sowie der plötzliche Tod von Karl Lanz verzögerten die technische Entwicklung und Markteinführung des als Ackerschlepper bekannt gewordenen Lanz-Bulldogs, wodurch das Unternehmen in mangelnde Liquidität geriet und schließlich durch den Hauptgläubiger Deutsche Bank verwaltet wurde.[23]

Zu Beginn des Dritten Reichs verließen August und Helene Röchling die Quadratestadt und zogen nach Aachen, wo die Tochter Hedwig mit dem Bankdirektor und Versicherungsaufsichtsrat Carl Arthur Pastor (1885-1960) verheiratet war. Helene und August Röchling gingen am Ende ihres Lebens jeweils eigene Wege. Über die geistige und spirituelle Nähe zur anthroposophischen Weltanschauung wurde in der Familie wenig gesprochen. Sowohl der Ehemann als auch die Kinder hielten das eher für eine wunderliche Neigung.[24] Zu ihren Kindern hatte Helene dennoch ein besonders enges Verhältnis. Ihren jüngeren Sohn Heinz, der sich mit dem Gedanken trug, die sichere Stellung und das gute Auskommen bei den Röchling-Werken aufzugeben, mahnte sie im Mai 1942 mit mütterlicher Sorge, diese Pläne noch einmal zu überdenken, was er auch beherzigte.[25] Der ältere Sohn Ernst übernahm nach dem Zweiten Weltkrieg die Konzernleitung des Völklinger Unternehmens. Die letzten Lebensmonate verbrachte Helene Röchling in Dornach, wo sie am 14. August 1945 verstarb und wo ihre Urne im Goetheanum aufgestellt ist. Die Witwe Rudolf Steiners, Marie Steiner, würdigte sie in ihrem Nachruf als wichtige Persönlichkeit der anthroposophischen Lehre.[26] Das Mannheimer Wohnhaus stand nach Auszug der Eheleute für einige Zeit leer und fiel während des Zweiten Weltkriegs bei Luftangriffen auf den nahen Hauptbahnhof in Schutt und Asche.[27]

Emily Bumiller

Der Lebensweg der mittleren der drei Schwestern Emily (Abb. 11) verlief weniger selbstbestimmt. Er war gezeichnet von menschlicher Tragik und unerfüllten Hoffnungen. Vermutlich war Emily, die mit einem Klumpfuß auf die Welt gekommen war, das Sorgenkind ihrer Eltern. Für ihre Zeit recht spät ehelichte die 28-Jährige am 19. Juni 1895 in einer standesgemäßen Feier mit 100 geladenen Gästen den kaiserlichen Regierungsrat – ab 1898 Legationsrat – des Auswärtigen Amtes Theodor Bumiller (1864-1912; Abb. 12).[28] Bumiller entstammte einer deutschen Familie in Reims, die als Champagnerfabrikanten in Europa und durch Erschließung neuer Märkte in Russland und Übersee gut situiert war. Aber nach dem frühen Tod seines Vaters verließ seine Mutter Hortense Bumiller (1838-1904) mit

Abb. 9
Helene Röchling
Gemälde von
Otto Propheter
1899
Reiss-Engelhorn-Museen
Mannheim

Abb. 10
Otto Propheter
Fotografie
Um 1910
GLA Karlsruhe 69
von Seubert 3 Nr. 2

ihren vier kleinen Kindern Frankreich und siedelte 1871 nach Mannheim über, wo sie später das zweistöckige Wohnhaus D 7, 5 (Abb. 13) erwarb. Schon während seines Studiums in Heidelberg eilte Theodor Bumiller der Ruf eines draufgängerischen Korpsstudenten voraus. Auch zog es ihn immer wieder ins Ausland, wo er in Expeditionen als wagemutiger Alpinist oder als verwegener Forschungsreisender der kaiserlichen Schutztruppe unter Major Hermann von Wissmann in Afrika und Asien eine bis dahin unbekannte Welt erschloss.[29] Die Trauung in der Mannheimer Jesuitenkirche nahm der spätere Prälat und Ehrenbürger Joseph Bauer (1864-1951)[30] vor. Unter den Hochzeitsgästen befanden sich der Gouverneur von Deutsch-Ostafrika Hermann von Wissmann mit Gattin, der Kolonialpionier Rochus Schmidt, der Afrikareisende und Stabsarzt Dr. Paul von Kohlstock mit Ehefrau, der Legationsrat und Archäologe Wolfgang Helbig, der deutsche Konsul in Bombay Friedrich von Syberg sowie der Generalleutnant und Chef des Generalstabs des osmanischen Feldheeres Friedrich Bronsart. Rechtzeitig zur Hochzeit wurde ein Porträt der Braut fertig, mit dem Heinrich Lanz den Kunstmaler Conrad Kiesel beauftragt hatte, und das der Anlass für den zweiten Auftrag an den Berliner Künstler durch Helene Röchling im Spätjahr 1895 war (siehe Abb. 5).[31] Im Januar 1896 reiste Emily Bumiller mit ihren Eltern nach Kairo, wo sich ihr Mann aus gesundheitlichen Gründen aufhielt.[32] Erst über ein Jahr nach der Hochzeit folgte sie ihrem Gatten im Oktober 1896 nach Berlin. In der Reichshauptstadt studierte in jener Zeit auch ihr Bruder Karl Maschinenbau.

Aber die Ehe stand unter keinem guten Stern. Bereits drei Jahre nach der Vermählung mussten Heinrich und Julia Lanz ihrer Tochter immer wieder in beträchtlichen Teilbeträgen ihr Erbe vorschießen, lebte der Schwiegersohn doch schon damals erheblich über seine finanziellen Verhältnisse. Besonders die zahlreichen Expeditionen, aber auch sein ausschweifender und luxuriöser Lebensstil müssen Unsummen verschlungen haben. So lebte er auf Kosten seiner Ehefrau, bis deren Eltern die „Reißleine" zogen. Sicherlich auf deren Veranlassung wurde die ursprünglich per Ehevertrag vereinbarte Gütergemeinschaft am 31. Dezember 1900 zunächst in einen Vertrag mit Gütertrennung abgeändert. Da aber sieben Jahre nach der Hochzeit schon mehr als zwei Drittel des sich auf ca. 3,3 Millionen Mark belaufenden Erbes an die Eheleute Bumiller verliehen und mit einer Rückzahlung nicht zu rechnen war, enterbten Heinrich und Julia Lanz ihre Tochter schließlich am 31. Juli 1902 in einem gemeinschaftlichen Testament.[33] Die Industriellentochter war nun keine interessante Partie mehr für den Legationsrat, und es kam zur Trennung. Emily Bumiller meldete sich 1903 wieder polizeilich bei ihren Eltern in Mannheim an. Gemeinschaftliche Reisen fanden nun nicht mehr statt. So besuchte Theodor Bumiller seine Schwägerin Valentine von Seubert in deren neu erworbenem Schloss Seeleiten bei Murnau im Oktober 1907; seine Ehefrau folgte zwei Wochen später.[34] Im Sommer 1909 widerrief das Ehepaar Bumiller notariell alle Verfügungen, in denen sie sich gegenseitig als Erben bedacht hatten. Doch Theodor Bumiller setzte noch am selben Abend in einem geheimen Testament seine Ehefrau als Alleinerbin ein, wodurch sie nach seinem Tod weitere Schulden in Höhe von ca. 400.000 Mark erbte.[35] Natürlich hätte sie das Erbe ausschlagen können, jedoch fühlte sie sich als gesellschaftlich angesehenes Mitglied der Familie Lanz sicherlich verpflichtet und vermutlich von ihrer Mutter auch gedrängt, die Schulden ihres verstorbenen Ehemannes zu begleichen. Emily Bumiller hat im Übrigen zu keiner Zeit im Anwesen ihrer Schwie-

Abb. 11 (links)
Emily Bumiller
Fotografie
Um 1890
Tobias Möllmer, Mannheim

Abb. 12 (rechts)
Theodor Bumiller
Fotografie
Um 1900
Carl-Josef von Seubert, Seehausen-Seeleiten

germutter in D 7, 5, dem sogenannten Bumillerhaus, gelebt, auch wenn das Verhältnis der beiden wohl gut gewesen zu sein scheint.[36] Der kaiserliche Legationsrat überließ das Gebäude im Jahre 1909 dem eigens zu diesem Zweck gegründeten Bumiller-Stift St. Joseph, einem von der katholischen Kirche betriebenen „Pensionat für Knaben und Jünglinge".[37] Nach dem Tode des Stifters schenkte die Witwe das Anwesen, auf dem eine Hypothek in Höhe von 85.000 Mark lastete, die sie als Erbin ebenfalls beglich, der katholischen Kirchengemeinde.

Im Jahre 1909 zog Emily Bumiller an die Bismarckstraße nach L 9, 7-8 (Abb. 14), ein Grundstück das mit 1.435 m² fast doppelt so groß war wie das ihrer Schwester Helene in L 9, 10.[38] Die im Jahre 1888 erbaute historistische Villa L 9, 7-8 hatte einst der Fabrikant Gustav Federhaff für sich und seine Familie errichten lassen. Nach dessen frühem Tod verkaufte die Witwe das Grundstück 1898 an den Industriellen Wilhelm Giulini, dem ebenfalls nur wenige Jahre bis zum Ableben vergönnt waren. Dessen Ehefrau Anna Franziska geb. Joerger veräußerte die Liegenschaft schließlich 1912 an die Offene Handelsgesellschaft Heinrich Lanz.[39] Es dauerte aber nur drei Jahre, bis auch Emily Bumiller verwitwet war. Ihr Mann starb im November 1912 bei Konstantinopel, wohin er als Kriegsberichterstatter des Balkankriegs gereist war, an Cholera. So wurde L 9, 7-8 zum Witwensitz Mannheimer Großbürgerinnen.

Emily Bumiller beteiligte sich später an der mit dem Gesellschaftsvertrag vom 28. Dezember 1909 in eine OHG umgewandelten Firma und war im Jahre 1925 neben den anderen noch lebenden weiblichen Familienmitgliedern mit einem Aktienkapital in Höhe von ca. 860.000 Mark Mitbegründerin der Heinrich Lanz AG.[40] Auf ihren ausdrücklichen Wunsch hin verkauften die Lanz-Töchter nach dem Tod der Mutter ihr Elternhaus in A 2, 6-7 (siehe Abb. 4) im Jahre 1928 mit erheblichem Preisnachlass an den St. Hedwig-Klinik-Verein. Damit begründete nicht nur ihre Schwester Helene mit dem Heinrich-Lanz-Krankenhaus, sondern auch Emily Bumiller, die unter dem Einfluss des Prälaten Bauer als junge Erwachsene zum katholischen Glauben konvertiert war, mit der St. Hedwig-Klinik die Einrichtung eines Krankenhauses in Mannheim.[41] Im Frühjahr 1932 ließ die 65-Jährige einen Großteil der Einrichtungsgegenstände ihres Wohnhauses, darunter viele Kulturgegenstände ihres verstorbenen Ehemannes, die dieser von seinen zahlreichen Weltreisen mitgebracht hatte, versteigern und mietete sich im Nachbarhaus L 9, 5 ein. Die Heinrich Lanz AG verkaufte die Villa 1938 an das Deutsche Frauenwerk e.V. in Berlin. Schon zu Beginn des Dritten Reichs war hier die Frauenarbeitsschule der NS-Frauenschaft eingezogen. Das Obergeschoss beherbergte bis zur Zerstörung des Gebäudes im Jahre 1940 die NSDAP-Kreisleitung der Frauenschaft.[42] Emily Bumiller starb in ihrer Heimatstadt am 10. August 1943. Ihren Nachlass in Höhe von 22.500 RM vermachte sie ihrer treuen Hausangestellten Wilhelmine Wendel als Universalerbin.[43] Beigesetzt wurde sie in der vom Berliner Bildhauer August Kraus (1868-1934) mit weißem Marmor als klassizistisches Raumkunstwerk ausgestalteten Lanz-Gruft auf dem Mannheimer Hauptfriedhof.[44]

Abb. 13
Wohnhaus von Hortense Bumiller in D 7, 5
Fotografie
Um 1900
StadtA MA - ISG AB01877

Valentine von Seubert

Die jüngste der drei Schwestern, Valentine, wird als recht lebhaft und sportlich charakterisiert. Sie ging am 2. Oktober 1890 die Ehe mit dem Sekondeleutnant Max Albert von Seubert (1869-1959) (Abb. 15 und 16) ein, Sohn des badischen Offiziers Max von Seubert (1837-1914) und der Julie Lauer (1846-1912).[45] Der Schwiegervater Max von Seubert hatte ein Vierteljahrhundert in Karlsruhe im badischen Militär – zuletzt im Rang eines königlich-preußischen Majors – gedient und sich dann als 41-Jähriger in Mannheim in der Heimatstadt seiner Frau zur Ruhe gesetzt. Hier wurde im September 1878 das Familienanwesen in M 5, 7 mit dem stattlichen zweistöckigen klassizistischen Wohnhaus (Abb. 17), in dem

Abb. 14
Wohnhaus von Emily Bumiller in L 9, 7-8 (zerstört)
Fotografie
1940
Stadt Mannheim, FB Stadtplanung

die beiden Söhne des Ehepaares aufwuchsen, ihr neues Domizil. Das Grundstück wies eine riesige Gartenfläche auf und war für die Innenstadt mit ca. 2.800 m² ungewöhnlich groß.[46] Max von Seubert erwarb sich in verschiedenen Positionen sowie Vereinsaktivitäten ein hohes Ansehen. Erwähnenswert ist besonders sein Engagement im Frauenverein und im Mannheimer Altertumsverein. Wegen seiner Verdienste um die Förderung von Heimatliebe, Heimatkunde und Wohlfahrtspflege trug ihm die Stadt Mannheim im Jahre 1907 die Ehrenbürgerschaft an. Als früherer Ordonnanzoffizier und Regiments-Adjutant des verstorbenen Großherzogs Friedrich I. erhob ihn Großherzog Friedrich II. von Baden im Oktober 1908 in den erblichen Adelsstand.[47]

Nach dem Abitur verließ der Sohn Max Alfred im Jahre 1887 Mannheim, um wie sein Vater eine militärische Laufbahn einzuschlagen. Zur Zeit der Trauung mit Valentine Lanz 1890 lebte er bereits als königlich-preußischer Sekondelieutnant des 2. Rheinischen Husaren-Regiments Nr. 9 in Trier, wohin ihm die frisch angetraute Ehefrau folgte.[48] Möglicherweise haben sie sich auf einer Mannheimer Sportveranstaltung kennen gelernt, denn beide waren diesbezüglich sehr aktiv: Max Alfred als Mitglied des Mannheimer Velocipedisten-Vereins und Valentine als gut trainierte Schwimmerin.[49] Vermutlich auf Drängen von Heinrich und Julia Lanz wurde einen Tag vor der Hochzeit zwischen dem Bräutigam, der Braut sowie beider Eltern in Mannheim beim großherzoglich-badischen Notar Peter Lochert ein mehrseitiger Heiratsvertrag mit genauer finanzieller Regelung abgeschlossen. Unter Bezug auf Artikel 1500 des als maßgeblich erklärten badischen Landrechts wurde die Gütergemeinschaft für das gesamte gegenwärtige und künftige bewegliche und unbewegliche Vermögen – mit Ausnahme eines Betrags in Höhe von 500 Mark für jeden der Ehegatten sowie die gemeinsamen „Errungenschaften" – ausgeschlossen.[50] Die Braut erhielt als Aussteuer eine Summe von 30.000 Mark, die zur häuslichen Einrichtung verwendet werden sollte. Allerdings verblieb das Geld im elterlichen Nachlass und wurde im Erbfall mit verrechnet. Sie erhielt darüber hinaus von ihren Eltern eine jährliche Unterhaltsrente in Höhe von 7.000 Mark. Der Bräutigam brachte mit Wertpapieren ein Vermögen von ca. 65.550 Mark in die Ehe ein. Ihm sagten seine Eltern zusätzlich eine jährliche Unterhaltszahlung in Höhe von ca. 4.440 Mark zu. Beide Jahreseinkünfte gehörten zur Gütergemeinschaft.

Die Zeit der Geburt des Sohnes Max Heinrich (1891-1975), der das einzige Kind der Eheleute blieb, verbrachte die werdende Mutter wieder in ihrer Heimatstadt. Zu Beginn des neuen Jahrtausends hielt sich die junge Familie in Konstantinopel auf, wo Max Alfred von Seubert als Husaren-Oberleutnant bei der Deutschen Botschaft attachiert war.[51] Als begeisterte Schwimmerin erfuhr Valentine von Seubert im Juli 1901 die Aufmerksamkeit der Öffentlichkeit. Sie durchschwamm damals zusammen mit der Tochter des Vizeadmirals Woods den Bosporus in einer Länge von 2.250 m an seiner breitesten und reißendsten Stelle in anderthalb Stunden.[52] Anfang Mai 1905 zog das Ehepaar mit Sohn und vier Bediensteten, zu denen eine Gesellschaftsdame, eine Kammerjungfer, ein Zimmermädchen und ein Diener gehörten, von Köln, Unter Sachsenhausen 29-31, in die Koblenzer Straße 89a nach Bonn, wo Max Alfred von Seubert beim 1. Rheinischen Husaren-Regiment „König Wilhelm I." Nr. 7 stationiert war.[53] Hier begann wohl eine Liaison der Valentine mit Otto von Saucken (1872-1959), der einem alten preußischen Adelsgeschlecht entstammte und seit 1903 in Bonn ebenfalls in militärischen Diensten stand. Durch die Vorgesetzten vor die Wahl gestellt, entweder unehrenhaft aus der Armee entlassen zu werden oder selbst – dann mit Beförderung – als Reservisten den Abschied zu nehmen, wählten die Betroffenen letzteres.[54]

Abb. 15 (links)
Max Alfred von Seubert mit seinem Sohn Max Heinrich
Fotografie
Um 1905
Carl-Josef von Seubert, Seehausen-Seeleiten

Abb. 16 (rechts)
Valentine von Seubert in Konstantinopel
Fotografie
1901
Carl-Josef von Seubert, Seehausen-Seeleiten

Die Seuberts verließen im Frühjahr 1907 die Stadt am Rhein und zogen nach Bayern, wo sie 1906 das stattliche Schloss Seeleiten (Abb. 18) in Seehausen bei Murnau erworben hatten. Friedrich Brey, Sohn des ehemaligen Besitzers der Münchener Löwenbräubrauerei Ludwig Brey, hatte es ab 1903 im barockisierenden Landhausstil nach Plänen des Architekten Emanuel von Seidl errichten lassen, aber nach seinem baldigen Tod veräußerte die Witwe das Anwesen. Vermutlich hat Valentine von Seubert nach dem Tode ihres Vaters Heinrich Lanz 1905 eine beträchtliche Erbschaft gemacht und damit den

Abb. 17
Wohnhaus von Max und Julie von Seubert M 5, 7 (zerstört)
Fotografie anlässlich der Verleihung der Ehrenbürgerschaft an den Eigentümer
1907
Im Erdgeschoss links ist das Ehepaar zu sehen.
GLA Karlsruhe 69 von Seubert 37 Nr. 18

Kauf des Schlosses zum größten Teil ermöglicht. Schon früh wurde es in zahlreichen einschlägigen Publikationen vorgestellt.[55] Die repräsentative Anlage des Herrenhauses und der Nebengebäude mit direktem Zugang zum Staffelsee und Blick auf die Alpen ist in eine reizvolle, malerische Landschaft eingebettet. Gerne und häufig reisten auch Verwandte und Freunde an, um das neu erworbene Schloss zu besichtigen. So besuchte Theodor Bumiller am 23. Oktober 1907 seine Schwägerin in Seehausen und trug sich mit zwei Sprüchen ins Gästebuch ein: „Ille terrarum mihi praeter omnis angulus ridet" („Lacht mir doch kein Winkel der Welt wie dieser", nach dem römischen Dichter Horaz) und „Ahntet ihr wohl was in mir vorging da ich von Euch schied?". Vom 9. bis 11. November 1907 weilte auch die von ihm getrennt lebende Ehefrau Emily Bumiller für einige Tage im Schloss Seeleiten.[56] Die Schlossanlage Seeleiten wurde 1909 durch die neuen Eigentümer mit einem – heute stark veränderten – Kavalierhaus für Besucher und Jagdgäste erweitert.[57]

Im Juli 1909 folgte auch der gemeinsame Freund aus Bonner Zeiten, Otto von Saucken, den Seuberts nach Bayern,[58] ließ sich in Seeleiten nieder und verbrachte dort bis zum Lebensabend noch ein halbes Jahrhundert. Im Jahr 1910 beteiligte sich Valentine zum fünfzigjährigen Bestehen der Firma Lanz neben ihrer Mutter, ihrer Schwester Helene und ihrem Bruder Karl mit einem namhaften Betrag an der Gründung der Handelshochschule in Mannheim.[59] Am 23. Oktober 1913 fanden die Familienmitglieder anlässlich des 70. Geburtstages von Julia Lanz im Schloss Seeleiten noch einmal zusammen und positionierten sich für das Gruppenfoto vor der Säulenhalle (Abb. 19). Aus der historischen Rückschau war die Feier der krönende Abschluss einer Ära, in der Industrialisierung und Handel innerhalb eines halben Jahrhunderts nur einigen Wenigen eine ausgeprägt luxuriöse Lebens- und Wohnform mit weitgehender Differenzierung, Distanzierung und Separierung von anderen bürgerlichen Gesellschaftsschichten ermöglichten.

In Anwesenheit des Mannheimer Prälaten Joseph Bauer und weiterer Geistlicher feierten Valentine und Max Alfred von Seubert am 13. September 1921 in eher kleiner Runde in Seeleiten die Hochzeit ihres Sohnes Max Heinrich mit Sélime Pascha Melhamé (1888-1977), Tochter des Maron Sélim Pascha Melhamé (1851-1937), Minister für Ernährung, Land-, Forstwirtschaft und Minen beim letzten türkischen Sultan Abdülhamid II.[60] Das junge Paar zog nun ins Schloss, während die Eltern des Bräutigams ihren Wohnsitz im nahen Blockhaus nahmen. Valentine von Seubert, die als lebenslustig beschrieben wird und wenig Wert auf Konventionen legte, ließ als Opernliebhaberin eine Standleitung von Murnau zur 75 km entfernten Bayerischen Staatsoper in München verlegen, um ihrer Leidenschaft für musikalische Aufführungen nachgehen zu können. Wie ihre Mutter, ihre beiden Schwestern und ihre

Abb. 18
Schloss Seeleiten in Seehausen bei Murnau
Fotografie
Um 1920
Aus: Die Kunst. Monatshefte für freie und angewandte Kunst, Bd. 38, 1918, S. 170

Monika Ryll

Abb. 19
Familienbild anlässlich des 70. Geburtstags von Julia Lanz am 23. Oktober 1913 vor dem Schloss Seeleiten bei Murnau
GLA Karlsruhe 69 von Seubert 32 Nr. 6
Vordere Reihe von links: Gisella Lanz, Karl Lanz, Fritz von Seubert, August Röchling, Max Alfred von Seubert, Julia Lanz, Margot Lanz, Heinz Röchling mit Hund, Valentine von Seubert, Max Heinrich von Seubert, Carla Faul, Ernst Röchling, Hedwig Röchling
Mittlere Reihe hinter Julia Lanz von links: Karl Faul, Amelie Faul, Helene Röchling
Hintere Reihe: etwas verdeckt Emily Bumiller in Witwentracht
Hinterste Reihe: Helene Konrad und Julie Hormuth

Schwägerin wurde auch Valentine im Jahre 1925 Mitbegründerin der Heinrich Lanz AG; ihre Einlage betrug 3.360.000 Mark.[61] Nach dem Zweiten Weltkrieg beherbergte das Schloss in Erbpacht ein Mädcheninternat. Das Ehepaar von Seubert ließ 1954 für sich selbst auf dem Schlossgelände ein neues Wohnhaus errichten. Max Alfred starb neunzigjährig am 20. April 1959, seine Ehefrau 91-jährig am 26. Juni 1962. Nach einem langen gemeinsamen und glücklichen Leben fanden beide Eheleute im Murnauer Familiengrab ihre letzte Ruhe. Im Jahre 2010 wurde das Grab aufgelöst und der Grabstein in den Schlosspark von Seeleiten verbracht.

Schlussbetrachtung

Die unterschiedlichen Lebenswege der drei Töchter des Großindustriellen-Ehepaares Heinrich und Julia Lanz stehen beispielhaft für die Biographien junger standesbewusster Frauen am Ende des 19. Jahrhunderts, die ein Leben ohne finanzielle Sorgen führten, aber dennoch natürlich nicht unbeschwert, sondern in gesellschaftlichen Zwängen. Interessanterweise kamen alle vier Kinder des strengen und sparsamen Landmaschinenfabrikanten erst nach dessen Ableben 1905 durch Kauf oder Übertragung von Grundstücken in den Besitz eigener Immobilien. Auch seine Ehefrau Julia Lanz erweiterte mit dem Neubau von A 2, 7 im Jahre 1909 erst als alleinstehende Witwe ihren repräsentativen Wohnsitz in A 2, 6 um das Doppelte. Ihre Tochter Helene Röchling fand den Sinn des Lebens in der geistigen Innerlichkeit anthroposophischer Weltanschauung. Sie wurde in späteren Jahren ihrer Mutter, die übrigens einem freimaurerischen Umfeld entstammte,[62] im Aussehen immer ähnlicher und verkörperte wohl auch deren ernste Robustheit gegen die Widrigkeiten des Lebens.[63] Hingegen wich die Zartheit und Sensibilität im Gesicht der jungen Emily Bumiller, die als kinderlose Witwe zwar von großer Dienerschaft umsorgt wurde und viel reiste, dennoch aber dem gesellschaftlichen Parkett in tiefer Religiosität eher fernblieb, später auf Altersbildnissen einer unverhohlenen Bitterkeit.[64] Als Körperbehinderte und ohne eigene Familie hatte sie unter den Schwestern eine besonders enge Beziehung zu ihrer Mutter. So schmerzte die 70-Jährige der Verlust ihrer „geliebten Mutter" Julia Lanz, die in der letzten Lebensphase zunehmend an Demenz litt, über alles.[65] Ganz anders Valentine von Seubert, die dem diesseitigen Leben bis ins hohe Alter humorvoll und mit viel sportlicher Bewegung an der frischen Luft eher seine guten Seiten abgerungen hat und ihren Mitmenschen offen mit schelmischem Blick begegnete. Sie führte im Voralpenland ein recht zufriedenes Leben, das durch zahlreiche Kontakte mit Mitgliedern europäischer Adelshäuser sowie anderer Prominenz des öffentlichen Lebens interessante Abwechslungen erfuhr.[66]

1 StadtA MA - ISG ZGS S 1/450 und ZGS S1/1207; Mannheim und seine Bauten, Mannheim 1906, S. 390ff., 664ff.; Friedrich Walter: Mannheim in Vergangenheit und Gegenwart, Bd 3, Mannheim 1907, S. 335ff.; Paul Neubaur: Heinrich Lanz. 50 Jahre des Wirkens in Landwirtschaft und Industrie 1859-1909, Berlin 1910; Die Lanz-Werke, in: Deutsche Städte – Mannheim, hrsg. unter Mitwirkung der Stadtverwaltung Mannheim, Stuttgart 1922; Heinrich Lanz AG Mannheim. Der Weg von der Handelsfirma 1859 zum Musterbetrieb 1929, in: Der Ansporn, H. 17, 1929, S. 1057ff.; Heinrich Lanz Aktiengesellschaft Mannheim, in: Mannheim. Das Kultur- und Wirtschaftszentrum Südwestdeutschlands, Mannheim 1928, S. XLI-XLVIII.

2 Hermann Schäfer: Heinrich Lanz, in: Neue Deutsche Biographie 13, 1982, S. 622; Geschichte der John Deere Werke Mannheim, Mannheim 1996; Barbara Becker: „Wir wollen wohltun." Julia Lanz, in: Die Höchste Auszeichnung der Stadt. 42 Mannheimer Ehrenbürger im Portrait, Mannheim 2002, S. 81ff.

3 StadtA MA - ISG ZGS S1/2300; Tobias Möllmer: Neureicher Protz oder scheuer Philanthrop. Eine biographische Skizze zu Karl Lanz und seiner Familie, in: Badische Heimat Bd. 87, 2007, H. 1, S. 148ff.; ders.: Das Palais Lanz in Mannheim, Mannheim 2008; Ingeborg Riegl: Gisella Lanz-Giulini (1885-1980). Lebenslinien in Bildnis und Architektur, in: Badische Heimat 2008, H. 1, S. 100ff.

4 StadtA MA - ISG, Familienbögen Heinrich Gottlieb Lanz und Philipp Faul.

5 Geschichte der John Deere Werke Mannheim, Mannheim 1996, S. 6; StadtA MA - ISG Adressbuch 1842.

6 StadtA MA - ISG, Familienbogen Martin Morgenroth. Der hier angegebene Geburtsort „Coburg" ist irreführend. Morgenroth wurde in der evangelisch-lutherischen Salvator-Kirchengemeinde in Untersiemau, Landkreis Coburg getauft (Mitteilung der Kirchengemeinde vom 20.1.2017); in einer ca. 1828 aufgestellten Bevölkerungstabelle wird Morgenroth als „Porcellainmaler" betitelt (Mitteilung des Stadtarchivs Coburg vom 20.1.2017). Die in den Reiss-Engelhorn-Museen Mannheim verwahrte, um 1850 von Martin Morgenroth angefertigte Talbotypie/Kalotypie zeigt zwei Mädchen, vermutlich die beiden Töchter des Künstlers Elise (geb. 1837) und Clara (geb. 1838) dargestellt. Die Fotografie wurde auch im Rahmen der Ausstellung „Gut Licht. Geschichte der Fotografie in Baden 1840-1930" im Jahre 2003 in Karlsruhe gezeigt. Im StadtA MA - ISG sind als Fotoaufnahmen zwei Stiche von Morgenroth, die Porträts des Philipp Wilhelm und der Eleonore Pfeiffer, dokumentiert (KF021776 und KF021777).

7 Tobias Möllmer: Ein bürgerlicher Palazzo. Das Stadthaus der Familie Lanz in Mannheim, in: Mannheimer Geschichtsblätter Bd. 17, 2009, S. 7ff.; ders.: Vom Patrizierpalast zum Krankenhaus. 80 Jahre St. Hedwig-Klinik in Mannheim, in: Badische Heimat, H. 2, 2009, S. 186ff.

8 Zum fünfundzwanzigjährigen Jubiläum des Großherzoglichen Instituts in Mannheim in städtischer Verwaltung, Mannheim 1902 (StadtA MA - ISG 2005 A/113); Großherzogliches Institut Mannheim gegr. 1810, Mannheim ca. 1907/08 (StadtA MA - ISG A 14/56).

9 StadtA MA - ISG, Familienbogen Carl August Röchling und ZGS S 1/2021. Die Lanz-Tochter Helene Röchling ist nicht zu verwechseln mit Helene Heidborn geb. Röchling und Helene Röchling geb. Klug.

10 Zu den Anfängen des Unternehmens in Saarbrücken vgl. Richard Nutzinger: Karl Röchling. Das Lebenswerk eines Großindustriellen, Völklingen, Saarbrücken 1927; Richard Nutzinger, Hans Boehmer, Otto Johannsen: 50 Jahre Röchling Völklingen. Die Entwicklung eines Rheinischen Industrie-Unternehmens, Saarbrücken, Völklingen 1931; Günther Funk: Aus der Geschichte des Weltkulturerbes Alte Völklinger Hütte. Teil 1: Die Gründerfamilie Röchling, Völklingen 1996; Gerhard Seibold: Röchling. Kontinuität im Wandel, Stuttgart 2001, S. 127ff.; Ralf Banken: Röchling, in: Neue Deutsche Biographie 21, 2003, S. 702ff.

11 Seibold, wie Anm. 10, S. 128ff.

12 Amtsgericht Mannheim, Grundbuchamt, Zweigstelle Kornwestheim, Grundbuchzentralarchiv, Abschrift des Ehevertrages GA Bd. 203 H. 23.

13 Richard Nutzinger: Das Haus Röchling in Ludwigshafen am Rhein 1849-1929, Ludwigshafen 1929; ders. (Bearb.): Lebenserinnerungen einer alten Mannheimerin. Anna Röchling geb. Schultz, Völklingen, Saarbrücken 1938.

14 Amtsgericht Mannheim, Grundbuchamt, Zweigstelle Kornwestheim, Grundbuchzentralarchiv Bd. 203 H. 23; Größenangabe bei Wilhelm Mayher: Die bauliche Entwicklung der Stadt Mannheim von der Gründung bis zur Gegenwart 1606-1905, Mannheim 1906, S. 70. Eine winterliche Ansicht der Rückseite des Hauses siehe StadtA MA - ISG KF035981; mehrere Ansichts-, Grundriss- und Schnittzeichnungen von Umbauten durch F. & A. Ludwig siehe StadtA MA - ISG Zug. 25/1980 Nr. 515.

15 Das Gemälde kam in den 1990er Jahren aus dem Besitz von Hermann Röchling (Baden-Baden) in die Reiss-Engelhorn-Museen Mannheim, schriftliche Mitteilung vom 24.6.2016 bzw. telefonische Auskunft am 20.7.2016 durch Hermann Röchling.

16 Das im Zweiten Weltkrieg zerstörte Propheterhaus ist abgebildet bei Hans Huth: Die Kunstdenkmäler des Stadtkreises Mannheim, München 1982, Bd. 2, S. 1213. Der Vater des Kunstmalers, Jacob Propheter, hatte sich 1865 in Mannheim niedergelassen, wenige Jahre später das Grundstück erworben und hier einen gut gehenden Tee- und Vanille-Import betrieben. Noch bis zur Zerstörung im Zweiten Weltkrieg blieb das Wohnhaus mit Marie Propheter, der Schwester des Künstlers, im Besitz der Familie, StadtA MA – ISG, Familienbogen Jacob Propheter, ZGS S 1/2725 sowie Adressbücher. In den Reiss-Engelhorn-Museen werden von Otto Propheter u.a. Porträts von

Monika Ryll

Julia Lanz, Anna Reiß, Friedrich Engelhorn, Carl Eckhard oder Viktor Lenel verwahrt.

17 Wolfgang G. Vögele: Rudolf Steiner in Mannheim. Eine Chronik, in: Beiträge zur Rudolf Steiner Gesamtausgabe. Veröffentlichungen aus dem Archiv der Rudolf Steiner Nachlassverwaltung, Dornach Heft Nr. 120, Frühjahr 1998, S. 6 und S. 31ff. mit biographischer Würdigung der Helene Röchling; Christoph Popp: Anthroposophische Impulse in einer Industriestadt zum 150. Geburtstag von Rudolf Steiner, in: Mannheimer Geschichtsblätter Bd. 23, 2012, S. 91ff.

18 Vögele, wie Anm. 17, S. 27ff., zum Heinrich-Lanz-Krankenhaus vgl. auch: Mannheim und seine Bauten, Mannheim 1906, S. 390ff.; Wilhelm Veith: Aus der Geschichte des Heinrich Lanz Krankenhauses 1907-1970, in: Das neue Heinrich Lanz Krankenhaus. Festschrift zur Einweihung am 10.07.1970, hrsg. vom Verwaltungsrat der Heinrich Lanz Krankenhausstiftung, S. 4ff.; Wolf Engelen: Unser Lindenhof oder die Leute am Fluss, Mannheim 1996, S. 178ff.; Volker Keller: Die Rettung der Lanz-Kapelle in Mannheim, in: Badische Heimat, 2003, H. 3; Wolf Engelen: 100 Jahre Lanz-Kapelle Lindenhof und die ehemaligen Heinrich Lanz-Krankenhäuser, Mannheim 2007 (hrsg. von der Bürger-Interessen-Gemeinschaft Lindenhof); Achim Weizel: Das Heinrich-Lanz-Krankenhaus von 1907-2007, in: Mannheimer Geschichtsblätter Bd. 17, 2009, S. 25ff.; StadtA MA - ISG, NL Ludwig Nr. 303-316 (Planzeichnungen).

19 Vögele, wie Anm. 17, S. 10ff., 15ff., Anm. S. 40.

20 StadtA MA - ISG ZGS S 2/202, Generalanzeiger vom 7.3.1910.

21 Urkunden im Archiv der Röchling Gruppe Mannheim, wo auch fünf Fotos der Helene Röchling verwahrt werden.

22 Das Gesellschaftskapital betrug insgesamt 12.000.000 Mark, vgl. GLA Karlsruhe 245 Mannheim Nr. 2719.

23 Telefonische Mitteilung von Hermann Röchling am 20.7.2016.

24 Wie Anm. 23.

25 Firmenarchiv der Röchling Gruppe Mannheim.

26 Vögele, wie Anm. 17, S. 34ff.

27 Ruinenfotos im StadtA MA – ISG, siehe KF009043, KF009044, KF009045.

28 Monika Ryll: Großbürgerliche Wohnkultur in Mannheim: Das Bumillerhaus in D 7, 5, in: Mannheimer Geschichtsblätter, 30, 2015, S. 67ff. (mit Quellenangaben zur Biographie Emily und Theodor Bumiller). Da Emily Bumiller ihren Vornamen mit „y" schrieb, wird diese Schreibweise übernommen.

29 Marion Jourdan/Ralf Rehberger: „Ein alpiner Meteor am Berninahimmel". Über die Erstbesteigung des Piz-Palü-Mittelpfeilers durch Theodor Bumiller, in: Mannheimer Geschichtsblätter, 25, 2013, S. 70ff;

30 Anja Gillen: „Ein Menschenleben im Dienste des Glaubens". Joseph Bauer, in: Die Höchste Auszeichnung der Stadt. 42 Mannheimer Ehrenbürger im Portrait, Mannheim 2002, S. 98ff.

31 StadtA MA - ISG Kleine Erwerbungen Nr. 780, Dankesschreiben Heinrich Lanz an Conrad Kiesel vom 2.7.1895, vom 17.1.1896 und vom 4.11.1898. Im Besitz der Nachfahren der Familie Bumiller, der Familie von Ketelhodt (Castell), befinden sich zwei undatierte und nicht signierte Porträts, eines von Theodor Bumiller und ein weiteres einer jungen Frau. Möglicherweise stammen beide von Conrad Kiesel. Dann könnte es sich bei dem Frauengemälde um das von Heinrich Lanz in Auftrag gegebene Bildnis seiner Tochter Emily Bumiller handeln. Zu Kiesel vgl. Irmgard Wirth: Berliner Malerei im 19. Jahrhundert, Berlin 1990, S. 352ff.

32 StadtA MA – ISG, Kleine Erwerbungen Nr. 780.

33 Inhalt des Testaments siehe Ryll, wie Anm. 28, S. 71 unter Verwendung der Nachlassakte von Heinrich Lanz 1905, GLA Karlsruhe 276-2 Mannheim IV Nr. 20471.

34 Gästebuch im Besitz von Carl-Josef von Seubert, Seehausen-Seeleiten.

35 Ryll, wie Anm. 28, S. 71 unter Verwendung der Nachlassakte von Theodor Bumiller 1912, GLA Karlsruhe 276-2 Mannheim IV Nr. 32699.

36 Zum 60. Geburtstag der Hortense Bumiller 1898 erhielt sie von ihrer Schwiegertochter einen „selbst gestickten Sessel", den diese freilich später ihrer Dienstbotin zur Hochzeit überließ, vgl. StadtA Kl. Erwerbungen Nr. 1597 (Schreiben der Emily Bumiller vom 19.05.1920).

37 StadtA MA - ISG ZGS S 1/108 (Generalanzeiger vom 13.02.1909).

38 StadtA MA – ISG, Adressbücher; Größenangabe bei Mayher, wie Anm. 14, S. 70.

39 StadtA MA – ISG, Familienbögen Gustav Federhaff und Wilhelm Giulini sowie Adressbücher; Amtsgericht Mannheim, Grundbuchamt, Zweigstelle Kornwestheim, Grundbuchzentralarchiv, GA Bd. 203 H. 28. Völlig falsche Angaben machen die Adressbücher, die ab 1909 den Legationsrat Theodor Bumiller als Eigentümer des Grundstücks L 9,7-8 ausweisen.

40 Wie Anm. 22.

41 Möllmer: Vom Patrizierpalast zum Krankenhaus, wie Anm. 7, S. 187ff.

42 StadtA MA – ISG, Adressbücher und Bildsammlung mit einem Foto des kriegsbeschädigten Hauses (Nr. KF031442); Amtsgericht Mann-

heim, Grundbuchamt, Zweigstelle Kornwestheim, Grundbucharchiv Bd. 203 H. 28.

43 Ryll, wie Anm. 28, S. 72 unter Verwendung der Nachlassakte Emilie Bumiller geb. Lanz im Notariat IV Mannheim Akte Nr. 56796.

44 Zu August Kraus und der Lanz-Gruft vgl. Ethos und Pathos. Die Berliner Bildhauerschule 1786-1914, Ausstellungskatalog Berlin 1990, S. 158ff.; Die Friedhöfe in Mannheim, hrsg. vom Förderkreis historischer Grabstätten in Mannheim e.V., Mannheim 1992, S. 60ff.; Tobias Möllmer: Berliner Neoklassizismus in Baden. Die Mausoleen von August Kraus (1868-1934) auf dem Mannheimer Hauptfriedhof, in: Badische Heimat, H. 3, 2008, S. 389ff. Von dem Berliner Bildhauer stammt auch die überlebensgroße Muschelkalk-Figur des Heinrich Lanz auf dem ehemaligen Firmengelände im Lindenhof (heute John Deere).

45 StadtA MA - ISG, Familienbogen Max (von) Seubert und ZGS S 1/1565.

46 Mayher, wie Anm. 14, S. 70. Nach Major von Seuberts Tod verkauften die Erben das Anwesen an die Süddeutsche Disconto-Gesellschaft AG Mannheim mit der vertraglichen Vereinbarung, das Wohngebäude in seiner äußeren Gestalt zu erhalten und die Parzelle nicht unter 110 Mark pro Quadratmeter zu verkaufen. Im Februar 1917 erwarb die Firma Sulzer Centralheizungen-Gesellschaft die Liegenschaft für 310.000 Mark, GLA Karlsruhe 69 von Seubert Nr. 141. Das stattliche Haus wurde nach der Zerstörung im Zweiten Weltkrieg im Jahre 1952 abgetragen, Hans Huth: Die Kunstdenkmäler des Stadtkreises Mannheim, Bd. 2, München 1982, S. 1299; Zerstörungsfotos befinden sich im GLA Karlsruhe 69 von Seubert Nr. 37.

47 Christoph Popp: „Sehr viel Gutes im Stillen getan". Max Seubert, in: Die Höchste Auszeichnung der Stadt. 42 Mannheimer Ehrenbürger im Portrait, Mannheim 2002, S. 74ff.; GLA Karlsruhe, 69 von Seubert Nr. 142 (mit Dankesschreiben des Ehrenbürgers) und Nr. 127; Glückwunschschreiben des Mannheimer Oberbürgermeisters Paul Martin vom 14.10.1908 zur Erhebung in den Adelsstand mit Berichterstattung im General-Anzeiger vom 12.10.1908, GLA Karlsruhe 69 von Seubert Nr. 127.

48 StadtA MA - ISG, Familienbogen Max Friedrich Alfred Nikolaus von Seubert; Meldeangaben in der Abschrift des Ehevertrages vom 29.9.1890 zwischen Valentine und Max Alfred von Seubert, GLA Karlsruhe, 69 von Seubert Nr. 108. Vermutlich sind die Angaben von Militärangehörigen in den Trierer Adressbüchern lückenhaft, denn Max Alfred von Seuberts Anwesenheit findet sich nur für das Jahr 1896 dokumentiert (Mitteilung des Stadtarchivs Trier vom 3.2.2017). Der Sohn des Mannheimer Ehrenbürgers ist nicht zu verwechseln mit dem Premierlieutnant Alfred Seubert (geb. 1844), der die aus Hamburg stammende Opernsängerin Helene Hausen (geb. 1845) ehelichte.

49 GLA Karlsruhe 69 von Seubert Nr. 143 und Nr. 168.

50 GLA Karlsruhe 69 von Seubert Nr. 108.

51 GLA Karlsruhe 69 von Seubert Nr. 168.

52 Ebd. Hierüber berichteten verschiedene Zeitungen.

53 StadtA Bonn, polizeiliche Anmeldung, Mitteilung vom 23.2.2017.

54 Mündliche Mitteilung Carl-Josef von Seubert, Seehausen-Seeleiten am 12.11.2016.

55 Moderne Bauformen. Monatshefte für Architektur, hrsg. von M. J. Gradl, Bd. 8, 1909, S. 105ff.; Schloss Seeleiten bei Murnau, in: Neudeutsche Bauzeitung, Organ des Bundes Deutscher Architekten e.V., 1910, S. 445ff.; Neue Bauten von Emanuel von Seidl, in: Der Baumeister. Monatshefte für Architektur und Bauplastik, Bd. 8, H. 6, 1910, S. 66ff.; Georg Jacob Wolf: Emanuel von Seidls Murnauer Bauten, in: Die Kunst. Monatshefte für freie und angewandte Kunst, Bd. 38, 1918, S. 168ff.; Wasmuths Monatshefte für Baukunst und Städtebau, Bd. 5, 1920-21, S. 232ff.; Waltraud Kunstmann: Emanuel von Seidl (1856-1919). Die Villen und Landhäuser, München 1993, S. 68, 79ff., 195ff. (mit Quellen- und Literaturangaben). Nach Sanierung der Gebäude auf dem Schlossareal zu Beginn der 1980er Jahre wurden sie in Eigentumswohnungen aufgeteilt.

56 Gästebuch im Privatbesitz von Carl-Joseph von Seubert, Seehausen-Seeleiten.

57 Abbildung in: Die Kunst, wie Anm. 55, Abb. S. 161; Kunstmann, wie Anm. 55, S. 195ff.

58 Verbandsgemeinde Seehausen, freundliche Mitteilung aus dem Familienbogen durch Michael Finsterwalder am 21.3.2017.

59 Wie Anm. 20.

60 Eine Abbildung der Hochzeitsgesellschaft im GLA Karlsruhe 69 von Seubert Nr. 32; Informationen zur Braut mündliche Auskunft von Carl-Josef von Seubert, Seehausen-Seeleiten am 12.11.2016; weitere Hinweise zur Herkunft der Braut siehe Aykut Kansu: The Revolution of 1908 in Turkey, Leiden 1997, S. 133.

61 Wie Anm. 22.

62 Freundlicher Hinweis von Friedrich Teutsch, Mannheim.

63 Altersbildnisse der Helene Röchling finden sich im StadtA MA - ISG KF008605 und im Firmenarchiv der Röchling Gruppe Mannheim.

64 Altersbild der Emily Bumiller bei Möllmer, wie Anm. 7: Vom Patrizierpalast zum Krankenhaus, S. 188.

65 StadtA MA - ISG NL Beck Zug. 1/1956 Nr. 165 Kondolenzschreiben an Elsa Hesse, Tochter von Amalie und Otto Beck vom 31.3.1937.

66 Altersbildnisse der Valentine von Seubert und Gästebuch im Privatbesitz Carl-Josef von Seubert, Seehausen-Seeleiten.

Sebastian Parzer

Der Kaufmann und Revolutionär Peter Joseph Osterhaus und seine Beziehungen zu Mannheim

Anfang des Jahres 2017 jährte sich der Todestag von Peter Joseph Osterhaus zum hundertsten Mal.[1] Am 2. Januar 1917 schloss er nach einem sehr bewegten Leben im Alter von fast 94 Jahren für immer die Augen. Osterhaus war kein geborener Mannheimer. Aber er hat in der Stadt mehr als ein Viertel seines Lebens verbracht. Insgesamt wohnte er 27 Jahre in der Quadratestadt. An keinem anderen Ort hielt er sich länger auf.

Peter Joseph Osterhaus wurde am 4. Januar 1823 in Koblenz geboren.[2] Sein Vater war ein Baumeister, der am Ausbau der Koblenzer Festung mitwirkte. Das Elternhaus war gut bürgerlich. Das zeigte schon seine Lage, befand es sich doch an äußerst prominenter Stelle unmittelbar gegenüber dem Koblenzer Schloss. Über die Kindheit und Jugend von Peter Joseph ist wenig bekannt. In den 1830er Jahren lebte die Familie drei Jahre in Holland. Früh verlor der Junge seine Mutter, die starb, als er 15 Jahre alt war.[3] Osterhaus absolvierte eine kaufmännische Ausbildung und diente anschließend für ein Jahr als Freiwilliger im 29. Infanterieregiment der preußischen Armee.[4] Unmittelbar nach Beendigung seines Militärdiensts kam er am 11. April 1845 nach Mannheim. Im Anmeldeformular der Stadt gab der 22-Jährige an, dass er beabsichtige, acht Wochen zu bleiben und „von seinem Vermögen" leben wolle. Er sollte aber länger bleiben und konnte wohl auf Dauer nicht von seinen Ersparnissen leben. Im selben Jahr schloss sich Osterhaus mit dem Kaufmann Carl Nestler zur Firma „C. Nestler & Comp." zusammen. Im Firmenregister des städtischen Adressbuchs wurde das Unternehmen mit der Branchenangabe „Spezereien, Chocolate-Fabrik und Spedition" geführt.[5] Zudem erschien die Gesellschaft anfänglich als Agent einer französischen Lebensversicherung.[6] Der Tätigkeitsschwerpunkt von Peter Joseph Osterhaus lag offenbar im Speditions- und Kommissionsgeschäft.[7] Spätestens ab 1847 trat das Unternehmen auch als Auswanderagentur in Erscheinung. Es wurde Generalagentur einer Gruppe von amerikanischen Postschiffen für das Großherzogtum Baden, die zwischen London und New York verkehrten (Abb. 1).[8]

Mit dem Eintritt in die Firma „C. Nestler & Comp." hatte Osterhaus eine wirtschaftliche Grundlage geschaffen und konnte nun daran denken, eine Familie zu begründen. 1846 – ein Jahr nach seiner Übersiedlung nach Mannheim – heiratete er die aus Kreuznach stammende Mathilde Born.[9] Am 5. Juli 1847 wurde dem Paar in Mannheim die Tochter Margaretha Eleonore geboren.[10] Im selben Jahr zog die junge Familie in das Anwesen E 5, 1 am Mannheimer Fruchtmarkt ein.[11] Das Haus, das der Familie seines Geschäftspartners gehörte, befand sich in einer äußerst exponierten Wohnlage am westlichen Ende der Mannheimer Planken (Abb. 2). Doch das familiäre Glück wurde bald getrübt. Im Alter von lediglich 13 Monaten starb die Tochter im Sommer 1848.[12]

In Mannheim wurde Osterhaus schnell auch gesellschaftlich aktiv. Schon kurz nach seiner Ankunft trat er der Gesellschaft „Räuberhöhle" bei. Sein Geschäftspartner Carl Nestler war Gründungsmitglied des 1839 gegründeten Vereins.[13] Dort kamen Kaufleute, Verwaltungsbeamte, Offiziere, Anwälte, Schauspieler und Opernsänger zum gemütlichen Beisammensein zusammen. In der „Räuberhöhle" dürfte Osterhaus auch bald die Bekanntschaft des Mannheimer Rechtsanwalts Friedrich Hecker gemacht haben, der die Vereini-

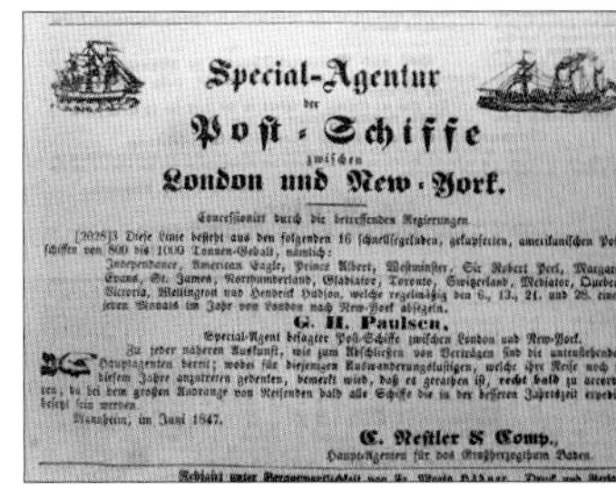

Special-Agentur
der
Post-Schiffe
zwischen
London und New-York.

Concessionirt durch die betreffenden Regierungen.

[2028]3 Diese Linie besteht aus den folgenden 16 schnellsegelnden, gekupferten, amerikanischen Postschiffen von 800 bis 1000 Tonnen-Gehalt, nämlich:
Independence, American Eagle, Prince Albert, Westminster, Sir Robert Peel, Margaret Evans, St. James, Northumberland, Gladiator, Toronto, Switzerland, Mediator, Quebec, Victoria, Wellington und Hendrick Hudson, welche regelmäßig den 6., 13., 21. und 28. eines jeden Monats im Jahr von London nach New-York absegeln.

G. H. Paulsen.
Special-Agent besagter Post-Schiffe zwischen London und New-York.

Zu jeder näheren Auskunft, wie zum Abschließen von Verträgen sind die unterzeichneten Hauptagenten bereit; wobei für diejenigen Auswanderungslustigen, welche ihre Reise noch in diesem Jahre anzutreten gedenken, bemerkt wird, daß es gerathen ist, recht bald zu accordiren, da bei dem großen Andrange von Reisenden bald alle Schiffe die in der besseren Jahreszeit expedirt werden, besetzt sein werden.

Mannheim, im Juni 1847.

C. Nestler & Comp.,
Haupt-Agenten für das Großherzogthum Baden.

Abb. 1
1845 wurde Peter Joseph Osterhaus Teilhaber der Firma „C. Nestler & Comp.", die auch als Auswanderagentur in Erscheinung trat. Mannheimer Abendzeitung, 27. Juni 1847

Abb. 2
Das Anwesen E 5, 1, in dem Peter Joseph Osterhaus mit seiner Familie in den Jahren 1847 bis 1849 wohnte (links). An seiner Stelle befindet sich heute das Mannheimer Rathaus.
Tuschezeichnung von C. Frey
Um 1854
Reiss-Engelhorn-Museen

gung ebenfalls mitgegründet hatte. Osterhaus wollte auf Dauer in Mannheim bleiben. 1847 erwarb er das Bürgerrecht und wurde im selben Jahr Mitglied der örtlichen Handelsinnung.[14]

In den Wirren der Revolution

Das zweite Viertel des 19. Jahrhunderts war durch politische Repressalien geprägt. Das Verlangen der Deutschen nach Gewährung von Freiheitsrechten und politischer Mitsprache wurde von den Landesfürsten vehement unterbunden. Schließlich erhob sich Ende Februar 1848 vor allem in Mannheim die badische Bevölkerung gegen die bestehende Ordnung. Dabei hielt sich Osterhaus offenbar zunächst zurück. Er dürfte wohl Mitglied der (ersten) Bürgerwehr geworden sein, übte dort jedoch keine besondere Funktion aus. Fest steht aber, dass Osterhaus von der revolutionären Begeisterung erfasst wurde. Denn er nahm im Juni 1848 am ersten Kongress der deutschen demokratischen Vereine in Frankfurt teil.[15] In Mannheim trat Osterhaus öffentlich erstmals in Erscheinung, als er im Herbst 1848 in der zum zweiten Mal aufgestellten Bürgerwehr aktiv wurde. Im November 1848 wurde er zum Oberleitmann des dritten Fähnleins gewählt (Abb. 3).[16]

[303]1 Das dritte Fähnlein der Bürgerwehr hat gestern Nachmittag erwählt:
als Hauptmann, Brentano, Lorenz, Oberger.-Adv.
„ Oberleitmann, Osterhaus, Peter, Handelsmann.
„ Leitmann, Quilling, Gottfried, do.
Durch das fünfte Fähnlein der Bürgerwehr wurden heute erwählt:
als Hauptmann, Happel, Heinrich, Färber.
„ Oberleitmann, Goegg, Amand, Cameralpractikant.
„ Leitmann, Sitzenhardt, Carl, Handelsmann.
was hiermit zur öffentlichen Kenntniß gebracht wird.
Mannheim, den 18. Nov. 1848.
Der Gemeinderath.
Jolly.

Abb. 3
Im November 1848 wurde Peter Joseph Osterhaus innerhalb der Mannheimer Bürgerwehr zum Oberleitmann eines Fähnleins gewählt. Mannheimer Journal, 19. November 1848

Bürgerwehr.
[1368]1 Diejenigen, welche durch practische Kenntnisse in den Militär-Exercitien zur Einübung der Bürgerwehr befähigt, und dazu bereit sind, werden eingeladen, sich dieserhalb von heute bis Freitag Abend bei dem Unterzeichneten zu melden.
Osterhaus, Lit. E 5 No. 1.

Abb. 4
Ab Ende April begann Peter Joseph Osterhaus mit der Ausbildung der Mannheimer Bürgerwehr. Mannheimer Abendzeitung, 27. April 1849

Damit war er hinter dem Hauptmann des Fähnleins stellvertretender Kommandierender einer Einheit von 120 Mann. Doch scheint er in der Bürgerwehr aufgrund seiner militärischen Vorbildung bald auf sich aufmerksam gemacht zu haben. Ende Dezember 1848 wählten ihn die Mitglieder der Truppe zum Führer eines der beiden Banner der Bürgerwehr.[17] Damit stand er 600 Wehrmännern vor. Allerdings gelang es nicht, die Kommandantenstelle der Bürgerwehr zu besetzen, so dass Peter Joseph Osterhaus bald als Interimskommandant fungierte. Da die Truppe über keine eigenen Waffen verfügte, waren ihre ortspolizeilichen oder gar militärischen Möglichkeiten jedoch stark begrenzt. Denn die badische Regierung verweigerte die Herausgabe der im Vorjahr eingezogenen Gewehre.

Nachdem es im Frühjahr 1849 im Großherzogtum Baden zum sogenannten Maiaufstand gekommen war, wurde in Mannheim am 11. Mai 1849 ein 14-köpfiger Wehrausschuss gebildet. Dessen Aufgabe war es, Waffen für die Bürgerwehr zu beschaffen. In ihm saß auch Peter Joseph Osterhaus.[18] Zwei Tage später floh Großherzog Leopold aus Karlsruhe und die Regierungsgewalt ging auf einen regierenden Landesausschuss über. In Mannheim wurde der bisherige Stadtkommandant Konstantin von Roggenbach am 14. Mai seines Amtes enthoben und das Kommando einer Kommission übertragen, zu der auch Peter Joseph Osterhaus gehörte. Auf sein Anraten hin stoppte Roggenbach den Abzug der in Mannheim stationierten Verbände der badischen Armee. Denn er befürchtete, dass die Bürgerwehr allein nicht in der Lage war, die öffentliche Sicherheit und Ordnung aufrechtzuerhalten.[19] In den folgenden Wochen wurde Osterhaus ein enger Vertrauter des neuen, revolutionären Stadtkommandanten Franz Raveaux.[20] Anfang Juni 1849 übertrug man ihm dann offiziell den Oberbefehl über die Bürgerwehr.[21]

Schon vor der Zuspitzung der politischen Ereignisse hatte Osterhaus offenbar auf eigene Initiative hin mit dem Aufbau der Wehr begonnen. Ende April 1849 suchte er mittels Zeitungsinseraten nach fähigen Ausbildern. Als Kontaktadresse gab er dabei seine private Anschrift an (Abb. 4).[22] Zunächst fand eine Unterweisung der Offiziere im Schlossgarten statt.[23] Ab Ende Mai wurden die einzelnen Fähnlein zum Wachdienst herangezogen.[24] Parallel dazu begann man mit der Einübung der Truppe, die anfänglich zweimal, später dreimal die Woche durchgeführt wurde.[25] Um die Kampfkraft zu erhöhen, wollte Osterhaus eine zweite Scharfschützenkompagnie aufstellen und suchte mittels Inseraten nach geeigneten Schützen.[26]

Das große Engagement von Peter Joseph Osterhaus für die Mannheimer Bürgerwehr darf jedoch nicht darüber hinwegtäuschen, dass es sich um keine wirklich schlagkräftige Truppe handelte. Wiederholt prangerte Osterhaus die mangelnde Bereitschaft der Mannheimer Bürger an, zu den Wehrübungen zu erscheinen.[27] Über die unterschiedlichen, damals in Mannheim versammelten militärischen Verbände – reguläre Armee, Freiwillige, Mannheimer Bürgerwehr und andere zum Wehrdienst verpflichtete – berichtete der Revolutionär Friedrich Engels, der auf seiner Reise von Köln nach Straßburg Mitte Mai 1849 in die Quadratestadt kam: „In Mannheim sah es allerdings schon etwas kriegerischer aus. Haufen von Soldaten standen auf der Straße oder saßen in den Wirtshäusern.

Die Volkswehr und die Bürgerwehr exerzierte im Park, meist freilich noch sehr unbeholfen, und mit schlechten Instruktoren. Auf dem Rathaus saßen eine Menge Komitees, alte und neue Offiziere, Unteroffiziere und Blusen. Das Volk mischte sich unter die Soldaten und Freischärler, es wurde viel gezecht, viel gelacht und viel karessiert."[28]

Niederschlagung des Aufstands

Schließlich ging Anfang Juni 1849 eine Streitmacht unter Führung des Prinzen Wilhelm von Preußen gewaltsam gegen die radikalen Demokraten in Baden vor. Das Gros der Revolutionstruppen wurde im Raum Mannheim zusammengezogen. Am 15. Juni begannen die Aufständischen damit, mit den wenigen Kanonen, die unter ihrer Kontrolle standen, die Gemeinde Ludwigshafen zu beschießen. In dieser für die Revolution äußerst kritischen Phase wollte Peter Joseph Osterhaus die Bürgerwehr auch außerhalb Mannheims einsetzen, wogegen der Gemeinderat ein Veto einlegte.[29] Während dieser Tage scheint das Engagement von Osterhaus weit über die Belange der Mannheimer Bürgerwehr hinausgegangen zu sein. Glaubt man den später gegen ihn erhobenen Anschuldigungen, soll er bei der Ausrüstung der Kanonen geholfen und einen holländischen Freiwilligenverband bewaffnet haben. Außerdem wurde berichtet, dass er versucht habe, die Bürgerwehr zugunsten des sogenannten Ersten Aufgebots zu schwächen.[30] Am 20. Juni 1849 überquerte die preußische Armee bei Germersheim den Rhein. Am selben Tag legte Osterhaus sein Amt als Kommandant der Bürgerwehr nieder und übertrug das Kommando seinem Stellvertreter, dem Goldarbeiter Friedrich Engelhorn. Nachdem der Gemeinderat sein Befremden über den Rücktritt ausgesprochen hatte, gab Osterhaus am 21. Juni 1849 eine Stellungnahme ab, die am nächsten Tag in der „Mannheimer Abendzeitung" veröffentlicht wurde. Darin erklärte er, dass er sich mit seinem Rücktritt nicht „dem Wehrdienst [...] entziehen" wollte, sondern vielmehr in die Reihen der Truppe zurückgetreten sei (Abb. 5).[31]

Am Tag, an dem Osterhaus sich zu den Gründen seines Rücktritts äußerte, fügte die Reichsarmee den Revolutionären bei Waghäusel eine vernichtende Niederlage zu. Damit geriet Mannheim in die Gefahr, eingekesselt zu werden. Schließlich wurde die Stadt am 22. Juni 1849 kampflos den Preußen und ihren Verbündeten übergeben. Osterhaus dürfte die Stadt schon zuvor verlassen zu haben. Als eine Woche nach dem Einmarsch der Preußen ein Verfahren wegen Hochverrats gegen ihn eröffnet wurde, war er jedenfalls nicht mehr in Mannheim. Wie Osterhaus die Flucht gelang, ist nicht überliefert. Möglicherweise ging er zunächst nach Kreuznach, den Geburtsort seiner Frau. Bekannt ist jedenfalls, dass er sich im Juli 1849 in Straßburg aufhielt. Der badische Gesandte in Paris berichtete, dass Osterhaus Anfang August zusammen mit seinem ehemaligen Adjutanten Karl Eisenhardt, dem Schwager von Friedrich Hecker, von dort über Paris nach Le Havre gereist sei.[32] Seine Frau, die im siebten Monat schwanger war, hatte Osterhaus in Mannheim zurückgelassen. Mitte August wurde Osterhaus zusammen mit einer Reihe weiterer führender Revolutionäre zur Fahndung ausgeschrieben. Dabei wurden zu seinem Erscheinungsbild folgende Angaben gemacht: „Alter 26 Jahre, Größe 5'6", Haare hochblond, Augen grau, Nase spitz, Zähne gut, hat Sommersprossen im Gesicht."[33] Nach Geburt der Tochter Anna, die Ende August in Mannheim das Licht der Welt erblickte,[34] gelang es seiner Frau, nach Frankreich zu reisen. Schließlich bestieg die Familie in Le Havre den amerikanischen Segler „Argo", mit dem sie am 6. November 1849 in New York eintraf.[35] Rund neun Monate später wurde Osterhaus in Mannheim in Abwesenheit zu vier Jahren Zuchthaus verurteilt.[36]

In Nordamerika

In der neuen Welt ließ sich Osterhaus in Belleville unweit des Mississippi nieder, einer Stadt, in der damals zahlreiche Deutsche lebten; unter ihnen viele Teilnehmer der 1848/1849er Revolution. In der Nähe der Stadt hatte sich auch der Mannheimer Anwalt Friedrich Hecker niedergelassen. 1854 zog Osterhaus ins benachbarte Lebanon um und arbeitete dort zunächst als Postamtsvorsteher. Später errichtete er im Ort eine Brennerei. Da er mit dieser keinen Erfolg hatte, siedelte er 1860 nach St. Louis über, wo ihm der Posten eines Buchhalters angeboten wurde.[37]

Nach der Wahl Abraham Lincolns zum Präsidenten der Vereinigten Staaten kam es zum Bruch zwischen dem industrialisierten Norden und dem

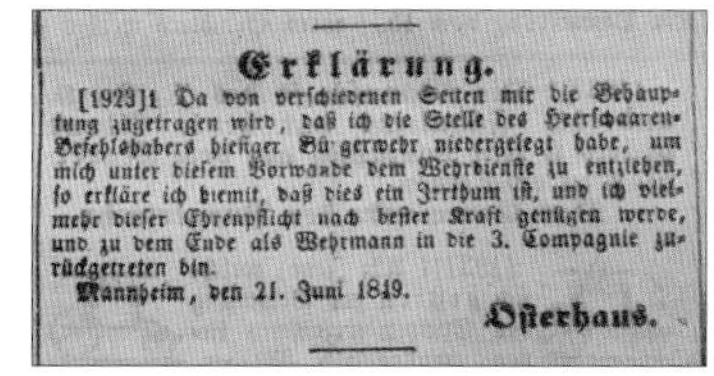

Erklärung.

[1923]1 Da von verschiedenen Seiten mir die Behauptung zugetragen wird, daß ich die Stelle des Heerschaaren-Befehlshabers hiesiger Bürgerwehr niedergelegt habe, um mich unter diesem Vorwande dem Wehrdienste zu entziehen, so erkläre ich hiemit, daß dies ein Irrthum ist, und ich vielmehr dieser Ehrenpflicht nach bester Kraft genügen werde, und zu dem Ende als Wehrmann in die 3. Compagnie zurückgetreten bin.

Mannheim, den 21. Juni 1849.

Osterhaus.

Abb. 5
Nach seinem Rücktritt als Kommandant der Bürgerwehr gab Osterhaus eine Erklärung ab, die er in der „Mannheimer Abendzeitung" drucken ließ.
Mannheimer Abendzeitung, 22. Juni 1849

landwirtschaftlich geprägten, sklavenhaltenden Süden des Landes. Wenige Tage nach der Amtseinführung Lincolns brach im April 1861 der amerikanische Bürgerkrieg aus. Umgehend trat Peter Joseph Osterhaus freiwillig in die Armee der Nordstaaten ein. Als Major diente er in einem Regiment, in dem hauptsächlich deutsche Einwanderer kämpften. Ein halbes Jahr später stieg er in den Rang eines Obersts auf. Ein Jahr nach Beginn des Krieges wurde er zum Brigadegeneral ernannt (Abb. 6). Schließlich wurde er 1864 zum Generalmajor befördert.[38]

Osterhaus kam auf dem westlichen Kriegsschauplatz hauptsächlich in den Bundesstaaten Missouri, Arkansas, Mississippi und Tennessee zum Einsatz. Im Juli 1863 nahm er an der siegreichen Schlacht von Vicksburg teil, als deren Folge der gesamte Unterlauf des Mississippi in die Hände der Unionstruppen geriet. Im November desselben Jahres kämpfte er in der Schlacht von Chattanooga, wo ein wichtiger Eisenbahnknotenpunkt erobert werden konnte.[39] Infolge einer Seeblockade, der Zerteilung des Landes und der Zerstörung der Infrastruktur wurden die Handlungsmöglichkeiten des Südens entscheidend geschwächt. Am 9. April 1865 endete der amerikanische Bürgerkrieg mit der Kapitulation der Konföderierten.

Während des sogenannten Sezessionskriegs überschattete ein trauriges Ereignis das Leben von Peter Joseph Osterhaus. Anfang November 1863 verstarb seine Frau Mathilde, die ihm acht Kinder geboren hatte, im Alter von nur 38 Jahren. Nicht einmal neun Monate später heiratete er deren Schwester Amalie.[40] Innerhalb der nächsten vier Jahre gebar seine zweite Frau vier weitere Kinder.

Abb. 6
Während des amerikanischen Bürgerkriegs stieg Peter Joseph Osterhaus bis den Rang eines Generalmajors auf. Diese im Dezember 1862 entstandene Aufnahme zeigt ihn als Brigadegeneral. Foto: Library of Congress

Rückkehr nach Mannheim

Im Anschluss an den amerikanischen Bürgerkrieg kehrte Osterhaus nach Europa zurück und übernahm 1866 in Lyon das Amt des amerikanischen Konsuls. Vier Jahre später kam es zu einer erneuten Verbindung zur alten Wahlheimat Mannheim. Ab Herbst 1870 besuchte sein damals 11-jähriger Sohn Carl für vier Jahre das Mannheimer Lyzeum.[41] Schließlich zog Peter Joseph Osterhaus 1877 wieder selbst in die Quadratestadt zurück, um dort für die „Amerikanische Gummi-Waaren-Fabrik“ tätig zu werden (Abb. 7). Dieses in der Schwetzinger Stadt angesiedelte Unternehmen war aus einer Firma hervorgegangen, die 1864 als zweite Mannheimer Gummifabrik von einer Gruppe Deutsch-Amerikaner gegründet worden war. Sie produzierte zunächst Hartgummierzeugnisse wie Kämme, Knöpfe, Schmuckartikel und Golfbälle. Später hatte sie auch die Produktion von Weichgummierzeugnissen aufgenommen, darunter anfänglich vor allem Schläuche. In den 1870er Jahren verfügte der Betrieb über mehrere hundert Beschäftigte und war damit einer der wichtigsten Arbeitgeber Mannheims.[42] Zudem bestanden enge Kontakte zu einer Firma im französischen Saint Denis, in der neuartige Zelluloidprodukte fabriziert wurden.[43]

Die vierjährige Haftstrafe, zu der Osterhaus 1850 verurteilt worden war, war ihm inzwischen im Zuge einer Amnestie erlassen worden, sodass seiner Rückkehr in die Kurpfalz nichts im Wege

Sebastian Parzer

Abb. 7
Die Werksanlagen der „Amerikanischen Gummi-Waaren-Fabrik", die später in die „Mannheimer Gummi-, Guttapercha- und Asbestfabrik" umgewandelt wurde. Die Fabrik verfügte über Gebäude in der Schwetzinger Straße (rechte und linke Vignette) und der Amerikanerstraße (mittlere Vignette).
Bild: Verfasser

stand. Neben einem offenbar attraktiven Gehalt gab es noch zwei weitere Gründe, die ihn zum Umzug nach Mannheim bewogen: der Gesundheitszustand seiner Frau sowie die bessere und wohl auch günstigere Schulbildung seiner Kinder, die er in der Quadratestadt erwartete.[44] Am 25. Juni 1877 wurde Osterhaus vom Verwaltungsrat der „Amerikanischen Gummi-Waaren-Fabrik" zum weiteren Direktor des Unternehmens ernannt.[45] Die Geschäftsleitung gab ihm drei Monate Zeit zur Einarbeitung, bevor sie eine endgültige Zusage von ihm erwartete. In einem Brief an seinen Sohn berichtete er im Sommer 1877, dass ihm „old friends" zu diesem Posten verholfen hätten.[46] Bei diesen alten Freunden dürfte es sich um Friedrich Reiß und Friedrich Engelhorn gehandelt haben. Beide hatten sich 1865 an der Gründung der „Amerikanischen Gummi-Waaren-Fabrik" beteiligt. Engelhorn saß zudem im Aufsichtsrat der Gesellschaft, ebenso Karl Reiß, der Sohn von Friedrich Reiß.[47] Während der Badischen Revolution hatten Friedrich Engelhorn und Friedrich Reiß unter dem Kommandanten Osterhaus wichtige Posten in der Mannheimer Bürgerwehr bekleidet. In der Schlussphase der Revolution war Engelhorn der Stellvertreter von Osterhaus gewesen. Nach dessen Rücktritt hatte Engelhorn seinen Posten eingenommen und die unblutige Übergabe der Stadt an die preußische Armee in die Wege geleitet.[48] Reiß hatte innerhalb der Bürgerwehr die Scharfschützenabteilung kommandiert.[49] Zudem waren alle drei damals in das Wehrgericht der Bürgerwehr berufen worden.[50]

Die Anstellung von Peter Joseph Osterhaus dürfte aber kein reiner Freundschaftsdienst gewesen sein. Die Fabrik verfügte damals über enge Beziehungen nach Frankreich, wo Osterhaus mehr als ein Jahrzehnt gelebt hatte. Deshalb dürften ihn Friedrich Engelhorn und Friedrich Reiß für einen sehr geeigneten Geschäftsführer gehalten haben. Als Veteran des amerikanischen Bürgerkriegs verstand es Osterhaus sicher auch, den amerikanischen Geschäftspartnern des Betriebs zu imponieren.

Osterhaus brachte seine Frau und sechs seiner Kinder mit und nahm zunächst Wohnung in O 7, 6, einer wohl angesehenen Adresse in der Heidelberger Straße. Zum Haushalt gehörten auch zwei Dienstmägde.[51] Eine Tochter und zwei Söhne waren im Säuglingsalter verstorben. Drei Kinder hatten das Elternhaus bereits verlassen. Sein ältester Sohn Hugo war 1865 als 14-Jähriger in die Marine der Vereinigten Staaten eingetreten. Die älteste Tochter hatte sich in Lyon verheiratet. Sohn Alexander war ebenfalls in Lyon geblieben, wo er als Kaufmann arbeitete.

In Mannheim war Osterhaus dann maßgeblich an der Umwandlung des Unternehmens in die „Amerikanische Gummi- und Celluloid-Waaren-Fabrik" im Spätjahr 1877 beteiligt. Das Werk in Frankreich sollte aufgegeben und die dortige Produktion von Zelluloidartikeln nach Mannheim verlagert werden. Im Dezember bestellte man Osterhaus zum Liquidator der alten Firma.[52] Nach der Neugründung wurden er und Johann Eberhard Dresler zu Direktoren der neuen Gesellschaft ernannt.[53] Dresler, der ein Jahr vor Osterhaus für die Firma tätig geworden war,[54] war ebenfalls ein Veteran der Mannheimer Bürgerwehr. Im Frühjahr 1849 hatte er dort ein Fähnlein befehligt.[55] Das Aufgabengebiet von Peter Joseph Osterhaus ging über die Angelegenheiten der Mannheimer Fabrik hinaus. Als Vertreter der französischen Schwestergesellschaft verhandelte er 1879 in Saint Denis mit deren Geschäftspartnern.[56]

Doch entwickelten sich die Geschäfte der „Amerikanischen Gummi- und Celluloid-Waaren-Fabrik" nicht wie erhofft. Im Frühjahr 1881 wurde das Werk bei einem Brand schwer beschädigt.[57] Im Mai 1882 schieden die beiden Direktoren Johann Eberhard Dresler und Peter Joseph Osterhaus sowie einer von vier Subdirektoren offiziell aus der Firma aus.[58] Osterhaus hatte sich schon zuvor nach einer neuen Beschäftigung umgesehen und war bereits einige Wochen früher zum Vorstand der neugegründeten Reederei „Cosmopolit" ernannt worden. Gegenstand des Unternehmens, das über ein Grundkapital von 300.000 Mark verfügte, war der „Betrieb der Schiffahrt auf allen Meeren und auf allen Flüssen".[59] Von den Häfen an der Rheinmündung aus wollte man die Schifffahrt auf Nord- und Ostsee sowie dem Mittelmeer betreiben. Das Unternehmen ließ bei der „Kieler Schiffswerft Georg Howaldt" den Frachtdampfer „Cosmopolit" mit einer Tragfähigkeit von 1.100 t erbauen, der anschließend zwischen Holland und Stettin verkehrte. Mit ihm wurden rheinische Industrieerzeugnisse und Kohle nach Pommern befördert.[60] Zu Beginn des nächsten Jahres übernahm Osterhaus zusätzlich das Amt des Vorstands der Reederei „Independent".[61] Diese sollte einen weiteren, etwas größeren Seedampfer betreiben.[62] Wenige Monate später verließ Osterhaus jedoch beide Unternehmen und machte sich im Transportgewerbe selbständig. Im Herbst 1883 gründete er in Mannheim eine Kohlenhandlung. Anfang November 1883 wurde seine Firma ins Handelsregister des örtlichen Amtsgerichts eingetragen.[63] Die unternehmerische Betätigung von Peter Joseph Osterhaus blieb nicht auf den Handel mit Kohlen beschränkt. Zeitweilig trat der umtriebige Geschäftsmann auch als Generalagent der „Lebensversicherungsgesellschaft zu Leipzig" in Erscheinung.[64] 1887 kam Sohn Alexander aus Lyon nach Mannheim und half dem Vater bei seinen Geschäften. Im September wurde ihm für dessen Firma Prokura erteilt.[65] Vier Jahre später gründete Alexander Osterhaus eine eigene Firma und heiratete im selben Jahr die Tochter eines Mannheimer Gastwirts.[66] 1895 schlossen sich Vater und Sohn dann in der Offenen Handelsgesellschaft „P. Jos. & Alex. Osterhaus" zusammen.[67] Erst für die Zeit danach ließen sich Werbeanzeigen finden.[68] Die Firma handelte mit Ruhrkohle, Kokskohle, Briketts und Holz. Bemerkenswert ist, dass Peter Joseph Osterhaus früh über einen Telefonanschluss verfügte und zwar sowohl in seinem Geschäft wie auch in seiner Privatwohnung.[69] Vermutlich hatte er sich bereits 1882 an das damals in Mannheim eingerichtete und zunächst auf das Stadtgebiet beschränkte Telefonnetz anschließen lassen.

Familienleben und gesellschaftliches Engagement

Während Osterhaus für die Mannheimer Gummifabrik bzw. als selbstständiger Kohlenhändler tätig war, wuchsen seine Kinder heran. Seine jüngsten Söhne, der 1859 geborene Carl und die 1866 geborenen Zwillinge Joseph und Ludwig, besuchten in Mannheim das „Großherzogliche Gymnasium", wie das altehrwürdige Lyzeum inzwischen hieß.[70] Kurz vor dem Abitur verließ Carl die Schule und trat im Frühjahr 1879 in die preußische Armee ein.[71] Joseph wechselte 1880 auf das Realgymnasium. Er schlug zunächst ebenfalls die militärische Laufbahn ein, wanderte aber um 1896 nach Südafrika aus. Ende November 1897 verstarb er in Pretoria an Typhus. Die Nachricht von seinem Tod traf erst drei Wochen später – kurz vor Weihnachten – in Mannheim ein.[72]

Ludwig, der Zwillingsbruder von Joseph, studierte nach dem Abitur Rechtswissenschaft an der Kaiser-Wilhelm-Universität in Straßburg. 1886 unterbrach er sein Studium, um als Einjährig-Freiwilliger in Straßburg in einem Infanterieregiment zu dienen.[73] Im Sommersemester 1888 war er an der Universität Heidelberg eingeschrieben und wohnte in dieser Zeit bei seinen Eltern in Mannheim.[74] Zum Wintersemester 1888 wechselte er wieder nach Straßburg.[75] Schließlich ließ er sich 1899 in Mannheim als Rechtsanwalt nieder.[76] Auch die Töchter wurden erwachsen. Emma heiratete im Sommer 1880 in Mannheim den Frankfurter Pädagogen Dr. Otto Kamp. Einer der zwei Trauzeugen war der Brautvater Peter Joseph Osterhaus.[77]

In Mannheim war Osterhaus gesellschaftlich sehr engagiert. Von 1889 bis 1894 war er Vorstand der Mannheimer „Harmonie-Gesellschaft". Er folgte Ferdinand Friedrich Nestler nach, dem Sohn seines ehemaligen Geschäftspartners Carl Nestler. Ein Blick auf die Vereinsmitglieder zeigt, in welchen gesellschaftlichen Kreisen sich Peter Joseph Osterhaus bewegte. So gehörten der „Harmonie-Gesellschaft" damals unter anderem der Zementfabrikant Hermann Dyckerhoff, der Direktor der „Rheinischen Creditbank" Wilhelm Zeiler, der Privatbankier Ludwig Hohenemser sowie der Geschäftsmann und frühere Reichstagsabgeordnete Carl Eckhard an. Ab 1895 übte Osterhaus dann für drei Jahre das Amt des stellvertretenden Vereinsvorsitzenden aus.[78] Daneben hatte er noch weitere Ehrenämter inne. 1890 wurde Osterhaus vom Stadtrat für drei Jahre in das dreiköpfige Hoftheaterkomitee berufen.[79] In dieser Zeit sprach sich das Gremium gegen die Weiterbeschäftigung des Intendanten Karl Freiherr von Stengel aus.[80] Und schließlich wurde Peter Joseph Osterhaus – obwohl schon 72 Jahre alt – 1895 zum Hauptmann der Räuberhöhle ernannt. Es war der ausdrückliche Wunsch seines Vorgängers, des im Mai 1895 verstorbenen Vereinsgründers Franz von Davans, dass Osterhaus die Leitung der Vereinigung übernehmen sollte.[81]

Lebensabend im Rheinland

Nachdem Peter Joseph Osterhaus im März 1898 zum Vizekonsul der Vereinigten Staaten für das Großherzogtum Baden bestellt worden war, zog er sich aus seiner Kohlehandlung zurück. Diese wurde für kurze Zeit von Sohn Alexander allein weitergeführt.[82] Doch nicht einmal zwei Jahre später nahm der inzwischen 77-Jährige Abschied vom diplomatischen Dienst. In Mannheim hatte er kaum noch familiäre Bindungen. Seine zweite Frau war 1896 verstorben.[83] Sohn Alexander hatte die Stadt im Juli 1899 verlassen, nachdem über sein Vermögen das Konkursverfahren eröffnet worden war.[84] Der Rechtsanwalt Ludwig Osterhaus war dabei, in die Vereinigten Staaten überzusiedeln. Und die beiden jüngsten, noch unverheirateten Töchter standen kurz vor ihrer Vermählung. Im Jahre 1900 zog Peter Joseph Osterhaus nach Bonn in die Nähe seiner jüngsten Tochter Mathilde, die dort wenige Monate später den Medizin-Privatdozenten Dr. Hermann Petersen heiratete.[85]

Als ranghoher Veteran des amerikanischen Bürgerkriegs genoss Osterhaus bis ins hohe Alter in den Vereinigten Staaten ein großes Ansehen. Hinzu kam, dass sein ältester Sohn Hugo Karriere in der US Navy gemacht hatte und ab 1907 Kommandant des Schlachtschiffs „Connecticut" war. Schließlich wurde Hugo Osterhaus 1909 zum Konteradmiral befördert (Abb. 8). Die Popularität, die Peter Joseph Osterhaus in der Neuen Welt noch immer besaß, zeigte sich, als er in den Jahren 1904/05 und 1906 zwei ausgedehnte Reisen in die Vereinigten Staaten unternahm. Dabei besuchte er nicht nur mehrere alte Freunde bzw. deren Witwen, sondern wurde in zahlreichen Städten durch offizielle Empfänge gewürdigt. Zwei amerikanische Universitäten ver-

Abb. 8
Der älteste Sohn Hugo Osterhaus (1851-1927) machte in der amerikanischen Marine Karriere und wurde 1909 zum Konteradmiral befördert.
Foto: Library of Congress

liehen ihm die Würde eines Ehrendoktors. Bei der ersten Reise traf er wiederholt mit Präsident Theodore Roosevelt zusammen, der ihm das Angebot machte, ihn auf einer Wahlkampfreise zu begleiten. Mit Hinweis auf sein Alter – er war nun 81 Jahre alt – lehnte Osterhaus die Offerte ab. Im Frühjahr und Sommer 1904 hielt er sich mehrere Monate in St. Louis auf, wo er unter anderem für vier Wochen in der Villa des deutschstämmigen Bierfabrikanten Adolf Busch wohnte. Dort besuchte er auch die Weltausstellung, die in diesem Jahr in St. Louis stattfand. Während dieses ersten Aufenthalts, der insgesamt elf Monate dauerte, erfuhr Peter Joseph Osterhaus, dass sein Sohn Karl in Deutsch-Südwestafrika, dem heutigen Namibia, in einem Lazarett seinen Verletzungen erlegen war, die er im Kampf gegen die Herero erlitten hatte.[86]

1910 zog Peter Joseph Osterhaus mit Tochter und Schwiegersohn nach Duisburg um (Abb. 9).[87] Mit

Sorge verfolgte er während des Ersten Weltkriegs die politische und militärische Entwicklung. In einem Brief an seinen Sohn Hugo vom Januar 1916 vertrat er die Meinung, dass die amerikanische Öffentlichkeit zu sehr durch die englische Presse beeinflusst würde.[88] Peter Joseph Osterhaus starb am 2. Januar 1917 zwei Tage vor seinem 94. Geburtstag an einer Lungenentzündung.[89] Den Eintritt der Vereinigten Staaten in den Ersten Weltkrieg auf der Seite der Alliierten, der drei Monate später erfolgte, hat er nicht mehr erlebt.

Abb. 9
Peter Joseph Osterhaus um das Jahr 1913
Bild: Verfasser

Seinem Wunsch gemäß wurde Osterhaus verbrannt und die Asche in seinem Geburtsort Koblenz in einer Familiengruft neben seiner zweiten Frau und seinem 1904 verstorbenen Sohn Karl beigesetzt. Die Gruft wurde Ende der 1960er Jahren durch einen Erdrutsch zerstört. 2012 wurde an ihrer Stelle ein Gedenkstein errichtet. Heute wird noch an weiteren Orten an Peter Joseph Osterhaus gedacht. In Koblenz gibt es seit 1993 eine „Osterhausstraße".[90] In Vicksburg im Bundesstaat Mississippi erinnert gar eine Bronzebüste an ihn. Diese wurde 1913 anlässlich der Fünfzigjahrfeier der strategisch wichtigen Schlacht des amerikanischen Bürgerkriegs enthüllt (Abb. 10).

Abb. 10
Die Osterhaus-Büste in Vicksburg, Mississippi
Foto: Stefan Papp, Aachen

In Mannheim lebt Peter Joseph Osterhaus in der städtischen Geschichtsschreibung fort. In dem zu Beginn des 20. Jahrhunderts von Friedrich Walter erarbeiteten Standardwerk „Mannheim in Vergangenheit und Gegenwart" wird er siebenmal aufgeführt.[91] 1997 wurde die Rolle von Peter Joseph Osterhaus im Jahr 1849 ausführlich in einer Sonderveröffentlichung des Mannheimer Stadtarchivs über die Badische Revolution in der Stadt gewürdigt.[92] Und in der neuen Stadtgeschichte von 2007 erscheint sein Name zweimal.[93] Ich bin mir sicher, Peter Joseph Osterhaus wird auch in künftigen Stadtgeschichten immer wieder eine Erwähnung finden.

1 Der Vortrag wurde am 5. April 2017 im Friedrich-Walter-Saal des Mannheimer Stadtarchivs im Rahmen der Veranstaltungsreihe „Mittwochs beim Archiv" gehalten. Für die Veröffentlichung wurde er geringfügig verbessert und erweitert. Die Vortragsform wurde beibehalten; der Artikel aber um Fußnoten und Zwischenüberschriften ergänzt. Der Autor dankt Stefan Papp, Aachen, für seine kritischen Anmerkungen und weiterführenden Hinweise.

2 Vgl. Hans-Peter Kleber: Peter Joseph Osterhaus – ein deutsch-amerikanisches Leben, in: Koblenzer Beiträge zur Geschichte und Kultur NF 2 (1992), S. 87-129, hier S. 88.

Sebastian Parzer

3 Vgl. Kleber, wie Anm. 2, S. 88.

4 Coblenzer Zeitung, 14. Dezember 1861.

5 Mannheimer Adress-Kalender für das Jahr 1846, S. 166.

6 Mannheimer Abendzeitung, 20. August 1846 (Anzeige).

7 Mannheimer Adress-Kalender für das Jahr 1847, S. 166.

8 Mannheimer Abendzeitung, 1. April, 28. Juni und 10. August 1847 (Anzeigen).

9 Vgl. Hans-Joachim Hirsch, Art.: Osterhaus, Peter Joseph, in: Arbeitskreis der Archive im Rhein-Neckar-Dreieck (Hrsg.): Der Rhein-Neckar-Raum in der Revolution von 1848, Ubstadt-Weiher 1998, S. 250f., hier. S. 250.

10 Generallandesarchiv Karlsruhe, 390, Nr. 2853 (Standesbuch der oberen Pfarrei der katholischen Gemeinde Mannheim 1844-1853 [Taufen 1846, Nr. 68]); StadtA MA - ISG, Polizeipräsidium, Zug. –/1962, Meldeunterlagen (Familienbogen von Peter Joseph Osterhaus).

11 Mannheimer Adress-Kalender für das Schaltjahr 1848, S. 111.

12 Generallandesarchiv Karlsruhe, 390, Nr. 2844 (Standesbuch der unteren Pfarrei der katholischen Gemeinde Mannheim 1847-1849 [Totenbuch 1848, Nr. 163]); Mannheimer Journal, 3. September 1848 (Auszug aus dem Kirchenbuch).

13 Vgl. Erwin Hoppner: Die Räuberhöhle zu Mannheim – 125 Jahre Höhlengeschichte 1839-1964, Mannheim o. J., S. 74.

14 Vgl. Kleber, wie Anm. 2, S. 90.

15 Vgl. Gerhard Becker: Das Protokoll des ersten deutschen Demokratenkongresses im Juni 1848, in: Jahrbuch für Geschichte 8 (1973), S. 379-405, hier S. 395.

16 Mannheimer Journal, 19. November 1848.

17 Vgl. Hans-Joachim Hirsch: 1848-1849 – In den Stürmen der Revolution, in: Ulrich Nieß/Michael Caroli (Hrsg.): Geschichte der Stadt Mannheim, Band 2, Ubstadt-Weiher 2006, S. 254-311, hier S. 287.

18 Mannheimer Journal, 13. Mai 1849.

19 StadtA MA - ISG, Kleine Erwerbungen, Nr. 522 (Constantin von Roggenbach, Darstellung der Ereignisse in Mannheim während der ersten Tage der Mai-Revolution und meines Handelns, S. 2).

20 Vgl. Franz Raveaux: Mittheilungen über die Badische Revolution, Frankfurt am Main 1850, S. 46f. und. S. 53f.; Hirsch, wie Anm. 9, S. 251.

21 Vgl. Hirsch, wie Anm. 9, S. 251.

22 Mannheimer Journal, 27. April 1849.

23 Mannheimer Journal, 7. und 8. Mai 1849.

24 Mannheimer Abendzeitung, 26. Mai 1849.

25 Mannheimer Journal, 30. Mai und 5. Juni 1849.

26 Mannheimer Journal, 9. Juni 1849.

27 Mannheimer Journal, 25. Mai 1849.

28 Vgl. Friedrich Engels: Die deutsche Reichsverfassungskampagne, in: Institut für Marxismus-Leninismus des ZK der SED (Hrsg.): Karl Marx/Friedrich Engels – Werke, Band 7, Berlin 1960, S. 117-199, hier S. 142.

29 Vgl. Hirsch, wie Anm. 9, S. 251; siehe auch: Mannheimer Journal, 13. Juni 1849.

30 Vgl. Hirsch, wie Anm. 9, S. 251.

31 Mannheimer Abendzeitung, 22. Juni 1849.

32 Bundesarchiv Frankfurt, DB 54/43 (Kopie in Stadtarchiv Koblenz [infolge „StadtA KO" zitiert], N 57).

33 Mannheimer Journal, 18. August 1849.

34 Generallandesarchiv Karlsruhe, 390, Nr. 2844 (Standesbuch der unteren Pfarrei der katholischen Gemeinde Mannheim 1847-1849 [Taufen 1849, Nr. 160]); Mannheimer Journal, 9. September 1849 (Auszug aus dem Kirchenbuch).

35 Ira A. Glazier (Hrsg.): Germans to America – Series II, List of Passangers Arriving U.S. Ports in the 1840s, Volume 7, October 1848-December 1849, Lanham (Maryland), Toronto und Oxford 2004, S. 333.

36 Vgl. Hirsch, wie Anm. 9, S. 251.

37 Vgl. Kleber, wie Anm. 2, S. 94f.; Mary Bobbitt Townsend: Yankee Warhorse – A Biography of Major General Peter Osterhaus, Missouri 2010, S. 18f. sowie Hinweise von Stefan Papp, Aachen.

38 Vgl. Kleber, wie Anm. 2, S. 96. Während des amerikanischen Bürgerkrieges gab es in der Armee der Nordstaaten insgesamt zwölf Generäle, die deutscher Herkunft waren (freundlicher Hinweis von Stefan Papp, Aachen).

39 Vgl. Emil Mannhardt: General Peter Joseph Osterhaus, in: Deutsch-Amerikanische Geschichtsblätter 4 (1904), Heft 3, S. 54-62; vgl.

Townsend, wie Anm. 37, S. 30-144.

40 Vgl. Kleber, wie Anm. 2, S. 87f.

41 StadtA MA - ISG, Karl-Friedrich-Gymnasium, Zug. 4/1977, Nr. 55.

42 Wiener Weltausstellung – Amtlicher Katalog der Aussteller des Deutschen Reiches, Berlin 1873, S. 399.

43 Vgl. Sebastian Parzer, Friedrich Engelhorn: BASF-Gründer – Unternehmer – Investor 1865-1902, Worms 2014, S. 40f.

44 Missouri Historical Society, St. Louis, Osterhaus Papers (Schreiben von Peter Joseph Osterhaus an Hugo Osterhaus vom 28. August 1877 [Kopie in StadtA KO, N 57]).

45 Karlsruher Zeitung, 14. Juli 1877 (Auszug aus dem Handelsregister).

46 Missouri Historical Society, St. Louis, Osterhaus Papers (Schreiben von Peter Joseph Osterhaus an Hugo Osterhaus vom 28. August 1877 [Kopie in StadtA KO, N 57]).

47 Generallandesarchiv Karlsruhe, 276, Zug. 1957-14, Mannheim II, Nr. 5842, 5884 und 6150.

48 Vgl. Sebastian Parzer: Die frühen Jahre von Friedrich Engelhorn (1821-1864) – Schüler, Goldschmied, Kommandant der Bürgerwehr und Gasfabrikant, Worms 2011, S. 59-63.

49 Vgl. Art: Reiß, Friedrich, in: Badische Biographien 2 (1875), S. 177f., hier S. 177.

50 Mannheimer Journal, 5. Juni 1849.

51 StadtA MA - ISG, Polizeipräsidium, Zug. –/1962, Meldeunterlagen (Anmeldung vom 27. Oktober 1877).

52 Karlsruher Zeitung, 17. Januar 1878 (Auszug aus dem Handelsregister); zur Umwandlung der Firma siehe auch: Karlsruher Zeitung, 3. Januar 1878.

53 Karlsruher Zeitung, 17. Januar und 3. Februar 1878 (jeweils Auszug aus dem Handelsregister).

54 Karlsruher Zeitung, 5. April 1876 (Auszug aus dem Handelsregister).

55 Mannheimer Journal, 19. Mai 1849; siehe auch: Mannheimer Journal, 22. November 1848. Der Kaufmann Johann Ludwig Eberhard Dresler (1819-1888) wurde im Mai 1849 zusammen mit Peter Joseph Osterhaus in den Wehrausschuss berufen. 1869 war er dann in Mannheim an der Gründung der Demokratischen Partei beteiligt.

56 www.societechimiquedefrance.fr (Jean-Marie Michel, Contribution á l'histoire industrielle des polymères en France, Unterkapitel: Compagnie Française du Celluloïd, S. 4), abgerufen am 16. April 2017.

57 Karlsruher Zeitung, 8. Juni 1881.

58 Karlsruher Zeitung, 9. Mai 1882 (Auszug aus dem Handelsregister).

59 Generallandesarchiv Karlsruhe, 276 Zug. 1994-34, Nr. 183 (Amtsgericht Mannheim Gesellschaftsregister, Band 3, OZ 170 [Eintrag von 6. Januar 1882]); Karlsruher Zeitung, 13. Januar 1882 (Auszug aus dem Handelsregister). Federführend bei der Gründung des Unternehmens war der aus Neuwied stammende Kaufmann Rudolf Wahl (1823-1892). In den 1870er und 1880er Jahren war er als Aufsichtsrat für die „Amerikanische Gummi-Waaren-Fabrik“ und die „Amerikanische Gummi- und Celluloid-Waaren-Fabrik“ tätig.

60 Vgl. Jahresbericht der Handelskammer Mannheim für den Kreis Mannheim für das Jahr 1881, S. 174; Ph.(ilipp) Bauer: Die Aktienunternehmungen in Baden – Ein Beitrag zur Kenntnis der großindustriellen und Verkehrs-Entwicklung des Landes, Karlsruhe 1903, S. 264; Alfred Weyhenmeyer: Die Unternehmen in der Rheinschiffahrt (= Buchreihe des Instituts für Verkehrswissenschaft 1), Duisburg 1922, S. 229; Christian Ostersehlte: Von Howaldt zur HDW – 165 Jahre Entwicklung von einer Kieler Eisengießerei zum weltweit operierenden Schiffbau- und Technologiekonzern, Hamburg 2004, S. 90 und S. 554. Mit dem Seedampfer „Cosmopolit“ wollte Rudolf Wahl, der auch an der „Badischen Schrauben-Dampfschiffahrtsgesellschaft“ beteiligt war, den Weitertransport der auf dem Rhein beförderten Güter mit einem eigenen Schiff ermöglichen. Der Frachter lief am 2. April 1882 vom Stapel und kam Mitte Mai 1882 in Fahrt. Später wurde das Schiff in Ostasien eingesetzt. Ende Juli 1898 strandete der zuletzt an ein deutsch-russisches Handelsunternehmen vercharterte Dampfer an der Südküste der Insel Sachalin. Wenige Monate später wurde die Reederei Cosmopolit aufgelöst.

61 Generallandesarchiv Karlsruhe, 276 Zug. 1994-34, Nr. 183 (Amtsgericht Mannheim Gesellschaftsregister, Band 3, OZ 248 [Eintrag von 9. Februar 1883]); Karlsruher Zeitung, 20. Februar 1883 (Auszug aus dem Handelsregister).

62 Der Dampfer „Independent“ (1400 BRT) lief 1883 bei Howaldt in Kiel vom Stapel. Das Schiff blieb bis 1904 für die Mannheimer Gesellschaft in Fahrt.

63 Generallandesarchiv Karlsruhe, 276 Zug. 1994-34, Nr. 177 (Amtsgericht Mannheim Firmenregister, Band 3, OZ 24 [Eintrag von 10. November 1883]); Karlsruher Zeitung, 25. November 1883 (Auszug aus dem Handelsregister). Aus den Reedereien Cosmopolit und Independent schied Peter Joseph Osterhaus am 15. Oktober 1883 aus.

64 Mannheimer Adress-Buch für das Jahr 1891, S. 233; Mannheimer Adress-Buch für das Jahr 1892, S. 250 und S. 338. In den darauffol-

genden Jahren war Sohn Alexander Osterhaus für die „Lebensversicherungsgesellschaft zu Leipzig“ tätig.

65 Karlsruher Zeitung, 15. September 1887 (Auszug aus dem Handelsregister).

66 Karlsruher Zeitung, 29. April 1891 (Auszug aus dem Handelsregister), siehe auch: Karlsruher Zeitung, 16. März 1891 (Auszug aus dem Handelsregister).

67 Generallandearchiv Karlsruhe, 276, Zug. 1994-34, Nr. 187 (Amtsgericht Mannheim Gesellschaftsregister, Band 7, OZ 173 [Eintrag vom 6. Juli 1895]); Karlsruher Zeitung, 18. Juli 1895 (Auszug aus dem Handelsregister).

68 So in General-Anzeiger der Stadt Mannheim und Umgebung, 11. Juli 1895, 7. September 1896 oder 20. August 1897. Sohn Alexander hatte bereits in den Jahren zuvor für seine Firma in den Zeitungen inseriert, der Vater für sein Unternehmen offenbar nicht (so in: General-Anzeiger der Stadt Mannheim, 12. August 1892).

69 Mannheimer Adress-Kalender für das Jahr 1887, S. 340. Ab 1887 sind die Fernsprechteilnehmer in den Mannheimer Adressbüchern verzeichnet. Für die Jahre davor liegen keine Angaben vor. Peter Joseph Osterhaus hatte die Nummer 134.

70 StadtA MA - ISG, Karl-Friedrich-Gymnasium, Zug. 4/1977, Nr. 55.

71 StadtA MA - ISG, Karl-Friedrich-Gymnasium, Zug. 4/1977, Nr. 32 (darin das Abgangszeugnis von Carl Osterhaus vom 17. März 1879).

72 General-Anzeiger der Stadt Mannheim, 22. Dezember 1897 (Todesanzeige).

73 Generallandesarchiv Karlsruhe, 456 E, Nr. 8813.

74 Universitätsarchiv Heidelberg, Studentenakte Ludwig Osterhaus; StadtA MA - ISG, Polizeipräsidium, Zug. –/1962, Meldeunterlagen (Erklärung von Peter Joseph Osterhaus vom 30. Oktober 1888).

75 Kaiser-Wilhelms-Universität Straßburg – Amtliches Verzeichnis des Personals und der Studenten, SS 1886-WS 1887/88 und WS 1888/89-SS 1890 (passim).

76 StadtA MA- ISG, Polizeipräsidium, Zug. –/1962, Meldeunterlagen (Familienbogen von Peter Joseph Osterhaus).

77 StadtA MA - ISG, Heiratsregister 1880, Nr. 239.

78 Vgl. Helmuth Janson: 45 Lesegesellschaften von 1800 bis heute – Harmonie-Almanach, Mannheim 1963, S. 94; siehe auch: Mannheimer Adreß-Buch für das Jahr 1891, S. 248.

79 Karlsruher Zeitung, 12. November 1890; vgl. Ernst Leopold Stahl: Das Mannheimer Nationaltheater – Ein Jahrhundert deutscher Theaterkultur im Reich, Mannheim 1929, S. 385.

80 Vgl. Stahl, wie Anm. 79, S. 164.

81 Vgl. Hoppner, wie Anm. 13, S. 25. Im Alter hatte Peter Joseph Osterhaus mit gesundheitlichen Problemen zu kämpfen. Er litt an einer im amerikanischen Bürgerkrieg zugezogenen Beinverletzung und bekam Anfälle von Ruhr und Malaria. Bei einer medizinische Untersuchung im Mai 1886 wurden eine vergrößerte Milz, eine vergrößerte Leber und ein vergrößertes Herz diagnostiziert (vgl. Jack. D Welsh, Medical History of Union Generals, Kent [Ohio] 1996, S. 247).

82 Karlsruher Zeitung, 25. Juli 1898 (Auszug aus dem Handelsregister).

83 General-Anzeiger der Stadt Mannheim und Umgebung, 1. Juli 1896 (Todesanzeige).

84 StadtA MA - ISG, Polizeipräsidium, Zug. –/1962, Meldeunterlagen (Familienbogen von Alexander Osterhaus); Karlsruher Zeitung, 9. Juni 1899 (Konkurse); siehe auch die Klage seiner Frau Maria Osterhaus auf Vermögensabsonderung (Karlsruher Zeitung, 9. Juli 1899 [Bürgerliche Rechtsstreite – Vermögensabsonderungen]).

85 StadtA MA - ISG, Polizeipräsidium, Zug. –/1962, Meldeunterlagen (Familienbogen von Peter Joseph Osterhaus); vgl. Kleber, wie Anm. 2, S. 102.

86 Vgl. Kleber, wie Anm. 2, S. 102; siehe auch die unveröffentlichte, verbesserte Version des Beitrags von Hans-Peter Kleber, die auf der Internetseite des Stadtarchivs Koblenz veröffentlicht ist (abgerufen am 16. April 2017, dort S. 15-18).

87 Vgl. Kleber, wie Anm. 2, S. 104.

88 Missouri Historical Society, St. Louis, Osterhaus Papers (Schreiben von Peter Joseph Osterhaus an Hugo Osterhaus vom 24. Januar 1916 [Kopie in StadtA KO, N 57]).

89 National Archives and Record Office Washington, D.C. (NARA), RG59, entry 205, box 403 (Notice of Death off U.S. Citizens Abroad); eingesehen über „www.ancestry.de“.

90 Rhein-Zeitung, 3./4. Juli 1993.

91 Vgl. Friedrich Walter: Mannheim in Vergangenheit und Gegenwart, Band 2, Geschichte Mannheims vom Übergang an Baden (1802) bis zur Gründung des Reiches, Mannheim 1907, passim.

92 Vgl. Peter Blastenbrei: Mannheim in der Revolution 1848/49 (= Kleine Schriften des Stadtarchivs Mannheim 10), Mannheim 1997, passim.

93 Vgl. Hirsch, wie Anm. 17, passim.

Kommerzienrat Dr. C. Weyl

Abb. 1
Firmengründer Dr. Carl Weyl
(1840-1912)
Fotografie
Um 1900
StadtA MA - ISG KF016139

Walter Spannagel und Harald Stockert

Ein untergegangenes Kapitel Mannheimer Industriegeschichte: Der Bestand „Chemische Fabrik Weyl“ im Stadtarchiv Mannheim - ISG

Anfang Juni 2012 durchforsteten Mitarbeiter des Stadtarchivs Mannheim - ISG leerstehende Büros und Keller in der Sandhofer Straße 96 im Mannheimer Stadtteil Waldhof. Sie waren auf der Suche nach historisch bedeutsamen Unterlagen einer Mannheimer Traditionsfirma, die kurz zuvor für immer ihre Werkstore geschlossen hatte. Und sie wurden fündig. Übernommen werden konnten schließlich rund 7,5 laufende Meter Unterlagen und 200 Pläne – das älteste Schriftstück stammt aus dem Jahr 1878, das jüngste aus 2012. Dies entspricht dem Zeitraum, in dem die Firma in Mannheim existent war. Die Rede ist von der Chemischen Fabrik Weyl, gegründet 1877 in Mannheim-Lindenhof. 2011 musste das zuletzt unter dem Namen WP Mannheim firmierende Unternehmen Insolvenz anmelden.

Die Übernahme konnte auf Vermittlung des langjährigen Weyl-Betriebsratsvorsitzenden und Mannheimer Gemeinderats Thomas Trüper durchgeführt werden, der bis zuletzt Zeuge wie Mitwirkender im lange geführten Existenzkampf der Firma gewesen war. Selbst nach der Insolvenz 2011 hatte noch die Hoffnung auf einen Neuanfang bestanden, zum 31. März 2012 jedoch musste der Geschäftsbetrieb endgültig eingestellt werden. Damit fand ein langes Kapitel Mannheimer Industriegeschichte sein trauriges Ende. Die Entwicklung der Firma erstreckte sich über 135 Jahre und war äußerst wechselhaft, voller Höhen und Tiefen und auch eng mit den Geschicken des Standorts Mannheim verknüpft. Einen aufschlussreichen Einblick geben die vom Stadtarchiv Mannheim - ISG übernommenen Unterlagen, die nunmehr erschlossen und archivisch aufbereitet als Zugang 7/2012 vorliegen. Sie können mittlerweile im Lesesaal eingesehen werden, wobei die neueren Dokumente noch der gesetzlichen Schutzfrist von 30 Jahren unterliegen.

Teerproduktion zwischen Lindenhof und Waldhof

Ihren Ausgang nahm die Firmengeschichte am 7. April 1877. An diesem Tag gründete der spätere Kommerzienrat Dr. Carl Weyl (1840-1912) auf dem Gelände der durch Brand zerstörten ehemaligen Teerdestillationsanlage von Heinrich Propfe im Mannheimer Stadtteil Lindenhof unter dem Namen „Chemische Fabrik Lindenhof C. Weyl & Co.“ ein erstes Werk zur Rohteer-Verarbeitung (Abb. 1). Das heutige Wohngebiet Lindenhof gehörte seinerzeit zu den bevorzugten Erweiterungsgebieten Mannheims, wo sich gleich mehrere Industriebetriebe ansiedelten. Ein Schriftwechsel mit dem Großherzoglichen Bezirksamt ist denn auch die älteste Archivalie im vorliegenden Bestand.[1] Gegenstand ist der Bau der Fabrikanlagen, konkret das Dach der Destillationsanlage. Denn Grundlage des Mannheimer Werks war von Anfang an die Destillation von Steinkohlenteer gewesen, zusammen mit Leuchtgas ein Nebenprodukt von Kokereien und Gasanstalten. Die gewonnenen schweren Teeröle fanden problemlos Abnehmer; sie dienten der Holzimprägnierung speziell bei Eisenbahnschwellen. Die verstärkte Verwendung von Pikrinsäure in der Farbtechnik führte darüber hinaus zur Errichtung einer Pikrinsäurefabrik auf dem Lindenhofer Firmengelände. Die räumliche Expansion des Unternehmens ging einher mit stetig steigenden Mitarbeiterzahlen. Beschäftigte Weyl um 1880 lediglich zwei Angestellte und 30 Arbeiter, waren um 1906 bereits 25 kaufmännische „Beamte“ und 250 Arbeiter zu verzeichnen. Damit gehörte Weyl neben Boehringer und dem Verein Chemischer Fabriken zu den größten Arbeitgebern Mannheims in dieser Industriebranche.[2]

Weitere Werksgründungen in Hüningen/Elsass (1879) und Duisburg-Wanheimerort (1884) sowie der Ankauf eines Werks in München-Pasing (1906) sollten folgen. Um die Expansion zu finanzieren, wandelte Weyl 1902 seine Firma in eine Aktiengesellschaft um. Als Hauptaktionäre konnte er unter anderem Karl Dyckerhoff sowie den BASF-Mitbegründer August Clemm gewinnen. Doch schon wenige Jahre später, 1905, wurde das Unternehmen von der Rütgerswerke AG Berlin zum Preis von 5,8 Mio. Goldmark übernommen. Diese Entwicklung geht nicht zuletzt aus den Aufsichtsratsprotokollen der neuen AG hervor, die bis Ende der 1920er Jahre vorliegen und somit eine besondere serielle Quelle für die Unternehmensgeschichte darstellen.

Ebenfalls sehr gut dokumentiert sind die bei Weyl verwendeten technischen Verfahren und eingesetzten Gerätschaften in den frühen Jahrzehnten. So sind zahlreiche Revisionsbücher mit Protokollen überliefert, die die regelmäßigen Prüfungen durch den TÜV bzw. dessen Vorgängerorganisationen beinhalten. Technisch war die Fabrik, die ihre Maschinen von Lanz aus Mannheim oder Borsig aus Berlin bezog, auf dem neuesten Stand (Abb. 2). Ganz ein Kind ihrer Zeit war sie jedoch auch, was ihren Umgang mit der Umwelt anbetraf. Die Schornsteine hatten zu rauchen, Abwässer wurden ungefiltert abgeleitet und giftige Nebenprodukte im Erdreich vergraben. Dies rief seit der Jahrhundertwende zunehmend Kritik und bald auch aktiven Widerstand hervor. 1903 hatte die Stadt Mannheim die Erweiterung der Produktion auf dem Lindenhof verweigert, wo bereits im wahrsten Sinne des Wortes „dicke Luft" herrschte. Wiederholt wird in der Presse von Protestkundgebungen der Lindenhöfer gegen die Fabrik bzw. deren „schlechten Geruch" berichtet.[3] Die Beeinträchtigung ging so weit, dass es laut Aussage der örtlichen Radsportvereine nicht mehr möglich war, die Rennbahn im Waldpark zur sportlichen Aktivität zu nutzen. Die „Pechfabrik", wie sie landläufig verkürzt genannt wurde, hatte sicherlich nicht zu Unrecht das Image eines gefährlichen Verschmutzers von Luft, Wasser und Boden auf dem Lindenhof. Abhilfe schuf erst 1909/10 der Umzug des Unternehmens nach Mannheim-Waldhof, wo Carl Weyl bereits 1890 ein Grundstück erworben hatte. Hier profitierte man von der verkehrsgünstigen Lage zwischen Altrhein und der Nord-Süd-Verbindung der Eisenbahn und nicht zuletzt vom Charakter eines reinen Industriegebiets, sodass keine örtliche Wohnbevölkerung unter den Emissionen zu leiden hatte (Abb. 3). Nach Verlagerung der gesamten Produktion wurde der Standort Lindenhof 1911 endgültig aufgegeben, das Grundstück zum Preis von 23 Mark pro Quadratmeter an die Mannheimer Grundstücksgesellschaft mbH veräußert. In kurzer Zeit sollte auf dem ehemaligen Fabrikgelände ein neues Wohngebiet zwischen Donnersberg- und Meerwiesenstraße entstehen.

Schon seit der Jahrhundertwende zeichnete sich das Unternehmen durch eine vorausschauende Firmenpolitik aus, die die Bedeutung des Forschungs- und Entwicklungsbereichs ihres Industriezweigs erkannt hatte und hierauf ihr besonderes Augenmerk richtete. In diese Zeit fiel beispielsweise die Erstkonstruktion großer Kessel, der sogenannten Weyl'schen Blasen, zur Verbesserung des Destillationsprozesses. Die Umstellung auf sogenannte Kolonnendestillation im Jahr 1926 wurde denn auch als kleine Revolution des gesamten Teerbetriebs angesehen.

Doch die Geschichte der Firma war nicht nur von unternehmerischen Erfolgen geprägt. Wiederholt kam es in der Produktion zu Unfällen. So löste sich 1906 in einer Anlage das 5,50 m hohe Antriebsschwungrad, flog in die Luft und erschlug einen Chemiker. Keine Todesopfer, jedoch großen Sachschaden sollte es bei einer Explosion des Benzollagers am Morgen des 5. Juni 1937 geben. Fünf Löschzüge der Mannheimer Berufsfeuerwehr, die

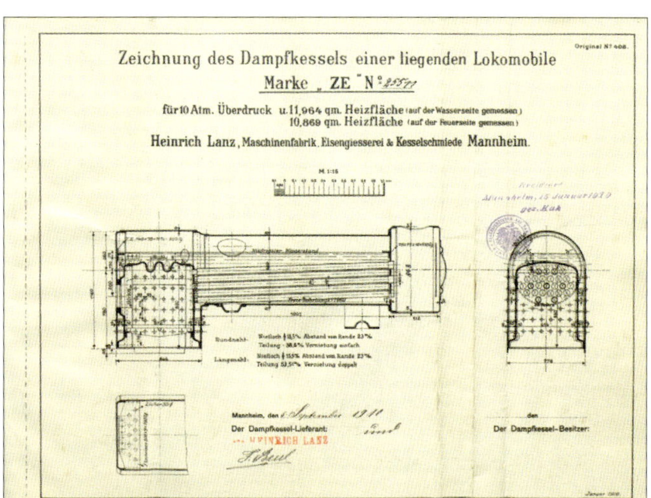

Abb.2 (links)
Prüfplan eines 1910 aufgestellten Dampfkessels, produziert von Heinrich Lanz
StadtA MA - ISG
(7/2012 Nr. 217)

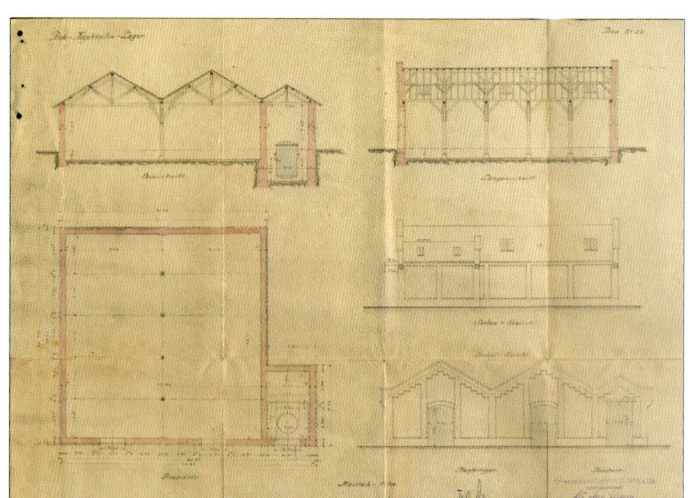

Abb. 3 (rechts)
Entwurfsskizze für den Bau einer Lagerhalle für das geruchsintensive Roh-Naphtalin am neuen Standort Waldhof
1910
StadtA MA - ISG
(7/2012 Nr. 236)

Walter Spannagel und Harald Stockert

Abb. 4
Gesamtansicht der Chemischen Fabrik Weyl GmbH auf dem Waldhof
Um 1930
StadtA MA - ISG (A 9/493,23)

Werksfeuerwehren der Weyl AG sowie der benachbarten Unternehmen Boehringer und Zellstofffabrik, unterstützt von einem Feuerlöschboot auf dem Altrhein, benötigten mehr als zwei Stunden, um die Flammen zu löschen. Die Eindämmung sämtlicher Glutnester in der ausgebrannten Werkshalle dauerte bis zum frühen Abend an.[4] (Abb. 4)

Während des Zweiten Weltkriegs richteten Luftangriffe große Verwüstungen auf dem Werksgelände an, die auch den laufenden Betrieb beeinträchtigten. Bei Kriegsende war das Werk zu 60 Prozent zerstört. Mitarbeiter, die zum Kriegsdienst eingezogen wurden, ersetzte man durch Kriegsgefangene und Zwangsarbeiter. So beschäftigte das Unternehmen zum 31. Mai 1943 laut betriebseigener Statistik 33 deutsche Angestellte, 86 deutsche Arbeiter sowie 19 „Ausländer" (vier französische Kriegsgefangene, 14 Italiener und einen Bulgaren). Weitere Statistiken aus der Kriegszeit sind nicht überliefert; es ist jedoch davon auszugehen, dass nach 1943 noch weitaus mehr Zwangsarbeiter eingesetzt wurden.

Unternehmensgeschichte aus der Sicht des Betriebsrats

Nach Erteilung der Produktionsgenehmigung durch die amerikanische Militärregierung mit Erlass vom 30. November 1945 gelang es den Verantwortlichen sowie der Mitarbeiterschaft, durch kurzfristige Änderung der Betriebsverfahren die Produktion wieder in Gang zu bringen. Die bei Weyl aus Rohteer gewonnenen Produkte waren für die gesamte amerikanische Zone von Bedeutung. Der produzierte Teer diente der Herstellung von Straßenteer und damit dem Wiederaufbau der zerstörten Verkehrsinfrastruktur. Darüber hinaus fand er in der Dachpappen-Industrie und bei der behelfsmäßigen Instandsetzung von Wohnungen Verwendung. Entsprechend groß fiel die Nachfrage nach den Weyl'schen Produkten aus. 1946 war das Werk – der einzige Groß-Destillationsbetrieb der amerikanischen Zone – in seinen Hauptteilen wieder weitgehend betriebsbereit. Trotzdem sah sich das Unternehmen am 9. Januar 1946 aufgrund des Gesetzes Nr. 52 „Sperre und Kontrolle von Vermögen" für zwei Monate stillgelegt. Grund waren die Maßnahmen zur Entnazifizierung der Betriebsführung. Letztlich jedoch konnten mit Friedrich Croy als Werksleiter sowie Vorstand Karl Friedrich Lang Ende August 1947 Teile der alten Führung am Ruder bleiben. Mit Schreiben vom 23. September 1948 erfolgte schließlich die Aufhebung der von den Alliierten dekretierten Kontrolle des Betriebsvermögens.

In der Nachkriegszeit und den frühen Jahren der Bundesrepublik durchlebte die Firma Weyl in Mannheim einen neuen wirtschaftlichen Aufschwung. Diese Entwicklung spiegelt sich in den offiziellen Geschäftsberichten, vor allem aber auch in den Aufzeichnungen des Betriebsrats wider. Anders als die Unterlagen der Geschäftsführung haben sich jene der Mitarbeitervertretung fast komplett erhalten. Dies ist einzigartig für die Überlieferung im Stadtarchiv Mannheim - ISG. Verhandlungen mit der Geschäftsführung etwa um Löhne oder Arbeitszeitverkürzungen sind hier ebenso dokumentiert wie das Gemeinschaftsleben der Weyl-Belegschaft. Berichte über „Betriebsstörungen" und Unfälle erscheinen hier deutlich unverfälschter und in einem anderen Licht als etwa in der Presse. Auch sind die Reaktionen des Betriebsrats auf Umstrukturierungen der Abläufe, Organisationsänderungen wie auch auf die fast zyklisch durchgeführten Sparprogramme der Geschäftsführung nachzuvollziehen, die meist zu Lasten der Belegschaft gingen. Denn die wirtschaftliche Entwicklung des Unternehmens entsprach der des Landes und war somit geprägt von Boomzeiten voller Optimismus, aber auch tiefen Krisen (Abb. 5).

Nicht zuletzt aufgrund der Berlinkrise verlegten die Eigentümer 1948/49 das Holzschutzlabor der Rütgerswerke von der ehemaligen Reichshauptstadt nach Mannheim. Hieraus sollte sich bald ein neuer Fabrikationszweig entwickeln. Bereits 1949 wurde in der neuen Abteilung „Holz- und Feuerschutzmittel" die Fertigung von Holzschutzmitteln und Holzschutzfarben aufgenommen. Recht geschickt reagierte die Geschäftsführung auf den sich abzeichnenden Umsatzrückgang von Rohteer. Lokale Gaswerke fielen seit den 1950er Jahren zunehmend als Käufer aus, da sie im Zuge des Ausbaus des Erdgas-Verbundnetzes obsolet und daher auch meist geschlossen wurden. Entsprechend setzte Weyl verstärkt auf die Veredelung der Teerinhaltsstoffe. 1957 erfolgte die Gründung der Abteilung „Organische Zwischenprodukte", die dann im Jahr 1963 die Produktion aufnahm. In den Folgejahren wurde dieser Zweig durch die Errichtung neuer Anlagen ständig erweitert, sodass ab 1968 die zuvor in den Rütgerswerken hergestellten organischen Zwischenprodukte nunmehr im Werk Mannheim produziert wurden. Diese dienten zur Herstellung von Pharmazeutika, Kosmetika, Kunst- und Farbstoffen sowie Pflanzenschutzmitteln, darunter das Schädlingsbekämpfungsmittel „Gammexan" (Hexachlorcyclohexan). Eine weitere Diversifizierung sollte von der 1955 erfolgten Gründung der Tochterfirma „Thiokol GmbH" der Rütgerswerke auf dem Mannheimer Werksgelände ausgehen. Aufgabe des Unternehmens waren Vertrieb und anwendungstechnische Beratung für dauerelastische Dichtungsmassen auf synthetischer Kautschukbasis, die etwa im Betonfertigteilbau, im Flugzeug- und Schiffsbau und für Isolierglasscheiben benötigt werden.

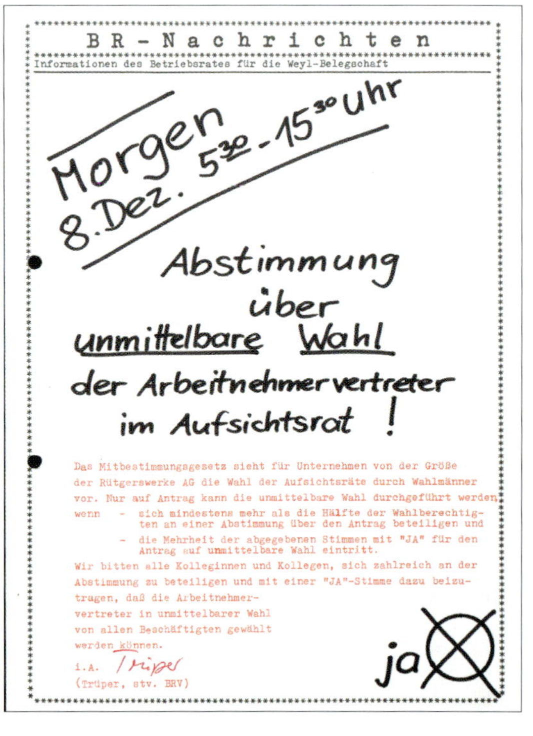
BR - Nachrichten
Informationen des Betriebsrates für die Weyl-Belegschaft

Morgen 8. Dez. 5³⁰ - 15³⁰ Uhr

Abstimmung über unmittelbare Wahl der Arbeitnehmervertreter im Aufsichtsrat !

Das Mitbestimmungsgesetz sieht für Unternehmen von der Größe der Rütgerswerke AG die Wahl der Aufsichtsräte durch Wahlmänner vor. Nur auf Antrag kann die unmittelbare Wahl durchgeführt werden, wenn
- sich mindestens mehr als die Hälfte der Wahlberechtigten an einer Abstimmung über den Antrag beteiligen und
- die Mehrheit der abgegebenen Stimmen mit "JA" für den Antrag auf unmittelbare Wahl eintritt.

Wir bitten alle Kolleginnen und Kollegen, sich zahlreich an der Abstimmung zu beteiligen und mit einer "JA"-Stimme dazu beizutragen, daß die Arbeitnehmervertreter in unmittelbarer Wahl von allen Beschäftigten gewählt werden können.

i.A. Trüper
(Trüper, stv. BRV)

ja

Abb. 5
Unternehmensgeschichte aus dem Blickwinkel des Betriebsrats
Hier: Aufruf zu den Aufsichtsratswahlen 1987
StadtA MA - ISG (7/2012 Nr. 52)

Auch im Stadtteil Waldhof sollte die Firma das alte Problem der Umweltverschmutzung einholen. Die industrielle Umgebung und das Fehlen direkter Anwohner hatten hier lange Zeit einen recht lockeren Umgang mit diesen Fragen ermöglicht. In Zeiten eines geänderten Umweltbewusstseins und damit einhergehender behördlicher Auflagen war man zum Handeln gezwungen. So investierte die Firma, wie sie vorauseilend mitteilte, zwischen 1972 und 1977 rund 2,25 Mio. DM für Umweltschutzmaßnahmen.[5] Dazu gehörten etwa die Verringerung der Schadstoffe in den Firmenabwässern und die Ableitung in die städtische Kläranlage. Der Bezug von Dampf aus dem Doppelheizkraftwerk Friesenheimer Insel und die Stilllegung des betriebseigenen Kesselhauses dienten der verstärkten Luftreinhaltung und der Reduzierung der Schwefeldioxid-Emission um 50 Prozent – was allerdings einen nach wie vor hohen Schadstoffausstoß bedeutete.

In den späten 1970er und 1980er Jahren stellten die allgemeine Rezession sowie der wirtschaftliche Strukturwandel die Weyl GmbH innerhalb des Rütgers-Konzerns vor zunehmend größere Herausforderungen. Als Konsequenz musste unter anderem 1988 der älteste Betriebsteil, die Teerdestillation, stillgelegt werden. Mehr als 70 von zuletzt 420 Arbeitsplätzen gingen dadurch verloren. Die Neuausrichtung des Unternehmens zeigte sich nicht zuletzt in der Errichtung eines neuen Forschungszentrums, womit die Weyl Chemie „weiter auf Innovation [setzt] und [...] gleichzeitig auf die gestiegenen Anforderungen an Qualität und Umweltverträglichkeit seiner Produkte [reagiert]", wie der Mannheimer Morgen vom 14. April 1992 den Geschäftsführer Dr. Hans Werner Kleffner zitierte. Doch auch wenn die Firma in den Medien zuweilen als „High Tech-Unternehmen" gefeiert wurde[6], so wurde ihr Bild doch immer wieder überschattet von Unfällen, die sich mehrfach in den 1990er Jahren ereigneten und Mitarbeiter (1991: ein Toter), Umgebung und Umwelt in Mitleidenschaft zogen.

Diverse Umstrukturierungen innerhalb des Rütgers-Konzerns in den folgenden Jahren machten bald deutlich, dass die Feinchemie und mit ihr die Mannheimer Fabrik in den frühen 2000er Jahren vom Strukturwandel, einhergehend mit einer rezessiven Wirtschaftsentwicklung, schwer betroffen waren. Der Abbau von Arbeitsplätzen war die Folge. 2005, und damit genau hundert Jahre nach dem Einstieg bei Weyl, verkaufte die Rütgers Chemical AG ihre Anteile an die International Chemical Inverstors GmbH. Dem Standort Mannheim sollte dies jedoch nur kurzzeitig Entlastung verschaffen. Bereits wenige Jahre nach dem Einstieg musste die WP Mannheim GmbH, wie die Weyl GmbH zuletzt hieß, 2011 Insolvenz anmelden. Auch diese traurige Entwicklung in den letzten Jahren der Traditionsfirma Weyl lässt sich anhand der überlieferten Unterlagen des Betriebsrats nachzeichnen. Die bis zuletzt gehegte Hoffnung auf einen neuen Investor und eine Fortführung des Werks erfüllte sich leider nicht.[7] Dies führte dazu, dass Ende 2012 die Produktion eingestellt und die zuletzt 80 Mitarbeiter entlassen wurden.

Mit dem Abbau der Anlagen und dem Verkauf des Grundstücks verloren sich die eindrücklichsten Spuren der einstigen Vorzeigefirma. Zwar wird der Name Weyl in der Unternehmensbezeichnung WeylChem Group für die Feinchemiesparte des ehemaligen Eigentümers International Chemical Investors GmbH bis heute geführt, ohne freilich länger einen Bezug zum Gründungsstandort zu haben. In Mannheim verbleiben neben der Weyl-Straße im Stadtteil Wohlgelegen in erster Linie viele persönliche Erinnerungen der ehemaligen Mitarbeiterinnen und Mitarbeiter sowie nicht zuletzt das papierne, kollektive Gedächtnis der Firma, verwahrt und einsehbar im Stadtarchiv Mannheim - ISG.

Abb. 6
Anlage zur Herstellung von Naphthalsäureanhydrid in Mannheim Geschäftsbericht der Rütgerswerke AG 1986 StadtA MA - ISG (7/2012 Nr. 285)

1 Schreiben in Stadtarchiv Mannheim - ISG, Chemische Fabrik Weyl, Zug. 7/2012, Nr. 6. Die Überlieferung der frühen Jahre des Unternehmens findet sich als eigene, von der Firma zusammengestellte und teils mit Originalen befüllte Dokumentation in den Nr. 1 bis 12 des Firmenarchivs. – Zur Geschichte der Firma Weyl vgl. Rütgers Chemicals AG (Hrsg.): Die Standorte der Rütgers Chemicals AG. Castrop-Rauxel 2004; Reiner F. Oelsner: Kurzer historischer Abriss zur Teerdestillation 1877 bis 1988. Teil der Fotodokumentation Weyl GmbH Mannheim, Nov. 1995. LTA-Forschung. Reihe des Landesmuseums für Technik und Arbeit in Mannheim, Heft 23/1997.

2 Mannheim in Vergangenheit und Gegenwart, hrsg. vom Statistischen Amt. Band 3: Mannheim seit der Gründung des Reiches 1871-1907. Mannheim 1907, S. 345ff.

3 Zum Folgenden vgl. die Artikel in Stadtarchiv Mannheim - ISG, Zeitgeschichtliche Sammlung, S 2/1229.

4 Betriebsbericht von 1943 in Stadtarchiv Mannheim - ISG, Chemische Fabrik Weyl, Zug. 7/2012 Nr. 9.

5 Artikel in: Die Wirtschaft 6/1977 in Stadtarchiv Mannheim - ISG, Chemische Fabrik Weyl, Zug. 7/2012 Nr. 4.

6 Mannheimer Morgen 7.4.1994 in Stadtarchiv Mannheim - ISG, Zeitgeschichtliche Sammlung, S2/1229.

7 Aufgrund der Schutzfristen sind diese Unterlagen erst ab 2040/41 frei einsehbar. Zum Ende der Firma vgl. daher http://www.process.vogel.de/wp-mannheim-stellt-produktion-endgueltig-ein-a-344517 (Stand 2.8.2017).

Anne Kremer

„Die Memelländer nach Kräften zu unterstützen"
Das Mannheimer Memellandbüro[1]

Ende 1953 gründete die Stadt Mannheim das sogenannte Memellandbüro für die Betreuung eines speziellen Teils der damals aufzunehmenden Zuwanderer, der Memelländer. Diese gehörten zu den schätzungsweise 7,9 Millionen Vertriebenen aus den ehemaligen Ostgebieten und Flüchtlingen aus der SBZ/DDR, die nach dem Ende des Zweiten Weltkrieges im Gebiet der späteren BRD eintrafen. Deren Aufnahme, Versorgung und Eingliederung wurde zu Beginn der 1950er Jahre „als eines der gravierendsten Strukturprobleme der deutschen Nachkriegsgeschichte" angesehen.[2]

Mit dem Memellandbüro entstand nun in Mannheim eine ungewöhnliche Behördeneinheit, die ausschließlich für die Belange einer spezifischen Zuwanderergruppe zuständig sein sollte und so als eine Besonderheit in der städtischen Praxis der Vertriebenen- und Flüchtlingsintegration in der Nachkriegszeit gelten kann.

Nichtsdestotrotz hatte der Mannheimer Stadtrat und stellvertretende Leiter des Wohnungsamtes Karl Mayer schon im Juni 1949 konstatiert, „daß er ausdrücklich den Namen Flüchtling ablehnt. Das Gesetz schreibt vor, dass die Leute solange als Flüchtling behandelt werden, bis sie restlos in die Bevölkerung eingegliedert sind. Mannheim hat [daher] keine Flüchtlinge."[3] Umso verwunderlicher erscheint es, dass das Memellandbüro trotzdem bis 1970 bestand. Denn, konform mit der Maxime Mayers, wurde in Mannheim das Engagement für die Zuwanderer insgesamt unter primär wirtschaftspolitischen Bewertungskriterien auf ein Minimum begrenzt. Entsprechend lag ihr Bevölkerungsanteil dort lange unter dem baden-württembergischen wie bundesweiten Durchschnitt.[4] Auch wegen der prekären Situation der Stadt nach Kriegsende und einem fehlenden Problembewusstsein wurde die Betreuung der neuen Bürger von städtischer Seite her lange eher stiefmütterlich behandelt. Ausgeglichen wurde dies nur durch die Bemühungen Einzelner, besonders der als Selbsthilfeorganisation gegründeten „Flüchtlingsvereinigung Mannheim".[5]

Dieser Artikel geht daher auch der Frage nach, wieso ausgerechnet für die Gruppe der Memelländer in Mannheim eine Ausnahme gemacht wurde. Darüber hinaus wurde untersucht, wie sich die Einrichtung und Arbeit des Memellandbüros auf deren Situation auswirkte und inwiefern den Memelländern dadurch zu einer gewissen Sonderrolle und Privilegierung durch die Stadt verholfen wurde.

Antworten auf diese Fragestellungen liefert der dem Stadtarchiv Mannheim 1978 übergebene und dort erhaltene geschlossene Aktenbestand des Memellandbüros. Dieser besteht aus 37 hauptsächlich thematisch und in sich chronologisch geordneten Akten, die großteils Briefverkehr und Aktenverweise enthalten. Aufgrund des reichen Umfangs des Memellandbüro-Bestandes soll in dieser Betrachtung eine vor allem zeitliche Schwerpunktsetzung auf die ersten zehn Jahre des Büros gelegt werden, in denen noch weniger die Belange der Spätaussiedler als die der Vertriebenen und SBZ-Flüchtlinge im Mittelpunkt standen.[6]

Eine Patenschaft für die Memelländer

Wie Hanspeter Rings bereits dargelegt hat, reichen die Wurzeln einer gewissen Sonderstellung der Memelländer für und in Mannheim bis in die Zeit des Ersten Weltkrieges zurück. Denn 1916 wurde zur Unterstützung der stark kriegsgeschädigten ostpreußischen Region der „Kriegshilfsverein Baden für den Kreis Memel" mit Sitz in Mannheim gegründet.[7]

Auf Bestreben von Vertriebenenvertretern aus den Reihen der 1948 gegründeten Heimatorganisation „Arbeitsgemeinschaft der Memelländer" (AdM) und der Zeitschrift „Memeler Dampfboot" wurde diese Verbindung in Folge des Zweiten Weltkrieges als „Patenschaft für die Memelländer" 1953, ausgeweitet auf das gesamte Memelgebiet und alle seine aktuellen und ehemaligen Bewohner, wieder zum Leben erweckt.[8] Die Patenschaft, so betonte es Oberbürgermeister Dr. Herrmann Heimerich, sei „jetzt weniger von wirtschaftlicher, sondern moralischer Bedeutung". Auch die Patenschaftsurkunde (Abb. 1) hob hervor, dass die besonders gegenüber den heimatvertriebenen Memelländern empfundene „enge Verbundenheit" gerade darin zum Ausdruck zu kommen habe, dass Mannheim „für sie ein neuer geistiger und kultureller Sammelpunkt werden" solle.[9]

Die Memelländer erhofften sich im Zuge der wiederbelebten Patenschaft eine eindeutige Bevorzugung gegenüber dem großen Rest der Vertriebenen und Flüchtlinge in Mannheim und bundesweit. Wegen des unerwartet großen Andrangs sah sich die Stadt daher schon kurz darauf gezwungen, ihre selbstauferlegten patenschaftlichen Verpflichtungen konkret in die Tat umzusetzen. So wurde als erster Schritt am 1. Oktober 1953 von der Stadtverwaltung die „Einrichtung eines besonderen Memellandbüros bei Referat I Abt. J" beschlossen.[10]

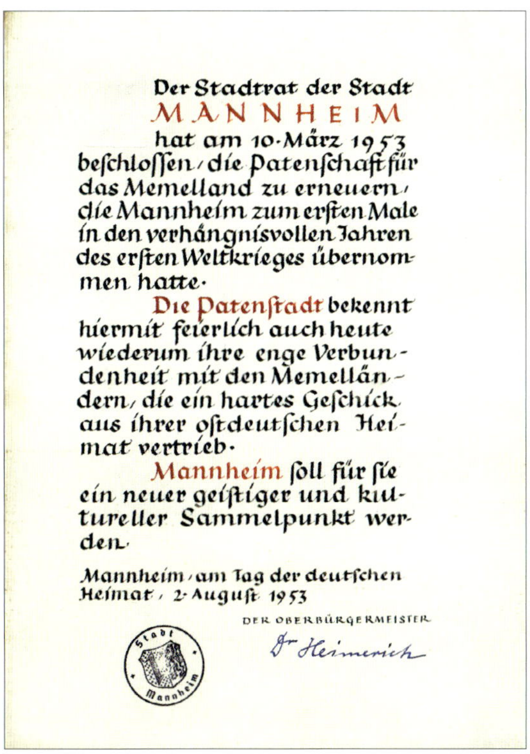

Der Stadtrat der Stadt
MANNHEIM
hat am 10. März 1953
beſchloſſen, die Patenſchaft für das Memelland zu erneuern, die Mannheim zum erſten Male in den verhängnisvollen Jahren des erſten Weltkrieges übernommen hatte.
Die Patenſtadt bekennt hiermit feierlich auch heute wiederum ihre enge Verbundenheit mit den Memelländern, die ein hartes Geſchick aus ihrer oſtdeutſchen Heimat vertrieb.
Mannheim ſoll für ſie ein neuer geiſtiger und kultureller Sammelpunkt werden.

Mannheim, am Tag der deutſchen Heimat, 2. Auguſt 1953

DER OBERBÜRGERMEISTER
Dr Heimerich

Abb. 1
Die Urkunde über die 1953 wiederbelebte Patenschaft Mannheims für das Memellandgebiet, die auch den Grundstein für die Einrichtung des Memellandbüros legte.
StadtA MA - ISG, Memelsammlung, 22/2010_00044

Organisation und Zielsetzung des Memellandbüros

Die Leitung der dem Hauptamt untergeordneten Dienstelle wurde dem aus der Sowjetzone geflüchteten 59-jährigen Memeler Polizeirat zur Wiederverwendung Richard Steinwender übertragen.[11] Nach dessen (plötzlichem) Tod Mitte Mai 1954 übernahm der ebenfalls bei der Stadt Memel tätig gewesene Wilhelm Preuß ab 1. September 1954 dieses Amt.[12] Als dieser krankheitshalber am 1. Februar 1970 mit 75 Jahren zurücktrat, wurde das Memellandbüro vom Hauptamt und seinem Leiter Curt Basel de facto aufgelöst, weil man „kein[en] geeignete[n] Nachfolger" gefunden habe.[13]

Das Büro, das zugleich als öffentliche Anlaufstelle im Rathaus saß,[14] wurde über die Zeit hinweg von Steinwender und Preuß in rein „ehrenamtliche[r] Tätigkeit" betrieben.[15] Unterstützt wurde es lediglich ab 1954 durch eine von Steinwender beim Hauptamt eingeforderte Schreibkraft.[16]

Obwohl nach Zielvorgabe der Stadt die Patenschaft eigentlich primär von einem „ideellen Charakter" geprägt sein sollte, scheint das Memellandbüro vor allem „für die administrativen Belange der Vertriebenen" gegründet worden zu sein.[17] Entsprechend wurde im Mannheimer Amtsblatt festgestellt, dass diese Abteilung vor allem als Hauptträger der „Hilfeleistungen" der Patenstadt gedient habe.[18] Das Büro selbst klärte auf, dass es bei jeglichen Fragen bezüglich der Memelländer, für „alle bei der Stadtverwaltung eingehenden Gesuche, Anträge und sonstige sich aus der Patenschaft ergebenden Angelegenheiten" zuständig sei, die man in Abstimmung mit der AdM bearbeiten und falls nötig zum „zuständigen Fachreferat bzw. den in Betracht kommenden Ämtern" weiterleiten würde.[19]

Die Arbeit des Memellandbüros

Gerade in den Anfangsjahren standen so letztlich „vielfach praktische Fragen im Vordergrund", die erst allmählich Mitte der 1960er Jahre hinter das Wirken des Büros als „kultureller Mittelpunkt" der memelländischen Diaspora zurücktraten.[20] Anhand der Akten des Memellandbüros lassen sich insgesamt sechs Themenschwerpunkte in dessen Arbeit identifizieren, deren Gewichtung sich jedoch dementsprechend im Laufe der Jahre deutlich veränderte.

Ansiedlung von Memelländern in Mannheim

Mit Indienstnahme des Memellandbüros war sein größtes und drängendstes Aufgabenfeld die Bearbeitung und Unterstützung von Umsiedlungsanträgen.[21] Denn schon vor dessen Errichtung erreichten die Stadt deutlich mehr Umsiedlungsanfragen als erwartet von Memelländern aus dem Umkreis und weiter her, die meist im „Memeler Dampfboot" von der Patenschaft gelesen hatten und nun ganz konkret Bezug auf diese nahmen.[22]

Anfangs verkündete auch von städtischer Seite beispielsweise Oberverwaltungsrat Dr. Hahn vom Hauptamt, dass man „so viel wie möglich Memelländer nach hier hereinnehmen [wolle,] auch wenn kein zwingender Grund für die Umsiedlung vorliegt, sondern nur der Wunsch besteht, in Mannheim anzusiedeln".[23]

Weil man aber für diese Zuwanderer nicht extra Wohnraum schaffen wollte, beschränkte man sich dann doch lediglich darauf, zum einen das Regierungspräsidium Nordbaden in Karlsruhe bzw. das Ministerium für Heimatvertriebene und Kriegsgeschädigte Baden-Württemberg in Stuttgart zu bitten, bei der behördlichen Außen- und Binnenumsiedlung der Vertriebenen für eine entsprechende Berücksichtigung der Memelländer innerhalb der vorgegeben Kontingente für Mannheim zu sorgen.[24] Ebenso wurde eine derartige Bevorzugung für die Aufnahme der SBZ-Flüchtlinge erreicht, so dass als erstes bereits am 7. September 1953 zehn politische Flüchtlinge aus dem Gebiet der DDR in der Rhein-Neckar-Metropole aufgenommen wurden.[25] Noch im selben Jahr wurde dieser Vorzug dank Steinwender ebenfalls auf die Ansiedlung von „Memelländern aus der Landbevölkerung" in der Mannheimer Umgebung ausgeweitet.[26] Ab Mai 1954 galt er dann auch für die Einweisung der sogenannten 131er aus dem Memelkreis durch das Stuttgarter Ministerium. Diese gehörten zu den ehemaligen Beamten, die bei den Entnazifizierungsverfahren nicht als Hauptschuldige oder Belastete eingestuft worden waren und deshalb nach Art. 131 GG wieder für den öffentlichen Dienst zugelassen wurden. Im Stadt- und Landkreis von Mannheim sollten sie bevorzugt aufgenommen werden, wenn ihre „Wiederverwendung" bzw. ihr Lebensunterhalt gesichert sei.[27]

Unschwer ist spätestens hier zu erkennen, dass auch für die Memelländer, ebenso wie für alle anderen Ansiedlungswilligen, der Zuzug nicht grenzenlos genehmigt wurde. Denn zum einen hielt man sich an die Begrenzung durch die bundesweit vorgeschriebenen Kontingente und die Einschränkung der Außenumsiedlung auf die zu Notstandsgebieten deklarierten Abgabeländer Bayern, Niedersachsen und Schleswig-Holstein.[28] Zum anderen war die faktische Aufnahmebereitschaft der Stadt auch gegenüber den Memelländern nie unumschränkt gewesen. Dies manifestierte sich ab 1954 in deutlich „festeren Normen", die auch dafür sorgen sollten, dass die potentiellen Neubürger in Mannheim mit seinen „relativ hohen Lebenshaltungskosten" und der „inzwischen eingetretenen Arbeitslosigkeit" in der Lage waren, selbstständig ihren Lebensunterhalt zu bestreiten. Da man nicht „gewillt sei, alle Schwierigkeiten aus dem Wege zu räumen und jedem Memelländer, der nach Mannheim will, hier Wohnung und Existenzmöglichkeit zu bieten", versuchte man vorab, die Zuziehenden dem eigenen Bedarf entsprechend auszuwählen und nicht offiziell genehmigten Zuzug zu verhindern.[29]

Bei der Bearbeitung der bei AdM und Stadt eingereichten Umsiedlungsanträge von Memelländern gelang es Steinwender bis Mai 1954, die Erstellung der an die Karlsruher Auswahlkommission weiterzureichenden Vorschlagslisten für sich allein zu beanspruchen.[30] Zusätzlich unterstützte das Büro bis zum Jahre 1955, in dem das Land Baden-Württemberg seine Aufnahmeverpflichtungen erfüllt hatte, auch einzelne Memelländer durch Rat und Tat in Fällen, „in denen eine solche Umsiedlung zweckmäßig erschien".[31]

In einem „Verzeichnis der in Mannheim ansässig gewordenen Memelländer" konnte Preuß so bereits schon am 27. Mai 1955 140 Personen bzw. Haushaltsvorstände erfassen.[32]

Unterstützung bei der Arbeitsbeschaffung

Mit der Ansiedlung von Memelländern in der Zeit vor dem wirtschaftlichen Aufschwung Mannheims gingen trotz einer durchaus restriktiven Auswahlpolitik für das Büro auch „vielfältige Aufgaben der Beschaffung von [...] Arbeitsplätzen" einher.[33] Denn ebenso wie alle anderen Zuwanderer kämpften auch die Memelländer auf dem Arbeitsmarkt mit einer generellen Benachteiligung gegenüber den Einheimischen.[34] Auch aufgrund der steigenden Arbeitslosigkeit kam Preuß 1953 deshalb zu dem Schluss: „Die Möglichkeit, Memelländer [auf dem Arbeitsmarkt] unterzubringen, ist daher nicht so günstig, wie dies von Außenstehenden vielfach angenommen wird".[35]

Das Büro versuchte nichtsdestotrotz zumindest in Einzelfällen entweder durch private Kontakte oder „durch persönliche Vorsprache beim Arbeitsamt Memelländer bei ihrer Arbeitssuche zu unterstützten".[36] Weiterhin pochte es darauf, dass für deren Anträge auf Arbeitsvermittlung immer „durch persönliche Rücksprache mit dem Arbeitsamt Einvernehmen [mit dem Memellandbüro] herbeigeführt" werde. Insofern erfuhren die Memelländer im Vergleich zu den übrigen Zuwanderern, die vorwiegend auf sich allein gestellt waren, eine Sonderbehandlung. Auch weil das Arbeitsamt prinzipiell gewillt gewesen sei, „der Stadt bei der praktischen Gestaltung der übernommenen Patenschaft für die Memelländer zu helfen".[37]

Beispielhaft wird eine Bevorzugung in der Einstellungspraxis des städtischen Personalamts greifbar, als 1954 die Anstellung der sogenannten 131er anstand. So schlug auf Bitte des Personalamtes das Memellandbüro elf beschäftigungslos gewordene Beamte vor, von denen bis 1959 letztlich dann auch acht mit „Vordienstzeiten im Kommunaldienst des Memelgebietes" eingestellt wurden.[38] Überdies hinaus konnten bei der Stadt „eine ganze Reihe von Memelländern tätig" werden, laut Aufstellungen des Memellandbüros bis 1961 bzw. 1962 insgesamt an die 25 bzw. 34 „als Arbeiter, Angestellte oder Beamte".[39]

Bemühungen um ausreichend Wohnraum

Im Gegensatz zu den Beschäftigungsangelegenheiten blieb die Wohnraumversorgung auch in späteren Jahren ein wichtiger Punkt in der Arbeit des Memellandbüros, was vermutlich auch dem Umstand geschuldet war, dass generell das Wohnraumangebot nach Kriegsende in Mannheim äußerst knapp war und besonders für die Vertriebenen sich erst allmählich mit dem sozialen Wohnungsbau in den 1950er Jahren besserte.[40]

Hilfe benötigten die Zuwanderer vor allem abhängig von ihrem Zuzugszeitpunkt.[41] Ein großer Teil der heimatvertriebenen Memelländer gelangte erst in die Stadt, als die Wohnungsbauprogramme bereits angelaufen waren, weshalb die Memelländer aus der Außenumsiedlung in Mannheim problemlos „in der Mehrzahl Wohnungen erhalten [konnten], die aus Bundesmitteln für diesen Zweck gebaut wurden, so die Wohnungen in der Stengelhofstraße, Zellerstraße und am Dänischen Tisch".[42]

So lehnte Steinwender letztlich auch 1954 die an ihn herangetragene Idee einer „Memeler Wohnungsbau-Genossenschaft" ab, die in Mannheim schwedische Holzhäuser für die Memelländer erbauen sollte. Ihm erschien deren Mehrwert doch schnell fraglich, da die Memelländer „im Rahmen einer bereits bestehenden gemeinnützigen Baugesellschaft auch alle Vorteile aus der Patenschaft in Anspruch nehmen und dazu noch günstiger zu Eigenheimen kommen könnten".[43]

Lieber versuchte Steinwender schon 1953 auch denjenigen, die von den speziellen Bauprogrammen noch nicht profitiert hatten, durch Informationen über ihre Möglichkeiten zur Wohnungsbeschaffung, zum Beispiel über den Lastenausgleich oder über Baukostenzuschüsse, zu helfen.[44] Das Memellandbüro bemühte sich vor allem auch in einzelnen Fällen gerade unter den vielen Flüchtlingen, die noch in den Lagern in Feudenheim oder der Lüttichkaserne unter besonders schlechten Umständen lebten. Um ihnen zu „ausreichend Wohnraum" zu verhelfen, fragte man hartnäckig bei den entsprechenden Stellen, überwiegend also dem Wohlfahrtsamt, nach und überprüfte vor Ort die Unterbringung, wo es von Nöten schien.[45]

Dass eine langfristige Abhängigkeit vom Zuwanderungszeitpunkt auch für die Memelländer bestand und zusätzlich später noch viele memelländische Spätaussiedler nachzogen, wird letztlich auch deutlich, wenn nach Preuß 1961 noch immer Memelländer „in Wohnheimen" lebten, die allerdings, wenn es nach ihm ginge, schon bald „je nach der Fertigstellung der hierfür bestimmten Wohnungen endgültig untergebracht" werden sollten.[46]

Beraten und Informieren

Generell fungierte das Memellandbüro durch sein gesamtes Bestehen hindurch immer auch als Beratungsstelle, die vielfältige Informationen sammelte und beispielsweise Auskünfte zur Vermisstensuche oder Finanzdingen erteilte. Hierbei ähnelte sie durchaus der „Flüchtlingsvereinigung Mannheim", die jedoch für eine viel größere Betroffenengruppe zuständig war.[47]

So konnte man zum Beispiel gemeinsam mit der AdM vielen Memelländern, die noch in den 1950er Jahren auf der Suche nach verloren gegangenen Kontakten und Angehörigen waren, „anhand der dort geführten Heimatkartei [über Memelländer in aller Welt] wertvolle Hilfe leisten".[48]

Auch legte das Büro selbst eine Art Anwohnerkartei über Memelländer in Mannheim und Umgebung an, die darüber hinaus vom Büro „für Zwecke der Statistik" genutzt wurde und vor allem, um „allen Landsleuten von patenschaftlichen Dingen, die sie interessieren, Kenntnis geben und sie zu den Veranstaltungen der Memellandgruppe und der Gruppe der Landsmannschaft Ostpreußen in Mannheim einladen zu können".[49]

Nach der Reform der Rentenversicherung 1957 war das Büro dann zunehmend auch auf der Suche nach „Zeugen für frühere Beschäftigungen" von Privatpersonen aus ganz Deutschland, speziell für die Zugehörigkeit zum öffentlichen Dienst in Memel und die entsprechende „Besoldungs- bezw. Vergütungsgruppe". So habe man vielen „zur Wiedererlangung ihrer Rechte aus diesen früheren Diensten verholfen"[50] und ebenso Versorgungskassen bei der Nachprüfung gemachter Angaben durch eidesstattliche Erklärungen unterstützt.[51]

Von Anfang an stand das Büro darüber hinaus deutschlandweit auch bei der Klärung von „Erbschaftsangelegenheiten"[52] oder beim Nachweis bzw. der Kontrolle von Versorgungs- oder Entschädigungsansprüchen wie aus der Hausratshilfe zur Seite.[53]

Aber auch eher allgemeinere Anfragen, wie zur alten Heimat, zu Veranstaltungen oder Publikationen, wurden vom Memellandbüro bearbeitet. So bedankte sich 1963 ein Memelländer, weil Preuß durch seine Auskünfte für dessen Familiengeschichte „so oft in netter und selbstloser Weise geholfen" habe.[54]

Verbands- und Kulturarbeit

Die Memelländer waren wohl die einzigen Vertriebenen, die durch die Rhein-Neckar-Stadt in ihrer Verbandsarbeit und bei der Kulturpflege aktiv unterstützt wurden, begründet gerade durch die eigentliche patenschaftliche Zielsetzung als geistiger und kultureller Mittelpunkt.[55]

Als Patenschaftsverpflichtung wurde der Kontakt mit den Vertriebenenverbänden und -gruppen durch die Stadt von Anfang an auch unabhängig vom Memellandbüro gepflegt, was unter anderem in einem „beachtlichen jährlichen Zuschuß" für die AdM zum Ausdruck kam.[56]

Weiterhin trug die Stadt auch zu kulturellen und geselligen Veranstaltungen der Memelländer bei. Herausragend – unter Führung des Hauptamtes – zum alle zwei Jahre stattfindenden Bundestreffen der AdM in Mannheim (Abb. 2), „bei dem sich die Memelländer im Bewußtsein ihrer heimatlichen Tradition zur Stärkung ihres Zusammenhalts mit

Abb. 2
Am 2. August 1953 fand das erste der im Zwei-JahresTurnus von Hauptamt und Memellandbüro organisierten Memellandtreffen im Mannheimer Rosengarten statt.
StadtA MA - ISG, AB 00007-006.

Abb. 3
Der 1961 eingeweihte Memelgedenkstein am Ufer des Rheins
StadtA MA - ISG, KF 041778.

den Bürgern der Patenstadt zusammenfinden" sollten.[57] Öffentlichkeitswirksam wurde dieses auch für repräsentative Gesten, wie 1961 die Einweihung eines Memelgedenksteines am Rheinufer (Abb. 3), genutzt.[58]

Für die Verbandsarbeit des Memellandbüros legte die Stadt Wert darauf, dass sich diese speziell auf die 1953 als Ortsgruppe der AdM gegründete Memellandgruppe Mannheim fokussierte.[59] Dementsprechend begleiteten Steinwender und Preuß deren vielfältige Zusammenkünfte und standen diesen in organisatorischen Dingen bei.[60] Neben der AdM wurde weiterhin die örtliche Memellandgruppe immer wieder von der Stadtverwaltung mit Geldbeträgen bedacht, außerplanmäßig für beispielsweise einen Lichtbildvortrag genauso wie regelmäßig mit den in den 1950ern institutionalisierten Weihnachtsspenden an die Memellandgruppe und ihre Mitglieder.[61]

Der Leiter des Memellandbüros erfüllte auch repräsentative Funktionen bei landes- und bundesweiten Memellandtreffen, wobei in der Vielzahl der Fälle Einladungen „als Vertreter [und Ansprechpartner] der Stadt Mannheim" wohl hauptsächlich aus Kostengründen ausgeschlagen worden waren.[62]

Das Büro sorgte zusätzlich dafür, dass bei entsprechender Kenntnis Memelländern durch das Hauptamt im Namen des Bürgermeisters zu Ehrentagen gratuliert wurde.[63] Gleichermaßen schien man auch regelmäßig an Trauerfeiern für Mannheimer Memelländer teilgenommen zu haben.[64]

Karitative Hilfe

Neben den Zuwendungen an die Mannheimer Memellandgruppe versuchte das Büro auch punktuell „in besonderen Fällen" die Nöte der Memelländer zu verringern. Mehrheitlich geschah dies durch kleinere Unterstützungen wie „eine Ausbildungsbeihilfe, ein Zuschuß zur Weihnachtsfeier oder zur Veranstaltung einer Singgruppe".[65]

Regelmäßig half man unter anderem von 1953 bis 1966 dem Roten Kreuz bei der Verschickung der sogenannten Liebesgabenpakete mit „Nahrungs- und Genußmitteln" in die DDR und sorgte dafür, dass beispielsweise 1954 auch 171 Pakete „für bedürftige Memelländer" dabei waren.[66]

Zusätzlich kooperierte man durch die Zahlung der Verpackungs- und Portokosten unter anderem 1954 mit der „Flüchtlingsvereinigung Mannheim", die „aus amerikanischen Beständen" circa 2.200 Lebensmittelpakete in die Ostzone schickte. Auch hier sorgte man wiederum dafür, dass auch an die 299 bedürftige Memelländer bedacht wurden, die nicht vom Roten Kreuz berücksichtigt worden waren.[67]

Auch an mittellose Memelländer in Mannheim verteilte das Büro von 1966 bis 1969 „anläßlich des Weihnachtsfestes Lebensmittelpakete".[68]

Laut Berichten seien in den ersten zehn Jahren auch auf Kosten der Stadt „im Rahmen des Hilfswerks Berlin memelländische [in Mannheim wohnende, erholungsbedürftige] Kinder [...] in einem Kinderheim der Stadt Mannheim in Neckargemünd untergebracht" worden. Leider finden sich zu diesen Aktivitäten aber sonst keine weiteren ausführlichen Informationen in den Akten.[69]

Das Verhältnis des Memellandbüros zu den Vertriebenenvertretern und zur Stadt

Der erhaltene Aktenbestand des Memellandbüros vermittelt den Eindruck, dass sich die Abteilung, anders als zum Beispiel die entsprechenden Stellen beim Wohnungs- oder Wohlfahrtsamt, eher als Interessensvertretung der Memelländer denn als städtisches Betreuungsorgan betrachtet hatte. Dies wird zum einen erkennbar durch den sehr engen Kontakt mit den „Landsmännern", der auch in sehr freundschaftlichen, offenherzigen und mit Privatem durchmischten Briefwechseln, mit der AdM wie mit anderen Ortsgruppen, zu Tage trat.[70] Genauso wie durch Steinwenders Hilfsbereitschaft, wenn er 1954 der AdM versicherte, dass man alles, was „zur Entlastung der Arbeitsgemeinschaft durch Übernahmearbeit durch das Memellandbüro führen könnte", ausführen würde,[71] oder wenn die Vorstandssitzung der Memellandgruppe Mannheim im Memellandbüro stattfand.[72]

Zum anderen wird dieses Selbstverständnis auch erkennbar in der gerade in den Anfangszeiten recht unverhohlenen Kritik an der Zurückhaltung der Stadt, gerichtet meist an das übergeordnete Hauptamt, das die Anliegen Steinwenders und Preuß´ für deren Geschmack zu sehr blockierte. Zu Problemen führte dabei sicher auch, dass dieses das letzte Wort gerade bei finanziellen Dingen hatte und teilweise wohl auch die Abmachung überging, dass bei Patenschaftsangelegenheiten immer das Memellandbüro Ansprechpartner sein sollte, wenn das Hauptamt entsprechende Gespräche ohne dessen Leiter führte.[73]

Deutlich beklagte sich so auch Steinwender 1954 bezüglich der nicht eingetroffenen Schreibkraft bei Dr. Hahn vom Hauptamt, dass „eine ordnungsmässige Erledigung der mir obliegenden Aufgaben [...] so nicht gewährleistet [sei]. Auf der anderen Seite ist es mir auch peinlich, immer wieder wegen der Schreibkraft vorstellig werden und unter dem Eindruck stehen zu müssen, dass meine Arbeit als unwichtig gewertet wird. Wenn meine Mitarbeit weiterhin gewünscht und erwartet wird, dass dieselbe ordnungsmässig geschieht, dann bitte ich, eine Regelung zu treffen, die mir dies ermöglicht".[74] Auch sein Nachfolger Preuß fand, in Bezug auf die einzustellenden Beamten 1956, dass die Stadt „für die Sache der Patenschaft Mannheim-Memel bisher recht wenig getan. Das meiste was uns gelungen ist, beruht auf unserer Tätigkeit als vermittelnde Stelle, indem wir den Antragstellern geholfen haben, ihre Ansprüche bei anderen Behörden durchzusetzen".[75] Dieses anfangs wohl nicht ganz konfliktfreie Verhältnis schien sich aber im Laufe der Jahre verbessert zu haben, derartige Aussprüche finden sich später nicht mehr. Stattdessen betonte Preuß 1961/1962 in einer öffentlichen

Abb. 4
Der Unterstützer der Patenschaft für die Memelländer, OB Hermann Heimerich (zweiter von rechts), gemeinsam mit dem Vorsitzenden der AdM, Regierungsrat Meyer (zweiter von links) und zwei Memelländern beim Memelland-Treffen 1953
StadtA MA - ISG, Ab 00007-011

Stellungnahme, dass man „bei allen Dienststellen der Stadt Mannheim" immer ein „offene[s] Ohr" gefunden habe und vielgestaltige Bemühungen verwirklicht worden seien – was zumindest darauf schließen lässt, dass man sich mit der Zeit arrangiert hatte.[76]

Eine Sonderposition mit Grenzen

Die Erwartungen, die von den Memelländern 1953 (Abb. 4) an die Stadt herangetragen wurden, waren groß. In vollem Umfang konnte und vielleicht auch wollte man in Mannheim den Memelländern die von ihnen erhoffte Privilegierung nicht zukommen lassen, auch wenn das städtische Memellandbüro einzig und allein für die Verwirklichung der – allerdings begrenzten – Patenschaftsziele eingerichtet worden war.

Was die Akten dieser Abteilung durchweg vermissen lassen, sind Bemühungen, gerade die Mannheimer Memelländer nicht nur landsmannschaftlich zu stärken und sie im zeitgenössischen Sinne durch ausreichende Sicherung der Lebensexistenz zu integrieren bzw. zu assimilieren, sondern sie auch darüber hinaus sozial in das Leben in Mannheim einzubinden. Prinzipiell stellte dies jedoch den Teil der Integration der Zuwanderer dar, der generell am längsten dauerte und der kaum von städtischer Seite konsequent gefördert werden konnte und daher auch nicht verfolgt wurde.

Auch wenn das Memellandbüro den Memelländern sicherlich weder ein unbeschwertes Leben noch eine Sonderrolle im Vergleich zu den Einheimischen verschaffte, so erfuhren sie doch definitiv durch diese Dienststelle der Stadt eine beinahe allumfassende Betreuung und Unterstützung. Dadurch befanden sich die nach Mannheim zugewanderten Memelländer in einer bevorzugten Stellung gegenüber anderen Vertriebenen und Flüchtlingen. Diese mussten meist auf sich gestellt tätig werden, wenn sie die Dinge erreichen wollten, bei denen den Memelländern durch die Stadt Mannheim oft eine wesentliche Hilfestellung gegeben wurde. So war auch die AdM 1985 überzeugt, dass es zwar „im Laufe der Jahrzehnte, beeinflußt durch die politischen Zeitläufe und manche Großwetterlage Wellenbewegungen in diesem Bereich der Zusammenarbeit gegeben [habe]. Insgesamt gesehen, hat die Stadt Mannheim es jedoch immer als ihre Aufgabe betrachtet, als Patenstadt die Memelländer nach Kräften zu unterstützen".[77]

1 AdM 1985, S. 36.

2 Grosser/Schraut 1993, S. 1. Übergreifend Bauerkämper 2008, S. 477 S. 477-485; Beer 2011; Krauss 2008. Die in Anlehnung an das Bundesvertriebenengesetz vom 19.5.1953 meist Vertriebene und (SBZ-)Flüchtlinge genannten, werden in der wissenschaftlichen Literatur häufig zusammengefasst unter dem Begriff der Zuwanderer. Vgl. Lüttinger 1986, S. 21; Müller 1998, S. 4; Grosser 1993, S. 56.

3 Protokoll über die Sitzung des städtischen Flüchtlingsausschusses am 3.6.1949, S. 2, StadtA MA - ISG, Hauptregistratur, Zug. 21/1969, Nr. 340. Vgl. Grosser/Schraut 1993, S. 1. Vgl. zur bundesweiten Narration Müller 1998, S. 455.

4 Vgl. zu den Zahlen: Grosser 1993, S. 62-63; Niederschrift über die Stadtratssitzung am 4.3.1949, S. 1-2 mit Rückseite, StadtA MA - ISG, Amtsbücher, Zug. 1/1900, Nr. 320.

5 Vgl. z.B. generell zu Mannheim in den Nachkriegsjahren: Hübel 2009, S. 422-462. Vgl. Grosser 1993, S. 91-99; StadtA MA - ISG, Dezernatsregistratur, Zug. 3/1981, Nr. 266; Protokoll über die Sitzung des städtischen Flüchtlingsausschusses am 11.7.1951, S. 1, StadtA MA - ISG, Hauptregistratur, Zug. 21/1969, Nr. 340; Die Flüchtlingsvereinigung – der Anwalt der Vertriebenen, Mannheimer Morgen, Nr. 215 vom 15.10.1949.

6 StadtA MA - ISG, Hauptamt/Memellandbüro, Zug. 4/1978, Nr. 1-37. Zur Quellenlage über die Zuwanderer im Südwesten generell vgl. Beer 1994, speziell S. 257-259.

7 Vgl. Bürgerausschussvorlage „Beitritt der Stadt Mannheim zum Kriegshilfsverein Baden für den Kreis Memel", nach Beschluss des Stadtrats vom 16.12.1915, StadtA MA - ISG, Hauptregistratur, Zug. 56/1976, Nr. 499; Rings 2016, S. 6-9; Jacob 1977, S. 62-63; Hubatsch 1963, S. 24-25; Patenschaft Mannheim - Memel. 5. Bundestreffen der Memelkreise, in: Badische Volkszeitung, Nr. 219 vom 22.9.1961; AdM 1985, S. 13-25.

8 Vgl. ebd., S. 30-32; Baumann 1963, S. 28. Vgl. Rings 2016, S. 9; Der Oberbürgermeister, 14.4.1953, StadtA MA - ISG, Hauptamt/Memellandbüro, Zug. 4/1978, Nr. 2; Herzlich willkommen in der Patenstadt, in: Amtsblatt, Nr. 34 vom 11.9.1959; Mannheim, geistiger und kultureller Mittelpunkt der Memelländer, in: Allgemeine Zeitung, Nr. 178 vom 3.8.1953; Memelländer in Mannheim, in: Stuttgarter Nachrichten, Nr. 179 vom 3.8.1953.

9 Urkunde über die erneuerte Patenschaft der Stadt Mannheim für das Memelland vom 2.8.1953, abgebildet in Rings 2016, S. 9. Schrei-

ben vom 22.1. und 27.1.1953, StadtA MA - ISG, Hauptregistratur, Zug. 56/1976, Nr. 499; AdM 1985, S. 31-32.

10 Rundschreiben des Oberverwaltungsrats Hahn an die Referate der Hauptverwaltung und die städt. Dienststellen, 16.1.1954, StadtA MA - ISG, Hauptamt/Memellandbüro, Zug. 4/1978, Nr. 1. Vgl. Baumann 1963, S. 29; Rings 2016, S. 9; AdM 1985, S. 34.

11 Scheinbar hatte die AdM bei der Personalfrage mitgewirkt. Vgl. Aktenverweis Hauptamt, 15.12.1953, StadtA MA - ISG, Hauptamt/Memellandbüro, Zug. 4/1978, Nr. 2; Aktenverweis MB, 30.12.1953, StadtA MA - ISG, Hauptamt/Memellandbüro, Zug. 4/1978, Nr. 9.

12 Vgl. Aktenverweis MB, 16.11.1970, StadtA MA - ISG, Hauptamt/Memellandbüro, Zug. 4/1978, Nr. 1.

13 Aktenverweis MB, 16.1.1970, StadtA MA - ISG, Hauptamt/Memellandbüro, Zug. 4/1978, Nr. 1.Vgl. AdM 1985, S. 34; Baumann 1963, S. 29.

14 Vgl. u.a. Aktenverweis MB, 30.7.1963, StadtA MA - ISG, Hauptamt/Memellandbüro, Zug. 4/1978, Nr. 1; Aktenverweis Hauptamt, 17. 3.1964, ebd.

15 1953 waren dafür „als Vergütung" Spesen „von 10 DM pro Tag zuzüglich der Fahrtkosten von 4 DM für die Hin- und Rückfahrt" angesetzt worden. Niederschrift über die Sitzung des Verwaltungsausschusses am 29.9.1953, S. 16, StadtA MA - ISG, Protokolle Hauptausschuss 1953, Zug. 1/1905, Nr. 51. Vgl. Aktenverweis MB, 30.12.1953,StadtA MA - ISG, Hauptamt/Memellandbüro, Zug. 4/1978, Nr. 9; Aktenverweis MB, 16.11.1970, StadtA MA - ISG, Hauptamt/Memellandbüro, Zug. 4/1978, Nr. 1.

16 Vgl. Aktenverweis MB, 11.11.1953, StadtA MA - ISG, Hauptamt/Memellandbüro, Zug. 4/1978, Nr. 2; Aktenverweis Hauptamt, 20.6.1962, StadtA MA - ISG, Hauptamt/Memellandbüro, Zug. 4/1978, Nr. 1.

17 Rings 2016, S. 9.

18 Die Patenschaft Mannheim - Memel, in: Amtsblatt, Nr. 36 vom 23.9.1955.

19 Rundschreiben des Oberverwaltungsrats Hahn, Nr. 1.

20 Baumann 1963, S. 29. Vgl. AdM 1985, S. 4 und 34.

21 Vgl. generell dazu in den Akten: StadtA MA - ISG, Hauptamt/Memellandbüro, Zug. 4/1978, Nr. 1-2, 9 und 18-24.

22 Vgl. u.a. AdM an Landsmänner, ohne Datum, StadtA MA - ISG, Hauptamt/Memellandbüro, Zug. 4/1978, Nr. 2; Aktenverweis MB, 9.9.1953, ebd.; Brief von Abt. J an AdM, 10.7.1953, ebd.; Aktenverweis MB, 8.7.1955, StadtA MA - ISG, Hauptamt/Memellandbüro, Zug. 4/1978, Nr. 18.

23 Aktenverweis Hauptamt, 27.10.1953, ebd. Vgl. Aktenverweis MB, 14.9.1955, ebd.; Bericht des MB an Bürgermeister Trumpfheller, 14.9.1955, ebd.; Aktenverweis MB, 27.10.1953, ebd.; AdM 1985, S. 34.

24 Vgl. Aktenverweis MB, 6.7.1953, StadtA MA - ISG, Hauptamt/Memellandbüro, Zug. 4/1978, Nr. 18; Schreiben des RP Karlsruhe an das MB, 13.7.1953, ebd.; Aktenverweis MB, 5.8.1953, StadtA MA - ISG, Hauptamt/Memellandbüro, Zug. 4/1978, Nr. 2.

25 Erster Memelländer-Transport in Mannheim, in: Memeler Dampfboot, Nr. 18 vom 20.9.1953.

26 Aktenverweis MB,1 0.1953, StadtA MA - ISG, Hauptamt/Memellandbüro, Zug. 4/1978, Nr. 18; Aktenverweis MB, 11.1953, ebd.

27 Brief von Dr. Wottge vom Ministerium für Vertriebene, Flüchtlinge und Kriegsgeschädigte Ba-Wü an Steinwender, 14.5.1954, ebd.; Brief von Steinwender an Wottge, 6.5.1954, ebd.

28 Vgl. Schreiben des RP Karlsruhe an MB, 13.7.1953, ebd.; Brief von Abt. J an AdM, 10.7.1953, StadtA MA - ISG, Hauptamt/Memellandbüro, Zug. 4/1978, Nr. 2.

29 Aktenverweis MB, 22.4.1954, StadtA MA - ISG, Hauptamt/Memellandbüro, Zug. 4/1978, Nr. 18. Vgl. Aktenverweis MB, 18.1.1954, ebd.; Aktenverweis MB, 22.4.1954, ebd.

30 Wohnungsamt war so erst zuständig, wenn die einzelne „Umsiedlung tatsächlich in Gang gekommen" war. Aktenverweis MB, 18.3.1954, ebd.. Vgl. Aktenverweis MB, 17.5.1954, ebd.; Aktenverweis MB, 7.10.53, ebd.

31 Bericht des MB an Bürgermeister Trumpfheller, ebd..

32 Verzeichnis der in Mannheim ansässig gewordenen Memelländer, 27.5.1955, Aktenverweis MB, StadtA MA - ISG, Hauptamt/Memellandbüro, Zug. 4/1978, Nr. 37. – Vgl. zu späteren Zahlen Pressemitteilung MB, „Aus der Arbeit des Memellandbüros der Patenstadt Mannheim", 26.9.1961/1.10.1962, StadtA MA - ISG, Hauptamt/Memellandbüro, Zug. 4/1978 Nr. 1; AdM, 70 Jahre, S. 34.

33 Pressemitteilung MB, 26.9.1961/1.10.1962, Nr. 1. Vgl. AdM 1985, S. 34; Baumann 1963, S. 30. Vgl. allgemein in den Akten: StadtA MA - ISG, Hauptamt/Memellandbüro, Zug. 4/1978, Nr. 1-3, 12-15, 18 und 30.

34 Vgl. Grosser 1993, S. 81-91.

35 Aktenverweis MB, 10.10.1953, StadtA MA - ISG, Hauptamt/Memellandbüro, Zug. 4/1978, Nr. 18.

36 Aktenverweis MB, 27.2.1954, ebd.

37 Aktenverweis MB, 10.10.1953, ebd.

38 Aktenverweis MB, 21.9.1954, StadtA MA - ISG, Hauptamt/Memellandbüro, Zug. 4/1978, Nr. 30. Vgl. u.a. Listen „Bewerbungen von 13lern bei der Stadtverwaltung", ebd.; „Verzeichnis der im Dienst der Stadt Mannheim stehenden Memelländer mit Vordienstzeiten im Kommunaldienst des Memelgebietes", 29.12.1959, StadtA MA - ISG, Hauptamt/Memellandbüro, Zug. 4/1978, Nr. 1; Aktenverweis MB,

13.9.1954, StadtA MA - ISG, Hauptamt/Memellandbüro, Zug. 4/1978, Nr. 30.

39 Pressemitteilung MB, 26.9.1961/1.10.1962, Nr. 1. Vgl. u.a. „Verzeichnis der bei der Stadt Mannheim beschäftigten Memelländer", 10.5.1962, ebd.

40 Vgl. AdM 1985, S. 34; Pressemitteilung MB, 26.9.1961/1.10.1962, Nr. 1. Vgl. generell in den Akten: StadtA MA - ISG, Hauptamt/Memellandbüro, Zug. 4/1978, Nr. 1-2, 9, 12-15 und 18.

41 Vgl. Aktenverweis MB, 27.2.1954, StadtA MA - ISG, Hauptamt/Memellandbüro, Zug. 4/1978, Nr. 18.

42 Bericht des MB an Bürgermeister Trumpfheller, ebd.

43 Aktenverweis MB, 27.2.1954, ebd.. Vgl. u.a. Aktenverweis MB, 31.3.1954, StadtA MA - ISG, Hauptamt/Memellandbüro, Zug. 4/1978, Nr. 9; Brief von MB an Jonas Toliszus, 20.5.1954, StadtA MA - ISG, Hauptamt/Memellandbüro, Zug. 4/1978, Nr. 2.

44 Vgl. Aktenverweis MB, 21.10.1953, StadtA MA - ISG, Hauptamt/Memellandbüro, Zug. 4/1978, Nr. 18. Vgl. Referat 1/H an Gagfah, 19.3.1954, StadtA MA - ISG, Hauptamt/Memellandbüro, Zug. 4/1978, Nr. 2; Aktenverweis MB, 18.5.1954, ebd.

45 Aktenverweis MB, 15.12.1953, StadtA MA - ISG, Hauptamt/Memellandbüro, Zug. 4/1978, Nr. 9. Vgl. bspw. Aktenverweis MB, 12.3.1955, StadtA MA - ISG, Hauptamt/Memellandbüro, Zug. 4/1978, Nr. 12; Aktenverweis MB, 10.6.1955, ebd.; Aktenverweis MB, 1.6.1958, ebd.; Aktenverweis, 29.03.1957, ebd.

46 Pressemitteilung MB, 26.9.1961/1.10.1962, Nr. 1. Vgl. dagegen Baumann 1963, S. 30.

47 Vgl. generell in den Akten: StadtA MA - ISG, Hauptamt/Memellandbüro, Zug. 4/1978, Nr. 1-4, 9-12, 16-17, 28 und 37.

48 AdM 1985, S. 30 und 34-35.

49 Rundschreiben des MB „an alle in Mannheim wohnenden Memelländer", 23.8.1964, StadtA MA - ISG, Hauptamt/Memellandbüro, Zug. 4/1978, Nr. 1. Vgl. z.B. Meldeformular, „Von den nach Mannheim zuziehenden Memelländern auszufüllen", ebd. Listen zu finden bspw. in: StadtA MA - ISG, Hauptamt/Memellandbüro, Zug. 4/1978, Nr. 1, 2, 28 und 37.

50 Aktenverweis MB, 28.10.1957, StadtA MA - ISG, Hauptamt/Memellandbüro, Zug. 4/1978, Nr. 1; Pressemitteilung MB, 26.9.1961/1.10.1962, ebd. Vgl. Baumann 1963, S. 30.

51 Vgl. bspw. Aktenverweis MB, 2.4.1958, Stadt A MA - ISG, Hauptamt/Memellandbüro, Zug. 4/1978, Nr.1; Schreiben von Gerber an Preuß, 9.4.1958, ebd.; Aktenverweis MB, 28.10.1957, ebd.

52 Aktenverweis MB, 15.12.1953, StadtA MA - ISG, Hauptamt/Memellandbüro, Zug. 4/1978, Nr. 9.

53 Vgl. bspw. Brief der Oberfinanzdirektion Hannover an Hauptverwaltung Mannheim, 18.1.1961, StadtA MA - ISG, Hauptamt/Memellandbüro, Zug. 4/1978, Nr. 3; Aktenverweis MB, 29.12.1956, StadtA MA - ISG, Hauptamt/Memellandbüro, Zug. 4/1978, Nr. 16.

54 Brief von Werner Lepach an Preuß, 28.06.1963, StadtA MA - ISG, Hauptamt/Memellandbüro, Zug. 4/1978, Nr. 1. Vgl. auch StadtA MA - ISG, Hauptamt/Memellandbüro, Zug. 4/1978, Nr. 4.

55 Vgl. generell zu dieser Arbeit: StadtA MA - ISG, Hauptamt/Memellandbüro, Zug. 4/1978, Nr. 1-8, 28-29 und 35.

56 AdM 1985, S. 35-36; Baumann 1963, S. 30.

57 Hubatsch 1963, S. 31. Vgl. u.a. Aktenverweis Hauptamt, 29.7.1959, StadtA MA - ISG, Zug. 4/1978, Nr. 6; Aktenverweis MB, 15.7.1959, ebd.; Aktenverweis Hauptamt, 29.7.1959, ebd.

58 Vgl. u.a. AdM 1985, S. 42; Patenschaft Mannheim – Memel, in: Badische Volkszeitung; Aktenverweis MB, 15.5.1964, StadtA MA - ISG, Hauptamt/Memellandbüro, Zug. 4/1978, Nr. 1; StadtA MA - ISG, Hauptamt/Memellandbüro, Zug. 4/1978, Nr. 35.

59 Vgl. Erster Memelländer-Transport, in: Memeler Dampfboot; Aktenverweis MB, 31.7.1953, StadtA MA - ISG, Hauptamt/Memellandbüro, Zug. 4/1978, Nr. 2.

60 Vgl. bspw. Aktenverweis MB, 26.6.1957, StadtA MA - ISG, Hauptamt/Memellandbüro, Zug. 4/1978, Nr. 28; Aktenverweis MB, 11.01.1958, ebd.; Aktenverweis MB, 9.12.1960, ebd.

61 Vgl. u.a. Aktenverweis Hauptamt, 5.12.1957, ebd.; Abschrift des Aktenvermerk Hauptamt, 20. 11.1956, StadtA MA - ISG, Hauptamt/Memellandbüro, Zug. 4/1978, Nr. 1.

62 Aktenverweis Hauptamt, 20.6.1956, StadtA MA - ISG, Hauptamt/Memellandbüro, Zug. 4/1978, Nr. 8. Vgl. bspw. Einladung von der AdM an Leiter des Memellandbüros, ohne Datum, ebd.; Aktenverweis MB, 1.6.1964, StadtA MA - ISG, Hauptamt/Memellandbüro, Zug. 4/1978, Nr. 1.

63 Vgl. AdM 1985, S. 35; Aktenvermerk MB, 30.7.1963, StadtA MA - ISG, Hauptamt/Memellandbüro, Zug. 4/1978, Nr. 1; Aktenverweis, 31.5.1968, ebd.; Aktenverweis MB, 19.10.1960, ebd.

64 Zahlreiche Trauerkarten, ebd.

65 AdM 1985, S. 35; Hubatsch 1963, S. 31. Vergleiche generell in den Akten: StadtA MA - ISG, Hauptamt/Memellandbüro, Zug. 4/1978, Nr. 9-11, 31-34 und 36.

66 Vgl. Hubatsch 1963, S. 31; AdM 1985, S. 34-35; Aktenverweis MB, 11.11.1954, StadtA MA - ISG, Hauptamt/Memellandbüro, Zug. 4/1978, Nr.

32; Aktenverweis Memellandbüro, 5.11.1954, ebd.; Aktenverweis MB, 15.2.1955, ebd.

67 Aktenverweis Hauptamt, 9.9.1954, ebd.; Aktenverweis MB, 24.11.1954, S. 1, ebd.

68 Aktenverweis MB, 26.11.1969, StadtA MA - ISG, Hauptamt/Memellandbüro, Zug. 4/1978, Nr. 36.

69 Hubatsch 1963; S. 31; AdM 1985, S. 35. Vgl. Aktenverweis MB, 30.5.1956, StadtA MA - ISG, Hauptamt/Memellandbüro, Zug. 4/1978, Nr. 3.

70 Vgl. z.B. Brief von Görke (AdM) an Preuß, 18.7.1963, ebd.; Aktenverweis MB, 12.1.1963, StadtA MA - ISG, Hauptamt/Memellandbüro, Zug. 4/1978, Nr. 1.

71 Brief Steinwenders an Görke (AdM), 31.3.1954, StadtA MA - ISG, Hauptamt/Memellandbüro, Zug. 4/1978, Nr. 2.

72 Vgl. Protokoll „Vorstandssitzung 10.8.62 im Memellandbüro der AdM Gruppe Mannheim", StadtA MA - ISG, Hauptamt/Memellandbüro, Zug. 4/1978, Nr. 1.

73 Vgl. z.B. Protokoll der „Besprechung über allgemeine Patenschaftsfragen und aktuelle Patenschaftsprobleme" zwischen Hahn und Meyer von der AdM, anwesend Baumann und Basel vom Hauptamt, als Abschrift in: Aktenverweis Hauptamt, 20.3.1959, StadtA MA - ISG, Hauptamt/Memellandbüro, Zug. 4/1978, Nr. 6.

74 Aktenverweis MB, 22.3.1954, StadtA MA - ISG, Hauptamt/Memellandbüro, Zug. 4/1978, Nr. 1.

75 Aktenverweis MB, 12.6.1956, StadtA MA - ISG, Hauptamt/Memellandbüro, Zug. 4/1978, Nr. 30.

76 Pressemitteilung MB, 26.9.1961/1.10.1962, Nr. 1. Vgl. zur vermeintlich generell positiven Einstellung der Verwaltung der Stadt Mannheim zur Patenschaft: Baumann 1963, S. 30; AdM 1985, S. 38.

77 AdM 1985, S. 36.

Literatur und gedruckte Quellen

Allgemeine Zeitung

Amtsblatt

AdM - Arbeitsgemeinschaft der Memellandkreise e.V. in der Landsmannschaft Ostpreußen e.V. (Hrsg.): 70 Jahre Patenschaft. 1915-1985 Mannheim-Memel. 17. Bundestreffen der Memelländer in der Patenstadt Mannheim, Mannheim 1985

Badische Volkszeitung

Bauerkämper, Arnd: Deutsche Flüchtlinge und Vertriebene aus Ost-, Ostmittel- und Südosteuropa in Deutschland und Österreich seit dem Ende des Zweiten Weltkriegs, in: Klaus J. Bade u.a. (Hrsg.): Enzyklopädie Migration in Europa. Vom 17. Jahrhundert bis zur Gegenwart, 2. unveränd. Aufl., Paderborn u.a. 2008, S.477-485

Baumann, Heinz: Zehn Jahre Patenschaft Memel, in: Mannheimer Hefte 2 (1963), S. 28-31

Beer, Mathias: Flucht und Vertreibung der Deutschen. Voraussetzungen, Verlauf, Folgen, München 2011

Beer, Mathias: Flüchtlinge und Vertriebene im deutschen Südwesten nach 1945. Eine Übersicht der Archivalien in den staatlichen und kommunalen Archiven des Landes Baden-Württemberg, Sigmaringen 1994

Grosser, Thomas: Die Integration der Heimatvertriebenen in Württemberg-Baden (1945-1961), Stuttgart 2006

Grosser, Thomas: Wir brauchten sie nicht zu nehmen, sind aber froh gewesen, daß sie hier gewesen sind. Die Aufnahme der Heimatvertriebenen und SBZ-Flüchtlinge in Mannheim 1945-1960, in: Christiane Grosser u.a. (Hrsg.): Flüchtlingsfrage – das Zeitproblem. Amerikanische Besatzungspolitik, deutsche Verwaltung und die Flüchtlinge in Württemberg-Baden 1945-1949, Mannheim 1993, S. 55-127

Grosser, Thomas/Schraut, Sylvia: Flüchtlingsflut als Zeitproblem, in: Christiane Grosser u.a. (Hrsg.): Flüchtlingsfrage – das Zeitproblem. Amerikanische Besatzungspolitik, deutsche Verwaltung und die Flüchtlinge in Württemberg-Baden 1945-1949, Mannheim 1993, S. 1-9

Hübel, Christian: 1945-1948. Kriegsende und ein schwieriger Neubeginn in Trümmern, in: Ulrich Nieß/Michael Caroli (Hrsg.): Geschichte der Stadt Mannheim 3, Heidelberg 2009, S. 422-462

Hubatsch, Walther: Dokumente zur Gründung der Patenschaft Mannheim – Memel, in: Mannheimer Hefte 2 (1963), S. 24-27

Jacob, Gustav: Zu der Gründung der Patenschaft Mannheim – Memel, in: Mannheimer Hefte 1 (1977), S. 62-64

Krauss, Marita (Hrsg.): Integrationen. Vertriebene in den deutschen Ländern nach 1945, Göttingen 2008

Mannheimer Morgen

Memeler Dampfboot

Müller, Carl-Jochen: Praxis und Probleme des Lastenausgleichs in Mannheim 1949-1959, Mannheim 1998

Rings, Hanspeter: „Das ostpreußische Land lag bisher etwas außer dem Bereich unserer Gedanken". Die Städtepartnerschaft Mannheim – Klaipeda und der Erste Weltkrieg, in: Memeler Dampfboot, Nr. 167 vom 20.1.2016, S. 6-9

Stuttgarter Nachrichten

Peter Koppenhöfer

Die ersten jüdischen Literaten Mannheims: Moritz Brandes und Lazarus Gallenberg

Orientalismus in Mannheim: „Die Schule am Berge Libanon", die erste jüdische Zeitschrift
Moritz Brandes (1802-1843) und Lazarus Gallenberg (1803-1841) waren die beiden ersten jüdischen Mannheimer Literaten. Beide stammen aus Familien, die zum Kern der jüdischen Gemeinde um die Lemle-Klaus-Einrichtungen gehört haben dürften: Der Vater von Moritz war „Klaus-Präceptor", der von Lazarus Schullehrer. Sie sind mit einem literaturgeschichtlich einzigartigen Projekt an die Öffentlichkeit getreten, das bisher übersehen worden ist. Als junge Männer von 20 und 21 Jahren haben sie einen außerordentlich kühnen Versuch gewagt: Sie haben 1823 die jüdische Unterhaltungszeitung „Die Schule am Berge Libanon" begründet, die sowohl für die jüdische als auch für die nichtjüdische Leserschaft bestimmt war.[1] Es war also ein sehr frühes literarisches Integrationsprojekt, der Versuch eines Brückenschlags von erstaunlichem Selbstbewusstsein. Wenn junge christliche Männer, vielleicht Studenten, damals so ein Projekt herausgebracht hätten, wäre das schon außerordentlich bemerkenswert gewesen. Dass es jüdische Jugendliche waren, sprengt den Rahmen des Erwartbaren völlig. Als Herausgeber firmierte zwar auf der ersten Seite ein „Verein israelitischer Jünglinge, Liebhaber der Literatur und Kunst". Vermutlich war das aber nicht mehr als ein Kreis von Unterstützern. Doch als Redakteur wird in den Nummern fast immer der zwanzigjährige Lazarus Gallenberg, seltener auch der ein Jahr ältere Moritz Brandes angezeigt.

Da Hinweise zur Entstehungssituation fehlen, bleiben nur Mutmaßungen. Die ersten Jahrzehnte des neugebildeten Großherzogtums Baden haben der jüdischen Bevölkerung neue Möglichkeiten eröffnet. In den Lyceen in Karlsruhe und Mannheim stiegen die Zahlen jüdischer Schüler sprunghaft an.[2] Einige jüdische Familien nutzten die neue kulturelle Öffnung. Die beiden Redakteure Brandes und Gallenberg haben das Lyceum jedoch nicht besucht. Ihre Schulbildung haben sie wahrscheinlich in einem traditionellen Cheder, wohl bei ihren Vätern erhalten. Vielleicht kamen sie noch in die 1816 von Dr. Simon Wolff in den Gebäuden der Lemle-Klaus-Stiftung (F 1, 2) gegründete jüdische Volkschule und standen mit diesem bedeutenden Lehrer in Kontakt.[3] Aber die Bildungsziele dort dürften doch wenig mit einer publizistischen Karriere zu tun gehabt haben. Vielleicht kannten sie über die Rabbiner die damals einzige und erste deutsch-jüdische Zeitschrift „Sulamith"?[4]

Was konnte Mannheim noch an Orientierung und Ansporn bieten? Als Brandes und Gallenberg heranwuchsen, war die Mannheimer literarische Szene von Kotzebue beherrscht, der von 1817 bis zu seiner Ermordung hier lebte und seit 1818 das „Literarische Wochenblatt" (Verlag in Weimar) herausgab. Prägender könnte ein jüdischer Schriftsteller gewesen sein, nämlich Ludwig Robert (1778-1832; Abb. 1), der von 1816 bis 1820 mit Unterbrechungen in Mannheim wohnte. Robert stammte aus einer Berliner Kaufmannsfamilie und war der jüngere Bruder Rahel Varnhagens.[5] Er lebte als freier Autor dank des väterlichen Erbes, das er durch literarische Einkünfte ergänzte. Nach Mannheim war er gekommen, um Theaterrezensionen für das Cotta'sche „Morgenblatt" zu schreiben. Der Freund von Ludwig Tieck und Benjamin Constant war hier gut vernetzt, ging ins „Museum", die gutbürgerliche Lesegesell-

Abb. 1
Porträt von
Ludwig Robert
1823
Aus der Sammlung
Varnhagen
Aus: Wikipedia, file
Ludwig Robert,
Foto von Nikolaus Gatter,
CC-by-sa 3.0/de
Freistellung und
Rahmen: rem

schaft, und hat auch bei Großherzogin Stephanie vorgelesen. Als eine Art Stadtdichter zeigte er sich, als Stadtdirektor Philipp Anton von Jagemann und Oberbürgermeister Johann Wilhelm Reinhard bei ihm ein Huldigungspoem zum Antrittsbesuch des neuen Großherzogs Ludwig (Februar 1819) bestellten.[6] Für einen jüdischen Autor war das bemerkenswert und muss in der jüdischen Gemeinschaft Aufsehen erregt haben. Robert hatte dorthin wohl kaum Verbindungen, er war nicht religiös.[7] Brandes und Gallenberg dürften ihn gekannt haben, er wohnte in C 3, 11, nur zwei bzw. drei Quadrate von ihren Wohnungen entfernt.

Um aber ihr Zeitschriftenprojekt literarisch und redaktionell durchführen zu können, müssen sich die beiden längere Zeit (unter Anleitung?) vorbereitet haben. Anfang der 1820er Jahre mag sie eine publizistische Aufbruchsstimmung mitgetragen haben.1821 wurden zwei andere Mannheimer Zeitschriften gegründet, die „Charis"(ab April 1821) und die „Rheinischen Erholungsblätter" (ab Oktober 1821). So gab es genug Anschauungsmaterial, gleichzeitig war der Markt damit aber auch gut besetzt.

Die Zeitschrift „Die Schule am Berge Libanon" (Abb. 2) erschien zweimal wöchentlich im Umfang von vier Seiten. Sie hielt sich nur drei Monate (2. Januar bis 31. März 1823). Also liegen lediglich

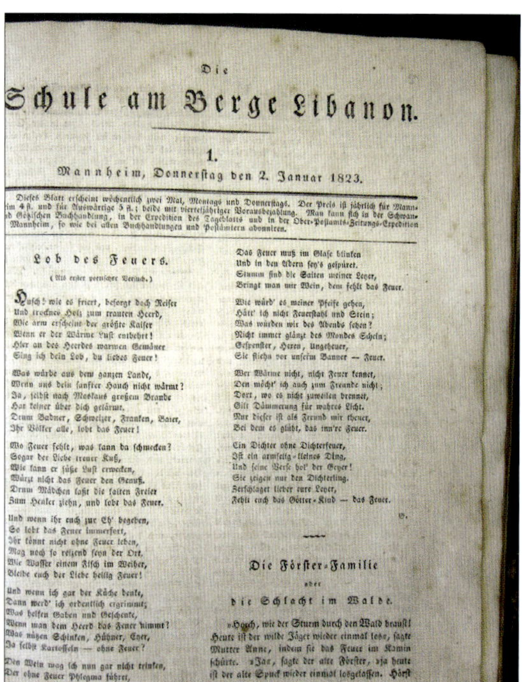

Die

Schule am Berge Libanon.

1.

Mannheim, Donnerstag den 2. Januar 1823.

Dieses Blatt erscheint wöchentlich zwei Mal, Montags und Donnerstags. Der Preis ist jährlich für Mannim 4 fl. und für Auswärtige 5 fl.; beide mit vierteljähriger Vorausbezahlung. Man kann sich in der Schwand Götzischen Buchhandlung, in der Expedition des Tageblatts und in der Ober-Postamts-Zeitungs-Expedition Mannheim, so wie bei allen Buchhandlungen und Postämtern abonniren.

Lob des Feuers.

(Als erster poetischer Versuch.)

Husch! wie es friert, besorgt doch Reiser
Und trocknes Holz zum trauten Heerd,
Wie arm erscheint der größte Kaiser
Wenn er der Wärme Lust entbehrt!
Hier an des Heerdes warmen Gemäuer
Sing ich dein Lob, du liebes Feuer!

Was würde aus dem ganzen Lande,
Wenn uns dein sanfter Hauch nicht wärmt?
Ja, selbst nach Moskaus großem Brande
Hat keiner über dich gelärmt.
Drum Badner, Schweizer, Franken, Baier,
Ihr Völker alle, lobt das Feuer!

Wo Feuer fehlt, was kann da schmecken?
Sogar der Liebe treuer Kuß,
Wie kann er süße Lust erwecken,
Würzt nicht das Feuer den Genuß.
Drum Mädchen laßt die kalten Freier
Zum Henker ziehn, und lobt das Feuer.

Und wenn ihr euch zur Eh' begeben,
So lobt das Feuer immerfort,
Ihr könnt nicht ohne Feuer leben,
Mag noch so reizend seyn der Ort.
Wie Wasser einem Fisch im Weiher,
Bleibe euch der Liebe heilig Feuer!

Und wenn ich gar der Küche denke,
Dann werd' ich ordentlich ergrimmt;
Was helfen Gaben und Geschenke,
Wenn man dem Heerd das Feuer nimmt?
Was nützen Schinken, Hühner, Eyer,
Ja selbst Kartoffeln — ohne Feuer?

Den Wein mag ich nun gar nicht trinken,
Der ohne Feuer Phlegma führet,
Das Feuer muß im Glase blinken
Und in den Adern sey's gespüret.
Stumm sind die Saiten meiner Leyer,
Bringt man mir Wein, dem fehlt das Feuer.

Wie würd' es meiner Pfeife gehen,
Hätt' ich nicht Feuerstahl und Stein;
Was würden wir des Abends sehen?
Nicht immer glänzt des Mondes Schein;
Gespenster, Hexen, Ungeheuer,
Sie fliehn vor unserm Banner — Feuer.

Wer Wärme nicht, nicht Feuer kennet,
Den möcht' ich auch zum Freunde nicht;
Dort, wo es nicht zuweilen brennet,
Gilt Dämmerung für wahres Licht.
Nur dieser ist als Freund mir theuer,
Bei dem es glüht, das inn're Feuer.

Ein Dichter ohne Dichterfeuer,
Ist ein armselig-kleines Ding,
Und seine Verse hol' der Geyer!
Sie zeigen nur den Dichterling.
Zerschlaget lieber eure Leyer,
Fehlt euch das Götter-Kind — das Feuer.

G.

Die Förster-Familie

oder

die Schlacht im Walde.

»Horch, wie der Sturm durch den Wald braust! Heute ist der wilde Jäger wieder einmal los«, sagte Mutter Anne, indem sie das Feuer im Kamin schürte. »Ja«, sagte der alte Förster, »ja heute ist der alte Spuck wieder einmal losgelassen. Hörst

Abb. 2
Erste Seite der ersten Ausgabe der „Schule am Berge Libanon" vom 2. Januar 1823
Universitätsbibliothek Heidelberg

104 Seiten vor.[8] Etwa drei Viertel des Inhalts sind Brandes und Gallenberg zuzuordnen. Weitere Beiträge erschienen anonym oder mit Kürzeln. Dabei geht es vor allem um kleine Gedichte, „Meinungsproben" und Maximen, „Charaden" und kleine belehrende Texte, die jüdische Kultur nahezubringen versuchten. Nur ein einziger weiterer Autor unterschrieb namentlich: „A. Ascher". Das war der Gelehrte Abraham Ascher, der Sohn des Oberlandesrabbiners Ascher Löw.[9]

Die beiden Redakteure haben vor allem orientalische Märchen und Geschichten geschrieben oder adaptiert. Gallenberg ist mit drei längeren Fortsetzungsgeschichten, davon zwei orientalischen, vertreten, Brandes mit sechs, womit er allein etwa die Hälfte des Inhaltes lieferte.[10] Das Bekenntnis zum „Orientalischen", das der Name der Zeitschrift programmatisch anzeigt, wird in der „Schule am Berge Libanon" vorwiegend durch diese märchenhaften Erzählungen verwirklicht. Diese waren wohl angeregt von Märchensammlungen wie „Tausend und eine Nacht", die schon seit Jahrzehnten bekannt waren und im Trend lagen. Immerhin erschienen diese Mannheimer Orientgeschichten nur zwei Jahre vor Wilhelm Hauffs erfolgreichem und das deutsche Orientbild prägenden Märchenalmanach „Die Karawane".

Auch Brandes hat eine „Beschreibung einer Karavanen-Reise durch die syrische Wüste" in Form einer Ich-Erzählung geschrieben. Sie beginnt folgendermaßen: „Die Sonne brannte heiß auf unsere Köpfe herab; schweren Trittes trabten die Kameele durch den feinen, jedem Tritte nachgebenden Sande [...] Wir hatten noch sieben Tagreisen nach Damaskus." Dieser Text zieht sich in Fortsetzungen fast durch alle Nummern der Zeitschrift, er könnte als Lückenfüller erst während des Erscheinens entstanden sein. Die Reise endet in der vorletzten Nummer mit der Ankunft in Jerusalem und mit einer ehrfurchtsvollen Beschreibung der dort lebenden Juden:

„Auf den uralten Gräbern ihrer Voreltern sitzend, lehren sie mit ihren Kindern die heiligen Bücher, von den Gesetzen und Thaten ihrer Väter [...] Ihre hochschlanke Gestalt zeigt trotz der ärmlichen Kleidung, daß manche von Fürsten abstammen, aus dem leichenblassen, leidenden Angesichte blitzen ein Paar schwarze Augen, es gibt herrliche Gestalten unter ihnen, sie sprechen nach ihrer uralten Sprache, hebräisch [...]"

Originell ist, wie Brandes mit den folgenden Sätzen die fiktionale Ebene durchbricht: „Auch ich beschließe meine Reise, die ich eigentlich, die Wahrheit zu sagen, nur in der Phantasie gemacht habe; wenn ein verehrter Leser auf dieselbe Art mitgereist ist, so habe ich doch durch öde Sandflächen einen vertrauten Begleiter gehabt." Das zeigt, dass die Orientalismusposition wohl auch mit einem Augenzwinkern eingenommen wurde.[11]

Völlig offen ist, wie die beiden zu ihrer Orientorientierung gekommen sind. Ein Interesse an Orientalischem lag für jüdische Gebildete in der Luft. Schon der bekannte Saul Ascher (1767-1822) hatte 1802 „Orientalische Gemälde" veröffentlicht, einen Band mit Erzählungen.[12] Es ist fraglich, ob die jungen Mannheimer Zugang zu solchen und anderen Vorlagen hatten. Sie konnten sich solche Bücher eher nicht leisten.

Die „Selbstorientalisierung"[13] des Jüdischseins bot sich in den Anfängen der Emanzipation an. Sie ermöglichte es, an einen positiv besetzten Bedeutungsrahmen anzuknüpfen und mit ihm im Emanzipationsprozess ein Eigenes und Besonderes zu bewahren, das auch von der Mehrheitsgesellschaft geschätzt wurde. Die deutsche Gesellschaft erhielt so eine Art Mitbringsel, eine Bereicherung für die jüdische Integration angeboten: den kulturellen Glanz des Orientalischen. Vergleichbar ist das mit der orientalisch-maurischen Synagogenarchitektur, wovon ein frühes Beispiel (1798) in Karlsruhe stand. Dass Orientalismus eine Sache der Juden sei, war jedoch unter jüdischen Intellektuellen umstritten. So hat der einflussreiche Ludwig Börne wenige Jahre später in seinen „Briefen aus Paris" dagegen polemisiert: „Und uns jüdisch deutschem Volke sagte man, wir wären aus dem Orient gekommen, [...] wir wären fremd im Lande und wir betrachteten ja selbst unsere Mitbürger als Fremdlinge."[14]

Diese erste jüdische Zeitschrift Mannheims und auch Badens hat sich nur kurz gehalten. Man hatte die Nachfrage auf jüdischer wie auf christlicher Seite überschätzt. Die Redakteure äußern sich in der letzten Nummer über eine Fortsetzung verhalten optimistisch:

„Wegen verschiedener eingetretener Hindernisse können wir unmöglich unsere Zeitschrift wöchentlich zweimal zu erscheinen, fortsetzen, sondern sie in monatlichen Heften, unter einem andern Titel und verändertem, zweckmäßigerm Plane dennoch mit dem bisherigen Preise herausgeben, sobald wir uns mit einer angesehenen Abonnentenzahl beehrt sehen. Sollte sich diese aber nicht hinreichend genug für uns finden, so thut es uns sehr leid, die Herausgabe einer Zeitschrift völlig aufgeben zu müssen; deßungeachtet werden mehrere Mitarbeiter dieses Blattes, dem Wunsche vieler guten Freunde gemäß, während des Jahrs, ohne feste Zeitbestimmung, Bände gediegener Aufsätze verschiedener Arten, mit unter sowohl über das frühere als jetzige Judenthum, in diesem Gegenstand noch mehrere betreffende Punkte, herausgeben, wozu wir uns schmeicheln, daß, nachdem die Anzeige zuvor bekannt gemacht worden seyn wird, viele Abnehmer zu erwarten sind."

Dazu ist es jedoch nicht gekommen. Zwanzig Jahre später äußerte ein Nachruf auf Moritz Brandes, dass die Zeitschrift „als Opfer dem Egoismus und dem blassen Neid" unterlegen sei. „Die zarte Pflanze wurde in ihrer Blüthe angefressen und versank in Muthlosigkeit, sie sollte sich nie mehr zu dem erhabenen Ziele erheben zu dem sie der urkräftige Saamen berechtigte."[15]

Zwischen jüdischer Subkultur und Mannheimer Mehrheitsgesellschaft: Die Gallenbergs

Wenn im Folgenden versucht wird, das Leben der beiden außergewöhnlichen Jungliteraten zu rekonstruieren, so geht das bei beiden nur bruchstückhaft. Lazarus' Vater Baruch Gallenberg war Lehrer, vielleicht auch an der erwähnten, 1816 gegründeten jüdischen Volksschule. Vor allem wirkte er als Schreiblehrer für das Hebräische. Er hatte seinen Namen von Gallinger in Gallenberg geändert.[16] Wie die Familie Brandes wechselten auch die Gallenbergs zwischen verschiedenen Wohnungen in den Quadraten E, F und G, was typisch war für die kleinen Leute, die auf Mietwohnungen angewiesen waren. Gallenbergs erbten jedoch das kleine Eckhaus E 4, 11, das ab Anfang 1834 ihrem Besitz gewesen sein dürfte.[17]

Die Lehrerfamilie war offenbar interessiert an den Möglichkeiten, die sich jüdischen Einwohnern erstmals eröffnete. Doch blieben zwei der vier Brüder eher dem jüdischen Milieu verhaftet: Jakob (1805-1850), der Kaufmann wurde, wird in den 1840er Jahren als Vorsänger in der Synagoge gerühmt. Der jüngste Bruder Seligmann (1810-1868) wurde Lehrer wie der Vater und war der „1. Kantor" der jüdischen Gemeinde.[18] Alle Brüder von Lazarus haben im Unterschied zu ihm geheiratet und das Bürgerrecht erworben.

Die beiden künstlerisch aktiveren Brüdern Lazarus und Simon versuchten, sich stärker in die deutsche Hochkultur einzubringen. Simon (1808-1872) hat sich wohl am weitesten assimiliert, was ihm über die Musik gelungen ist. Er muss schon als Kind Geigenunterricht gehabt haben und war vielleicht ein „Wunderkind".[19] Das war ohne Mäzenatentum nicht möglich. Wer hätte in der kinderreichen Lehrerfamilie seinen Unterricht bezahlen sollen und wer die Violine? Bereits mit 20 Jahren war er angestellter Hofmusikus, eine ungewöhnliche Karriere.[20] Damit war er vielleicht der erste beim Mannheimer Theater angestellte jüdische Musiker.

Solche Erfolge gelangen nicht ohne Anfeindungen. Gerade im vermutlichen Jahr seiner Anstellung ereignete sich ein überregional beachteter, antijüdischer Skandal: Die Mannheimer Harmoniegesellschaft, die Juden als Mitglieder ausschloss, veranstaltete ein Konzert zur hundertjährigen Wiederkehr des Geburtstags von Großherzog Karl Friedrich, wozu großzügig Freikarten verteilt worden waren. Unter Führung des Musikhändlers Carl Ferdinand Heckel wurden jedoch Juden mit solchen Karten am Eintritt gehindert und sogar wieder aus dem Saal hinaus gejagt. In der Familie Heckel hatte der Antijudaismus also eine lange Tradition, die sich an Richard Wagners Antisemitismus anschließen konnte. Genau bei diesem Konzert saß auf der Innenseite der Blockade Simon Gallenberg unter den ersten Geigern des Orchesters und hat für die Nichtjuden gespielt. Mit hoher Wahrscheinlichkeit waren Familienangehörige wie sein Bruder Lazarus hinausgeworfen worden. Die Mannheimer Juden klagten gegen diese unwürdige Behandlung. Heckel wurde zu einer kurzen Gefängnisstrafe verurteilt und musste öffentliche Abbitte leisten.[21] Der Ausschluss der Juden aus der Harmoniegesellschaft blieb jedoch weiter bestehen.

Auch sonst gab es gefährliche Vorfälle. Im Oktober 1830 warf ein Mob bei Unruhen die Fenster dreier gut laufender jüdischer Geschäfte, darunter das Bankhaus Ladenburg, ein. Das war nur sieben Jahre nach der Erweckung der Hoffnung auf Inklusion, die mit dem Zeitschriftenprojekt verbunden gewesen war.

Simon Gallenberg hatte freilich seine feste Orchesterstelle. Sein ganzes Berufsleben hindurch blieb er am Nationaltheater, obwohl er schon auch einmal in Nachbarstädten auftrat.[22] Außerdem machte er sich als Unterstützer des Hoftheater-Witwen- und Waisenfonds verdient.[23] Wie noch gezeigt wird, sollte seine Tochter diese soziale Tradition weiterführen.

Abb. 3
Karl Wilhelm Ludwig Friedrich von Drais Freiherr von Sauerbronn
Lithographie nach einer Bleistiftzeichnung seiner Tochter Louise Drais von Sauerbronn
Generallandesarchiv Karlsruhe: J-Ac-D 153

Lazarus Gallenberg: Sekretär und Biograph von C.W.F.L. Freiherr von Drais

Nach dem Scheitern ihrer Zeitschrift sind beide Redakteure erst Jahre später wieder als Autoren greifbar. Von Gallenberg erschien in der Mannheimer Unterhaltungszeitschrift „Phönix" 1830 zum Tod des Freiherrn von Drais (Abb. 3), des Erfinder-Vaters, ein „Sonnetten-Kranz dem am 2.Februar selig entschlafenen wirklichen Geheimen Rath 1.Classe, Oberhofrichter und Großkreuz des Badischen Hausordens der Treue, Freiherrn von Drais gewunden von L. G-g".[24] Diese vier Sonette dürften die bedeutendste Reaktion auf Drais' Tod in der Presse gewesen sein. Im ersten Sonett heißt es:

Peter Koppenhöfer

So bist Du, hoher Mann von uns geschieden,
Und hast vollendet Deine Erdenbahn!
Ein Engel kehrst Du heim in sanftem Frieden,
Es schwingt die Seele sich schon himmelan!

Die Früchte wirst Du nun von Deinen Blüthen,
Die Du so liebevoll gesät, empfahn;
Und reichlich muß der Himmel Dir vergüten
Für all das, was hienieden Du gethan.

An Deinem Sarge stehn die lieben Deinen,
Ergriffen, ach! Im tiefsten herben Schmerz,
Von dem so traurigen Verlust, und weinen!

Bei aller Formelhaftigkeit, die solcher Trauerlyrik eignet, scheint doch eine persönliche Nähe zum Verstorben und seiner Familie spürbar zu sein. Die Sonette sind das exponierte Bekenntnis einer Verehrung und Bindung.

Wieso stand Gallenberg dem Verstorbenen nahe? Eine zunächst kühn wirkende Vermutung war, Gallenberg könnte der bislang unbekannte Sekretär des alten Freiherrn von Drais gewesen sein. Dessen Namen zu wissen, wäre vor allem deshalb interessant, weil er der Autor einer späteren, bisher anonymen Draisbiographie (Abb. 4) war.[25] In seinen Artikeln in der „Neuen Mannheimer Zeitung" zum 100. Todestag von Drais meinte Herbert Stubenrauch 1930 optimistisch, dass man diesen Autor bald werde identifizieren können. Das geschah jedoch bisher nicht.[26]

Auf den ersten Blick scheinen der alte Freiherr von Drais und der junge Jude Gallenberg zueinander zu passen wie Feuer und Wasser. Drais war einer der höchsten Amtsträger des Großherzogtums, am Ende seines Lebens Präsident des Oberhofgerichts, höchster badischer Richter. Als Sekretär einer solchen Persönlichkeit stellt man sich einen Mann aus guter Familie mit Abitur und Studium vor. An einen Juden würde man bei aller Aufgeklärtheit des Oberhofrichters nicht denken.

Bei näherem Hinschauen spricht aber doch einiges für diese Zuschreibung: Auffällig sind die teilweise identischen Titel der Sonette und der Biographie mit der Nennung von Rang und Orden. Zu Gallenberg passt es sehr genau, wenn der Biograph, der Drais einen „väterlichen Freund" nennt, im Vorwort schreibt: „Ich hatte nämlich das Glück von diesem würdigen Manne mit väterlicher Liebe beachtet zu seyn; ich verdanke ihm, was ich bin; als Sekretär war ich der vertraute Genosse seines Hauses." So etwas hätte ein Akademiker aus guter Familie nicht geschrieben. Es musste jemand sein, der wie Gallenberg aus einfachen Verhältnissen aufgestiegen war. Auch die Lebensdaten scheinen zu passen: Er hätte nach dem Ende des Zeitschriftenprojekts mit etwa 21 Jahren oder auch ein oder zwei Jahre später beginnen können, für Drais zu arbeiten. Bei dessen Tod war er 27. Zweifel könnte der frühe Tod Gallenbergs wecken; er starb Anfang

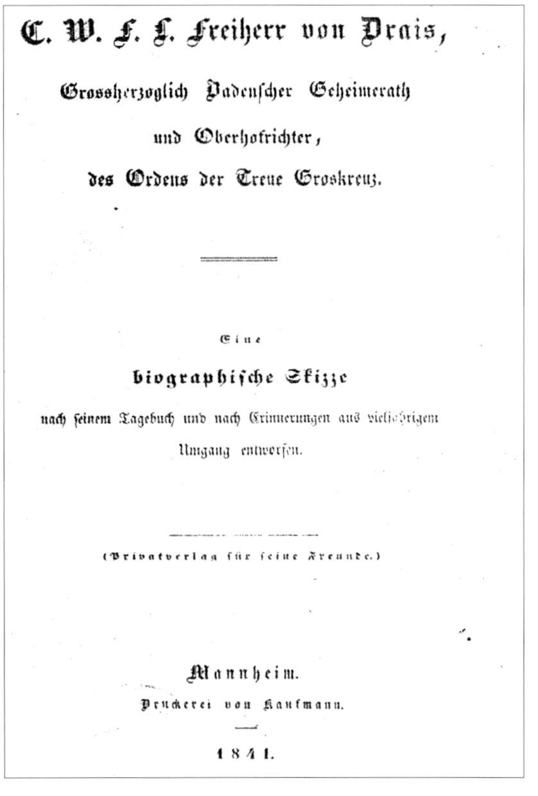
C. W. F. L. Freiherr von Drais,
Grossherzoglich Badenscher Geheimerath
und Oberhofrichter,
des Ordens der Treue Groskreuz.

Eine
biographische Skizze
nach seinem Tagebuch und nach Erinnerungen aus vieljährigem
Umgang entworfen.

(Privatverlag für seine Freunde.)

Mannheim.
Druckerei von Kaufmann.
1841.

Abb. 4
Titelblatt der Drais-Biographie von Lazarus Gallenberg

1841, dem Erscheinungsjahr der Biographie. Doch gerade dieses Zusammenfallen liefert ein entscheidendes Argument für Gallenbergs Autorschaft.

In der Familie Drais war zusammen mit den leiblichen Kindern eine Pflegetochter aufgezogen worden, Johanna von Adelsheim, die den ungarischen Baron von Vay heiratete. Sie blieb zeitlebens mit ihrem Ziehvater Drais und dann mit dessen Tochter Amalie in Briefkontakt. Eine Briefauswahl ist nach ihrem Tod gedruckt worden. Darin zeigt sich, dass Amalie von Drais schon 1830 daran dachte, eine Biographie ihres Vaters zu schreiben, die Jugendfreundin wünscht ihr Gottes Segen dazu.[27] Danach ist von diesem Projekt jedoch nicht mehr die Rede.

Nachdem ihr die „Biographische Skizze" zugeschickt worden war, schrieb Johanna von Vay am 31. Mai 1842 an Amalie von Drais:[28]

„Meine theure Freundin!

Die biographische Skizze Ihres theuren Vaters findet nicht nur in der Nähe, wo man ihn kannte und ehrte Anklang, auch hier lasen sie mehrere meiner intimern Freunde mit warmer Theilnahme, die durch die rührende Stellung des Sekretärs zu dem Gefeierten, den Hinübergang in dem Augenblick, als dieses kindliche Opfer gezollt wurde, noch erhöht wird."

Als rührend empfand man es, dass der Sekretär, also der Biograph, „in dem Augenblick" gestorben war, als das Büchlein, „das kindliche Opfer", herauskam. Das passt nun so genau zu Lazarus Gallenbergs Tod, dass kaum noch gezweifelt werden kann: Er war Drais´ bis dato unbekannter Sekretär.

Ein Mannheimer Schriftsteller: Lazarus Gallenbergs „Biographische Skizze"

Es ist schon erstaunlich, wie gut Gallenberg als Autor ohne höhere Schulbildung die Konventionen des literarischen Schreibens beherrscht. Er gibt Literaturangaben wie ein Wissenschaftler, fügt Zitate ein und verknüpft gekonnt Themen und biographische Abfolgen von Lebensstationen. Das ist keine Biographie, die sich sklavisch an eine Jahreschronologie hält.

Eine wichtige Quelle für das Büchlein war, wie schon der Untertitel ankündigt, das Tagebuch des alten Drais, dessen Original wohl verloren ist. Es muss in den Händen der Töchter gewesen sein und nicht in denen des Ältesten, des Sohnes. Tatsächlich hat Amalie von Drais einen Auszug daraus auch einmal an ihre Freundin Baronin von Vay geschickt (am 18. Januar 1832). Von den Töchtern muss Gallenberg das Tagebuch bekommen haben. Ein Drittel des Buchtextes dürfte aus gekennzeichneten Zitaten oder inhaltlichen Übernahmen bestehen.

Die zweite bereits im Untertitel angegebene Quelle ist das Wissen „aus vieljährigem Umgang". Wie lange war Gallenberg Sekretär im Haus M 1, 8? Drais war Ende 1821 wegen eines Grauen Stars fast erblindet, bis eine Operation im Oktober 1823 Besserung brachte (S. 35, im Folgenden werden die Zitate aus dem Buch durch Seitenzahlen belegt). So konnte er im Juli 1824 sein Amt als Präsident des Oberhofgerichts wieder antreten. In dieser Lebenssituation lag es nahe, einen Helfer anzustellen. So wird erwähnt, dass Drais nach der Staroperation „seine Correspondenzen sichtete"(S. 54), dass er literarische Texte diktierte (S. 56f.). Das können Aufgaben des neuen Sekretärs gewesen sein. Vom Dienstbeginn im Oberhofgericht gibt das Buch einen kurzen Bericht mit den zitierten Begrüßungsworten an das Kollegium, das ihm an den Wagen entgegengekommen war (S. 36). Es gibt weitere solche Augenzeugen-Hinweise, die einen Arbeitsantritt 1824 nahelegen (S. 61), sodass Gallenberg sechs Jahre Sekretär gewesen sein könnte.

Sehr ausführlich werden die letzten drei Lebensjahre dargestellt, die mit knapp zwanzig Seiten allein über ein Viertel der „Biographischen Skizze" ausmachen. Dabei geht es um Drais' Dienstjubiläum 1827, die Vorbereitungen zur Hundertjahrfeier des hochverehrten ersten Großherzogs Karl Friedrich sowie um das letzte Lebensjahr. Auf diesen Seiten ist eine Augenzeugenschaft deutlich zu spüren. Merkwürdig ist die „Skizze" wegen dessen, was weggelassen wird. Sie übergeht vor allem die politischen Neuerungen und einschneidenden Ereignisse nach 1815. Der erste Landtag wird in einem Satz gestreift. Dem Prozess gegen Sand widmet sich gerade ein Absatz. Sicher kommen – immer nur als Drais-Zitate – Spitzen gegen Revolutionäre, Unruhestifter, verderbende Lehrer und Professoren vor. Aber insgesamt scheint es, als ob Gallenberg kontroverse Themen möglichst umgangen hat, die das Bild seines väterlichen Freundes vielleicht verdunkelt hätten. Besonders auffällig ist, dass der Sohn Karl nur in einem Zitat aus dem Tagebuch erwähnt wird, in einem Text zum Dienstjubiläum nach großen Lobesworten über die Töchter: „Der Sohn, aus Brasilien von seiner wissenschaftlichen Reise heimgekehrt, wird sich gern für mich den Schwestern anschließen." Gallenberg hat diese Rückkehr selber 1827erlebt und war wohl dem neuen Hausgenossen nicht besonders zugetan.

Was war wohl der Schreibanlass für Gallenberg? Bewunderung und Zuneigung sind so deutlich, dass es sein Wunsch gewesen sein muss, dieses väterliche Vorbild auch für andere festzuhalten. Fehler oder charakterliche Schatten werden allenfalls für Drais' frühe Zeit erwähnt. Der Augenzeuge strebt ein durchweg positives Bild von einem konservativen, doch der Aufklärung verpflichteten, patriarchalischen Schriftsteller und Hausvater an. Dessen Buch- und Schreibprojekte scheinen ziemlich vollständig genannt zu werden. Darin zeigt sich Gallenbergs Interesse als selbst literarisch Engagierter.

Bei all dem hat der Sekretär sein Judentum ganz herausgehalten und versucht, sich in die protestantische Bildungsfrömmigkeit dieser Adelsfamilie einzufühlen. Vielleicht hat er ja in seiner eigenen Familie in einer vergleichbaren aufgeklärten, patriarchalischen Welt gelebt. Drais ist eine Gestalt des 18. Jahrhunderts und verkörperte 1830 in vieler Hinsicht Unzeitgemäßes. Für das dann noch einmal zehn Jahre später erscheinende Buch gilt das noch mehr. Was an ihm zeitgemäß ist und zur Zeit des Biedermeier gehörig, tritt vielleicht am ehesten im nahen und mitfühlenden Blick hervor, in der fast intimen Perspektive. Vor allem in der zweiten Buchhälfte geht es um ein Leben, das sich fast ganz im Häuslichen und im Familienkreis erschöpft: den Alltag, den täglichen Ablauf im Leben des immer noch beruflich und literarisch aktiven Mannes. Das geht bis zur Darstellung von Arbeitstechniken, so dem Anfertigen einer „Faciendum"-Liste, die auf dem Schreibtisch liegt.

Gallenberg muss in diesem Schwerpunkt eine Besonderheit seines Buches gesehen haben. Er formulierte das auch programmatisch in der Vorrede: „Ich habe [...] auch jene Wahrnehmungen beigefügt, welche dem Ganzen mehr Vollständigkeit geben und nur von dem Standpunkt des stillen, täglichen Beobachters aufgefaßt werden können"(S. 4). Gleichzeitig war er sich dessen bewusst, dass er hier behutsam vorgehen musste. Bei der fast einzigen Stelle, wo ein Autor-Ich vorkommt, geht es um eine Reflexion darüber, was gesagt werden dürfe (S. 50): „Was ich aber noch besonders hervorheben möchte, ist der ächt-christliche, hausväterliche Sinn [...]." Da Drais selbst vor „zu leichter Mittheilung höherer Gefühle" gewarnt habe, hieße das, meint der Autor, „daß ich [...] vielleicht nichts über sein religiöses Leben im Familienkreise sagen sollte". Dennoch entscheidet sich Gallenberg an dieser Stelle dafür, da Drais nicht mehr lebe und sein Beispiel ein Vorbild für die Nachwelt werden könne. Darauf folgt über mehrere Seiten eine Schilderung von Drais' religiösem Leben in seinem Haus und innerhalb der Familie. So gab es offenbar täglich einen „häuslichen Gottesdienst", eine Morgenandacht mit Gesangbuch oder Andachtsbuch, an der die Kinder teilnahmen. Auch Karl von Drais muss man sich dabei vorstellen. Es geht unter anderem auch um praktische Nächstenliebe, wie sie an Einzelfällen gezeigt wird. Schließlich folgt eine Reihe von vorbildlichen Charakterzügen, die im Blick auf den ganzen Lebensweg hervorgehoben werden. Dieser Mittelteil der „Biographischen Skizze" ist wohl eine originäre Leistung von Gallenberg, die ihm besonders am Herzen lag. Danach (ab S. 62) folgt der einfacher gestaltete, im Wesentlichen chronologische Ablauf der letzten drei Lebensjahre.

Leider ist es bisher nicht gelungen, in damaligen Zeitungen einen Hinweis auf die Biographie zu finden. Möglicherweise kam sie gar nicht in Buchhandlungen zum Verkauf.

Lazarus Gallenberg als Handlungslehrer

Wovon Gallenberg nach dem Tode seines Arbeitgebers lebte, ist unbekannt. 1838 tritt er als privater „Handlungslehrer" in Erscheinung. Da war er offenbar schon jahrelang in diesem Bereich tätig, was folgende Zeitungsanzeigen von 1838 zeigen:[29]

Anzeige Februar 1838

„Die schon seit vielen Jahren im In und Ausland anerkannte theoretisch praktisch bewährte Handlungs-Lehrmethode von L. Gallenberg beginnt in E 4, 11 am 1. Mai 1838 ihren Sommer-Cursus mit Vorträgen.
Zwei Jünglinge aus dem Armenstande hiesiger Stadt werden jedes Jahr untgeltlich aufgenommen.
Mannheim, im Feb. 1838"

Anzeige April 1838

„Erfreut über den Anklang den meine jüngste Ankündigung hier und auswärts gefunden hat, ersuche ich diejenigen, welch mich mit den Anmeldungen zur Aufnahme ihrer Söhne oder sonstiger Angehörigen noch nicht beehrt haben, sich um so bälder mit mir zu verständigen, da meine Lehre in den Handlungs- und ihren Hilfswissenschaften unter Mitwirkung tüchtiger gebildeter Männer mit dem 1.Mai d.J. ihren Sommerkurs beginnt und zwar zu dem doppelten Zwecke:
1 Jünglingen, welche das 13te Jahr erreicht haben und sich später dem Kaufmannstande oder einem andern verwandten höhern Gewerbe des bürgerlichen Lebens widmen wollen, die Vorbildung in

den dazu erforderlichen Wissenschaften und Künsten und
2 hiesigen Handlungslehrlingen, in so weit es ihre Verhältnisse gestatten, die wissenschaftliche Ausbildung, wie sie nach den Erfordernissen der Zeit dem Kaufmanne nöthig ist, zu geben.
Der Aufzunehmende kann nach besonderer Rücksprache zugleich in meinem Haus oder bei andern würdigen Männern der Stadt häusliche Unterkunft finden, wo ihn dann wie ein Familienglied, alle gehörige Fürsorge für geistiges und leibliches Wohl erwartet. [...]
L.Gallenberg, Lehrer der Handlungswissenschaften"

Abb. 5
Bernhard Kahn (1827-1905)
commons.wikimedia.org/wiki/File:Bernhard-kahn-d1905.jpg

Die Schule ist Jahre vorher begründet worden, wohl im Zusammenhang mit dem Erwerb des Hauses in E 4 (1834). Es dürfte sich um eine kleine Einrichtung gehandelt haben, die auf jüdische Schüler zielte. Als Handlungslehrer hat Lazarus Gallenberg versucht, eine Nachfragelücke zu schließen, die 1840 durch die Gründung der Höheren Bürgerschule zum Teil beseitigt wurde. Nach der zweiten Annonce sind weitere Lehrer beschäftigt worden. Da kann man an den Freund Brandes als Fremdsprachenlehrer denken. Immerhin konnte es sich Lazarus Gallenberg leisten, Freiplätze zu gewähren. Im Familienbogen des Vaters[30] haben sich Dokumente erhalten, nach denen 1840 im Hause vier Jungen aus Stebbach, Sobernheim, Dossenheim und Heidelberg als Privatschüler gewohnt haben. Der Stebbacher Zögling war der 13-jährige Bernhard Kahn (Abb. 5). Da hat er sicher auch die Familie des musikalischen Bruders Simon im Nachbarquadrat kennengelernt. Vermutlich gab das schon einen Impuls für die spätere Musiknähe der Kahns. Der Musikerhaushalt Simon Gallenbergs lag im Nachbarquadrat (D 4,16). Vielleicht hat Kahn damals dort das Gitarrenspiel erlernt. Als Jugendlicher liebte er es nämlich, dieses Instrument zu spielen.[31] Bernhard Kahn hat zwanzig Jahr später einen steilen sozialen Aufstieg als Kaufmann, Bankier und Stadtrat erlebt. Sein Haus war als kultureller Anziehungspunkt bekannt.

Gallenberg hat immer bei seinen Eltern gewohnt. Kurz vor seinem Vater ist er am 21. März 1841 mit 38 Jahren gestorben. Da der neue Friedhof über dem Neckar erst später eingeweiht wurde, ist kein Grabstein erhalten. Der ebenfalls vergessene Literat und Homöopathie-Arzt Dr. Leonhard Hegewald (Abb. 6) hat einen Nachruf geschrieben.[32] Das Gedicht spricht das bedrängte Leben des Verstorbenen an:

„Er, der in Kampf und Weh als Genius rettend stand,
In Menschenliebe nur dem Ewigen verwandt,
Ein reiner Geist hat uns zurückgegeben /Sein Erdenleben...
Zerbrochen ist der grünen Hoffnung Feuerschild,
Zerrissen dieses schweren Lebens Männerbild."

Ein anrührender und überschwänglicher Nachruf stammt vom Freund Moritz Brandes und ist in dessen Büchlein „Skizzen und Bilder aus der Pfalz" von 1843 versteckt.[33] Im schönen Heidelberg-Kapitel trauert er „um einen edlen Dahingeschiedenen". „Der edle L.G., mit dem ich so oft hier verweilt, dessen herrlicher, poetischer Geist, voller Jugend und Hoffnung, hier eine schöne Zukunft träumte, du solltest nicht glücklich, deine schönen Träume nicht verwirklicht werden hienieden, deine Hülle modert im Grabe [...] Ich bin einsam geworden durch seinen Tod, und als ich ihn zu Grabe tragen sah, glaubte ich erst recht fest an die Fortdauer der Seele; denn so viel Geist und Gemüth kann nicht untergehen."

Moritz Brandes – Lyriker und Erzähler

Der Vater von Moritz Brandes (geb. 1777) war als „Klaus-Präceptor" einer der drei bei der Lemle-

Abb. 6
Dr. Leonhard Hegewald
Aus: Prof. Hegewald:
Aus der Mappe eines
Arztes, 2.Aufl. Berlin 1897,
Innentitel

Klaus-Stiftung angestellten Lehrer. Er war als „Zehngebotsschreiber" (so noch auf dem Familienbogen) von Ittlingen nach Mannheim gekommen. Seinen traditionellen Namen Jacob Moises hatte er in Jacob Brandes geändert. Die Familie Brandes hat es nie zu Hausbesitz gebracht. Auch Moritz hat kein Bürgerrecht bekommen und nie geheiratet. Die beiden ersten jüdischen Literaten sind also in keinem Mannheimer Adressbuch aufgetaucht. Nach dem Tod des Vaters zog Moritz mit seiner Mutter nach F 2, 10, er blieb dort bis zu seinem Tod.

Im Unterschied zu Gallenberg war Brandes nach dem Zeitschriftenprojekt weiter mit einigem Erfolg literarisch tätig. 1836 trat er mit einem Nachruf auf seinen Vater wieder hervor.[34]

Nachruf an meinen geliebten am 2. dieses Monats verblichenen Vater Jakob Brandes

Du warst so fromm, so rein und gut,
Wie's wenig Menschen giebt;
Du trugst den Schmerz mit frohem Muth
Und hast kein Kind betrübt.

Wer schaute wohl mit solcher Ruh
Durch dieses Lebens Nacht?
Wer hat es wohl so weit wie Du
In Menschenlieb gebracht?

Du reichtest Jedem Deine Hand
Vertrauensvoll und mild,
Denn Tugend war Dein Unterpfand,
Und Redlichkeit Dein Schild.Dein Leben war so heiligrein,
Ein Engel ging mit dir,
Der führte Dich ins Leben ein,
Und führt Dich jetzt von mir.

Du stehst vor Gott, und ich allein,
Allein, mit meinem Schmerz;
Denn so getrennt von Dir zu seyn,
Drückt blutig wund mein Herz.

Doch hab ich mir den Trost erfaßt,
Zu wandeln so wie du
Den Pfad, den du befolget hast,
Bis zu des Grabes Ruh!

Hier zeigt sich, dass Brandes ein größeres literarisches Talent war als die anderen zitierten Autoren. In seinen letzten Lebensjahren hat er noch einmal eine beachtliche Aktivität entfaltet. Er lieferte Zeitungsbeiträge, überwiegend in Form von Gedichten, kleinere Prosatexte und Erzählungen. Mindestens zwei solcher Fortsetzungstexte erschienen im „Mannheimer Morgenblatt".[35] Eine weitere Erzählung veröffentlichte 1842 die vielgelesene Frankfurter Unterhaltungszeitschrift „Didaskalia".[36] Am erfolgreichsten scheint er jedoch mit seinem Gedichtband gewesen zu sein.[37] Dieser hat in der damals wichtigsten deutschen Rezensionszeitschrift eine recht positive Kritik erhalten:

„Die elegische Stimmung, welcher diese einfachen Lieder ihre Entstehung zu verdanken schienen, steht ihrem Verf. recht gut. Es ist kein künstlich gemachter, bei den Haaren herbeigezogener Schmerz [...] Wahrheit ist in dem Wehmuthsgefühl, der Verf. liebt wirklich die Einsamkeit, die nächtliche Stille, das Träumen im Mondschein. Das Spiel des Lebens genügt ihm nicht. Eine fromme Ergebung jedoch in das Unvermeidliche, und ein daraus hervorgehender Muth, mit den Übeln der Zeitlichkeit zu ringen, gibt den Klagen einen Anflug von Kraft, wodurch der sonst leicht aufkommende Gedanke an Unmännlichkeit und Schwäche unterdrückt wird."[38]

Dieser Gedichtband ist nur in zwei Bibliotheken (in Straßburg und Berlin) nachweisbar, aber nicht über Fernleihe zu erhalten. Die in Periodika abgedruckten Gedichte geben einen gewissen Eindruck von Brandes' Lyrik. Bei meist formvollendetem Versmaß und Reim geht es um eher konventionelle Biedermeierthemen. Die Rezension in den „Rheinischen Blättern" (1842, S. 928) bemerkt nicht ohne Grund: „Die Gedichte, von dem Verleger splendit ausgestattet, verdienen die besondere Aufmerksamkeit der Damenwelt." Unter den Abdrucken fällt in seinem persönlichen Ton ein leise sozialkritisches Gedicht auf (Rheinische Blätter 24. November 1842):

Ein bittend Wort

Ein Wort, ein einzig bittend Wort
Das wag ich offen hier zu sagen,
Und eilet es auch flüchtig fort,
Mag gute Früchte es nur tragen.

Dann denken Sie, daß dunkle Nacht
Viel Ihrer Brüder jetzt umhüllen,
Daß während hier die Freude lacht,
Dir Thräne dort das Auge füllen.

Gedenken Sie in Ihrem Glück
An die, die Ihre Hülfe hoffen
Und die in diesem Augenblick
Vom Mißgeschicke hart getroffen.

Dann helfen Sie! Die Freud ist schön;
Heil dem, dem sie von Gott gegeben,
Ein Schatten muß das Licht erhöhn
Und Wechsel schmücket nun das Leben.

Ein Blick nun in das dunkle Reich,
Wo selten nur die Freude weilet, -
Dann wenden sie sich wieder gleich,
Wenn manche Wunden Sie geheilet.

Gedenken Sie, wenn liebewarm,
Sie sich am treuen Herzen halten.
Daß jetzt in Armuth, Sorg und Harm
Manch Menschenherz ist fast zerspalten.

Gedenken Sie beim reichen Mahl,
Da Manche hungernd draußen darben.
Gedenken Sie im warmen Saal,
Daß Manche schon vor Kälte starben.

Die Freud ist schön, die Lust ist Glück
Und recht ist's fröhlich zu genüßem,
Doch auch nur einen Augenblick
Soll Sie die Armuth hülfreich grüßen.

Das ist das Wort, ein bittend Wort
Das ist gewaget hier zu sagen -
Und eilet es auch flüchtig fort,
Mag gute Früchte es nur tragen!

Sprachlehrer und vergessener Stadtporträtist

Obwohl kein Vollbürger, muss Brandes in seinen letzten Jahren eine geachtete Mannheimer Persönlichkeit gewesen sein. Er war an der Gründung des Mannheimer Gewerbevereins beteiligt, der überwiegend von Handwerkern getragen wurde. Jedenfalls hat der 1841 gegründete Verein ihn im folgenden Jahr zu einem von vier Ehrenmitgliedern ernannt.[39] Die ebenfalls so geehrten Heinrich Schröder und William Fardely sind als stadtgeschichtlich bedeutende Personen inzwischen durch „Stadtpunkte" gewürdigt: Schröder war seit 1840 lange Jahre Direktor der Höheren Bürgerschule. Fardely ist bekannt geworden, weil er entlang von Bahnstrecken Telegraphenlinien gebaut hat, mit die ersten in Deutschland. Das vierte Ehrenmitglied, Leonhard Hegewald (1818-1906), ist ein ebenfalls vergessener Literat, der 1840 Redakteur des „Mannheimer Morgenblattes" war. Man wird sich die drei als gute Bekannte von Brandes vorstellen können, Hegewald wohl sogar als einen Freund. Die Ehrung könnte mit seiner Tätigkeit als Englisch- und Französischlehrer zusammenhängen. Noch in seinem letzten Lebensjahr hat er ein ambitioniertes Fortgeschrittenenprogramm für Englisch und Französisch entwickelt, ein bemerkenswertes Beispiel für einen Sprach-Fernkursus. Der Mannheimer Korrespondent einer Frankfurter Zeitung berichtet:[40]

„Um nun jenen Damen und Herren, die den gewöhnlichen Unterricht schon vollendeten, [...] sich auf eine leichte und angenehme Weise zu vervollkommnen, werden die Unternehmer, an deren Spitze der als tüchtiger Philolog neuerer Sprachen bekannte Moritz Brandes steht, alle 14 Tage eine Brochüre, die mit größter Aufmerksamkeit gewählte Original-Aufsätze aus den besten Werken der Deutschen, Franzosen und Engländer enthält, erscheinen lassen [...]. Der Abonnent kann entweder alle oder jedem gefällige Piece der Brochüre in eine Cahier übersetzen, welches an bestimmten Tagen eingeschickt werden kann und eben wieder, nachdem es korrigirt und mit schriftlichen Bemerkungen versehen ist, zurückgesendet wird [...]. Hier wurde dies Unternehmen bereits mit Acclamation aufgenommen."

Lokalhistorisch und literarisch bemerkenswert ist Brandes' wohl postumes kleines Werk mit Beschreibungen von Mannheim und Umgebung: „Skizzen und Bilder aus der Pfalz, Mannheim 1844". Dieses Büchlein scheint von der stadtgeschichtlichen Literatur nicht beachtet worden zu sein. Auf nur 44 Seiten bietet es einzigartige und originelle Schilderungen aus der damaligen Zeit.[41] Brandes schreibt in einem persönlichen Ton, wie er anderen Mannheimporträts aus jenen Jahrzehnten fehlt.[42] „Die Planken waren der Spielplatz meiner Kindheit", schreibt er, und bedauert das Verschwinden der alten Bäume dort. Die Straße habe allerdings von jeher keinen guten Ruf gehabt: „berühmt als der Wandelplatz der Venuspriesterinnen."(S. 18). Interessant sind Beiträge über „Mannheim bei Nacht", „Die Schloßruine" (Nordflügel), „Rheindamm", „Engländer" („Diese fremden Zugvögel bilden eine abgesonderte Klasse unter uns.") und „Mannheimerinnen".

Brandes ist hier nicht der weltabgewandte empfindsame Dichter, sondern wohlvertraut mit der wirtschaftlichen und sozialen Lage. Er rühmt Mannheims Reichtum und Chancen und prognostiziert treffsicher: „Noch gehört es zum zweiten Range der deutschen Handelsstädte, aber in 25 Jahren wird es zu den ersten gezählt werden." (S. 6) Ein breitgefächertes Interesse zeigen vor allem die Abschnitte über die Kultur der Kaffee-, Bier- und Weinhäuser, die Hospitäler und über den Gewerbeverein. Das Kapitel über Schwetzingen enthält sogar eine kleine romantische Erzählung, die an Motive aus Eichendorffs „Marmorbild" erinnert. So ergibt sich das interessante Bild eines nichtakademischen, autodidakten Literaten, der sich quer zum Bildungsbürgertum stellte. Nicht zufällig landet Brandes kleine Angriffe auf die „Gelehrten-Aristokratie"(S. 9) und „gelehrte Vorträge", die „wenig oder gar nichts für das Ganze nützen"(S. 11).

Nach Brandes´ Tod am 7. November 1843 spielt ein Nachrufgedicht noch einmal auf die Orientalismusthese an: „Sucht ihr den Dichter aus den Morgenlanden [...] / Brandes war's, aus seiner Lei'r / Floß des Orients heil'ges Dichterfeu'r."[43] Diese Etikettierung blieb am Ehrenmitglied des Gewerbevereins haften, das sich doch von seinen literarischen Anfängen so weit entfernt hatte. Distanz zum jüdischen Herkunftsmilieu bestätigte auch ein Nachruf von F.A. (= sicher Ferdinand Adrian), in dem es heißt: „Sein Herz hatte Raum für Freud und Leid seiner Freunde, deren er mit warmer Neigung und bewährter Treue unter seinen Glaubensgenossen, mehr aber unter den Christen gefunden hatte."[44] Die Hinterlassenschaften waren sehr kärglich. Eine Nachlassakte[45] von wenigen Seiten veranschaulicht, in welch beengten Verhältnissen Brandes gelebt haben muss. Sein Eigentum wurde auf 18 Gulden geschätzt, es bestand vor allem aus einem Schreibpult und Büchern in deutscher, französischer und englischer Sprache. Das konnte kaum die Beerdigungskosten decken, wie seine Mutter anmerkte. Sie unterschrieb wie die meisten jüdischen Frauen damals mit hebräischem Namenszug. Der größte Teil des Geldes dürfte zur Herstellung des Grabsteines verwendet worden sein, der bis heute erhalten ist (Abb. 7). Brandes gehörte zu den ersten Mannheimern, die auf dem Friedhof (jüdische

Abb. 7
Der Grabstein von Moses (Moritz) Brandes
Foto: Privat

Abteilung) jenseits des Neckars bestattet wurden (benutzt ab 1842). Gewählt wurde eine traditionelle Form mit ausschließlich hebräischer Inschrift und mit seinem jüdischen Vornamen „Moses". Nichts weist hier auf den großen Schritt hin, den er aus seinem Herkunftsmilieu gemacht hat.

Nachwirkungen

Eine Nachwirkung der beiden Literaten im kulturellen Mannheim ist kaum nachweisbar, und das dürfte doch mit offen oder untergründig antisemitischen Mentalitäten zusammenhängen. Zwanzig Jahre nach seinem Tod war Brandes' Geschichte „Der Schwetzinger Garten" im „Mannheimer Tageblatt" in Fortsetzungen zu lesen (unter der Abkürzung „M.B."). Weitere Auszüge wurden 1887 ohne den Autorennamen im „Generalanzeiger" nachgedruckt, dessen jüdischer Chefredakteur Julius Katz vielleicht ein besonderes Gespür dafür hatte.[46] Die Mannheimer Schriftstellerin Edith Reidel hat fast hundert Jahre später aus den „Skizzen und Bildern" zitiert, die sich wohl in ihrem Besitz befanden.[47]

In der Familie Gallenberg wurde die kulturelle Tradition jedoch weitergeführt. Vor allem die Nichte von Lazarus, Betty Gallenberg, die einzige Tochter seines Bruders Simon, hat eine einzigartige Spur hinterlassen. Der Hofmusiker unterrichtete sein am 16. Januar 1832 geborenes Kind wohl selber im Violinspiel, mehr Fortschritte machte sie jedoch auf dem Klavier. Die Anfänge der Laufbahn seiner Nichte hat Lazarus noch verfolgen können, vielleicht war auch sie ein wenig ein Wunderkind. Jedenfalls hat der Vater es ermöglicht, dass sie für zwei Jahre zum Klavierunterricht nach Paris gehen konnte. Nach einer Familienüberlieferung finanzierte dies ein Onkel, der in Paris lebte. Während dessen Name unbekannt ist, machte ein Internetfund zumindest den dortigen Klavierlehrer bekannt: Es geht um das Angebot eines Antiquariats mit einem Band Klaviernoten, der verschiedene Klavierstücke umfasst.[48] Auf dem Umschlag steht der Name der ersten Besitzerin: Betty Gallenberg. Neben Stücken von Chopin und Liszt folgen im Mittelteil mehrere Werke von Karl Wilhelm John aus den Jahren 1850 bis 1853, die zum großen Teil „Mad.lle Betty Gallenberg" gewidmet sind. Nur eines dieser Stücke ist gedruckt, die anderen sind Autographen. Der Berliner John lebte von 1845 bis 1863 in Frankreich, wo er in Paris als Pianist und Klavierlehrer sehr erfolgreich war. Die weiteren Noten des Bandes stammen von französischen Verlagen, die im zweiten Teil von Heckel in Mannheim, sodass die Sammlung wohl nach Bettys Rückkehr in Mannheim gebunden wurde. Es handelt sich also um Übungsliteratur und Repertoirstücke der jungen Klavierspielerin. Leider ließ sich bisher kein Hinweis auf einen Auftritt in den 1850er Jahren finden.

Mit 29 heiratete Betty 1862 in Mannheim den deutsch-amerikanischen Bankier Salomon Loeb, der im Zusammenhang mit der 1848er Revolution aus seiner Vaterstadt Worms emigriert war. Nachdem seine Ehefrau gestorben war, reiste Loeb 1862 in die Heimat, um sich eine neue Partnerin zu suchen. Bei dieser Eheanbahnung dürfte der frühere Gallenberg-Schüler Bernhard Kahn als Schaltstelle eine Rolle gespielt haben. Er war ebenfalls 1849 wegen revolutionärer Aktivitäten in die USA emigriert und hatte in einer Bank in Albany (NY) gearbeitet.[49] Nach der Amnestie zurückgekehrt, hatte er in Mannheim 1860 eine Tochter des Wormser Handelsmanns Ferdinand Eberstadt geheiratet. Sein Schwiegervater war von 1849 bis 1852 in Worms Bürgermeister gewesen, der erste jüdische in einer deutschen Stadt. Sicher kannte dieser auch den Wormser Salomon Loeb. Auf der anderen Seite hat Bernhard auch Betty Gallenberg gekannt.1840/41 muss er die damals Neunjährige als Klavierspielerin gehört und im Gallenberg'schen Haus E 4, 11 gesehen haben, denn dort hatte auch ihr Großvater gewohnt. Es war eine folgenreiche Verbindung. Leider waren bisher keine Berichte von dieser Mannheimer Hochzeit aufzufinden.

Bei Opernbesuchen konnte Kahn Simon Gallenberg weiterhin bis 1869 im Orchester hören. Der Geiger starb 1872 und erhielt einen erheblich anderen Grabstein (Abb. 8) als Moritz Brandes.

Die Tochter Betty konnte in Amerika ihre Rolle als Gattin eines Großbankiers offenbar bestens ausfüllen. Alle ihre vier Kinder erhielten Musikunterricht. Ihr Ehemann stieg in dieser Zeit als Teilhaber der Bank Kuhn, Loeb & Comp. zu einem der bedeutendsten US-Banker auf.

Leider war wohl mit Betty auch das Wissen um die kulturellen Verdienste der Gallenbergs in Mannheim ausgewandert. Anlässlich einer Stiftung in Bettys 55. Lebensjahr, die ihr Ehemann in Mannheim begründete, hieß es im „Generalanzeiger":

Peter Koppenhöfer

„Herr Banquier Loeb in New York [hat] einen Betrag von zwanzigtausend Mark überwiesen, dessen Zinsen alljährlich bedürftigen Mitgliedern unseres Hoftheaterorchester als Beiträge zu Badekuren usw. zugute kommen sollen." Von den Gallenbergs wusste man damals nur: „Die Gattin des edlen Stifters ist nämlich die Tochter des langjährigen Mitglieds unserer Theaterkapelle, Herr Gallenberg."[50] In den folgenden Jahren wurde das Stiftungskapital der „Gallenberg-Stiftung" immer wieder von Familienmitgliedern und Freunden erhöht, z. B. von Jakob H. Schiff. Die Stiftung hat die Inflation überlebt und existierte auch nach 1945 weiter.[51]

Bettys Sohn James Loeb, also der Großneffe von Lazarus Gallenberg, führte die musikalische Tradition fort. Neben vielfältigem Mäzenatentum wurde er, wohl im Gedenken an seinen Großvater, zu einem der Begründer der Julliard-School.[52] So gibt es eine historische Verbindung zwischen dem Mannheimer Orchester und dieser weltberühmten Musikeinrichtung, was der Familie Loeb sicher bewusst war, aber nicht mehr den Mannheimern. Die musikalische Verbindung Mannheim-New York führte auch ein Sohn Bernhard Kahns fort. Otto Kahn war ein Nachfolger Loebs in dessen Großbank und hat ebenfalls Großes als Musikmäzen bewirkt: Er ist einer der Mitbegründer der Metropolitan Opera.

Abb. 8
Der Grabstein von Simon Gallenberg
Foto: Privat

1 In dem über 180 jüdische Periodika umfassenden Nachweis der Frankfurter Goethe-Universität (http://sammlungen.ub.uni-frankfurt.de/cm/nav/index/title) gibt es jedenfalls nichts Vergleichbares. Die Mannheimer Zeitschrift fehlt. Außer der Leipziger Zeitschrift „Sulamith"(ab 1807) gibt es jüdische Zeitschriften erst in den 1830er Jahren.

2 Sulamith. Eine Zeitschrift zur Beförderung der Kultur und Humanität unter der jüdischen Nation, Leipzig Jahrg. 1812, S. 339. - In Mannheim meldeten sich z.B. nur zum 1. Mai 1808 an: Jesaias Jud Hirsch, Joseph Hohenemser, Max Hohenemser, David Nathan, Hirsch Ladenburger, Seligman Ladenburg und Liebmann Schwalbach.- STA Mannheim Zg 36/1996, Nr.1, Matrikelbuch des Lyceums.

3 Vgl. den Artikel „Dr. Wolffs Ehrentag" in Mannheimer Anzeiger 29.5.1857. Tilde Bayer: Minderheit im städtischen Raum, Stuttgart 2001, S. 126f. Wolff unterrichtete von 1816 bis 1819 in Mannheim, danach in Karlsruhe.

4 S. Anm 2.

5 NDB Band 21, Berlin 2003, S. 679f.- Seine Mannheimer Zeit spiegelt sich im Briefwechsel der Geschwister Varnhagen: Rahel Varnhagen. Briefwechsel mit Ludwig Robert, München 2001.

6 Briefwechsel, S. 232 (s. Anm. 5). Er schrieb das Gedicht innerhalb eines Tages und lehnte eine Bezahlung ab.

7 Rahel Varnhagen musste sich sagen lassen, wann Jom Kippur war. S. Briefwechsel, Brief Rahel an Ludwig Robert 9.10.1818, S. 176 (s. Anm. 5). - Kurz nach jener Huldigungsfeier hat er sich im März 1819 wegen seiner geplanten Ehe mit Friederike Braun, der Schwester eines Karlsruher Buchhändlers, in Frankfurt taufen lassen.

8 Glücklicherweise haben sie sich in der Heidelberger Universitätsbibliothek erhalten, Exemplare andernorts sind nicht nachweisbar.

Falsch ist die Angabe eines jahrelangen Erscheinens bei Berthold Rosenthal: Heimatgeschichte der badischen Juden, Bühl 1927, S. 336, und Karl Otto Watzinger: Geschichte der Juden in Mannheim 1650-1945, Mannheim, 2.Aufl. 1987, S. 31.

9 Abraham Ascher, geb. 1784 in Wallerstein, heiratete 1821 in Mannheim eine Tochter des Klausrabbiners, lebte von Handel und Geldverleih, erhielt 1829 die Stelle eines Rabbinatsverwesers in Bühl und starb dort 1837 als Bezirksrabbiner. Vgl. Michael Brocke, Julius Carlebach (Hrsg.): Biographisches Handbuch der Rabbiner. Teil 1., München 2004, S. 149.

10 Von Gallenberg waren: „Hassan Mehmed und Abdulizza. Eine morgenländische Erzählung"; „Fania und Zaraide. Ein Feenmärchen" sowie „Die Probe", eine in Deutschland spielende Erzählung.

11 Zum Orientalismus in Deutschland vgl. Andrea Polaschegg: Der andere Orientalismus. Regeln deutsch-morgenländischer Imagination im 19. Jahrhundert. Berlin 2004.

12 Saul Ascher: Orientalische Gemälde. Berlin 1802. Er benutzte auch solche Doppeltitel, wie sie Brandes/Gallenberg verwendet haben, z.B. „Sirtha oder den Rächer straft seine eigene Rache". Zu Ascher: Renate Best: Der Schriftsteller Saul Ascher. Im Spannungsfeld zwischen innerjüdischen Reformen und Frühnationalismus, in: Ascher: Ausgewählte Werke, Köln 2010, S. 7ff. - Schriften von Ascher sind beim Wartburgfest verbrannt worden.

13 Iulia-Karin Patrut: Phantasma Nation. 'Zigeuner' und Juden als Grenzfiguren des 'Deutschen' (1770-1920), Würzburg 2014, S. 22. u.a.

14 Ludwig Börne: Briefe aus Paris, Frankfurt a.M. 1986, S. 510.

15 Mannheimer Abendzeitung 11.11.1843. Nachruf von „F.A." Das war Ferdinand Adrian, der zum späteren Freundeskreis von Brandes gehört haben muss. Er war ein publizierender Handwerker, Tapezierer, der sich später Kolping anschloss.

16 In der Todesanzeige Mannheimer Journal 3.1.1842 wird „Schreiblehrer" als Beruf angegeben. Als erfolgreicher Schreiblehrer erwähnen ihn die Erinnerungen von Helwine Lindmann, in der Veröffentlichung allerdings mit seinem Sohn, dem Lehrer Seligmann Gallenberg, verwechselt: Volker Keller (Hrsg.): Die Welt der Mannheimer Klaus, Mannheim 2012, S. 56f. (falscher Grabstein).

17 Mannheimer Zeitung 10.10.1833 Versteigerung wegen Erbteilung nach Tod Hirsch Gallenbergs, des Vorbesitzers.

18 „In Mannheim wird ein junger Vorsänger, J. Gallenberg, sehr gelobt." Der Orient. Berichte, Studien und Kritiken für jüdische Geschichte und Literatur. Leipzig Nr. 44, 31. Oct 1843. - Zu Seligmann Gallenberg: Dankesanzeige des Kantors S. Gallenberg für Geschenke, Mannheimer Journal 1840, S.1044. Vgl. Volker Keller: Jüdisches Leben in Mannheim, Mannheim 1995, S.,83.

19 Vermutlich hat er dem damals bekanntesten jüdischen Wunderkind Mannheims nachgeeifert, dem Pianisten Jakob Rosenhain (1813-1894), dessen Geburts- und Wohnhaus im Quadrat gegenüber den Lemle-Klaus-Einrichtungen lag. Rosenhain hatte schon mit neun Jahren seine erste Konzertreise gemacht und war 1828 mit 14 bei einem Akademiekonzert in Mannheim aufgetreten. Vgl. Elise Kratt-Harveng: Jacques Rosenhain. Komponist und Pianist, ein Lebensbild, Baden-Baden 1891.

20 Simon trat mehrfach als Solist bei den Akademiekonzerten auf. Das begann 1828/29 „Von mehreren guten Violinspielern, die unser Orchester besitzt, zeichneten sich besonders aus [...] die Herren Heidt, Ripfel und Gallenberg." Didaskalia 24.4.1829, ebenso Phönix 1828, S. 414. - Allgemeine Musikzeitung" Januar 1830, S. 15: „Ein junger Violinspieler, Herr Gallenberg, legte neue Beweise seines Fortschreitens [...] ab." Ebenso Allgemeine musikalische Zeitung 5.2.1831.

21 Darstellung des Skandals: Neckarzeitung 3.1.1829, 29.1.1829, mit wahrscheinlich von Heckel selber stammenden Gegendarstellungen u.a. am 27.1. Zum Urteil: Neckarzeitung 9.10.1829. Das Verbot der Harmonie wurde übrigens immer wieder von auswärts kritisiert: Didaskalia 24.4.1831 Reisebemerkungen. - Neue Speyerer Zeitung 2.4.1833.

22 So in Heidelberg 1842: Didaskalia. Blätter für Geist, Gemüt und Publizität 4.8.1842.

23 Allgemeine Theaterzeitung 1846, S. 720.

24 Phönix 1830 Nr.8, S. 56.

25 N.N.: C. W. F. L. Freiherr von Drais. Grossherzoglich Badenscher Geheimerath und Oberhofrichter, des Ordens der Treue Groskreuz. Eine biographische Skizze nach seinem Tagebuch und nach Erinnerungen aus vieljährigem Umgang entworfen. Druckerei von Kaufmann, Mannheim 1841.

26 NMZ 25.10.1930.

27 Baronin Johanna von Vay, geborene Freiin von Adelsheim, geb. in Pforzheim, den 5. August 1776, gestorben in Golop, den 26. Februar 1863. Wien 1864, S. 148. Der „Sekretär" hat die Dame vermutlich persönlich gekannt. Vgl. S. 33 der „Biographischen Skizze".

28 Wie Anm. 27, Johanna von Vay, S. 165.

29 Mannheimer Journal Februar 1838, S. 116; Mannheimer Journal 21.4.1838, S. 375.

30 StadtA MA - ISG, Familienbogen Baruch Gallinger. Später wurde der Name Gallenberg angenommen.

31 Steffen Fahl: Tradition der Natürlichkeit: zu Biographie, Lyrikvertonung und Kammermusik des spätromantischen Klassizisten Robert

Kahn, Berlin 1998, S. 7.

32 Mannheimer Morgenblatt 26.3.1841. - Der Mannheimer Hegewald hat eine Unmenge von kleinen Schriften hinterlassen, nachweisbar sind über 50.

33 M.Brandes: Skizzen und Bilder aus der Pfalz. Mannheim 1844, S. 37f. ; Titel nach der Datenbank des Bibliotheksverbunds zweimal in Deutschland vorhanden, darunter in der Bibliothek der Reiss-Engelhorn-Museen.

34 Mannheimer Tageblätter August 1836, S. 956f.

35 Mannheimer Abendblatt zur geselligen Unterhaltung 1838, S. 83ff, jeweils mit der Autorenangabe „M.B."

36 Didaskalia August 1842. Die Erzählung „Lebenswege" handelt wie Schillers „Räuber" von zwei Brüdern, einem guten, aber leichtlebigen, der enterbt wird, und einem unmoralischen, der erbt und seinem Bruder noch die Braut wegnimmt. Der Anfang spielt deutlich auf Mannheim an: „Ich vermache dem Armenhause 1000 fl, der Spitalkirche eben so viel." Beiträge von Brandes erschienen ab Ende der 1830er Jahre in folgenden Blättern: Frankfurter Journal, Didaskalia und in den Mannheimer Periodika: Rheinische Blätter, Mannheimer Abendblatt, Mannheimer Abendzeitung, Mannheimer Morgenblatt. Trotzdem wird Brandes in keinem der Literaten-Nachschlagewerke aufgeführt.

37 Gedichte, Mannheim 1843.

38 Blätter für literarische Unterhaltung 1843, S. 843.

39 Didaskalia 15.12.1842: „Ein Gewerbverein hat sich hier gebildet [...] Zu Ehrenmitgliedern wurden bisher ernannt: Prof. Schöder, die Herren Hegewald, Brandes und Fartly."

40 Frankfurter Konversationsblatt Belletristische Beilage 1.1.1843.

41 S. Anm. 21. Auszüge bereits im Mannheimer Abendblatt zur geselligen Unterhaltung 1838, S. 202ff.

42 Vgl. E.Looser: Briefe über Karlsruhe, Pforzheim, Baden-Baden und Mannheim, Karlsruhe 1833; K.C. v. Leonhard: Fremdenbuch für Heidelberg, Heidelberg 1834; H. v. Chézy: Handbuch für Reisende nach Heidelberg und in seinen Umgebungen, 3.Aufl., Heidelberg 1838.

43 Mannheimer Morgenblatt 26.11.1843: „Der Gedenkstein auf dem Grabe des Literaten Moriz Brandes, gestorben am 7. November 1843". Autor war vermutlich Leonhard Hegewald.

44 Wie Anm. 13.

45 StadtA MA - ISG, Verlassenschaftsakte Nr.4858.

46 Mannheimer Tageblatt 19.1.1868 M.B.: Der Schwetzinger Garten. Eine Skizze (mit Forts.). Generalanzeiger 18.10.1887 mit Fortsetzungen.

47 Erna Reidel: Die Mannheimerin von ehedem im Urteil ihrer Zeitgenossen, Neue Mannheimer Zeitung 6.3.1927; Erna Reidel: Die Mannheimerin und ihr Leben vor hundert Jahren, Kurpfalz-Jahrbuch 1930, S. 51.

48 www.vialibri.net/item_pg_i/921622-1840-chopin-frederic-franz-liszt-collection-bound-piano-music-from-the.htm (aufgerufen Mai 2016).

49 John Kobler: Otto, the Magnificent: The Life of Otto Kahn, New York 1988 S. 8.

50 Generalanzeiger 5.12.1889. Stadtarchiv Mannheim S2/1292, 2410 und 2667. Ein Foto von Betty aus dieser Zeit findet sich bei: www.geni.com/people/Betty-Loeb/6000000007561752861.

51 Mannheimer Adressbuch 1932/33, danach nicht mehr im Adressbuch. StadtA MA - Für 1956ff.: ISG 13/1977_00690.

52 Andrea Olmstead: Julliard: A History, University of Illinois 1999, S.13; zu James Loeb NDB Bd.15, sowie der englischsprachige Wikipedia-Artikel.

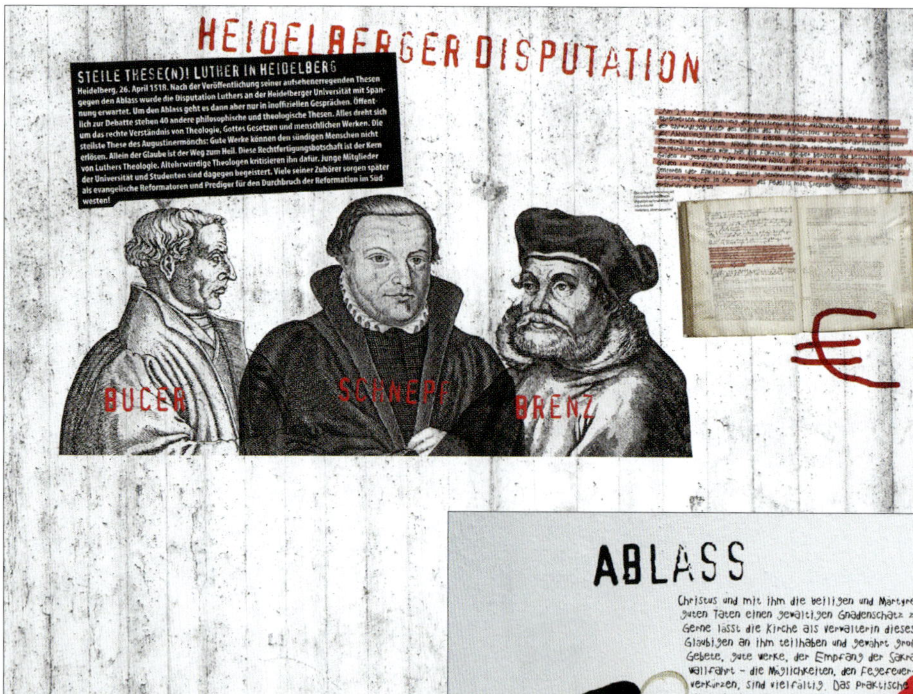

Abb. 1
Gestaltung der Sonderausstellung „REFORMATION!": Die Heidelberger Disputation
© hgb, Hannover

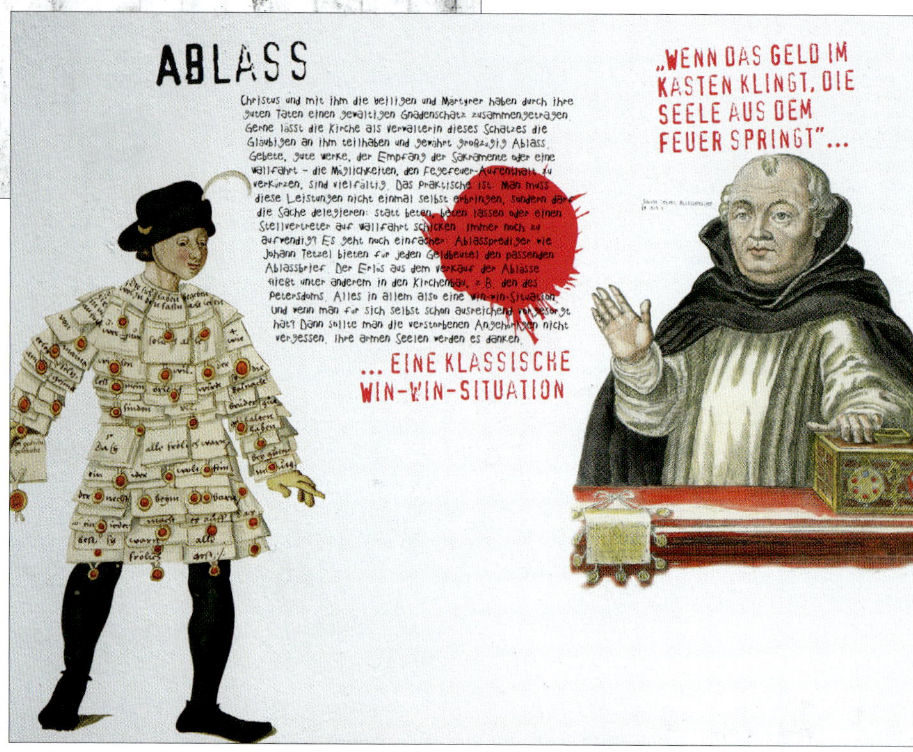

Abb. 2
Gestaltung der Sonderausstellung „REFORMATION!": Das Ablasswesen
© hgb, Hannover

Abb. 3
Ausstellungsimpression
Foto: rem, Maria Schumann

Das Jahr 2017 steht in Deutschland ganz im Zeichen der Reformation. Die Mannheimer Reiss-Engelhorn-Museen hatten sich allerdings entschieden, den Fokus zunächst auf etwas anderes zu richten als die übrigen Ausstellungsmacher im Rahmen des Jubiläums. Am 20. Mai wurde daher die Ausstellung „Die Päpste und die Einheit der lateinischen Welt. Antike – Mittelalter – Renaissance" eröffnet, welche die Geschichte der gemeinsamen Vergangenheit der verschiedenen christlichen Konfessionen in den Blick nahm. Die Ausstellung endete allerdings dort, wo die Reformation an Fahrt aufzunehmen begann. Das Gesamtprojekt, das auf eine ökumenische Perspektive angelegt ist, wurde daher am 28. Oktober durch die Eröffnung der Ausstellung „REFORMATION! Der Südwesten und Europa" um eine zusätzliche Facette erweitert. Diese sehr modern und innovativ gestaltete Ausstellung legt den Fokus insbesondere auf die Bedeutung des südwestdeutschen Raums für die Entwicklung der reformatorischen Bewegungen. Als vis maxima regni („größte Kraft des Reiches") war diese Region schon immer von größter Bedeutung für die politische und ökonomische Entwicklung des Heiligen Römischen Reiches – eine Bedeutung, die auch im Zeitalter der Reformation erneut ihre Wirkung entfaltete. Früh fanden die reformatorischen Ideen in dieser Innovationsregion Anklang, trafen aufeinander, entwickelten Dynamik und boten der Vielfalt reformatorischer Wege Raum. Ziel der Ausstellung ist es, diese Kraft des Südwestens sichtbar und zugleich erfahrbar zu machen, wie jung und dynamisch die Bewegung damals war und welche Einflüsse sie auf das politische und gesellschaftliche Leben entwickelte. Dabei treffen in der Schau mehr als 90 ausgewählte Originale auf Street-Art-Elemente und kurze Beschriftungen ebenso wie Kommentare im Twitter-Stil. Die frische Optik (Abb. 1 bis 3) soll zum einen das Interesse jüngerer Besucher für dieses auf den ersten Blick oft etwas theoretische und trockene Thema wecken und zugleich deutlich machen, wer im 16. Jahrhundert die Hauptträger der Reformation waren. Als Luther am 26. April 1518 in der Universitätsstadt Heidelberg auftrat, um in der „Heidelberger Disputation" seine Überzeugungen darzulegen, gehörte er mit seinen 35 Jahren bereits zu den Älteren. Diejenigen, die er begeisterte und die später zu zentralen Trägern der Reformation werden sollten, waren meist deutlich jünger. Sie zogen wenige Jahre später aus, die Welt zu verändern. Einige von ihnen werden als Akteure in der Ausstellung besonders vorgestellt.

In sechs Themenräumen erwartet die Besucher der Blick in eine Zeit, die von einer Aufbruchsstimmung geprägt war und in der Religion eine sehr große Rolle spielte, auch wenn diese häufig weniger eine Frage individueller Entscheidung als das Ergebnis politischer und gesellschaftlicher Prozesse war.

Als zentrale Reichsregion lag der Südwesten – ein Schwerpunkt der Ausstellung liegt auf Baden, Württemberg, der Kurpfalz und ausgewählten Reichsstädten – im Spannungsfeld verschiedener reformatorischer Strömungen. Während sich in der Kurpfalz der Calvinismus durchzusetzen begann, kamen aus dem Süden zwinglianische und aus dem Norden wittenbergisch-lutherische Ideen. Das Aufeinandertreffen und der Diskurs förderten den Fortschritt und die „Streitkultur" im positivsten Sinne. Es entwickelte sich eine Dynamik, die bis weit über die Region hinaus nach Europa und in die Welt wirkte. Nicht umsonst ist etwa der „Heidelberger Katechismus" das am weitesten verbreitete Bekenntnis des reformierten Protestantismus und wurde in über 40 Sprachen übersetzt. Mit diesem „globalen" Ausblick schließt sich der Reigen des Gesamtprojekts im Rahmen des Reformationsjubiläums.

Die Eröffnung der Ausstellung am 28. Oktober 2017 fand im Rahmen eines Festaktes statt, der mit einem Gottesdienst in der Mannheimer Christuskirche (Abb. 4) begann, an den sich ein Bürgerempfang der evangelischen Landeskirchen von Baden und Württemberg im Museum Weltkulturen der Reiss-Engelhorn-Museen anschloss.

Der abwechslungsreiche Festgottesdienst wurde durch zahlreiche Beiträge bereichert und

Abb. 4
Festgottesdienst in der Mannheimer Christuskirche
Foto: ekiba, Andreas Henn

musikalisch gestaltet vom „Ensemble Mannheim Vokal" und durch das „Concerto Mannheim", das unter der Leitung von Kirchenmusikdirektor Johannes Michel auf historischen Instrumenten spielte. Die Predigten wurden von den evangelischen Landesbischöfen Jochen Cornelius-Bundschuh (Freiburg) und Frank Otfried July (Stuttgart) gehalten. Weitere Mitwirkende beim Gottesdienst waren der Synodalpräsident für Baden Axel Wermke und die Synodalpräsidentin Inge Schneider für Württemberg, Pfarrerin Maibritt Gustrau, der Mannheimer evangelische Dekan Ralph Hartmann sowie Konfirmandinnen und Konfirmanden der Region Mannheim-Mitte. Die Grußworte im Anschluss sprachen der katholische Erzbischof Stephan Burger (Freiburg) und Ministerpräsident Winfried Kretschmann sowie Daniel Ženatý, der Synodalsenior der Evangelischen Kirche der Böhmischen Brüder.

Nach der Veranstaltung in der Christuskirche gab es einen Empfang im Museum Weltkulturen (Abb. 5). Neben anschließendem Theater und Kabarettdarbietungen, Musik, Lesungen und Interviews bestand außerdem die Möglichkeit für eine Vorbesichtigung der Mannheimer Reformationsausstellung, die bereits an diesem Abend durch ihre frische Art viele Besucher begeisterte.

Viola Skiba

Abb. 5
Martin Luther (Lutz Barth), Barbara Gräfin von Wertheim (Gardis Jacobus-Schoof) und Philipp Melanchthon (Walter Hoffmann) mischen sich unter das Volk und kommen mit den Teilnehmern des Empfangs ins Gespräch.
Foto: ekiba, Andreas Henn

„Künstler – Auftraggeber – Betrachter"

Internationaler Workshop zur altägyptischen Kunstgeschichte

Auf Einladung der Abteilung Altägypten fand vom 19. bis zum 21. Oktober 2017 die internationale Fachtagung „Artists – Clients – Beholder. Dependencies and Influences of Artistic Production in Egypt" in den Reiss-Engelhorn-Museen statt. Als wissenschaftlich renommierter Kooperationspartner konnte die Universität Liège beziehungsweise das Projekt „Painters and painting in the Theban Necropolis under the 18th Dynasty" gewonnen werden. Bereits seit einigen Jahren ist die ägyptische Abteilung der rem in dieses Forschungsprojekt zu Wandmalereien und altägyptischen Künstlerhandschriften eingebunden und beteiligt sich aktiv an der Erforschung und Publikation bedeutender altägyptischer Kunstwerke. Der internationale Workshop wurde vor allem ermöglicht durch die großzügige Unterstützung des Fördererkreises für die rem, ohne dessen finanzielle Hilfe eine Umsetzung nicht durchführbar gewesen wäre. Die Veranstalter bedanken sich ausdrücklich für diese Förderungen einer wissenschaftlichen Fachtagung und damit für die Unterstützung von forschungsorientierten Projekten einer Abteilung der rem!

Innerhalb des Faches Ägyptologie ist die kunsthistorische Forschung immer noch stark unterrepräsentiert. Der Mannheimer Kunstworkshop hatte daher besonderes Gewicht, indem er eine viel beachtete Diskussionsplattform zu aktuellen Forschungen bot und den fachlich fundierten Austausch über altägyptische Kunstwerke aktiv fördern konnte. Vor diesem Hintergrund erklären sich die extrem positive Resonanz und die Teilnahme von international höchst renommierten Fachleuten aus den USA und verschiedenen europäischen Ländern. Rund 60 Kollegen (Abb. 1) waren aus dem In- und Ausland nach Mannheim gekommen, um sich über altägyptische Kunstgeschichte auszutauschen.

Das Thema der Veranstaltung „Künstler – Auftraggeber – Betrachter. Abhängigkeiten und Einflüsse der Kunstproduktion in Ägypten" fokussierte dabei auf einen in der bisherigen ägyptologischen Kunstforschung noch zu wenig beachteten Bereich. Die Fragen nach den Bedingungen und der Infrastruktur der Kunstproduktion, nach einer etwaigen Beeinflussung der Werke durch den Auftraggeber/Stifter sowie auch nach der direkten Einbeziehung der Betrachtersituation durch den schaffenden Künstler sind noch in vielen Details offen. Nur wenige Studien zu altägyptischer Kunst haben sich bisher dem Aspekt der Werkstattsituation oder der Ausbildung von Künstlern gewidmet. Auch der Einfluss des Grab- oder Statuenbesitzers spielte zumeist nur am Rande eine Rolle. Ebenso sind die Betrachterperspektive beim Besuch eines Tempels oder einer Kultkapelle und damit zusammenhängende konzeptionelle und kompositorische Entscheidungen für die konkrete Gestaltung des Kunstwerks bisher nur vereinzelt von der Forschung berücksichtigt worden, obwohl Publikationen zu Grabdekoration oder Tempelstatuen die konkrete

Abb. 1
Teilnehmer der Internationalen Tagung „Artists – Clients – Beholder. Dependencies and Influences of Artistic Production in Egypt" in den Reiss-Engelhorn-Museen
Foto: rem, Maria Schumann

Betrachtersituation als maßgeblichen Einflussfaktor für Form und Qualität der Ausführung nachgewiesen haben. Diese bisher wenig beachteten Ansätze sowie die konkrete Entstehungssituation der Werke werden in zukünftigen Forschungen vermehrt berücksichtigt werden, da sie als von zentraler Bedeutung bei der Untersuchung von altägyptischen Skulpturen, Malereien oder Reliefs gelten können. Ein besseres Verständnis der Arbeitssituation von Künstlern, ihrer Auswahl und Arbeitsorganisation, der Aufteilung der Tätigkeiten innerhalb von Teams wie auch des Bezugs zum jeweiligen Kunden und dessen konkreten Wünschen wird es ermöglichen, neue spannende Aspekte altägyptischer Kunstwerke zu entschlüsseln. Es war das erklärte Ziel der Veranstalter, diese Lücke in der bisherigen Forschung zu schließen und entsprechende Fragen im Rahmen des Mannheimer Kunstworkshops zu erörtern. Gleichzeitig diente die Veranstaltung dazu, dem internationalen Kreis von Kunsthistorikern eine nur selten gebotene Diskussionsplattform zur Verfügung zu stellen, um sich über aktuelle Forschungen und neue Ansätze auszutauschen. Die 20 geladenen Referenten widmeten sich einerseits sehr unterschiedlichen Kunstgenres, die in ihrer Zeitspanne von der 1. Dynastie (ca. 3000 v. Chr.) bis in die ptolemäische Epoche (4. bis 1. Jahrhundert v. Chr.) reichten, andererseits fokussierten sich die Vorträge weitgehend auf die Einflussfaktoren im Schaffensprozess, die sich in der gewählten Typologie, Ikonographie, Komposition und dem Stil der Werke niederschlagen.

Wichtige Beiträge präsentierten die Detailanalysen einzelner Kunstwerke (Abb. 2), wie etwa die einer frühdynastischen königlichen Stele aus dem Louvre (Marianne Eaton-Krauss, Berlin) oder des Modells eines Kornspeichers mit einem extrem ungewöhnlichen ikonographischen Programm (Gabriele Wenzel, München).

Die herausragende Qualität von Mumienmasken aus der Zeit um 2000 v. Chr. war für Regine Schulz (Roemer-Pelizaeus-Museum Hildesheim) der Ausgangspunkt ihrer Studie zur Individualisierung von Kunstwerken und der sich daran anschließenden Fragen hinsichtlich des Porträtgedankens.

Mehrere Vorträge analysierten Zeichnungen, Studien und Skizzen, wie zum Beispiel den Fall von Bildern aus dem Neuen Reich (ca. 1539-1077 v. Chr.), die ursprünglich in deutlich älteren Privatgräbern der 11. Dynastie (ca. 1980-1939 v. Chr.) angebracht worden waren. Eva Gervers (ehemals Reiss-Engelhorn-Museen, jetzt Universität Mainz) präsentierte in ihrem Beitrag dieses maßgebliche Wirken von Kunstwerken auf spätere Epochen und warf die Frage nach Form und Anlass von Besuchergraffitis auf.

Guillemette Andreu (Louvre, Paris) widmete sich in ihren Ausführungen den Autoren der Zeichnungen der sogenannten „Wochenlaube", einem vermeintlich weiblichen Thema, das aber offenbar von schreibkundigen Malern bearbeitetet wurde, während Támás Bács (Universität Budapest) der thematischen Umsetzung von Militärszenen auf figürlich bemalten Ostraka (Abb. 3) nachging. Dabei wurden auch die konkrete Funktion dieser bemalten Steinscherben und der relativ enge regionale Kontext, dem sie entstammen, hinterfragt. Die Themen Ausbildung und sozialer Kontext von ägyptischen Künstlern sowie ihr Verhältnis zu königlichen Produktionsstätten wurden auch in zahlreichen anderen Diskussionsbeiträgen angesprochen.

Abb. 2
Gabriele Pieke (ganz links), rem, und Dimitri Laboury (ganz rechts), Universität Liège, moderieren die Diskussion nach dem Vortrag von Gabriele Wenzel, Museen im Nildelta Project, München.
Foto: Edith Bernhauer

Dina Faltings (Universität Heidelberg) erörterte anhand von Darstellungen der Weinproduktion, welche realen Vorbilder von den Malern und Bildhauern genutzt wurden beziehungsweise wie die Aneignung und Weitergabe von Bildmotiven funktionierte.

Abb. 3
Bildostrakon mit Motivstudie, wohl aus dem Tal der Könige
Kalkstein, bemalt
Neues Reich, 20. Dynastie, 1190-1077 v. Chr. Hildesheim, RPM, 6338 Foto: rem, Carolin Breckle

Im Kontext des Werkverfahrens fanden die mit Spannung erwarteten Vorträge von Dimitri Laboury (Universität Liège) und Christian Bayer (Roemer-Pelizaeus-Museum Hildesheim) besondere Beachtung (Abb. 4). Sie beschäftigten sich mit zwei verschiedenen Bildhauerwerkstätten in Armarna, aus denen unter anderem so herausragende Kunstwerke wie die berühmte Büste der Nofretete stammen. Hierbei ging es um die Analyse der einzelnen Werkschritte, vorrangig um die Interpretation von zahlreichen zeitgenössischen Abgüssen, die den antiken Bildhauern zu verschiedenen Zwecken dienten.

Eine ganz neue und besonders spannende Interpretation von räumlich wie funktional sehr gezielt eingesetzten Firnissen auf Wandmalereien und Statuen aus der 18. Dynastie lieferten die Untersuchungen von Alexis Den Doncker und Hugues Tavier (Universität Liège). Sie konnten überzeugend nachweisen, dass Firnisse auf besonderen Partien der figürlichen Dekoration angebracht wurden. Dies diente nicht nur ästhetisch-visuellen Effekten, sondern auch der Wohlgeruch spielte eine Rolle. Die applizierten Substanzen strömten einen besonderen Duft aus, der mit Reinheit und zudem mit jenseitsverbundenen Aspekten assoziiert wurde.

Aude Semat (Universität Sorbonne, Paris) zeigte verschiedene malerische Praktiken, die in der Dritten Zwischenzeit (ca. 1076-720 v. Chr.), einer Epoche, in der man keinerlei Wandmalereien auf Verputz mehr findet, nun auf Särgen verwendet wurden. Die anschließende Diskussion thematisierte die Frage, wie konkrete Werkverfahren und die damit verbundene künstlerische Vielfalt nach der Aufgabe von dekorierten Kultkapellen auf andere Genres übertragen wurden. Christian Loeben (Museum August Kestner, Hannover) brachte in seinem Beitrag die unterschiedlichen Detailausführungen auf verschiedenen Bereichen von Reliefs oder einer Statue mit der Prononcierung von nach rechts orientierten Bildern und damit der Leserichtung der Hieroglyphen in Verbindung.

Auch Inmaculada Vivas (Universität Madrid) spannte in ihren Ausführungen einen größeren Bogen und widmete sich dem kreativen Umgang der ägyptischen Künstler mit dem festen Formenrepertoire einer relativ kanonischen Kunstproduktion. Besonderes Augenmerk lag dabei auf Themen und Motiven, die im Neuen Reich als auffällige Eyecatcher für den Betrachter fungierten.

Verschiedene Komplexe von Skulpturen (Abb. 5) aus dem Mittleren und dem Neuen Reich (ca. 1980-1680 bzw. 1539-1077 v. Chr.) wurden von Simon Connor (Metropolitan Museum, New York) und Luc Delvaux (Musées royaux d'Art et d'Histoire, Brüssel) thematisiert. Ihre Vorträge analysierten insbesondere die sozialen und werkgebundenen Kontexte von nicht-

Abb. 4
Dimitri Laboury, Universität Liege, präsentiert neue Forschungsergebnisse zu der Bildhauerwerkstatt des Thutmose in Amarna, in der unter anderem die Büste der Nofretete gefunden wurde.
Foto: Edith Bernhauer

königlichen Statuen sowie den schicht-spezifischen Gebrauch unterschiedlicher Steinmaterialen.

Gabriele Pieke (Reiss-Engelhorn-Museen), Alexis den Doncker, Dimitri Laboury, Hugues Taviers (Universität Liège) präsentierten gemeinsam das Projekt zu thebanischen Malern der 18. Dynastie (ca. 1539-1292 v. Chr.) und ihre aktuellen Forschungsergebnisse zu verschiedenen Künstlerhandschriften sowie konzeptionellen und stilistischen Besonderheiten der Kultkapelle des Bürgermeisters von Theben, Sennefer (Abb. 6). Die Analyse der künstlerischen Ausführung ermöglichte in den letzten Jahren zudem eine Rekonstruktion der verschiedenen Entstehungsstufen der Grabdekoration.

Auch Eva Hofmann (Universität Heidelberg) zeigte die Eigenheiten von Reliefs und Malereien im Grab

Abb. 5
Granodiorit-Statue eines Mannes mit einer für das Mittlere Reich charakteristischen Perückenform
13. Dynastie, 1800-1700 v. Chr.
Herkunft unbekannt, Mannheim, Bro 2014/01/02
Foto: rem, Carolin Breckle

einer besonders hochgestellten Person. Der Wesir Paser hatte als Stellvertreter des Königs in der 19. Dynastie (1292-1191 v. Chr.) eine Schlüsselrolle im Staate inne und nutzte in seiner Grabdekoration ganz bewusst verschiedene Stile. Ebenso verweist die aus dem Bildprogramm abzuleitende Erweiterung des Grabes zu einer Verehrungsstätte für den Gottkönig Sethos I. auf eine gezielte Vorgabe des Auftraggebers.

Helmut Brandls Vortrag verdeutlichte den gezielten Umgang und das Spiel mit älteren Bildvorläufern, die sich in der Skulptur der Dritten Zwischenzeit (ca. 1076-720 v. Chr.) in einem systematischen Aufgreifen alter Stilmittel niederschlagen. Den Abschluss des Programms bildete der sehr lebendige Vortrag von Bob Bianchi (Gandur Collection, Genf), der auf das besondere Verständnis eines hellenistischen Künstlers für die pharaonische Kunst und das davon abgeleitete Spiel mit dem Formenvokabular einging.

Neben den Vorträgen der geladenen Referenten wurde auf Wunsch der Teilnehmer der Workshop auch zu einer Forumsdiskussion zum „Stand der Kunstgeschichte im Fach Ägyptologie" genutzt, die sehr lebendig geführt wurde und spannende Informationen bereithielt. In zahlreichen Ländern

Abb. 6
Das Grab des Sennefer (1425-1400 v.Chr.) und seine Künstler werden unter Beteiligung der rem im Rahmen eines Forschungsprojektes zu thebanischen Wandmalereien der 18. Dynastie von der Universität Liège untersucht.
Foto: Dimitri Laboury, Universität Liège

hat sich durch die Umstrukturierung in BA- und MA-Studiengänge die Kunstausbildung weiter reduziert, und demzufolge mangelt es massiv an gut ausgebildetem Nachwuchs. Auch vor diesem Hintergrund sind Forschungskolloquien wie der Mannheimer Kunstworkshop von zentraler Bedeutung, alle Teilnehmer lobten die gute Organisation und das hohe Niveau der Diskussion:

„Es war sehr anregend und informativ und hat wirklich Spaß gemacht!"
(Gabriele Wenzel, Museums in Nile Delta Project, München)

"Encore merci pour ce formidable workshop, des échanges passionnants, dans une ambiance agréable. J'ai vraiment été très heureuse d'y participer & cela m'a donné du coeur à l'ouvrage pour la suite."
(Aude Semat, Universität Sorbonne, Paris)

"The event was immensely enjoyable and I can only congratulate you on how smooth everything went and how everybody seems to have enjoyed themselves as a result."
Tamás Bacs (University of Budapest)

"It was great to hear about the variety of ongoing projects and the new directions our field is taking. I particularly enjoyed the relaxed atmosphere which encouraged discussion. Brava! Bravo! Our discussions made it clear how much our discipline has to contribute to Egyptology in general. The number of participants and countries represented is a testament to the need for a continuation of what you began."
Rita Freed (Museum of Fine Arts, Boston)

Dank der großzügigen Unterstützung von Seiten des Fördererkreises für die rem und auch der finanziellen Bezuschussung durch die Universität Liège konnte den Teilnehmern auch die Möglichkeit geboten werden, sich bei einem offiziellen Konferenzdinner sowie einem Empfang im Museum Weltkulturen in etwas lockererem Rahmen auszutauschen. Letzteres bot unter anderem auch Gelegenheit, die erst jüngst umgestaltete Ägyptische Abteilung der rem und ihre zahlreichen Kunstschätze zu besichtigen. Viele Kollegen, davon zahlreiche selbst als Kuratoren tätig, waren zum ersten Mal in die rem gekommen und nutzen diese Chance, um sich „Ägypten – Land der Unsterblichkeit" und weitere Ausstellungen des Hauses anzusehen. Aufgrund der äußerst positiven Resonanz hoffen die Veranstalter, dass der Mannheimer Kunstworkshop nur der Anfang einer schönen Reihe sein wird und somit die ägyptische Kunstgeschichte nachhaltig befruchtet werden kann.

Gabriele Pieke

Stephanie Zesch, Tanja Pommerening und Wilfried Rosendahl

Mord und Medizin im alten Ägypten

Ein außergewöhnliches Fallbeispiel aus dem German Mummy Project

1. Einleitung

Menschliche Ganzkörpermumien und Mumienteile sind sowohl für die Wissenschaft als auch für die breite Öffentlichkeit gleichermaßen interessant. Während letztere sicherlich das oftmals gut erhaltene, lebensnahe Antlitz eines vor Jahrhunderten oder gar Jahrtausenden verstorbenen Menschen fasziniert, stellen Mumien in der wissenschaftlichen Betrachtung außergewöhnliche Archive des Lebens dar. Wegen der Erhaltung von Weichgewebe wie Haut, Haaren, Muskeln und Organen können unter Einsatz unterschiedlicher Untersuchungsmethoden spannende und sehr spezielle Erkenntnisse über Leben und Leiden des Verstorbenen, sowie auch über Mumifizierungspraktiken und Bestattungsbräuche in verschiedenen Kulturen und Zeiträumen gewonnen werden, wie sie über die bloße Analyse skelettierter Überreste so nicht möglich wären.

Im Jahr 2014 wurde ein altägyptischer Mumienkopf (Abb. 1) aus dem Musée National d'Histoire et d'Art Luxembourg im Rahmen einer Kooperation mit dem German Mummy Project der Reiss-Engelhorn-Museen Mannheim und dessen externen Projektpartnern wissenschaftlich untersucht. Dabei wurde ein außergewöhnlicher pathologisch-forensischer Befund entdeckt, der von außen nicht sichtbar war: eine Schädelfraktur unter der geschlossenen Kopfhaut. An der betroffenen Hautpartie fehlt außerdem das ansonsten gut erhaltene Haar (Abb. 2), was die Autoren dieses Beitrages als intentionell werten: Die Haare wurden absichtlich entfernt, um die Kopfverletzung zu behandeln.

Mumien oder Skelettüberreste mit Spuren einer medizinischen oder chirurgischen Behandlung sind äußerst selten. Dies macht den Luxemburger Mumienkopf zu einem besonderen Beispiel für eine angestrebte Heilbehandlung im alten Ägypten.

2. Provenienz und Alter

Gemäß den Inventarbuchangaben stammt der Mumienkopf (Inv.-Nr. 2012-025/0021) aus Theben, dem heutigen Luxor, im Süden Ägyptens. Im Jahr 1857 wurde er von Charles François Legénissel der „Société pour la recherche et la conservation des monuments historiques dans le Grand-Duché de Luxembourg" gestiftet, durch deren Sammlungen er ins Museum gelangte. Legénissel war ein Offi-

Abb. 1
Der altägyptische Mumienkopf mit wenigen Resten der Leinenumwicklung ist gut erhalten.

Abb. 2
Eine haarlose Stelle am Hinterkopf mit markanten Rissen in der Kopfhaut (Pfeile)

zier im französischen Ingenieurkorps und stand in Ägypten im Dienst des Vizekönigs Muhammad Saïd Pacha. Von dort brachte er altägyptische Objekte mit, die er bei seinen Aufenthalten im Raum Metz und Luxemburg verschiedenen Einrichtungen schenkte.

Da bislang nichts über das Alter des Mumienkopfes bekannt war, wurde eine kleine Hautprobe entnommen, um sie mit der Radiokarbon-Methode im Klaus-Tschira-Labor für physikalische Altersbestimmung des Curt-Engelhorn-Zentrums Archäometrie gGmbH Mannheim zu datieren. Die Altersbestimmung ergab, dass der Kopf aus der Zeit zwischen 17 v. Chr. und 124 n. Chr. stammt. Er datiert somit in die Römerzeit in Ägypten (30 v. Chr. bis 395 n. Chr.).

3. Anthropologische und paläopathologische Untersuchungen

Wichtige Grundlage für die nachfolgend vorgestellten anthropologischen und paläopathologischen Ergebnisse war die computertomographische (CT) Untersuchung des Kopfes im Institut für Klinische Radiologie und Nuklearmedizin an der Medizinischen Fakultät Mannheim der Universität Heidelberg in einem sogenannten Dual-Source-CT (Abb. 3).

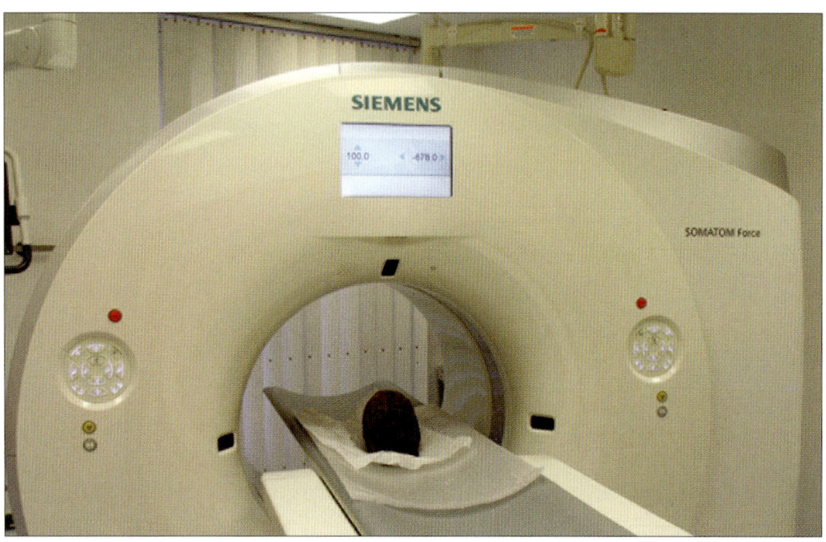

Abb. 3
Die computertomographische Untersuchung des Mumienkopfes an der Medizinischen Fakultät Mannheim der Universität Heidelberg

3.1 Alter und Geschlecht

Die Beurteilung von Zahnentwicklung und Zahndurchbruch sowie der Verknöcherungsgrad der Schädelnähte ergaben, dass die Person etwa im Alter von 25 bis 35 Jahren verstorben ist. Das Gebiss ist vollständig und weist einen außergewöhnlich guten Gesundheitszustand auf. Es ließen sich weder Karies, Zahnstein, parodontale Veränderungen, entzündliche Abszesse oder eine signifikante Zahnabnutzung feststellen.

Um das Geschlecht bestimmen zu können, wurden typische Merkmale am Schädel mit geschlechtsspezifischen Unterschieden in Form und Größe bewertet. Die Beurteilung ergab schließlich, dass es sich um den Kopf einer Frau handelt. Besonders die Stirn und der Überaugenbereich sowie die Form des Unterkieferknochens und die nur geringfügig ausgeprägten Muskelansätze am Hirnschädel zeigen ein typisch weibliches Erscheinungsbild (Abb. 4 a und 4b).

3.2 Gehirnentnahme

Im CT zeigte sich des Weiteren eine Durchlochung der knöchernen Siebbeinplatte an der Schädelbasis, durch die das Gehirn über die Nase entfernt wurde (Abb. 5).

Da die Ägypter die Funktion des Gehirns als Kontroll- und Steuerungsorgan und Zentrum des Denkens im Körper nicht kannten, war ihnen dessen Erhaltung für ein Weiterleben im Jenseits auch nicht wichtig. Deshalb wurde es bei der Mumifizierung des Leichnams entnommen und entsorgt.

3.3 Pathologisch-forensische Befunde

Im Bereich der Scheitelbeine weist der Mumienkopf einen von außen nicht sichtbaren, etwa sechs Zentimeter im Durchmesser großen Lochdefekt unter der geschlossenen Kopfhaut auf (Abb. 6a). Es handelt sich um einen Terrassen- oder Impressionsbruch des Schädels mit Biegungsbegleitbruch. Die Knochenfragmente der Trümmerzone sind ins Schädelinnere verlagert (Abb. 6b und 6c). Auch an den Halswirbeln wurden mehrere Frakturen festgestellt, so beispielsweise am Wirbelbogen des dritten Halswirbels rechts und links des Dornfortsatzes (Abb. 7a und 7b). In der intakten Kopfhaut über der Schädelverletzung sind drei Risse zu erkennen (siehe Abb. 2), bei denen es sich höchstwahrscheinlich um Kopfplatzwunden handelt.

Für die Diagnose hinsichtlich der Verursachung der Läsionen durch Schlag oder Sturz wird unter anderem die sogenannte „Hutkrempenregel“ angeführt. Laut dieser kann bei Frakturen oberhalb einer gedachten Hutkrempenlinie ein Schlag angenommen werden, auf Höhe der Hut-

Stephanie Zesch, Tanja Pommerening und Wilfried Rosendahl

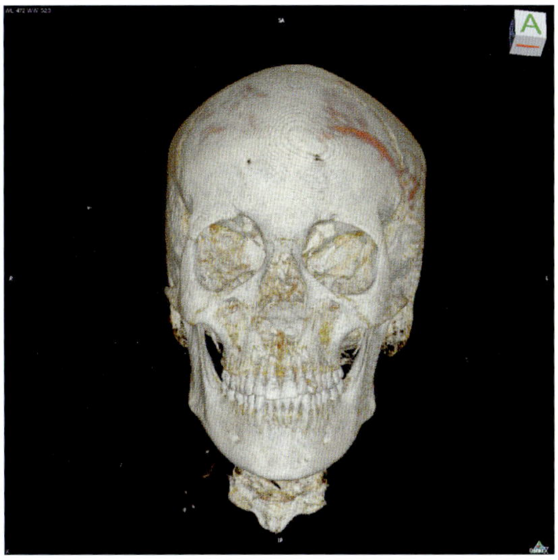

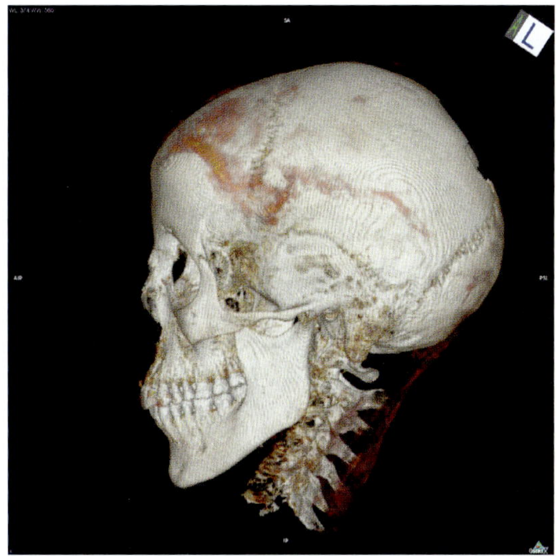

Abb. 4a und 4b
Frontalansicht (Abb. 4a) und Seitenansicht des Schädels (Abb. 4b)

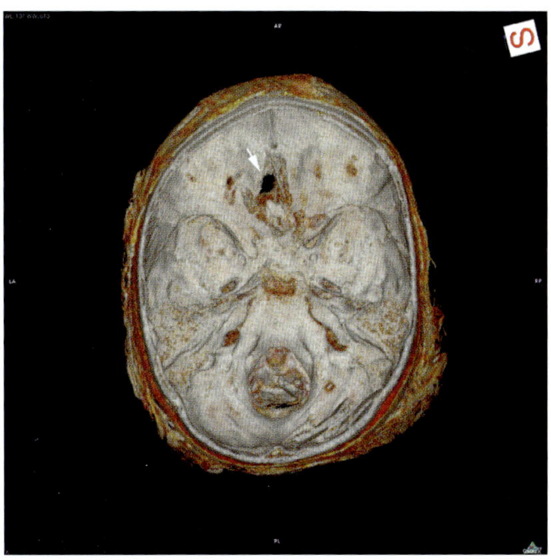

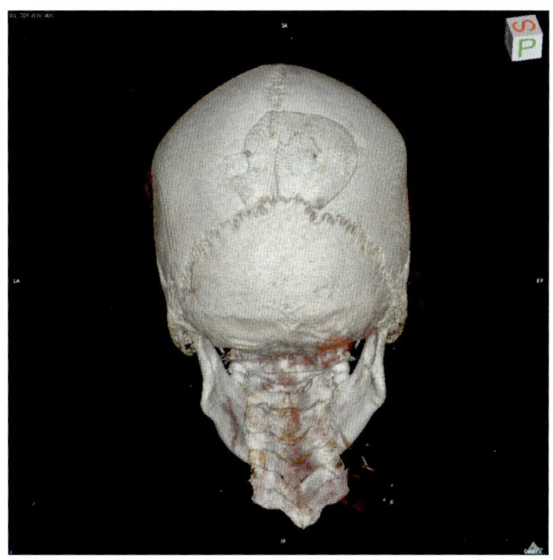

Abb. 5 (links)
Die Innenansicht des Schädels zeigt eine kreisrunde Durchlochung der Siebbeinplatte an der Schädelbasis (Pfeil), die bei der Mumifizierung zugefügt wurde, um das Gehirn zu entfernen.

Abb. 6a (rechts)
Eine äußerlich nicht sichtbare Schädelfraktur am Hinterkopf

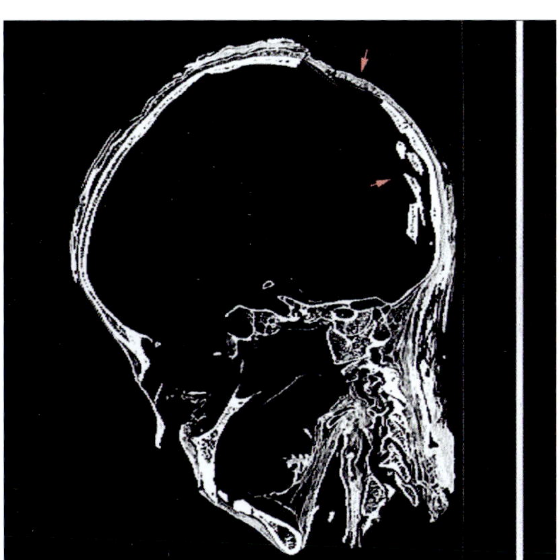

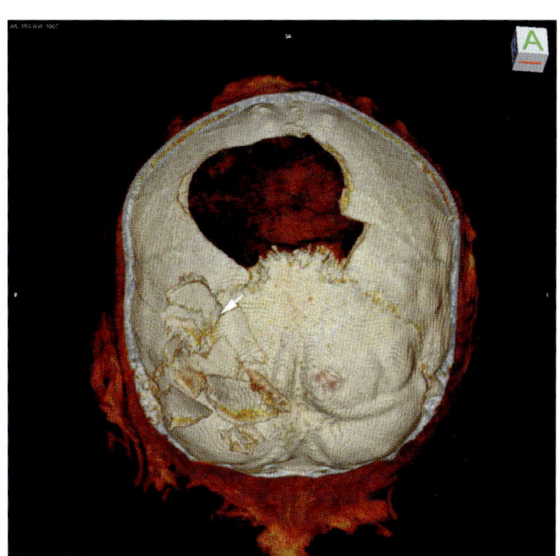

Abb. 6b (links) und 6c (rechts)
Die intakte Kopfhaut über der Bruchstelle und die Knochenfragmente im Schädelinneren sind deutlich zu erkennen (Pfeile).

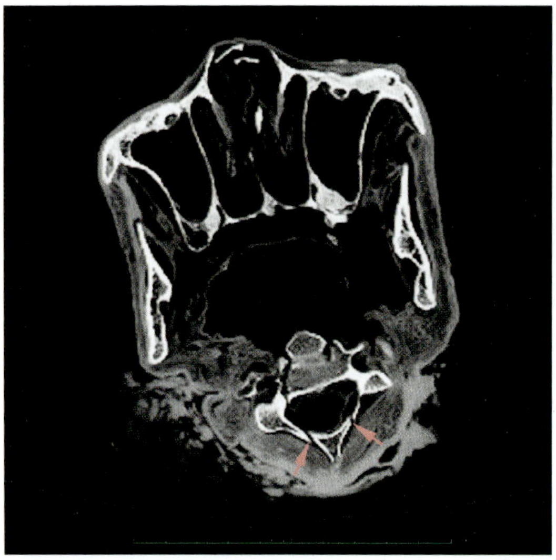

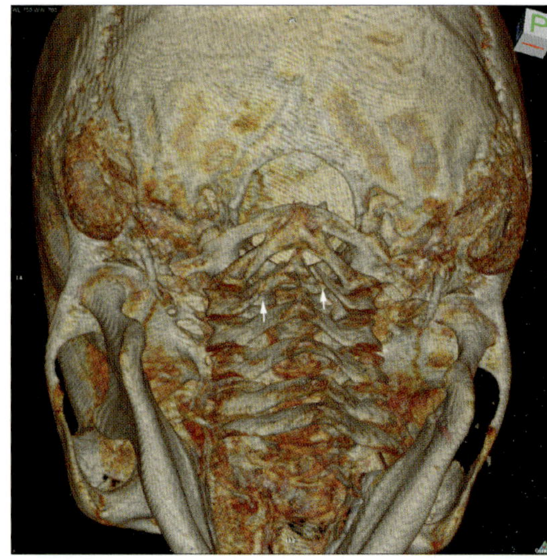

Abb. 7a und 7b
Parallel verlaufende Frakturen am Wirbelbogen des dritten Halswirbels in der paraaxialen multiplanaren Rekonstruktion (Abb. 7a, Pfeile) und in der 3D-Rekonstruktion (Abb. 7b, Pfeile)

Abb. 1 bis 7
© German Mummy Project, rem gGmbH

krempe und unterhalb dieser dagegen ein Sturz (Madea und Preuß 2005). Im aktuellen Fall ist die Fraktur oberhalb der Hutkrempe lokalisiert, was somit eher gegen einen Sturz spricht. Auch ein Schädelbasisbruch, der bei einem Sturz auf den Kopf häufig vorkommt (Madea und Preuß 2005), ist beim Luxemburger Mumienkopf nicht nachzuweisen.

Vielmehr kann von einem Schlag mit einem stumpfen Gegenstand gegen den Hinterkopf ausgegangen werden. Aufgrund der Anzahl der Platzwunden ist anzunehmen, dass die Schläge mehrfach ausgeführt wurden. Ob die Frakturen an der Halswirbelsäule ebenfalls durch diese Gewalteinwirkung zu Stande kamen oder erst später, zum Beispiel bei der Abtrennung des Kopfes vom übrigen Körper, kann nicht sicher gesagt werden. Da es keine Spuren eines Heilungsprozesses in Form von neu gebildetem Knochengewebe an den Rändern der Schädelfraktur gibt, kann ausgeschlossen werden, dass die Frau noch über einen längeren Zeitraum weiterlebte.

Die haarlose Stelle auf der Kopfhaut über der Fraktur lässt aber vermuten, dass die Haare entfernt wurden, um die Verletzung begutachten und versorgen zu können.

4. Medizin

Obwohl am Luxemburger Mumienkopf keine Manipulationen in der Art eines chirurgischen Eingriffs nachzuweisen sind, sondern lediglich äußerlich sichtbare Spuren, die auf eine angestrebte Wundversorgung hindeuten könnten, lässt sich eine Verbindung zu einer im medizinischen Papyrus Edwin Smith beschriebenen Schädelverletzung herstellen. Dieser schriftliche Beleg für den Umgang mit Verletzungen und deren Behandlung im alten Ägypten unterstützt die Vermutung, dass eine heilkundige Person die Kopfwunde versorgte und dafür die Haare entfernte.

Der wichtigste Quellentext zur Untersuchung und Behandlung von Verletzungen ist das sogenannte „Wundenbuch", das als Bestandteil des um 1600 v. Chr. niedergeschriebenen Papyrus Edwin Smith überliefert ist. Es handelt sich um eine Abschrift einer deutlich älteren, vermutlich um 2300 v. Chr. verfassten Sammlung von Lehrtexten über Verletzungen (Pommerening 2014). Darin sind insgesamt 48 Lehrtexte zu meist traumatischen Verletzungen vom Kopf bis zur Wirbelsäule beschrieben (Sanchez et al. 2012). Die Lehrtexte des Wundenbuches zeigen folgende Rubriken, die in dieser Ausführlichkeit einmalig sind:

1. Überschrift → Benennung der Verletzung
2. Untersuchung → Einleitung, Untersuchungstechnik, Beschreibung der Symptome
3. Befund → Einleitung, Diagnose, Urteil (Beurteilung der Heilungsaussichten)
4. Behandlung → chirurgische Maßnahme und / oder Verordnung des Heilmittels
5. Glossen → wurden später eingeführt und erklären Unverständliches

Basierend auf den angenommenen Heilungsaussichten waren drei Urteile möglich:

- „ein Leiden, das ich behandeln werde" → positive Prognose
- „ein Leiden, mit dem ich kämpfen werde" → ungewisse Prognose
- „ein Leiden, das nicht behandelt werden kann" → negative / ungewisse Prognose

Die ersten acht Fälle des Wundenbuches thematisieren Verletzungen, bei denen der Hirnschädel und das Gehirn betroffen sind (Brawanski 2001, Sanchez et al. 2012). Besonders eindrücklich ist dabei der achte Lehrtext, weil in ihm eine Schädelfraktur unter der intakten Kopfhaut geschildert wird, wie sie am Luxemburger Mumienkopf festgestellt wurde. Fall 8 trägt die Überschrift „Erfahrungen zu einem Splitterbruch des Schädels unter der Haut seines Kopfes". Beschrieben wird eine geschlossene Schädelverletzung von nicht unerheblichem Umfang, die über der Fraktur eine Schwellung aufweist und durch einen Schlag oder Stoß entstanden ist. Gemäß den Schilderungen im Papyrus sind beim Abtasten der Wunde Knochensplitter und bisweilen sogar das Gehirn zu spüren.

Mit den Mitteln der antiken Medizin war diese Schädelverletzung nicht zu behandeln. Dies erkannten auch die altägyptischen Ärzte und fällten für Fall 8 das Urteil „Ein Leiden, das nicht behandelt werden kann". Es galt nun abzuwarten, ob der Patient überlebte oder starb, wozu er einfach hingesetzt wurde. In heutiger Zeit wird der Verletzte stabilisiert, der Hirndruck überwacht und in Fällen der Drucksteigerung oder ernsten Verletzung eine Schädelöffnung vorgenommen. Je nach Schwere überleben sieben bis 36 Prozent der Patienten die Verletzung nicht (Sanchez et al. 2012).

5. Fazit

Im Fall des Luxemburger Mumienkopfes ist klar, dass die junge Frau aus dem römerzeitlichen Ägypten die mit einem stumpfen Gegenstand und vermutlich durch wiederholte Schläge beigebrachte Kopfverletzung nicht lange überlebt hat.

Trotz der umfassenden Untersuchung des Kopfes mit modernen Methoden aus unterschiedlichen Fachrichtungen bleiben viele spannende Fragen dieses außergewöhnlichen Fallbeispiels aus der Mumienforschung, wie beispielsweise nach dem Ort, Zeitpunkt und Ablauf der Tat, aber auch nach den Beweggründen des Täters und dem benutzten Tatwerkzeug, wohl für immer unbeantwortet.

Einzig die intakte Kopfhaut über der Schädelfraktur und das Fehlen des ansonsten gut erhaltenen Kopfhaars auf der betroffenen Stelle lieferten die Hinweise auf eine angestrebte Heilbehandlung der Kopfwunde; sie zeigen somit auch den Erkenntnisgewinn durch Weichgewebeerhaltung bei menschlichen Überresten auf.

Vertiefende Erläuterungen zur interdisziplinären Untersuchung des Luxemburger Mumienkopfes mit modernen Methoden und deren Ergebnisse finden sich außerdem in den Publikationen von Zesch et al. 2015 und Panzer et al. 2016.

Literatur

Brawanski A. (2001): Die Fälle 1-8 des Papyrus Edwin Smith („Schädelhirntraumafälle"), in: SAK 29, S. 7-39

Madea B., Preuß J. (2005): Sturzverletzungen und ihre rechtsmedizinische Beurteilung, in: Bockholdt B., Ehrlich E. (Hrsg.): Der Sturz. Morphologie, Forensische Begutachtung, Fallbeispiele, Festschrift für Volkmar Schneider, Berliner Wissenschafts-Verlag, Berlin, S. 9-32

Panzer S., Zesch S., Pommerening T., Henzler T., Rosendahl W. (2016): Trauma, Tod und Totenbehandlung – ein altägyptischer Mumienkopf aus dem Nationalmuseum für Geschichte und Kunst Luxemburg, in: Fortschr Röntgenstr 188, S. 957-959

Pommerening T. (2014): Die SsAw-Lehrtexte der heilkundlichen Literatur des Alten Ägypten. Tradition und Textgeschichte, in: Bawanypeck D., Imhausen A. (Hrsg.): Traditions of written knowledge in ancient Egypt and Mesopotamia, AOAT 403, S. 7-46

Sanchez G. M., Meltzer E. S., Harer W. B. (2012): The Edwin Smith papyrus: updated translation of the trauma treatise and modern medical commentaries, Atlanta

Zesch S., Pommerening T., Madea B., Henzler T., Friedrich R., Rosendahl W. (2015): Zur interdisziplinären Untersuchung ägyptischer Mumienobjekte aus dem Nationalmuseum für Geschichte und Kunst Luxemburg, in: Polfer M. (Hrsg.): Von den Ufern des Nil nach Luxemburg. Altägyptische Objekte in den Sammlungen des MNHA. Publications du Musée national d'histoire et d'art Luxembourg 26, Luxemburg, S. 131-152

Zehn Jahre „Talk Fotografie“

Das Forum Internationale Photographie (FIP) am Curt-Engelhorn-Zentrum der Reiss-Engelhorn-Museen Mannheim feiert das Jubiläum einer erfolgreichen Veranstaltungsreihe

Abb. 1
Dr. Claude W. Sui und Stephanie Herrmann M.A. 2018
Foto: rem, Maria Schumann

Die Sammlungsbestände des Forums Internationale Photographie (FIP)

Ein kleiner Rückblick auf die Anfänge: In der Verbindung mit der Curt-Engelhorn-Stiftung für die Reiss-Engelhorn-Museen war 2002, vor nunmehr 16 Jahren, die Gründung des „Forums Internationale Photographie“ (FIP) möglich. Als Leiter und Kurator wurde damals der Verfasser mit der Aufgabe betraut, diesen völlig neuen Zweig in den Museen aufzubauen und wissenschaftlich sowie kuratorisch zu betreuen, er nimmt sie immer noch wahr. Sammeln, Erschließen, Bewahren und Präsentie-

Abb. 2
Björn Knudsen
2014
Foto: Privat

ren von Konvoluten und Nachlässen international anerkannter Fotokünstler oder Fotosammler sowie die wissenschaftliche Pflege und restauratorische Betreuung der Bestände waren und sind die Schwerpunkte der Arbeit.

Der Bestand des FIP basiert zum einen auf den historischen Reisefotografien aus dem 19. Jahrhundert, die die Geschwister Carl (1843-1914), Anna (1836-1915) und Wilhelm (1838-1908) Reiß zusammentrugen, sowie der Fotosammlung von Jakob August Lorent (1813-1884). Zum anderen verwaltet das Forum seit Beginn des Jahres 2002 den zeitgenössischen Teil der Sammlung des bedeutenden Fotohistorikers und Sammlers Helmut Gernsheim (1913-1995) wie auch sein künstlerisches Oeuvre, seinen gesamten Archivnachlass und seine Fotobibliothek.

Das gesamte Lebenswerk des 1924 in Stuttgart geborenen Fotografen Robert Häusser (Abb. 3) ist ein weiteres Highlight in den Beständen des FIP. Häusser, ein Pionier der zeitgenössischen klassischen Moderne, gehört zu den wenigen international anerkannten deutschen Fotografen der Nachkriegszeit, der mit seiner unverwechselbaren Handschrift Maßstäbe gesetzt hat. Er war der erste deutsche Fotograf, der 1995 den Preis der Erna- und Viktor Hasselblad Foundation, Schweden, erhielt, der unter Fachleuten als Nobelpreis der Fotografie gilt.

Die Anfänge des Talk Fotografie

Aus den drei Sammlungsteilen des FIP wurden Ausstellungen kuratiert, die später in der Veranstaltungsreihe „Talk Fotografie" vorgestellt wurden. Diese Reihe wurde anlässlich der Ausstellung „Weltstars der Fotografie - Die Preisträger der Hasselblad Foundation", eines internationalen Kooperationsprojektes, im Herbst 2008 ins Leben gerufen. Zum ersten Mal wurden damals in einer umfassenden Gesamtschau Werke von allen bisherigen sogenannten „Nobelpreisträgern der Fotografie" gezeigt. Obwohl die Ausstellung im Nachhinein zur meist besuchten Fotoausstellung an den Reiss-Engelhorn-Museen werden sollte, waren im Vorfeld wegen des knappen Etats außergewöhnliche Werbestrategien erforderlich. Not macht ja erfinderisch und kreativ: So lud man Persönlichkeiten aus Kunst, Politik, Wirtschaft, Wissenschaft und Gesellschaft ein, jeweils sonntags ihre „Lieblingsbilder" in der Ausstellung dem Publikum vorzustellen und zu kommentieren. Es entstand die nun gut etablierte Reihe Talk Fotografie. Den Anfang machten Robert Häusser und Wolfgang Zurborn, die Besucherzahl war anfangs noch bescheiden, sollte sich aber im Laufe der Jahre um ein Vielfaches steigern.

Aus dem Rahmenprogramm zu einer Ausstellung entwickelte sich ein fester Programmpunkt in den rem, der Talk geriet zur Erfolgsstory. Das FIP veranstaltet bis heute regelmäßig jeweils am ersten Sonntag des Monats die Gesprächsrunde. Künstlerinnen und Künstler (Abb. 2, 4, 5, 7 und 8) präsentieren ihre Arbeiten zu unterschiedlichen Positionen und treten mit dem Publikum in einen offenen und

Abb. 3
Robert Häusser (rechts) mit Dr. Claude W. Sui beim ersten „Talk Fotografie" im Jahr 2008
Foto: rem, Jean Christen

lebendigen Dialog. Dieser eröffnet Einblicke in die mannigfaltigen fotografischen Gestaltungsmöglichkeiten und in fototechnische Verfahren von der Pionierzeit bis zur zeitgenössischen Fotografie.

Organisiert und moderiert wird der Talk von Dr. Claude W. Sui, Seniorkurator, und von Stephanie Herrmann M.A., 2008 noch wissenschaftliche Mitarbeiterin und seit 2015 wissenschaftliche Sammlungsleiterin des FIP (Abb. 1).

Gäste des Talk Fotografie

Jedes Jahr werden in enger Kooperation mit der Hochschule für Gestaltung Mannheim, Abteilung Fotografie, Klasse Prof. Frank Göldner, und mit der Freien Akademie Mannheim unter der Leitung von

Abb. 4
Barbara Klemm
2014
Foto: Privat

Frau Dr. Juliane Huber Absolventinnen und Absolventen dieser Institutionen zu einem Talk eingeladen. Angehende Fotografinnen und Fotografen haben so Gelegenheit, der Öffentlichkeit ihre Abschluss-, Diplom- oder Bachelor of Arts-Arbeiten zu zeigen. Außerhalb des bisherigen, geschützten Lehr-Raums werden die Werke so erstmals den Augen kritischer Veranstaltungsbesucher präsentiert.

Sowohl Anfänger als auch etablierte Profis nutzen diese Plattform in der Metropolregion Rhein-Neckar. Besondere Momente waren zum Beispiel, als Robert Häusser seine ungewöhnlichen, philosophischen Bilder erläuterte, oder Barbara Klemm, (Abb. 4) die langjährige FAZ-Fotokorrespondentin, eindrucksvolle Reportageaufnahmen von ihren Weltreisen zeigte. Auch Horst Hamann (Abb.6), der mit seinen monumentalen Vertikalbildern von New Yorker Hochhäusern Furore machte, war ein Gast. Diese Talk-Runden lockten bis zu 300 Besucher, sodass die Veranstaltung in den größten Saal der Museen, den Anna-Reiß-Saal, umziehen musste.

Im Laufe der Zeit bildete sich ein festes Stammpublikum heraus. Die treue Anhängerschaft entwickelte auch eigene fotografische Initiativen, so die „Galerie im Treppenhaus" C 7, 1, 68159 Mannheim, www.c7galerie.de unter Brigitte Bauhoff und Uli Bormuth, die auch an der Off//FOTO-Szene Mannheim, Ludwigshafen, Heidelberg teilnimmt. Weitere Angebote sind die regelmäßigen Foto-Walks während des Sommers, die von Hannah und Ralf Moser initiiert wurden. Die Mosers erstellen für Interessierte unter anderem Fotodrucke oder betreuen Editionen sowie philosophische und künstlerische Projekte in ihrem Fotostudio „Ateliers im Delta", www.ateliersimdelta.de.

Neben den Werkbeiträgen einzelner Fotoautoren widmete sich der Talk auch alten Fototechniken aus dem 19. Jahrhundert wie etwa dem Nass-Kollodium-Verfahren. Es basiert auf der Belichtung einer lichtempfindlich beschichteten Glasplatte. Das durch die Belichtung entstandene weißliche Glasnegativ erscheint auf einem schwarzen Hintergrund als positive Wirkung (Scheinpositiv) und wurde auch als Ambrotypie bezeichnet. Für diese Technik aus den Anfängen der Fotografie hatten wir Gäste eingeladen, die den staunenden Augen des Publikums das Verfahren anschaulich präsentierten, wie Michael Schaaf und den Deutsch-Russen Artjom Uffelmann.

Eine weitere alte Technik, am Ende des 19. Jahrhunderts oft angewandt, war der Bromöldruck, beliebt bei den sogenannten Kunstfotografen oder Pictorialisten. Die Fotografien wirkten damit wie Zeichnungen oder impressionistische Bilder und sollten dadurch den Wert einer Kunst-Fotografie im Unterschied zu einer herkömmlichen betonen. Günther Wilhelm, der sein Atelier in Ludwigshafen betreibt, hat sich mit dem Edeldruckverfahren auseinandergesetzt und eindrucksvolle Bilder unter anderem von Ludwigshafen und Praga, einem Stadtteil von Warschau, in dieser altmeisterlichen Technik geschaffen.

Auch anlässlich der FIP-Ausstellung „10 Jahre Metropolregion Rhein-Neckar" mit Werken der

Fotografin Nicole Simon im Jahr 2015 gab es einen Talk Fotografie. Simon zeigte Impressionen der Städte Mannheim, Ludwigshafen, Heidelberg und Worms, eingetaucht in das geheimnisvolle Licht von Sonnenuntergängen.

Ein besonderer Talk behandelte zum Beispiel das Thema Medienrecht in einem Vortrag des Juristen und Experten für Urheber- und Medienrecht Prof. Dr. Björn Knudsen (Abb. 2) aus Berlin. Fallbeispiele – Wie steht es mit dem Recht am eigenen Bild in der Fotografie? – beleuchteten die rechtlichen Schwierigkeiten und Grauzonen rund um das Medium. Was ist einem Fotojournalisten im Gegensatz zu den Life-, Magnum-, Sternfotografen der 1940/50/60er Jahre überhaupt heute noch erlaubt?

Seit 2016 wird der Talk Fotografie von der Ten Gallery in Mannheim begleitet (http://ten-gallery.com). Deren Leiterin Deborah Musso, eine in Mannheim lebende Italienerin, Fotografin und Kuratorin, die auch im Vorstand des Fotofestivals OFF//FOTO aktiv ist, kuratiert in ihren Galerieräumen Fotoausstellungen und bietet hochqualitative Fotobücher an. Jeweils am Ende eines Talk Fotografie stellt sie dem Publikum ausgewählte Fotobücher vor und bietet die Möglichkeit, sich diese gleich anzuschauen.

Jeweils bei der E-Mail-Ankündigung zum nächsten Talk Fotografie werden in den Reminder-Newsletters alle Fotoausstellungen und Veranstaltungen wie in einem Terminkalender nicht nur aus der Metropolregion Rhein-Neckar, sondern auch in angrenzenden Bundesländern bis über die französische Grenze hinaus von Frieder Kurz akribisch zusammengetragen. Somit ist ein aktueller Überblick des Angebots in der Fotoszene möglich.

Die Reihe bietet nun seit über zehn Jahren einem breiten Publikum die Möglichkeit, sich mit dem Phänomen und den verschiedenen Aspekten der Fotografie rundum auseinanderzusetzen. Die Besucherzahlen steigen stetig und zeigen ungebremstes Interesse, der Talk Fotografie hat eine Zukunft.

Claude W. Sui

Abb. 5
Mit den Leitern der „Galerie im Treppenhaus" C 7, 1, Brigitte Bauhoff (Mitte) und Uli Bormuth (rechts) nach ihrem Talk Fotografie zur „Street Art"
2017
Foto: rem, Daniel Aldea

Abb. 6
Horst Hamann
2018
Foto: Privat

Abb. 7
Christoph Asmus Dingler
2017
Foto: Privat

Abb. 8
Der erste Talk Fotografie
2018,
von links nach rechts:
Torsten Mitsch, Francesco Futterer, Deborah Musso, Claude W. Sui, Frank Göldner, Marco Vedana,
Foto: Privat

Jutta Neuhaus

Kleiner Fund mit großer Geschichte: Die Zahnbürsten von C 4, 6 in Mannheim

Bei archäologischen Untersuchungen eines Barockgebäudes in Mannheim C 4, 6 wurden in einer Latrine mit Tonnengewölbe (Abb. 1) zahlreiche Fundobjekte aus dem 18. bis frühen 20. Jahrhundert geborgen, darunter zwei Zahnbürsten (Abb. 2).

Abb. 1
Mannheim C 4, 6, der Fundort der Zahnbürsten: Latrinenschacht mit einem Tonnengewölbe unter dem Seitengebäude
Foto: rem, Archäologische Denkmalpflege und Sammlungen

Es galt zu prüfen, ob diese eventuell einem der Hausbewohner, die größtenteils bekannt sind, zugeordnet werden können. Unter ihnen befand sich auch Friedrich Engelhorn, der Mitbegründer der BASF, der das Anwesen 1847 erwarb und bis 1851 bewohnte. Der Gedanke, Gegenstände gefunden zu haben, die einst ihm oder jemanden aus seiner Familie zunutze waren, ist durchaus reizvoll. Ziel der nachfolgenden Ausführung war zudem, mehr über die Zahnbürsten selbst zu erfahren und zu klären, wie sie nach Mannheim gekommen sind.

Beschreibung

Die Zahnbürsten sind aus Bein (Abb. 3 und Tabelle) und gut erhalten. Die größere (ZB1) hat auf dem Stiel eine Einprägung (vergl. Abb. 2, Abb. 4), die kleinere (ZB2) besitzt noch einige Borstenbüschel (Abb. 5). Auf der Rückseite der Bürstenköpfe sind Längsfurchen für die Verankerung der Borstenbüschel mittels Draht. Die grünliche Verfärbung lässt auf die Verwendung von Kupferdraht schließen (Abb. 6).

Die Prägung des Griffs von ZB1 ist in englischer Sprache und gut erkennbar: „LONDON" gefolgt von einem sechsstrahligen Stern mit einem „L" in der Mitte. Um den Stern ist zu lesen: „EVERY BRUSH WARRANTED". Am Ende steht: „MADE". Also: LONDON – Firmenlogo – MADE (vergl. Abb. 8).

Spurensuche

ZB2 liefert außer ihrem Aussehen keine weiteren Anhaltspunkte zu Herkunft und Datierung. Anders bei ZB1: Die Einprägung „London made" auf dem Stiel kann als Hinweis auf den Herstellungsort gelten, der Stern mit dem „L" in der Mitte als Firmenlogo. Allerdings ist dieses heute nicht mehr in Gebrauch, der Hersteller mit dem Logo existiert wohl nicht mehr oder wirbt zumindest nicht mehr damit.

Geht man von London als Herstellungsort aus, so könnte ZB1 einem Engländer gehört haben. Sie wäre datierbar, wenn in C 4, 6 ein Engländer

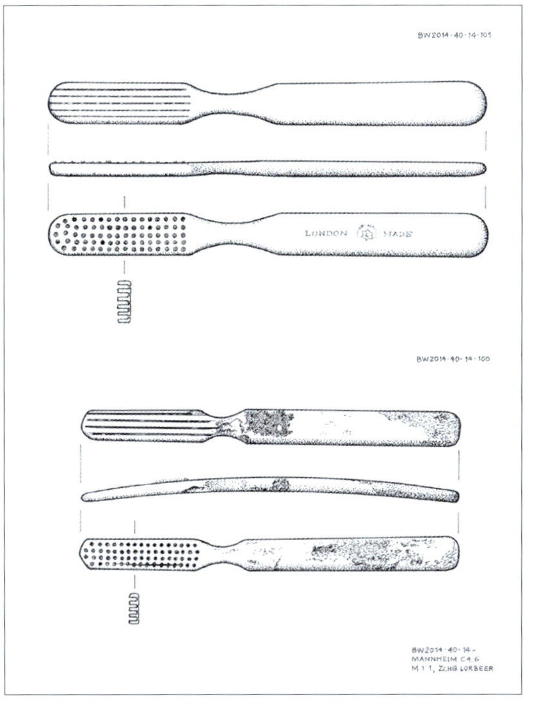

Abb. 2
Zeichnung der Zahnbürsten aus der Verfüllung einer Latrine in C 4, 6
Oben: das beschriftete Exemplar (ZB1)
Unten: die unbeschriftete Zahnbürste (ZB2)
Zeichnung: Ute Lorbeer, Ludwigshafen
Foto: rem, Keller

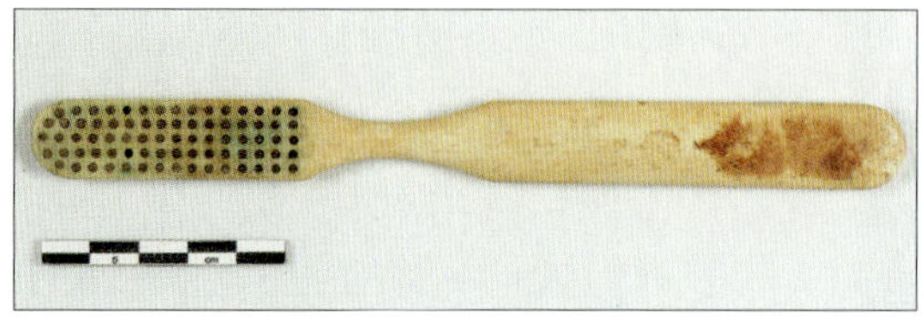

Abb. 3 (oben links) Die bei archäologischen Untersuchungen des Anwesens in Mannheim C 4, 6 gefundenen Zahnbürsten
Oben: ZB2
Unten: ZB1

Abb. 4 (Mitte oben) Der Griff der Zahnbürste ZB1 ist beschriftet.

Abb. 5 (Mitte unten) Seitenansicht von Zahnbürste ZB2: Sie hat noch einige Borstenbüschel, der Griff ist konvex gebogen.

Abb. 6 (rechts) Rückansicht der Zahnbürste ZB1: Die Furchen dienten zur Befestigung der Borsten. Die Grünfärbung lässt auf die Verarbeitung von Kupferdraht schließen.

Fotos 3 bis 6: rem, Archäologische Denkmalpflege und Sammlungen

Die Angaben zu den Zahnbürsten
Tabelle: Jutta Neuhaus

Zahnbürste	Gesamtlänge	Borstenfeldlänge	Büschelreihen	Anzahl Büschellöcher	Stielausarbeitung	Besonderheiten
ZB1	**175 mm**	**50 mm**	**5**	**78**	**plan**	• **Stiel mit Prägung** • **in den meisten Büschellöchern noch Reste von Borsten**
ZB2	**152 mm**	**46 mm**	**4**	**66**	**konvex**	• **keine Prägung oder sonstige Kennzeichnung** • **10 Büschel in situ,** • **Reste von Borsten in einigen Löchern**

gewohnt hätte. Gemäß Kauffmann (Kauffmann 1925, 6/48) und Leber (Leber 1959, 514) wohnte 1847 bei den Engelhorns in C 4, 6 der Engländer Smyers-Williquet, der Engelhorn veranlasste, 1848 eine Gasfabrik zu gründen. Er könnte die Zahnbürste tatsächlich aus seinem Heimatland mitgebracht haben.

Nach anderen Quellen handelt es sich jedoch bei der Person, die an der Gründung der Gasfabrik beteiligt war, um den in Belgien geborenen William Smyers (Parzer 2012, 36) bzw. den Belgier Guillaume Smyers, der mit Pauline Williquet verheiratet war (Jacob 1959, 10). Aufgrund der nicht eindeutig englischen Herkunft von Smyers kann ihm die Zahnbürste ZB1 nicht zugeordnet werden. Sie ist auf diesem Weg nicht datierbar.[1]

Einen weiteren Ansatzpunkt für die Datierung liefert die Form, denn Zahnbürsten sind Moden unterworfen. Die Gestaltung des Griffs oder die Borstenanordnung folgen „wissenschaftlichen Erkenntnissen" oder verkaufstaktischen Erwägungen, das heißt, der Hersteller benötigt eine „Neuheit", um sich von Mitbewerbern abgrenzen zu können (Abb. 7). Die amerikanische Archäologin Barbara E. Mattick, die sich ausgiebig mit Zahnbürsten aus Bein beschäftigte, entwickelte aus dem Wandel der Formen und Macharten ein Schema zur Datierung von Zahnbürsten. Sie definierte Typen mit Varianten, die sie aus der Gestaltung von Griff und Bürstenkopf herleitete. Die Typen ließen sich durch Vergleiche mit anderen Funden einem bestimmten Zeitraum zuordnen. Die Typen und Varianten benannte sie nach den Fundorten.

Ein Vergleich der beiden Zahnbürsten mit Matticks Schema ergab: ZB1 gehört mit ihrem geraden Griff, ihrer Gesamtgröße, ihrer Form und der Anzahl der Löcher zum Typ England, Variante Maryland, auch wenn diese Zahnbürsten üblicherweise unbedruckt waren. Hergestellt wurden sie unter anderem in England und Frankreich zwischen 1870 und 1920 (Mattick 2010, 42).

ZB2 passt mit ihrem unbedruckten, nach hinten gebogenen (konvexen) Stiel exakt zum Typ England, Variante Philadelphia. Dieser Typ wurde ebenfalls in England und Frankreich, aber auch in Japan und anderen nicht weiter bekannten Ländern zwischen 1865 und 1920 hergestellt (Mattick 2010, 43).

Bei beiden Zahnbürsten ist auffallend, dass die Bohrungen und die Furchen auf der Rückseite sehr gleichmäßig sind, was auf eine maschinelle Fertigung hinweist. Maschinen wurden für die Zahnbürstenherstellung ab ca. 1870 eingesetzt (Mattick 2010, 32). Beide Zahnbürsten können also erst um diese Zeit entstanden sein.

Das Herstelldatum von ZB1 könnte eventuell präzisiert werden, wenn die Herstellungsfirma bekannt wäre. Auch hier kann auf Mattick zurückgegriffen werden. Sie hat die Markenzeichen verschiedener Zahnbürstenanbieter zusammengetragen, tatsächlich findet sich darunter das „L" in einem Stern. Danach stammte ZB1 von der französischen Firma Laurençot bzw. Loonen. Diese wurde 1845 von Laurençot gegründet, dann 1865 von Ferdinand Loonen erworben und schließlich 1928 von der französischen Firma La Brosse gekauft (Mattick 2010, 70; Son 2016, 2, 3, 10). Mit Hilfe der Firmendaten lässt sich somit der Datierungszeitraum von ZB1 nicht eingrenzen.

Bemerkenswert ist, dass das Markenzeichen von ZB1 auf ein französisches Unternehmen hinweist, die Prägung „London made" aber auf eine englische Herkunft. Belegt ist, dass 1874 dort eine Verkaufsniederlassung der französischen Firma gegründet wurde,[2] von einer eigenen Produktionsstätte ist aber nichts bekannt (Son 2016, 5). Es spricht einiges dafür, dass es vor diesem Zeitpunkt kein Engagement in England gab (siehe unten), sodass ZB1 nicht vor 1874 gefertigt wurde.

Eine weitere Einschränkung des Herstellungszeitraums von ZB1 ist durch die Schrift auf dem Zahnbürstengriff denkbar.[3] Spätestens seit Gutenberg den modernen Buchdruck erfand, wurden Schriften immer wieder neu gestaltet. Die Gründe sind vielfältig: Verbesserung der Lesbarkeit, Vereinfachung bei der Herstellung von Metalllettern, Moden oder Erfindung wie Schreibmaschine und Computer.

Bei ZB1 wurden zwei Schrifttypen verwendet. Für „London made" und das L im Stern wählte man eine Schrift mit Serifen (Füßchen), für „Every brush warranted" eine serifenlose Schrift (Abb. 8). Wenn es möglich wäre, eine dieser beiden Schriften einer ganz bestimmten Schriftart zuzuordnen, bei der bekannt wäre, in welchem Zeitraum sie verwendet wurde, könnte eventuell die Datierung eingeengt werden. Nachfragen bei der Deutsche Nationalbibliothek – Deutsches Buch- und Schriftmuseum, Leipzig, und beim Gutenberg-Museum, Mainz,

Abb. 7
Von der Bürstenfabrik Erlangen/Emil Kränzlein existiert eine Annonce von 1909, in der zu lesen ist, dass die Zahnbürste „Ideal Hygienique" nach den Vorstellungen des Zahnarztes Zielinski gestaltet wurde. (oben)
Eine weitere Annonce desselben Herstellers von 1927 betont, dass die Anordnung der Borsten bei der Zahnbürste „Ideal Zett" dem anatomischen Bau der Zähne folgt. (unten)
Beide Inserate sind Beispiele für die Gestaltung nach „wissenschaftlichen Erkenntnissen". Für letztere wird noch ein weiteres Kaufargument gegeben: Die Borsten lösen sich nicht und verursachen daher keine Blinddarmreizung. Interessanterweise sehen die Bürstenköpfe von „Ideal Hygienique" und „Ideal Zett" vollkommen identisch aus.
Die Jahresangaben beider Anzeigen stammen von den jeweiligen Verkäufern.
Foto: Jutta Neuhaus

haben leider zu keinem Ergebnis geführt. Es sind zu wenig Buchstaben vorhanden, um den Aufdruck einer bestimmten Schrift zuordnen zu können. Möglicherweise hat die Firma Loonen für das L ihres Logos und damit auch für „London made" sogar eine eigen Schrift entworfen (Maywald 30.11.2017, Netsch 17.11.2017).

Bleibt noch die Möglichkeit, die Zahnbürsten mithilfe anderer, in der Latrine gefundener Gegenstände genauer zu datieren. Tatsächlich wurde in derselben Grabungsschicht auch eine Wasserklosettschüssel gefunden. Diese konnte zwar bisher nicht datiert werden, Toiletten mit Wasserspülung sind jedoch nur dann von Vorteil, wenn Leitungswasser vorhanden ist. In Mannheim war die Wasserversorgungsanlage mit der Betriebseröffnung des Wasserwerks Käfertal am 21. April 1888 funktionsfähig (Pichler 1906, 624). Toilettenschüsseln werden allgemein erst nach einem längeren Zeitraum ausgetauscht. Unter der Annahme, die gefundene Schüssel wurde bereits 1888 installiert und war mindestens zehn Jahre in Gebrauch, wäre sie frühestens um die Jahrhundertwende entsorgt worden. Zahnbürsten haben eine viel kürzere Lebensdauer. Die Naturborsten und ihre Verankerung hielten, abhängig von ihrem Gebrauch, wahrscheinlich drei Monate bis zu einem Jahr, das heißt, die Bürsten wurden erst kurze Zeit vor der Beseitigung der Toilette gekauft. Damit dürften die

Abb. 8
Die beiden Schriftarten auf dem Griff von ZB1 mit Umschrift. Es wurde eine Schrift mit und eine ohne Serifen verwendet.
Foto: rem, Archäologische Denkmalpflege und Sammlungen

beiden Zahnbürsten etwa zwischen 1900 (früheste angenommene Entsorgung der Klosettschüssel) und 1920 (nach Mattick das letzte nachweisliche Herstellungsjahr dieses Modells) im Hause C 4, 6 in Gebrauch gewesen sein.

Die Bewohner von C 4, 6 im Zeitraum um 1900 und 1920 sind teilweise bekannt (Teutsch 2010/2014):
1896 Eigentümer Joh. Fix, Handelsmann: Mieter unter anderem Dr. Fürst, Anwalt, Dr. Herius, Arzt
1899 Eigentümer Joh. Fix, Handelsmann: Mieter unter anderem Max Jeselsohn, Anwalt
1925 Eigentümer Heinrich Dubernell, Spenglermeister und Installateur

Es ist gut vorstellbar, dass einer der Anwälte oder der Arzt Dr. Herius, der vielleicht besonderen Wert auf Hygiene legte, Eigentümer der Bürsten war. Der Familie Engelhorn sind sie leider nicht zuzuordnen.

Die Firma Loonen

Informationen zu nicht mehr existierenden Firmen bekommt man schwer, besonders wenn die Schließung bzw. Übernahme wie im Fall der Firma Loonen ca. 90 Jahre zurückliegt. Der Firmensitz von Loonen war Tracyle-Mont im Département Oise, ca. 80 km nordwestlich von Paris, in einer Gegend, in der die Bürstenindustrie eine große Bedeutung hatte. Die Erinnerung an diese Zeit wird von der Association pour le Musée des Brosseries de l'Oise (www.ambo.fr) bewahrt. Dort wird auch die Historie aufgearbeitet. Unter anderem beschäftigt man sich mit der Geschichte der Firma Loonen, was es ermöglichte, umfangreiche Informationen zu bekommen.[4]

Die Bürstenindustrie begann mit dem Niedergang der alten Spinnereien und Webereien. Dadurch wurden in Tracy-le-Mont Fabrikgebäude frei, die 1845 von Laurençot für eine Bürstenproduktion gekauft wurden. Wahrscheinlich begann er ein Jahr später damit. Von Laurençot weiß man fast nichts, noch nicht einmal seinen Vornamen.

Die Gebäude lagen ideal an einem Bach, sodass die Wasserkraft für die Produktion nutzbar war. Zudem waren durch den Wegfall der Textilherstellung genügend Arbeitskräfte freigesetzt, insbesondere Arbeiterinnen, die die Borstenbestückung in Heimarbeit leisten konnten. Zwei weitere Gründe für Laurençot, an diesem Ort zu produzieren, war die Nähe zu Paris, dem damaligen Hauptabsatzort für Bürsten, sowie die seit 1845 im Bau befindliche Bahnstrecke Paris-Lille. Bis zu deren Fertigstellung war Tracy-le-Mont durch regelmäßig verkehrende Pferdeplanwagen mit Paris verbunden, sodass der Transport von Rohmaterialien und Fertigprodukten gewährleistet war.

Laurençots Bürstenfirma war nicht die einzige im Raum Oise. Laurençot war aber der erste, der sich auf Luxusbürsten spezialisierte. Vermutlich kam er so auch auf die Idee, Bürsten für die Körperpflege zu fertigen, die damals als Luxusgüter galten.

1850 übertrug Laurençot die Leitung seiner Fabrik an Ferdinand Loonen. Loonen (1824-1888)[5] war in Breda, im Süden der Niederlande, als eines von 15 Kindern geboren worden. Sein Vater hatte ein Accessoire- und Schmuckgeschäft in Amsterdam besessen. Er wanderte während der Regierungszeit von Louis-Philippe (1830-1848) nach Frankreich ein und wohnte zunächst in der Nähe des Pariser Vororts Arsenal, in dem viele Handwerker lebten, die sich auf die Fertigung von Haarbürsten spezialisiert hatten.

Ferdinand Loonen war verheiratet mit einer geborenen Demont aus einem vornehmen Pariser Viertel, gemeinsam hatten sie vier Kinder.

1865 erwarb Ferdinand Loonen die Firma von Laurençot und kaufte zusätzlich noch ein Ladengeschäft in Paris. Später, das genaue Datum ist nicht bekannt, wurde die Firma in F. Loonen umbenannt. Ferdinand Loonen spezialisierte sich weiterhin auf Luxusbürsten. Er konnte, wie auch schon Laurençot, zahlreiche Preise auf internationalen Ausstellungen gewinnen, so auch auf den Weltausstellungen in London (1851 und 1862), Paris (1855 und 1867) und Wien (1873).

Loonen teilte seine Bürsten in zwei Qualitätskategorien ein. Für jede verwendete er ein eigenes Markenzeichen: das Brustbild eines Einhorns für „qualité fine" und das „L" in einem sechszackigen Stern für die höchste Qualität, die „qualité supérieure" (Son 2016, 4, Mattick 2010, 70, vergl. auch Abb. 19).[6]

Das Sortiment umfasste Nagel- und Zahnbürsten aus Bein, Haar-, Bart-, Kleider- und Hutbürsten aus Horn, Ebenholz, Schildpatt und Elfenbein (Abb. 9). Schweineborsten wurden aus China, Rinderknochen aus den USA bezogen. Wann mit der Zahnbürstenproduktion begonnen wurde, ist nicht bekannt.

Abb. 9
Kollektion von Luxusbürsten aus Schildpatt der Firma Loonen

Loonens Waren verkauften sich sehr gut. Im Jahr 1863, als er bereits die Führung von Laurençot übernommen hatte, beschäftigte das Unternehmen in seinen 13 Betriebsstätten 305 Mitarbeiter (ohne Heimarbeiterinnen).

1874 wurde Ferdinand Loonen, der inzwischen die französische Staatsbürgerschaft besaß, in den Gemeinderat von Tracy-le-Mont gewählt. Im selben Jahr trat sein Sohn Charles (1850-1913)[7] in das Unternehmen ein (Abb. 10). Ferdinand Loonen übertrug ihm schrittweise die Leitung und beendete dann seine Aktivitäten in der Firma.[8]

Mit Charles Loonen begann eine neue Firmenära. Er erkannte sehr schnell, dass zur Erweiterung des Absatzmarktes – im Département Oise existierten inzwischen ca. 50 Firmen, die Bürsten herstellten – eine Expansion ins Ausland notwendig war. Das war auch der Grund, weshalb er bereits 1874 in London eine Verkaufsniederlassung gründete (Son 2016, 5).[2]

Abb. 10 (links unten)
Charles Loonen
(1850-1913)
Aus seinen eigenen Beschreibungen ist bekannt, dass er blond war, blaue Augen hatte und gern Zigarren rauchte.

1876 reiste er in die USA, um an der Weltausstellung in Philadelphia teilzunehmen, wo er auch eine Medaille gewann. Wichtigster Grund der Reise war jedoch, den dortigen Bürstenmarkt zu sondieren, der damals noch von der englischen Bürstenindustrie beherrscht wurde (Mattick 2010, 14; Son 2016, 5). Das Ergebnis muss positiv ausgefallen sein, da er im selben Jahr noch eine Verkaufsniederlassung in New York gründete.[9] Eine weitere Verkaufsstelle wurde in St. Petersburg eingerichtet.[10]

1880 brannte die Fabrik in Tracy-le-Mont ab. Es konnte jedoch dank der zahlreichen Außenstellen weiter produziert werden, und auch die Gebäude wurden wieder aufgebaut. Die Firma Loonen wurde das führende Unternehmen in der Region und der größte Exporteur der Branche in die USA. 1892 hatte sie 2.000 Beschäftigte. Im gleichen Jahr wurde Charles Loonen auch zum Bürgermeister von Tracy-le-Mont gewählt und blieb es bis 1902.

Loonens Unternehmertum umfasste auch soziale Leistungen. Für seine Mitarbeiter gründete er eine Kinderkrippe, ein Waisenhaus für Mädchen, einen Hilfsfond, eine Unfallversicherung, medizinische Vorsorgeeinrichtungen, ein Blasorchester, einen Schützenverein, eine Arbeitersiedlung und ein Blindenheim für Mädchen (1892). Zudem richtete er einen Laden ein, in dem nur die Belegschaft mit einer betriebseigenen Währung – dem „Loonen" – Waren kaufen konnte. Den „Loonen" schmückte ein Stern mit einem „L" in der Mitte, also das gleiche Logo wie auf der in C 4, 6 gefundenen ZB1 (Abb. 11).[11] Des Weiteren gründete er eine Arbeitergenossenschaft, die eine Verkaufsstätte für Backwaren mit dem Namen „La Brossière" (Die Bürstenbinderin) betrieb.

Abb. 11
Ein „Loonen"
Nur mit dieser Währung konnten Waren im „Économat Loonen", einem Laden nur für Betriebsangehörige, gekauft werden. Der Stern mit dem „L" findet sich auch auf der in C 4, 6 gefundenen Zahnbürste ZB1.

Loonen sah diese Gründungen nicht nur als Wohltätigkeitseinrichtungen sondern als Teil der Arbeitsorganisation. Sie machten einerseits Loonen für Arbeitnehmer gegenüber anderen Unternehmen attraktiv, was angesichts der vielen Bürstenhersteller in der Region von Vorteil war. Andererseits hatte er damit Einfluss auf alle Bereiche des täglichen Lebens seiner Arbeiter: Wohnen, Konsum, soziale Sicherheit, Gesundheit, Freizeit.

Sein soziales Engagement war sicher ein Grund, weshalb sich Charles Loonen rühmen konnte, keine Konflikte mit seiner Arbeiterschaft zu haben. In einem Bericht von 1893, den er für die Weltaus-

Fotos 9, 10 und 11: Association pour le Musée des Brosseries de l'Oise, collections AMBO, Frankreich

stellung in Chicago verfasste, führte er das darauf zurück, dass er seine Arbeiter gut behandele. Sie seien zufrieden und sogar stolz, ihn als Bürgermeister zu haben.

1896 änderte sich die Lage mit der Gründung einer Gewerkschaft der Bürstenmacher in Attichy und Ribécourt, beides Nachbarkommunen von Tracy-le-Mont. Bei ihrer Entstehung hatte die Gewerkschaft 200 Mitglieder. Allerdings verlief sich die Bewegung recht schnell, da sich Loonen weigerte, mit ihr zu verhandeln. Insgesamt sind zwischen 1901 und 1912 auch nur drei Streiks in seinem Werk überliefert. Beim letzten existierte die Gewerkschaft bereits schon seit zwei Jahren nicht mehr. Eine Einigung wurde direkt zwischen Charles Loonen und seiner Belegschaft erzielt.

Dass Charles Loonen die Zufriedenheit seiner Arbeitnehmer vielleicht doch etwas zu positiv einschätzte, zeigt die Anekdote über seine Villa, die er 1900 errichten ließ: Er hätte sie mit den Bußgeldern finanziert, die seine Arbeiter für Plaudereien während der Arbeit oder bei verspätetem Arbeitsantritt zahlen mussten. Die Arbeiter nannten die Villa daher „Schloss der Bußgelder" (Abb. 12). Das Gebäude, das im Ersten Weltkrieg beschädigt wurde, steht heute noch und ist Teil einer Rehabilitationsklinik für Herzkranke (Son 2011, 6).

Charles Loonen muss ein sehr mutiger, kreativer, neugieriger sowie risiko- und reisefreudiger Unternehmer gewesen sein. Das lässt seine Reise im Jahr 1893 nach Japan vermuten, die er antrat, um die Absatzchancen seiner Produkte dort zu erforschen. Der Verlauf der Reise ist bekannt, da er sie genau dokumentierte und in seinem 1894 erschienenen Buch „Le Japon moderne" beschrieb. Er kombinierte diese Reise auf der Rückfahrt mit dem Besuch der Weltausstellung in Chicago.

Loonen schiffte sich am 2. April 1893 in Le Havre nach New York ein. Von dort ging es per Eisenbahn über Philadelphia, Chicago und St. Paul/Minneapolis nach Winnipeg in Kanada. Er überquerte die Rocky Mountains und kam am 17. April in Vancouver an. Nach einer 15-tägigen Schiffsreise ging er in Yokohama an Land. In Japan, das sich erst 1868 anderen Ländern geöffnet hatte[12], verbrachte er 24 Tage, in denen er sich ausgiebig über Lebensweise, Kultur, Wirtschaft, Verwaltung usw. informierte. Er beschrieb zum Beispiel detailliert die Teeherstellung und die damit verbundenen unmenschlichen Arbeitsbedingungen. Die Arbeiterinnen mussten in großer Hitze von 4 bis 18 Uhr mit nur einer Stunde Mittagspause arbeiten (Loonen 1894, 169).

In Osaka besuchte er drei Spinnereien und eine Weberei und stellte fest, dass die Fabriken sehr gut

Abb. 12
Im Vordergrund ist die Fabrik Ch. Loonen zu sehen, links hinten das „Schloss der Bußgelder". Das Bild zeigt die Situation nach der Erbauung der Unternehmervilla 1900 und vor dem Bombeneinschlag im Jahr 1918.
Foto: Association pour le Musée des Brosseries de l'Oise, collections AMBO, Frankreich

ausgestattet und organisiert waren (Loonen 1894, 163f.). Die Textilindustrie (Baumwolle und Seide) hatte sich innerhalb von sieben oder acht Jahren entwickelt und zählte bei seinem Besuch bereits 35 Betriebe. Er kam zu dem Schluss, dass sie bereits eine große Konkurrenz zur englischen Tuchindustrie war (Loonen 1894, 223).

Die Industrie in Japan wurde nach der Öffnung von der eigenen Regierung stark gefördert. Diese forcierte auch die Bürstenherstellung, indem sie zum Beispiel 1874 Unternehmen in Osaka und Tokio beauftragte, Zahnbürsten aus Holz für das Militär anzufertigen. 1884 wurde eine neue Technologie eingeführt, um Löcher in die Bürstenköpfe zu bohren. Ab 1888 wurden viele Unternehmen gegründet, die auf die Produktion von Zahnbürsten spezialisiert waren. Einige schlossen zwar nach kurzer Zeit wieder, andere waren sehr erfolgreich (Mattick 2010, 16).

In seinem Buch schrieb Loonen nichts über die Bürstenindustrie. Nach Son besuchte er in Osaka aber auch drei Bürstenfabriken, darunter eine für qualitativ hochwertige Produkte. Er fand, dass sie effektiv produzierten und eine Gefahr für seine heimische Produktion darstellten. Dieser Erkenntnis ließ er Taten folgen: 1902 kaufte er eine Bürstenfabrik in Osaka (Royal Brush Company; Son 2016, 9).

Das Urteil, dass die japanische Bürstenindustrie auf dem internationalen Markt konkurrenzfähig sei, war richtig. 1923 importierten die USA die meisten ihrer Zahnbürsten, der größte Teil davon kam aus Japan (Mattick 2010, 16).

Für seine Verdienste wurde Charles Loonen 1894 mit dem Orden „Ritter der Ehrenlegion" geehrt. 1913 starb er. Das Unternehmen vererbte er nicht seinen Söhnen, sondern seiner Tochter. Im März 1918 wurde die Fabrik in Tracy-le-Mont zerbombt. Teile der Produktion waren glücklicherweise bereits 1914 nach Margny-les-Compière ausgelagert worden. Der verbliebene Rest kam jetzt nach Montargis. 1920/22 erfolgte der Wiederaufbau in Tracy-le-Mont, allerdings nicht an alter Stelle im Ort, sondern in Ortsrandlage.

1928 wurde das Unternehmen an La Brosse, einen Konkurrenten aus der Region, verkauft. La Brosse fusionierte 1932 mit dem Bürstenhersteller Dupont aus Beauvais (ca. 70 km westlich von Tracy-le-Mont) zu La Brosse & Dupont. Die Produktionsstätten in Tracy-le-Mont wurden geschlossen. 1998 erwarb der Luxuswaren-Konzern LVMH La Brosse & Dupont und führte die Firma als eigenständiges Unternehmen weiter. 2003/2004 erfolgte im Rahmen einer Neuausrichtung von La Brosse & Dupont eine Ausgliederung der unrentablen Zahnbürstenproduktion. Die neue Firma Oralys entwickelte und produzierte Zahnbürsten für andere Firmen. Sie wurde schließlich 2014 von dem US-amerikanischen Zahnbürstenhersteller Ranir übernommen. Die Produktionsstätte ist heute noch in Beauvais.[13]

...und wie kam die französische, in England hergestellte Zahnbürste nach Mannheim?

In Sons Abhandlung zur Firmengeschichte des Bürstenherstellers Loonen ist nichts über eine Produktion in England zu finden, sondern nur über die Gründung einer Verkaufsstätte in London („une maison de vente à Londres") im Jahre 1874 durch Charles Loonen (Son 2016, 5).[2,14] Auch Anfragen beim British Dental Museum und beim Science Museum (beide London) führten zu keiner Klärung (Bairsto 06.01.2016 bzw. Science Museum 24.06.2016). Von einer Produktion der Firma Loonen in London ist nichts bekannt.

Allerdings muss London für Loonen von Bedeutung gewesen sein. So ist in einem Katalog für Toilettenartikel von 1881 zu finden: "Loonen's Tooth Brushes. Two new varieties of this useful toilet article are received from F. Loonen & Son, of Paris and London [...] one having countersunk holes and wire fastenings for the bristles we have already noticed." (Mattick 18.12.2015, New Remedies 1881, 30)[15] Auch wenn die Erwähnung von London als Firmensitz kein Beweis für eine Produktion dort ist, so zeigt die Nennung doch, dass in London mehr als ein Verkaufsladen gewesen sein muss.[16]

Ein weiterer Hinweis zu Loonens Aktivitäten in London findet sich in einem Buch des ehemaligen Bürstenherstellers Faller in Todtnau, Schwarzwald.[17,18] Darin sind die Adressen von Fallers Kunden verzeichnet, unter andrem auch: "Loonen & Greaves, 6 Dyer's Buildings, Holborn, London" (Abb. 13, Dörflinger 17.04.2016 und 22.04.2016).

Damit und dem neuen Namen „Loonen & Greaves" waren weitere Nachforschungen möglich. So findet sich auf einer Fracht- oder Versicherungsliste zweimal der Eintrag: „Steamer: Tyndareus. Nature of

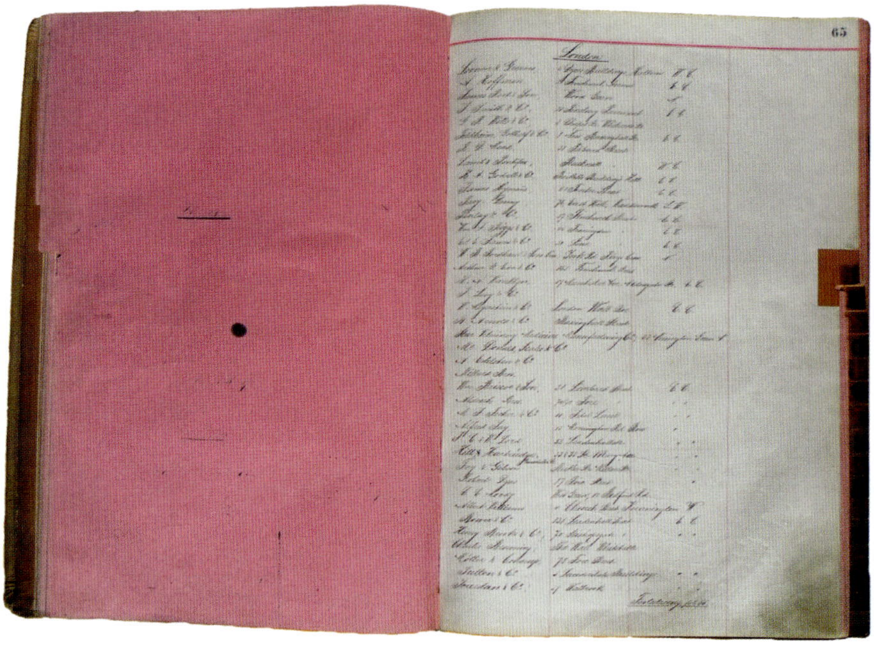

Abb. 13
Adressbuch der Firma Faller, Todtnau
In dem Buch sind die Adressen aller Kunden verzeichnet. Auf Seite 65 ist ganz oben unter der Überschrift „London" zu finden: Loonen & Greaves, 6 Dyer's Buildings, Holborn
Foto: Benno Dörflinger

goods: Brnes. Value: £90. Payment to: Loonen and Greaves. Assured: Loonen and Greaves. Date of Settlement: 09/11/1917".[19, 20]

Der Dampfer befand sich auf dem Weg nach Japan, wo Loonen in Osaka seit 1902 eine Fabrik betrieb. Denkbar wäre, dass die von Loonen & Greaves versandten Güter für die dortige Betriebsstätte gedacht waren. Aufgeführt waren „Brnes". Während auf dieser Liste für andere Firmen Angaben wie Cork Slabs (Korkplatten), Cotton Singlets (Baumwollunterhemden), Coals (Kohle), Ale (Bier) oder allgemein Goods (Waren) vermerkt waren, kennt kein Wörterbuch „Brnes". Eine englische Abkürzung scheidet aus.[21] Auch handelt es sich nicht um einen Fachbegriff oder eine Abkürzung aus der Versicherungsbranche (Hartmann 15.06.2016). Selbst The National Archives in London, die die Liste auf ihrer Internetseite veröffentlicht haben, können „Brnes" nicht deuten (Hussain 20.06.2016).[22]

Da es keine Erklärung für den Begriff gibt, ist von einem Übertragungsfehler auszugehen. Bei dem veröffentlichten Text handelt es sich nicht um die eingescannte Originalakte, sondern um eine für die Allgemeinheit leserliche Version. So ist vorstellbar, dass es sich bei der transportierten Ware „Brnes" um „Bones" handelte, einem Rohstoff für Zahnbürsten. Erhärtet wird diese Vermutung, wenn man bedenkt, dass man in Japan zwar Rinder als Zugtiere kannte, der Verzehr von Rindfleisch aber erst 1873 offiziell erlaubt wurde.[23] Da sich traditionelle Essgewohnheiten nur langsam ändern, war die Nachfrage nach Rindfleisch 1917 vermutlich noch gering. Damit könnte der Rohstoff Knochen in Japan eine Mangelware oder zumindest sehr teuer gewesen sein. Der Versand von Knochen von Europa nach Japan war wahrscheinlich wirtschaftlicher, wenn nicht sogar notwendig. Mangels Kühlanlagen mussten die Knochen vorab transportfähig gemacht werden, das könnte bei Loonen & Greaves in London erfolgt sein. Damit wäre eine Produktion in London ableitbar, wenn auch nicht zu beweisen.[24]

Die Herstellung von Zahnbürsten in London durch die Firma Loonen kann somit nicht abschließend geklärt werden. Sollte Loonen bzw. Loonen & Greaves in London selbst keine Zahnbürsten gefertigt haben, so ist denkbar, dass ein anderer Londoner Fabrikant als Lohnhersteller Zahnbürsten produzierte, die dann von Loonen im eigenen Namen vertrieben wurden. Eine Herkunft aus London wird zumindest durch die in Mannheim gefundene Zahnbürste belegt.

Bewiesen ist aber, dass Loonen-Zahnbürsten in Deutschland vertrieben wurden. So sind Geschäftsverbindungen zwischen dem Bürstenproduzenten F. Wissler & Sohn, Todtnau[25], und Loonen, Paris, in einem Kontokorrentbuch in der Zeit von Mai 1900 bis Juli 1914 (also bis zum Beginn des Ersten Weltkriegs) festgehalten (Abb. 14). Loonen ist als Kreditor geführt. Der Bürstenhersteller Loonen hat also den Bürstenhersteller Wissler beliefert. Dies mag auf den ersten Blick etwas seltsam erscheinen. Allerdings war es zu der damaligen Zeit durchaus üblich, sein eigenes Sortiment durch Bürsten anderer Hersteller zu vervollständigen, um dann dieses Vollsortiment über Handelsvertreter zu verkaufen (Dörflinger 14. und 17.03.2016).

In einem Kontokorrentbuch der Firma Faller findet sich eine weitere höchst interessante Adresse: „F. Loonen, Heidelberg, Werderstr. 74, parterre" (Abb. 15 und 16; Dörflinger 18., 19. und 22.03.2016).[26] Dies könnte eine deutsche Verkaufsniederlassung der Firma Loonen gewesen sein und damit ein Weg, auf dem ZB1 nach Mannheim gekommen sein könnte. Die Abkürzung des Vornamens mit einem „F" könnte auf Ferdinand Loonen hinweisen.

Recherchen im Internet führten zu zwei Dokumenten, die zum Kauf angeboten wurden: ein Inserat (Abb. 17) und eine Rechnung (Abb. 18). Beide

Jutta Neuhaus

beweisen, dass die Firma F. Loonen, Heidelberg, Zahnbürsten verkaufte. Die Rechnung stammt vom 18. August 1910 und ist adressiert an den Drogisten und Hoflieferanten Ernst Fischer in Weinheim. Sie umfasst insgesamt 20 Positionen Zahnbürsten zu Einkaufspreisen zwischen 10 und 70 Pfennig pro Stück und weist einen Gesamtbetrag von 68,70 Mark aus.

Theoretisch könnte es sich natürlich bei dem Heidelberger Betrieb auch um eine total andere Firma handeln, die nur zufällig den gleichen Namen trägt, da der Gründer ebenfalls Loonen hieß. Denn in der Abhandlung zur Firma Loonen von Serge Son ist von einer Heidelberger Verkaufsniederlassung nichts zu finden.

Im Heidelberger Adressbuch von 1910 ist unter der Rubrik „Handels=Firmen und =Gesellschaften" aufgeführt: „Loonen, F., I.: Friedr. Loonen, Ehefrau Luise geb. Acker, Bürstenfabrik, Werderstr. 74" (Heidelberger Adressbuch 1910, S. 336). Danach sind die Eigentümer der Bürstenfabrik Privatpersonen und nicht eine Firma. Auch wenn theoretisch Ferdinand Loonen als Privatperson eine Firma in Heidelberg hätte gründen können, so steht das F. jedoch für Friedrich (französisch: Frédéric) und nicht für Ferdinand. Zudem hat F. Loonen, Heidelberg, nachweislich noch 1916 Inserate geschaltet (vergl. Abb. 17), also während des Ersten Weltkriegs. Doch in dieser Zeit war es nahezu unmöglich, dass eine

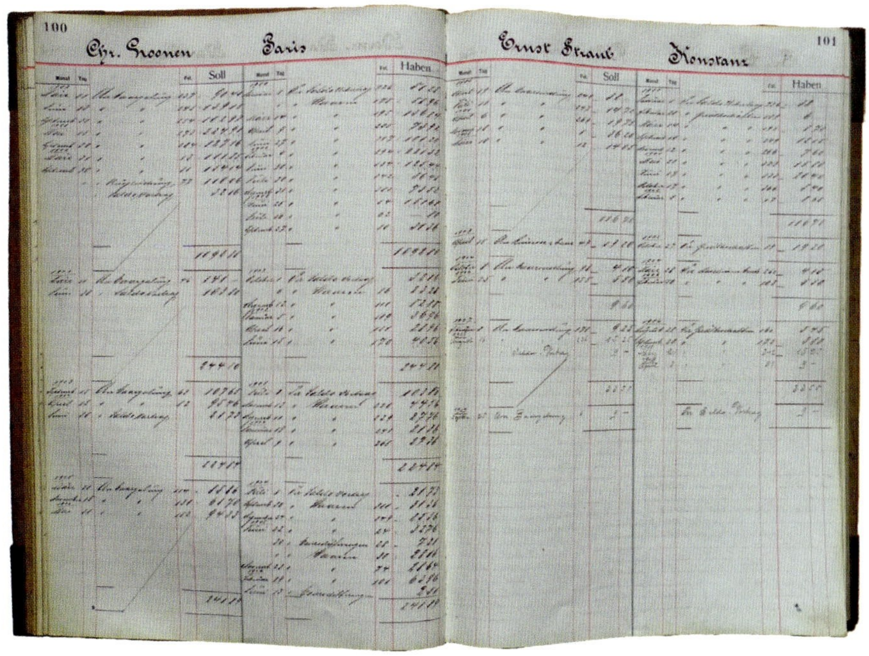

Abb. 14 (oben)
Buchungseintrag zu Chr. Loonen, Paris, im Creditoren Conto Corrent Buch von 1900 bis 1916 der Firma F. Wissler & Sohn, Todtnau
Die Geschäftsverbindungen mit Loonen brechen im Juli 1914 ab.

Abb. 15 (unten links)
Heidelberg, Werderstr. 74 (linker Eingang)
Im Erdgeschoss befand sich von 1909 bis 1919 die Firma F. Loonen, Heidelberg.

Foto 15: Jutta Neuhaus
Fotos 14 und 16: Benno Dörflinger

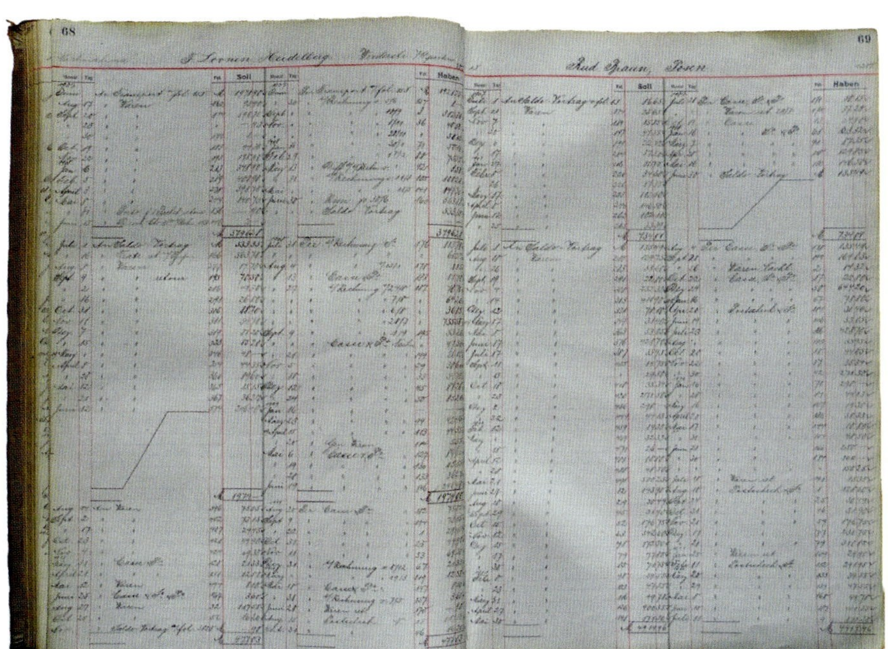

Abb. 16 (unten rechts)
Conto-Corrent I der Firma Faller, Todtnau, mit der Adresse von F. Loonen
Zu lesen ist: F. Loonen, Heidelberg. Werderstr. 74, parterre. In der ersten Zeile ist die Jahreszahl 1907 notiert.

Abb. 17
Inserat der Firma F. Loonen, Heidelberg, in dem mit „weltbekannter, vorzüglicher Qualität" der Zahnbürsten geworben wird.
Herkunft und Datum sind unbekannt. Eine bis auf die Umrahmung identische Anzeige ist erschienen in der Süddeutschen Apotheker-Zeitung 1916, Nr. 67, S. 394
Foto: Jutta Neuhaus

französische Firma in Deutschland eine Niederlassung betrieb. So brachen zum Beispiel auch die Geschäftsverbindungen von Ch. Loonen, Paris, und F. Wissler & Sohn, Todtnau, mit dem Ausbruch des Ersten Weltkriegs ab (Dörflinger 22.03.2016). Eine Verbindung der Firmen Loonen in Frankreich und in Heidelberg schien daher wenig wahrscheinlich. Dann ist jedoch ein weiteres Dokument der Firma F. Loonen, Heidelberg, über das Internet angeboten worden (Abb. 19): ein Schreiben vom 5. November 1907 von F. Loonen, Heidelberg, an Philipp Gerhardh in Kirchheimbolanden. Links sind verschiedene Auszeichnungen aufgelistet, genau diejenigen, die die französische Firma gewann. Zudem ist links neben dem Firmennamen die „Fabrik-Marke" mit dem Einhorn zu finden und rechts die „Fabrik-Marke", die auch auf der Mannheimer Zahnbürste zu sehen ist: der sechsstrahlige Stern mit dem „L" in der Mitte. Darunter ist zu lesen „für garant. Qualität", also mehr oder weniger die deutsche Variante des Eindrucks „Every brush warranted" auf ZB1 von C 4, 6.[27] Es muss also tatsächlich zwischen der Heidelberger Firma F. Loonen und der französischen Firma Loonen eine Verbindung bestanden haben.

Festzuhalten bleibt, dass Loonen-Zahnbürsten in Deutschland erhältlich waren. Sie wurden von der Heidelberger Firma F. Loonen, aber auch von deutschen Bürstenherstellern, die ihr Sortiment mit diesen Bürsten vervollständigten, vertrieben. Dabei hatten sie, wie auch F. Loonen, Heidelberg, Großhandelsfunktion. Der Verbraucher kaufte Zahnbürsten in Apotheken (F. Loonen schaltete Inserate in der Süddeutschen Apotheker-Zeitung, vergl. Abb. 17), Drogerien (Rechnung an den Drogisten Ernst Fischer, vergl. Abb. 18), Bürstengeschäften und Parfümerien (Inserat der Bürstenfabrik Erlangen, vergl. Abb. 7, oben) oder auch beim Frisör (Will 2005, 26).

Die Firma F. Loonen, Heidelberg

Die Tatsache, dass es in Heidelberg eine Art „Ableger" der unter Charles Loonens Führung zu einer Weltfirma aufgestiegenen Bürstenfabrik gab, war Anlass, sich intensiver mit F. Loonen, Heidelberg, zu befassen. Wertvolle Informationen geben in solchen Fällen die Adressbücher. Die Überprüfung der Heidelberger Adressbücher ergab:

Adrian Engelbert Loonen

ist der erste Loonen in Heidelberg und in den Adressbüchern von 1878 bis 1904 nachweisbar. Von 1890 bis 1900 führt er die Bezeichnung Kaufmann, davor und danach ist er als Privatmann eingetragen. Ab 1905 ist zu finden: „Loonen Adrian Engelbert, Priv., Witwe" (Heidelberger Adressbuch 1905, S. 206).

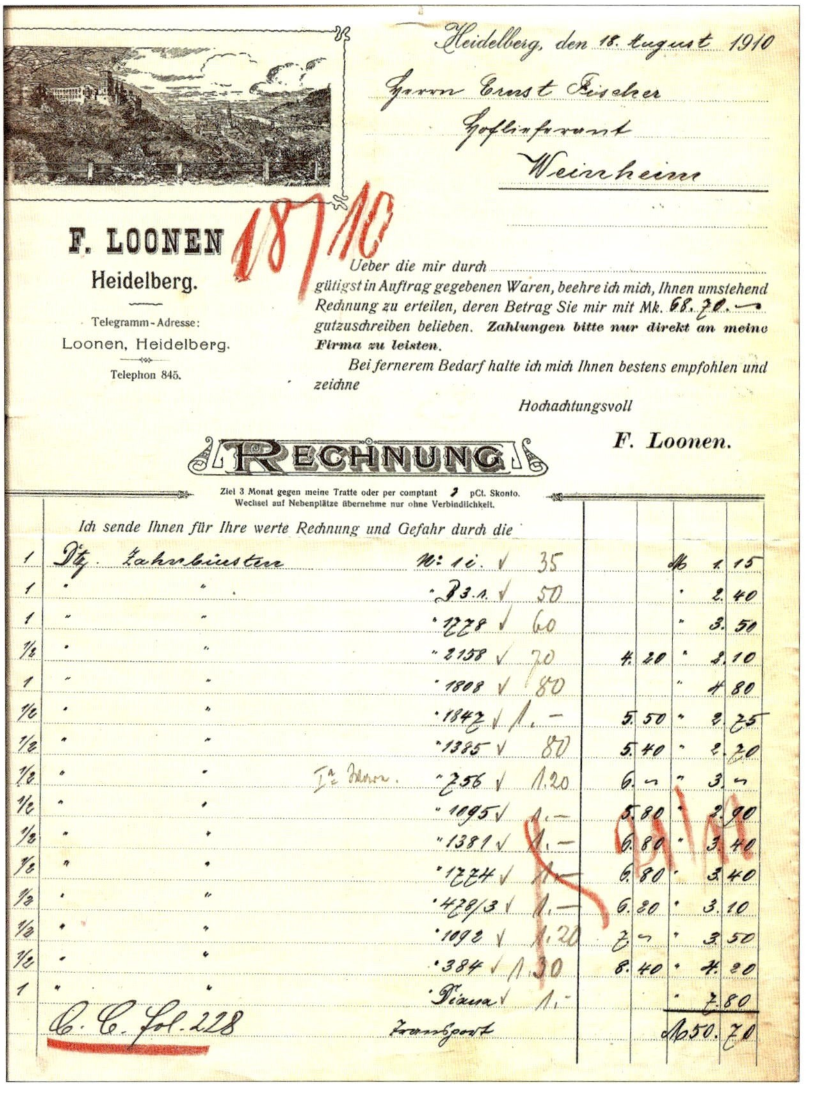

Heidelberg, den 18. August 1910

Herrn Ernst Fischer
Hoflieferant
Weinheim

18/10

F. LOONEN
Heidelberg.
Telegramm-Adresse:
Loonen, Heidelberg.
Telephon 845.

Ueber die mir durch ... gütigst in Auftrag gegebenen Waren, beehre ich mich, Ihnen umstehend Rechnung zu erteilen, deren Betrag Sie mir mit Mk. 68.70.– gutzuschreiben belieben. **Zahlungen bitte nur direkt an meine Firma zu leisten.**

Bei fernerem Bedarf halte ich mich Ihnen bestens empfohlen und zeichne

Hochachtungsvoll

F. Loonen.

RECHNUNG

Ziel 3 Monat gegen meine Tratte oder per comptant 2 pCt. Skonto.
Wechsel auf Nebenplätze übernehme nur ohne Verbindlichkeit.

Ich sende Ihnen für Ihre werte Rechnung und Gefahr durch die

1	Dtz. Zahnbürsten		No: 1i.	35		M 1.15
1	" "		" 33.1.	50		" 2.40
1	" "		" 1778	60		" 3.50
1/2	" "		" 2158	70	4.20	" 2.10
1	" "		" 1808	80		" 4.80
1/2	" "		" 1847	1.–	5.50	" 2.75
1/2	" "		" 1385	80	5.40	" 2.70
1/2	" "	Ia. Horn.	" 756	1.20	6.–	" 3.–
1/2	" "		" 1095	1.–	5.80	" 2.90
1/2	" "		" 1381	1.–	6.80	" 3.40
1/2	" "		" 1774	1.–	6.80	" 3.40
1/2	" "		" 478/3	1.–	6.20	" 3.10
1/2	" "		" 1092	1.20	7.–	" 3.50
1/2	" "		" 384	1.30	8.40	" 4.20
1	" "		" Pixavon	1.–		" 7.80
C. C. fol. 228			Transport			M 50.70

Abb. 18
Seite eins der Rechnung der Firma F. Loonen, Heidelberg, an den Weinheimer Hoflieferanten Ernst Fischer vom 18. August 1910
Auf der Rückseite sind fünf weitere Positionen aufgelistet. Bei allen Positionen handelt es sich um Zahnbürsten.

Fotos 17 und 18: Jutta Neuhaus

Friedrich Loonen,
von 1891 bis 1933 aufgeführt, und zwar von 1891 bis 1903 als Kaufmann, von 1904 bis 1906 als Fabrikant und von 1907 bis 1933 mit dem Zusatz „Bürstenfabrik". Ab 1908 ist er nicht nur im „Alphabetischen Einwohnerverzeichnis" zu finden, sondern auch unter „Handels=Firmen und =Gesellschaften" und unter „Verzeichnis der Einwohner nach ihren Berufsgeschäften" bei „Bürstenmacher, Bürstenfabrikanten u. =Händler". Ab 1909 ist unter der Rubrik „Handels=Firmen und =Gesellschaften" zusätzlich seine Ehefrau Luise geb. Acker zu finden, die dann ab 1934 als „Loonen Friedr., Kfm. Wtw." geführt wird (Heidelberger Adressbuch 1934, S. 248).

Heinrich Loonen
ist von 1903 bis 1943 (1944 und 1945 sind keine Adressbücher erschienen) als Kaufmann aufgelistet. 1903 hatten Heinrich und Adrian Loonen und 1906 Heinrich und Adrian Loonens Witwe die gleichen Adressen (Brückenkopfstraße 3 bzw. Handschuhsheimer Landstraße 68). Daraus kann man schließen, dass Heinrich wahrscheinlich ein Sohn von Adrian Loonen war.

Dr. Fritz Loonen,
Diplom-Volkswirt, taucht im Adressbuch von 1933 mit der gleichen Adresse auf wie Friedrich Loonen (Handschuhsheimer Landstraße 6). Während die Witwe Friedrich Loonens (Luise Loonen) noch weitere Jahre unter dieser Adresse zu finden ist, erscheint Fritz Loonen in den Heidelberger Adressbüchern nicht mehr. Fritz dürfte der Sohn von Luise und Friedrich Loonen gewesen sein.

Da der Name Loonen in Deutschland nicht geläufig ist und alle Träger dieses Namens zumindest bis 1912 (Heinrich Loonen) fast immer in Heidelberg Neuenheim dicht beieinander gewohnt haben[28], kann man davon ausgehen, dass sie miteinander verwandt waren.[29] Daher kann angenommen werden, dass Friedrich ebenfalls ein Sohn von Adrian Loonen war und, da er bereits 1891 in den Heidelberger Adressbüchern erscheint und Heinrich erst 1903, der ältere.[30]

Doch wo könnte eine Verbindung zur französischen Linie sein?

- Ferdinand Loonen wurde 1824 als eines von 15 Geschwistern in den Niederlanden geboren und starb 1888. Er hatte vier Kinder. Sein Vater hieß Adrianus[31](Son 2016, S. 4)!

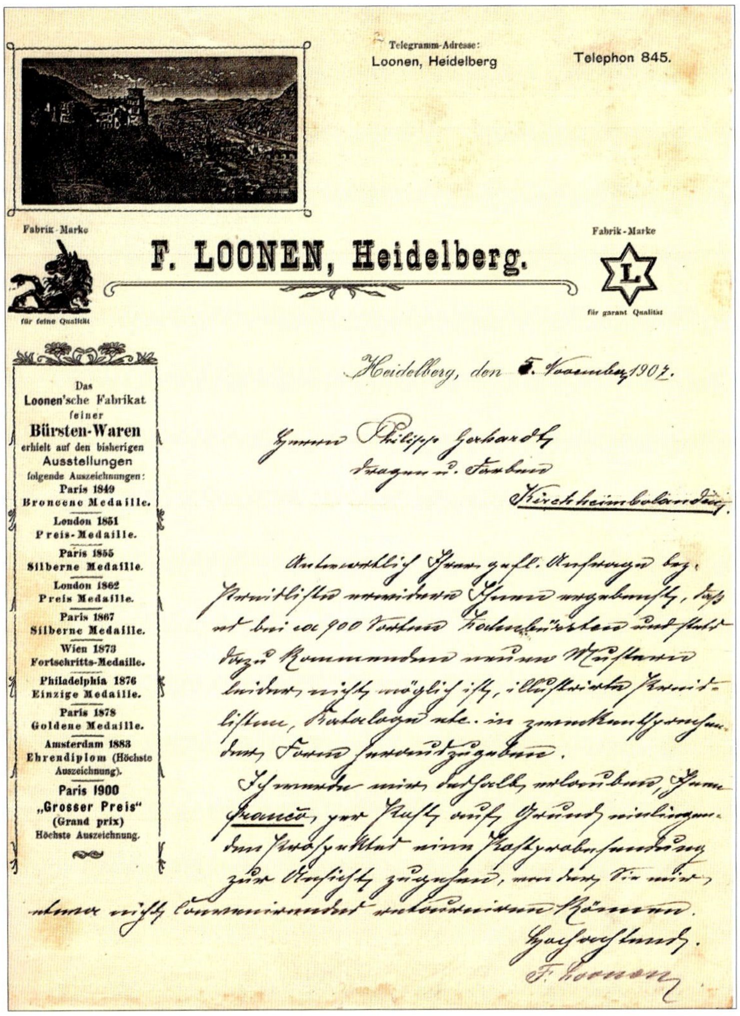
Telegramm-Adresse: Loonen, Heidelberg

Telephon 845.

Fabrik-Marke

für feine Qualität

F. LOONEN, Heidelberg.

Fabrik-Marke

L.

für garant Qualität

Das Loonen'sche Fabrikat feiner Bürsten-Waren erhielt auf den bisherigen Ausstellungen folgende Auszeichnungen:
Paris 1849 Bronceene Medaille.
London 1851 Preis-Medaille.
Paris 1855 Silberne Medaille.
London 1862 Preis Medaille.
Paris 1867 Silberne Medaille.
Wien 1873 Fortschritts-Medaille.
Philadelphia 1876 Einzige Medaille.
Paris 1878 Goldene Medaille.
Amsterdam 1883 Ehrendiplom (Höchste Auszeichnung).
Paris 1900 „Grosser Preis" (Grand prix) Höchste Auszeichnung.

Heidelberg, den 5. November 1907.

Herrn Philipp Gerhardt
Wagner u. Färber
Kirchheimbolanden.

Antwortlich Ihrer gefl. Anfrage bez. Preislisten erwidere Ihnen ergebenst, dass es bei ca. 900 Sorten Toilettenbürsten und stets dazu kommenden neuen Mustern leider nicht möglich ist, illustrierte Preislisten, Kataloge etc. in zweckentsprechender Form herauszugeben.

Hochachtend.
F. Loonen

Abb. 19
Schreiben vom 5. November 1907 an Philipp Gerhardh, Kirchheimbolanden
Der Brief ist mit „F. Loonen" unterschrieben. Links am Rand sind die Auszeichnungen, mit denen der französische Bürstenhersteller Loonen geehrt wurde. Vor und hinter dem Firmennamen „F. Loonen, Heidelberg." sind die beiden als Fabrik-Marken bezeichneten Qualitäts-Logos von Loonen zu sehen, lnks das Einhorn „für feine Qualität" und rechts das Zeichen, das auch auf der Mannheimer Zahnbürste zu finden ist: der sechszackige Stern mit einem „L" in der Mitte „für garant. Qualität".

- Ferdinands Sohn Charles lebte von 1850 bis 1913.[32]
- Adrian Engelbert Loonen wird in den Heidelberger Adressbüchern 1878 das erste Mal erwähnt; Friedrich Loonen in der Ausgabe von 1891. Geht man davon aus, dass Friedrich Adrians Sohn war und dieser im Jahr 1891 ca. 20 Jahre alt war, so könnte Adrian um 1845/1850 geboren worden sein. Damit könnte Adrian Engelbert Loonen ein Sohn von Ferdinand Loonen und der ältere Bruder von Charles gewesen sein. Da früher die erstgeborenen Söhne oft den Namen des Großvaters erhielten, könnte das durchaus zutreffen. Möglicherweise hatte er den Namen in „Adrian" eingedeutscht. Sein Zweitname „Engelbert" existiert auch in den Niederlanden, widerspricht also nicht dieser Theorie.[33] Ab 1905 ist nur noch Adrians Witwe in den Adressbüchern verzeichnet, das heißt Adrian Loonen starb wahrscheinlich 1904 und wäre etwa 54 bis 59 Jahre alt geworden.

Adrian Loonen könnte natürlich auch der Sohn eines anderen Sohns von Adrianus Loonen gewesen sein, also ein Neffe von Ferdinand. Schließlich hatte Adrianus 15 Kinder. In diesem Fall wäre Adrian Engelbert bzw. sein Vater wohl direkt aus den Niederlanden nach Deutschland gekommen.

Ab 1860 wurden in den Heidelberger Adressbüchern im alphabetischen Namensregister Fremde zur leichteren Auffindung in lateinischen Buchstaben, Deutsche in Fraktur aufgeführt. Bereits für Adrian Loonen wurde Fraktur verwendet. Er musste also die deutsche bzw. badische Staatsbürgerschaft gehabt haben.

Eine familiäre Verbindung der Loonen in Frankreich mit denen in Heidelberg kann als gesichert angesehen werden. Zu klären ist noch, ob auch die Firmen miteinander verflochten waren. Die Aufzählung der gewonnenen Preise der französischen Firma auf dem Heidelberger Geschäftspapier lässt dies zwar vermuten, ist aber nur ein Indiz.

Klarheit können hierzu Eintragungen im Handelsregister verschaffen. Tatsächlich wurde im Firmenregister des Amtsgerichts Heidelberg die Gründung der Firma „F. Loonen" in Heidelberg am 28. Juni 1899 beurkundet. Als Inhaber wurde angegeben: „Kaufmann Friedrich Loonen in Heidelberg verheiratet mit Luise geb. Acker von Ludwigshafen..." (Firmenregister Amtsgericht Heidelberg II (angelegt 1885) / 1885-ca. 1901, Ordnungszahl 760). Damit handelte es sich – wie bereits die Heidelberger Adressbücher vermuten ließen – tatsächlich um ein Einzelunternehmen. Die französische Firma Loonen könnte allerdings als stille Gesellschafterin beteiligt gewesen sein, was keine Eintragung ins Handelsregister erforderte und daher nicht mehr feststellbar ist. Somit existiert tatsächlich als Beleg einer Verbindung der beiden Loonen-Firmen nur der Geschäftsrief mit den Loonen-Logos und der Liste der Ehrungen. Auch wie die Nutzungsrechte diesbezüglich geregelt waren, ob Friedrich Loonen zum Beispiel dafür zahlen oder eine bestimmte Menge an Loonen-Zahnbürsten abnehmen musste, bleibt ein Geheimnis.

Es scheint, dass Friedrich Loonen die Bekanntheit des französischen Bürstenherstellers für sein Unternehmen nutzte. So wurde er in den Heidelberger Adressbüchern als Fabrikant und seine Firma als Bürstenfabrik bezeichnet. Vermutlich war es aber ein reiner Handel. Es ist kaum vorstellbar, dass Loonen etwa in der Werderstraße 74 (vergl. Abb. 15) Zahnbürsten oder andere Bürsten produzierte. Auch die Gestaltung des Briefs an Philipp Gerhardh von 1907 (vergl. Abb. 19) lässt darauf schließen, dass er die Namensgleichheit zum eigenen Vorteil verwendete. Logos und Auszeichnungen der französischen Firma nahmen einen Großteil der Fläche ein. Es wurden Begriffe wie „Fabrik-Marke" und „Loonen'sche Fabrikat" angeführt, was zwar stimmte, aber irreführend sein konnte. Da Friedrich Loonen die Verbindung mit der französischen Firma sehr betonte, ist anzunehmen, dass er hauptsächlich, aber nicht ausschließlich deren Produkte vertrieb.

In dem Brief steht, dass Loonen ca. 900 verschiedene Sorten von Zahnbüsten führt, was extrem viele sind.[27] Heute dürften noch nicht einmal halb so viele in Deutschland angeboten werden. Es ist zudem unwahrscheinlich, dass Loonen in Frankreich oder London diese große Anzahl unterschiedlicher Zahnbürsten herstellte, sodass die Heidelberger Firma auch Zahnbürsten anderer Produzenten vertrieb – zum Beispiel die des Bürstenherstellers Faller aus Todtnau. Dies ist aus den Buchungen zu F. Loonen, Heidelberg, im Kontokorrentbuch der Firma Faller, die auf einem Debitoren-Konto gemacht wurden, zu schließen (vergl. Abb. 16). Der Handel mit Bürsten von „Fremdfirmen" könnte der Heidelberger Firma auch die Existenz während des Ersten Weltkrieges gesichert haben. Sollten die Handelsbeziehungen zum französischen Unternehmen zum Erliegen gekommen sein, wurden sie sicher spätestens in den 1920er Jahren wieder aufgenommen. Sogar nach dem Verkauf der französischen Firma 1928 an La Brosse könnten in Heidelberg eventuell Loonen-Zahnbürsten weiter verkauft worden sein, vorausgesetzt, die Marke Loonen wurde von La Brosse weiterhin geführt.

Laut Handelsregister ist die Firma F. Loonen Heidelberg am 30. November 1933 erloschen (Handelsregister A Amtsgericht Heidelberg Band II (angelegt 1900) / 1900-ca. 1903, Ordnungszahl 179).

Zusammenfassung

Die beiden in einer Latrine des Anwesens in C 4, 6 gefundenen Zahnbürsten konnten mit Hilfe des von Barbara Mattick entwickelten Schemas und einer Klosettschüssel, die in derselben Fundschicht lag, datiert werden. Danach stammen beide Zahnbürsten etwa aus dem Zeitraum 1900 bis 1920.

Jutta Neuhaus

Beide Zahnbürsten können damit nicht der Familie Engelhorn gehört haben, da diese bereits 1851 von C 4, 6 an den heutigen Luisenring zog.

Während zu ZB2 keine weiteren Informationen herauszufinden waren, wurde für ZB1 die französische Firma Loonen als Hersteller identifiziert, wobei die Hintergründe für „London made" nicht abschließend geklärt werden konnten.

Bei den Recherchen zur Firma Loonen fand sich ein interessantes Detail. In Heidelberg gab es zwischen 1899 und 1933 einen Bürstenhandel namens F. Loonen. Zwischen den beiden Firmen bestand eine Verbindung, sowohl geschäftlich – beide Firmen schmückten sich mit denselben Auszeichnungen – als höchstwahrscheinlich auch familiär.

1 Bemerkenswerterweise taucht bei der Errichtung eines Gaswerks in Budapest um 1855 wiederum ein belgischer Ingenieur namens G. Smyers Williquet auf (Németh 2005, 142). Nach Parzer wurde William Smyers in Lüttich geboren (Parzer 2012, 36). Wahrscheinlich ist er Belgier mit englischer Herkunft. William ist ein englischer Vorname. In Belgien wäre Willem (flämisch), Guillaume (französisch) oder Wilhelm (deutsch) denkbar. Jacob (Jacob 1959, 10: Guillaume) und Németh (Németh 2005, 142) verwenden die romanische Variante von William. Auch der Nachname Smyers lässt auf englische Wurzeln schließen.

2 Wikipedia gibt als Gründungsdatum für die englische Verkaufsniederlassung 1876 an (https://fr.wikipedia.org/wiki/Charles_Loonen).

3 Die Idee, die Zahnbürste mithilfe der Schrift zu datieren, hatte ursprünglich Herr Frank Tavener, Mannheim.

4 Serge Son, Kontaktperson der Association pour le Musée de Brosseries de l'Oise, AMBO, Tracy-le-Mont, Frankreich, schreibt eine Firmengeschichte zu Loonen (Son 2016). Er hat mir dankenswerterweise sein noch nicht vollendetes Skript zur Verfügung gestellt. Soweit keine andere Literatur angegeben ist, basieren alle Informationen und Daten zur Firma Laurençot bzw. Loonen auf diesem Skript.

5 Ferdinand Loonens Todesdatum ist in Sons unveröffentlichtem Skript mit 1888 angegeben (Son 2016, 10). In seinem Artikel „...le portait... Charles Loonen, figure de Tracy-le-Mont" nennt er 1885 (Son 2011, 6). In MyHeritage ist als Todesjahr ebenfalls 1888 zu finden (https://www.myheritage.de/names/ferdinand_loonen).

6 Es handelt sich um das gleiche Signet wie auf der Zahnbürste von C 4, 6. Auf der Mannheimer Zahnbürste wird das „L" jedoch nicht zur Kennzeichnung für eine Spitzenqualität verwendet, sondern als Qualitätsgarantie („EVERY BRUSH WARRANTED"), für die die Firma Loonen steht. – Es existieren keine Unterlagen, wann der Stern mit dem „L" zum ersten Mal verwendet wurde. Der Name des ursprünglichen Besitzers – Laurençot – beginnt ebenfalls mit L. Das Logo könnte also bereits von ihm als Firmenlogo eingeführt und dann von Ferdinand Loonen zusammen mit dem Einhorn als Qualitätsdifferenzierung verwendet worden sein (Son, E-Mail vom 24.05.2016).

7 Son schreibt, dass Charles Loonen am 25. Dezember 1850 in Paris geboren wurde (Son 2016, 4). In Wikipedia findet man als Geburtsdatum den 26. Dezember 1850 und als Geburtsort Tracy-le-Mont (https://fr.wikipedia.org/wiki/Charles_Loonen). In MyHeritage ist als Geburtsjahr 1851 angegeben (https://www.myheritage.de/names/charles_loonen).

8 Diese Darstellung ist in Sons unveröffentlichtem Skript zu finden. Ein Zeitpunkt, an dem Ferdinand Loonen seine Aktivitäten in der Firma beendete, ist nicht angegeben (Son 2016, 10). In seinem Artikel: „...le portait... Charles Loonen, figure de Tracy-le-Mont" schreibt Son, dass Charles Loonen Chef der Firma wurde, als Ferdinand Loonen 1885 starb (Son 2011, 6). – Nach Mattick firmierte die Firma von 1870-1890 als F. Loonen & Fils und von 1900-1928 als Ch. Loonen. Angaben zum Zeitraum 1890-1900 fehlen (Mattick 2010, 70). Auch die Umfirmierung gibt damit keinen Hinweis, wann Ferdinand Loonens aktive Laufbahn in der Firma endete.

9 Dies sollte nicht seine letzte USA-Reise sein. Insgesamt war er zwischen 1876 und 1893 fünfzehnmal in Amerika.

10 Leider ist nicht bekannt, ob eine Verkaufsniederlassung auch in Deutschland existierte oder ab wann Zahnbürsten nach Deutschland exportiert wurden. Die Kenntnis darüber wäre hilfreich gewesen, um ZB1 genauer zu datieren.

11 Vermutlich gab Charles Loonen die Verwendung des Sterns nur zur Kennzeichnung der Spitzenqualität auf. Er verwendete das Zeichen auch als Firmenlogo (z. B. in der Firmenwährung) (Son 24.05.2016) und als allgemeine Qualitätsgarantie (wie auf der Zahnbürste von C 4, 6).

12 Bis 1868 hat sich Japan selbst isoliert. In der sogenannten Maiji-Zeit (1868-1912) öffnete sich das Land und entwickelte sich von einem total isolierten, rückständigen Feudalstaat zu einer modernen, westlich geprägten Großmacht (https://de.wikipedia.org/wiki/Meiji-Zeit).

13 http://www.latribune.fr/journal/edition-du-3003/pme-en-croissance/1138782/la-brosse-dupont-vole-de-ses-propres-ailes.html,

http://www.lbd.fr/fr/notre-histoire, http://www.prnewswire.com/news-releases/ranir-erweitere-globale-prasenz-mit-der-ubernahme-des-franzosischen-unternehmens-oralys-dental-282129341.html.

14 In seiner E-Mail vom 24.05.2016 bestätigt Son nochmals, dass er nur Kenntnis von einer „boutique" in London hat, in der die in Tracy-le-Mont hergestellten Bürsten verkauft wurden.

15 Den Hinweis auf den Katalog „New Remedies" erhielt ich von Barbara Mattick, die freundlicherweise ihre Unterlagen nach einer Produktionsstätte der Firma Loonen in London durchsucht hat (Mattick 28.12.2015).

16 Die Nennung von Paris und London als Firmensitze kann unterschiedlich interpretiert werden. So könnte die Firma Loonen ihren internationalen Vertrieb über eigens dafür gegründete Verkaufsniederlassungen in Paris und London abgewickelt und daher die beiden Städte aufgeführt haben. Eine andere Möglichkeit ist, dass die beiden Ortsangaben auf Produktionsstätten hinweisen. Diese befand sich in Frankreich zwar nicht in Paris, sondern in dem international vollkommen unbekannten Tracy-le-Mont. Für den Export, insbesondere von Luxusartikeln, war ein Standort in der französischen Hauptstadt jedoch von herausragendem Vorteil. Paris vermittelte Mondänität, Luxus und war Trendsetter. Daher ist vorstellbar, dass man Paris als Firmensitz angab. – Ein weiterer Beweis, dass von der Firma Loonen Paris anstelle von Tracy-le-Mont als Sitz angegeben wurde, ist in einem Kontokorrentbuch (Kreditoren) des Bürstenherstellers F. Wissler & Sohn, Todtnau, zu finden. Es besagt, dass F. Wissler & Sohn von Chr. Loonen, Paris, beliefert wurde. Es handelt sich hierbei zwar nicht um F. Loonen & Fils, aber der Firmensitz hat sich durch die Umfirmierung mit Sicherheit nicht verändert (Dörflinger 14.03.2016 und 17.03.2016).

17 Bei Recherchen zur Geschichte der deutschen Zahnbürstenproduktion stößt man unweigerlich auf Todtnau im Schwarzwald, eine der Hochburgen der Bürstenherstellung. Um mehr zu den verschiedenen, dort ansässigen Unternehmen zu erfahren, kam ein Kontakt mit der Firma Keller zustande. Von ihr bekam ich den Tipp, mich mit Herrn Benno Dörflinger in Verbindung zu setzen, der sich mit der Historie der ortsansässigen Firmen beschäftigt. Herr Dörflinger erwies sich im wahrsten Sinne des Wortes als Goldgrube. In seinem Keller ruhen jede Menge Dokumente zur Todtnauer Bürstenherstellung, u. a. auch Belege für Kontakte der Todtnauer Unternehmen zur Firma Loonen.

18 Die Firma Josef Eduard Faller, ursprünglich 1827 als Zunderfabrik gegründet, war eine der ersten deutschen Fabriken, die Zelluloid-Zahnbürsten herstellte (ab 1899) und u. a. unter dem Markennamen „Kleeblatt" vertrieb. 2006 übernahm die Bürstenfabrik Keller die hochwertigen Faller Haarbürsten. Der Zahnbürstenbereich von Faller ging an die bereits 1913 durch Zusammenschluss der Firmen Thoma und Locher entstandenen Vereinigten Bürstenfabriken. Diese firmieren heute unter dem Namen Interbros und haben sich ganz auf die Produktion von Zahnbürsten spezialisiert. Der Sitz von Interbros ist allerdings nicht mehr in Todtnau, sondern seit 1996 im benachbarten Schönau. 2011 wurde Interbros von dem japanischen Mischkonzern Sunstar übernommen (http://www.todtnau.de/rundgang_historisch).

19 http://discovery.nationalarchives.gov.uk/details/record?catid=-8038550&catln=7.

20 Der Dampfer Tyndareus wurde am 6. Februar 1917 auf seiner Route von Liverpool nach Yokohama bei Kap Agulhas, Südafrika, von einer Mine, die das deutsche Kriegsschiff Wolf gelegt hatte, beschädigt. Tyndareus ist nicht untergegangen und wurde repariert (http://www.clydeships.co.uk/view.php?year_built=&builder=&a1Order=Sorter_year_built&a1Dir=DESC&ref=16797&vessel=TYNDAREUS).

21 Mündliche Mitteilung von Frank Tavener, Mannheim, vom 24.03.2016.

22 Laut Karim Hussain von The National Archives, London, kann eine abschließende Klärung nur durch Einsicht in das Originaldokument erfolgen (Hussain 20.06.2016).

23 https://de.wikipedia.org/wiki/Japanische_K C3 BCche.

24 Der Grund für eine Londoner Herstellung ist sicher darin zu sehen, dass „London made" zumindest in England, aber auch weltweit, ein wichtiges Verkaufsargument darstellte. In England „erfand" William Addis die moderne Zahnbürste und rationalisierte die Fabrikation. Die englischen Zahnbürsten beherrschten lange Zeit den Weltmarkt und gaben den Qualitätsstandard vor (Mattick 2010, 8, http://www.addis.co.uk/our-history, https://en.wikipedia.org/wiki/Toothbrush#cite_ref-11).

25 1840 gründete Fridolin Wissler in Todtnau die erste Bürstenfabrik im Schwarzwald. Ende des 20. Jahrhunderts wurde die Firma F. Wissler & Sohn von einem spanischen Unternehmen übernommen und schließlich 2007 geschlossen (http://www.todtnau.de/rundgang_historisch, http://www.badische-zeitung.de/todtnau/die-buerstenmacher-von-todtnau--59098591.html).

26 Das Conto-Corrent Buch J der Firma Faller enthält Eintragungen zu F. Loonen, Heidelberg, von Juni 1904 bis Juli 1912. Es beinhaltet nur Debitoren. Insgesamt sind über tausend Kunden auf mehr als 700 Seiten aufgeführt. (Dörflinger 22.03.2016 und 05.09.2016).

27 Auf der linken Seite des Schreibens von F. Loonen, Heidelberg, an Philipp Gerhardh, Kirchheimbolanden vom 5. November 1907 ist zu lesen: „Das Loonen'sche Fabrikat feiner Bürsten-Waren erhielt bei den bisherigen Ausstellungen folgende Auszeichnungen: Paris 1849

Broncene Medaille. – London 1855 Silberne Medaille. – London 1862 Preis-Medaille. – Paris 1867 Silberne Medaille. – Wien 1873 Goldene Medaille. – Philadelphia 1876 Einzige Medaille. – Paris 1878 Goldene Medaille. – Amsterdam 1883 Ehrendiplom (Höchste Auszeichnung). – Paris 1900 „Grosser Preis" (Grand prix) Höchste Auszeichnung." – Der Text des Briefes lautet:

„Herren Philipp Gerhardh
Drogen u. Farben
Kirchheimbolanden
Antwortlich Ihrer gefl. Anfrage bez. Preisliste erwidere Ihnen ergebenst, daß es bei ca. 900 Sorten Zahnbürsten und stets dazu kommenden neuen Mustern leider nicht möglich ist, illustrierte Preislisten, Kataloge etc. in zweckentsprechen der Form herauszugeben. Ich werde mir deshalb erlauben, Ihnen franco per Post auf Grund einliegenden Prospektes eine Postprobesendung zur Ansicht zugehen, wo her Sie eine ebenso sich conwenierende rekonstruieren Können.
Hochachtend.
F. Loonen"

(Die Übertragung wurde von Patricia Pfaff, Reiss-Engelhorn-Museen, Mannheim, angefertigt).

28 Adrian Engelbert Loonen: 1878: Handschuhsheimer Ldstr. 384; 1878-79: Hauptstr. 77; 1880-89: Handschuhsheimer Ldstr. 384; 1890-92: Brückenstr. 23; 1893-94: Schröderstr. 5; 1895-96: Handschuhsheimer Ldstr. 384; 1897-1900: Handschuhsheimer Ldstr. 49; 1901: Uferstr. 24 a; 1902-06: Brückenkopfstr. 3 (1903 auch Heinrich Loonen); 1904: Kapellenweg 1; Friedrich Loonen: 1891: Gartenstr. 164 v; 1892: kein Eintrag; 1893-95: Brückenstr. 29; 1896: Lutherstr. 39; 1897-98: Schröderstr. 18; 1899: Schröderstr. 9; 1900-02: Schröderstr. 14; 1903-05: Kußmaulstr. 1; 1906-08: Schröderstr. 10; 1909-19: Werderstr. 74; 1919-33: Handschuhsh. Landstr. 6 (1933 auch Dr. Fritz Loonen) Anmerkung: Auf dem Auszug aus dem Kontokorrentbuch der Firma Faller von 1907 ist die Adresse Werderstr. 74 angegeben (vergl. Abb. 16). Das widerspricht dem Heidelberger Adressbuch, wonach er 1907 noch in der Schröderstr. 10 gemeldet war. Wahrscheinlich wurde bei Faller die neue Adresse zu den alten Eintragungen hinzugefügt. Die Schrift, mit der der Firmenname geschrieben wurde, unter scheidet sich von der des Straßennamens. Heinrich Loonen: 1903: Brückenkopfstr. 3 (auch Adrian Engelbert Loonen); 1904: Handschuhsheimer Landstr. 229; 1905: Handschuhsheimer Landstr. 86; 1906: Handschuhsheimer Landstr. 68; 1907-11: Brückenstr. 14; 1912-14: Goethestr. 4; 1915-31: Bergheimer Str. 134; 1932: Haspelgasse 5; 1933-36: Niedstr. 1; 1938-39: Adlerstr. 39; 1939-43: Klingenteichstr. 19 (eventuell auch länger); Adressbücher der Stadt Heidelberg von 1872/73 bis 1935.

29 In MyHeritage sind keine Eintragungen zu Adrian Engelbert, Friedrich, Heinrich oder Fritz Loonen vorhanden.

30 Von dem Künstler Theodor Waldraff (1876-1955, Studium an der Karlsruher Kunstgewerbeschule, wohnte ab 1910 in Heidelberg. Die Stadt Heidelberg besitzt Arbeiten von ihm.) gibt es ein Gemälde, das unter dem Titel „Rectory and St Vitus in Heidelberg, Handschuhsheim with A and F Loonen" (Pfarrhaus und St. Vitus in Heidelberg, Handschuhsheim mit A. und F. Loonen) bei Christie's am 5. Oktober 1993 versteigert wurde. A könnte für Adrian, F für Friedrich stehen. Das Bild könnte damit eine familiäre Verbindung der beiden beweisen. Leider existiert von dem Gemälde kein Foto. Auch der Käufer ist nicht genannt. Allerdings ist ein Bild mit dem Titel „Das ehemalige Pfarrhaus und St. Vitus in Heidelberg, Handschuhsheim" im Internet zu finden. Bei beiden Bildern ist als Material Wasserfarbe angegeben, die Maße sind fast identisch. Es ist jedoch nicht sicher, ob es sich um dasselbe Bild handelt. Auf dem veröffentlichen Werk sind vor dem Pfarrhaus ein Mädchen und ein Junge zu sehen. Sollte es sich dabei um A. und F. Loonen handeln, können es nicht Adrian und Friedrich Loonen sein. Da Theodor Waldraff das Bild wahrscheinlich nicht vor 1910 malte, könnte es sich – unter der Voraussetzung, es sind A. und F. Loonen abgebildet – eher um Fritz Loonen und eine Schwester handeln (http://www.artnet.de/k C3 BCnstler/theodor-waldraff/das-ehemalige-pfarrhaus-und-st-vitus-in-u32z_O__U3jjx2pC2UKyjQ2).

31 In MyHeritage ist als Vater von Ferdinand Loonen Adrianus Loonen, geb. 1793, zu finden (https://www.myheritage.de/names/ferdinand_loonen). Mit diesem Namen und Geburtsdatum ist auch ein eigener Eintrag zu Adrianus Loonen gelistet. Danach lebte Adrianus von 1793 bis 1868. Im Gegensatz zu Son, der 15 Kinder angibt, soll er nur zwölf Kinder gehabt haben, darunter Ferdinand (Son 2016, 4 und https://www.myheritage.de/names/adrianus_loonen).

32 Wikipedia gibt als vollständigen Namean: Charles Adrien Antoine Loonen (https://fr.wikipedia.org/wiki/ Charles_Loonen).

33 www.bedeutungvornamen.de/n/Engelbert.

Kleiner Fund mit großer Geschichte: Die Zahnbürsten von C 4, 6 in Mannheim

Quellen und Literatur

Adressbücher der Stadt Heidelberg von 1872/73 bis 1935. Online-Version: http://www.ub.uni-heidelberg.de/helios/digi/hdadressbuch.html, abgerufen am 02.10.2016

Firmenregister Amtsgericht Heidelberg II (angelegt 1885) / 1885-ca. 1901, Ordnungszahl 760

Handelsregister A Amtsgericht Heidelberg Band II (angelegt 1900) / 1900-ca. 1903, Ordnungszahl 179

Jacob, Gustaf: Friedrich Engelhorn der Gründer der Badischen Anilin- & Soda-Fabrik, Mannheim 1959

Kauffmann, Otto: Engelhorn, in: Waldeck, Florian (Hrsg.): Alte Mannheimer Familien, 6. Teil. S. 37-67, Mannheim 1925, zitiert aus dem Nachdruck, Mannheim 1987

Leber, Adolf, „Engelhorn, Friedrich" in: Neue Deutsche Biographie 4 (1959), S. 514 f. [Onlinefassung]; URL: http://www.deutsche-biographie.de/pnd118684744.html, abgerufen am 31.12.2015

Loonen, Charles: Le Japon moderne, Paris, 1894, URL: https://archive.org/stream/lejaponmoderneooloongoog#page/n11/mode/2up, abgerufen am 31.03.2016

Mattick, Barbara E.: A guide to bone toothbrushes of the 19th and early 20th century, USA, 2010, erhältlich über Xlibris Corporation

Möllmer, Tobias: Das Palais Engelhorn in Mannheim, Worms 2010

Németh, Györgyi: Gas Industry and Urban Development in Budapest, Gasworks between the 1850s and the 1910s, in: Paquier, Sege, Williot, Jean-Pierre (Hrsg.): L'industire du gaz en Europe aux XIXe et XXe siècle: L'innovation entre marché privé et colloctivités publiques, Brüssel 2005, S. 139-143, Auszüge unter: https://books.google.de/books?id=mp56qhBdlhwC&pg=PA389&hl=de&source=gbs_toc_r&cad=3#v=onepage&q&f=false, abgerufen am 01.01.2016

New Remedies: An Illustrated Monthly trade Journal of Materia, Medica, Pharmacy and Therapeutics. Volume X, William Wood & Company, New York 1881

Parzer, Sebastian: Die frühen Jahre von Friedrich Engelhorn 1821-1864 – Schüler, Goldschmied, Kommandant der Bürgerwehr und Gasfabrikant, Worms 2012

Pichler: Das Wasserwerk. in: Unterrheinischer Bezirk des Badischen Architekten- und Ingenieurvereins und vom Architekten- und Ingenieurverein Mannheim-Ludwighafen (Hrsg.): Mannheim und seine Bauten, Mannheim 1906, S. 624-632 [Onlinefassung]; URL: http://digi.ub.uni-heidelberg.de/diglit/mannheim1906, abgerufen am 02.11.2017

Simon, Klaus: Vom Luxusgut zum Gebrauchsgegenstand, in: Zahnärztliche Mitteilungen, zm 95, Nr. 5, 1.3.2005 (640), S. 116-120 Online-Version: http://www.zm-online.de/hefte/Vom-Luxusgut-zum-Gebrauchsgegenstand_22794.html#1, abgerufen am 24.04.2016

Son, Serge: Sur les Traces du brossier Charles Loonen, Bulletin historique Mémoire d'Attichy et de son canton, n° 12, janvier 2016

Son, Serge, Carpentier, Anaïs: ...le portait... Charles Loonen, figure de Tracy-le-Mont, in: Avis de Tracy, Bulletin municipale de Tracy-le-Mont, Juni 2011, Nr. 11, S. 6, URL : http://www.tracy-le-mont.org/_upload/ressources/infos_communales/pratique/bulletins_municipaux/bm-n-11-juin-2011.pdf, abgerufen am: 31.03.2016

Teutsch, Friedrich: unveröffentlichtes Manuskript vom 1.3.2010/13.9.2014

Will, Rolf: Historische Aspekte der Zahnpflege, Veröffentlichung zum 50-jährigen Bestehen der Landeszahnärztekammer Baden-Württemberg anlässlich des Festakts am 23. April 2005

Internet

http://www.addis.co.uk/our-history, abgerufen am 01.05.2016

http://www.ambo.fr, abgerufen am 15.11.2015

http://www.artnet.de/k C3 BCnstler/theodor-waldraff/das-ehemalige-pfarrhaus-und-st-vitus-in-u32z_O__U3jjx2pC2UKyjQ2, abgerufen am 26.11.2016

http://artsalesindex.artinfo.com/auctions/Theodor-Waldraff-2035115/Rectory-and-St-Vitus-in-Heidelberg,-Handschuhsheim-with-A-and-F-Loonen, abgerufen am 25.09.2016

http://www.badische-zeitung.de/todtnau/die-buerstenmacher-von-todtnau--59098591.html, abgerufen am 03.10.2016

www.bedeutungvornamen.de/n/Engelbert, abgerufen am 28.08.2016

http://www.clydeships.co.uk/view.php?year_built=&builder=&a1Order=Sorter_year_built&a1Dir=DESC&ref=16797&vessel=TYNDAREUS, abgerufen am 17.07.2016

http://digisrv-1.biblio.etc.tu-bs.de/dfg-files/00061670/DWL/00000402.pdf, abgerufen am 24.07.2016

Jutta Neuhaus

http://discovery.nationalarchives.gov.uk/details/record?catid=-8038550&catln=7, abgerufen am 17.07.2016
http://www.eart.de/eigen/displayartist.cfm?ArtistID=14972, abgerufen am 25.09.2016
http://www.latribune.fr/journal/edition-du-3003/pme-en-croissance/1138782/la-brosse-dupont-vole-de-ses-propres-ailes.html, abgerufen am 02.04.2016
http://www.lbd.fr/fr/notre-histoire, abgerufen am 02.04.2016
https://www.myheritage.de/names/adrianus_loonen, abgerufen am 02.04.2017
https://www.myheritage.de/names/charles_loonen, abgerufen am 26.03.2017
https://www.myheritage.de/names/ferdinand_loonen, abgerufen am 26.03.2017
http://www.prnewswire.com/news-releases/ranir-erweitere-globale-prasenz-mit-der-ubernahme-des-franzosischen-unternehmens-oralys-dental-282129341.html, abgerufen am 02.04.2016
http://www.spektrum.de/quiz/wann-setzte-sich-der-gebrauch-von-zahnbuersten-in-europa-durch/782500, abgerufen am: 23.08.2015
http://www.todtnau.de/rundgang_historisch/, Stand: 24.01.2016
https://de.wikipedia.org/wiki/Japanische_K C3 BCche, Stand: 19.03.2017
https://de.wikipedia.org/wiki/Liste_badischer_Hoflieferanten, Stand: 23.07.2016
https://de.wikipedia.org/wiki/Meiji-Zeit, Stand: 12.01.2016
https://en.wikipedia.org/wiki/Toothbrush#cite_ref-11, Stand: 18.04.2016
https://fr.wikipedia.org/wiki/Charles_Loonen, Stand: 04.01.2017

Sonstiges

Auskunft von Frau Rachel Bairsto, British Dental Museum, London (E-Mails vom 23.09.2014, 06.01.2016 und 11.01.2016)
Auskunft von Herrn Benno Dörflinger, Todtnau (E-Mails vom 29.02.2016, 01., 08., 14., 15., 17., 18., 19., 22. und 25.03.2016, 05.09.2016 und 30.03.2017)
Auskunft von Herrn Thomas Hartmann, Mannheimer Schiffahrtsverein von 1894 e.V., Mannheim, Hartmann Versicherungsmakler GmbH (E-Mail vom 15.06.2016)
Auskunft von Herrn Karim Hussain, The National Archives, Kew, London (E-Mail vom 20.06.2016)
Auskunft von Frau Barbara E. Mattick, Autorin des Buches: A guide to bone toothbrushes of the 19th and early 20th century (E-Mail vom 28.12.2015)
Auskunft von Herrn Dr Claus Maywald, Gutenberg-Museum, Mainz (E-Mail vom 30.11.2017)
Auskunft von Frau Gabriele Netsch, Deutsche Nationalbibliothek – Deutsches Buch- und Schriftmuseum, Leipzig (E-Mail vom 17.11.2017)
Auskunft von Herrn Serge Son, Kontaktperson der Association pour le Musée de Brosseries de l'Oise, AMBO, Tracy-le-Mont, Frankreich (E-Mails vom 25.01., 10.02., 24.05.2016)
Auskunft des Science Museum (Enquiries Coordinator), London (E-Mail vom 24.06.2016)

Danksagung

Für die freundliche, geduldige und umfangreiche Unterstützung bedanke ich mich herzlich bei Herrn Benno Dörflinger aus Todtnau und Herrn Serge Son von der Association pour le Musée de Brosseries de l'Oise, AMBO. Herr Son überließ mir freundlicherweise sein Skript zur Geschichte der Firma Loonen. Ohne seine Hilfe wäre der Artikel so nicht entstanden.

Ebenfalls möchte ich mich für die freundliche Unterstützung herzlich bedanken bei Frau Barbara E. Mattick (Autorin des Buches: A guide to bone toothbrushes of the 19th and early 20th century), Frau Patricia Pfaff und Herrn Frank Tavener (beide Reiss-Engelhorn-Museen, Mannheim). Herrn Dr. Klaus Wirth (ebenfalls Reiss-Engelhorn-Museen, Mannheim) danke ich für die Anregung zu diesem Artikel sowie für einige wertvolle Hinweise.

Impressum

Herausgeber
Hermann Wiegand
Alfried Wieczorek
Ulrich Nieß
Günter Eitenmüller

Inhaltliche Konzeption
Claudia Braun
Wilhelm Kreutz
Ulrich Nieß
Hermann Wiegand

Wissenschaftliche Redaktion
Wilhelm Kreutz
Christoph Popp
Luisa Reiblich
Hanspeter Rings

Lektorat
Luisa Reiblich
Jutta Hitzfeld

Graphische Gestaltung
Luisa Reiblich

Autoren
Viktoria Imhof
Volker Keller
Dr. Julian Köck
Dr. Peter Koppenhöfer
Anne Kremer
Jutta Neuhaus
Dr. Sebastian Parzer
Dr. Gabriele Pieke
Dr. Tanja Pommerening
Dipl.Ing. Heinrich Renschler
Dr. Wilfried Rosendahl
Dr. Monika Ryll
Verena Schauf
Dr. Viola Skiba
Walter Spannagel
Dr. Harald Stockert
Alfred Storch
Dr. Claude W. Sui
Dr. Susanne Vogt
Prof. Dr. Hemann Wiegand
Stephanie Zesch

Produktion
verlag regionalkultur,
Heidelberg – Ubstadt-Weiher
Neustadt a.d.W. – Basel

Abbildungen
© Reiss-Engelhorn-Museen Mannheim (Fotografen Jean Christen, Carolin Breckle, Maria Schumann, Lina Kaluza oder rem-Archiv) und Stadtarchiv Mannheim - Institut für Stadtgeschichte, wenn nicht ausdrücklich andere Rechteinhaber oder Fotografen benannt sind.

ISSN 0948-2784
ISBN 978-3-95505-081-8

Abbildung auf der Vorderseite:
Porträt von Helene Röchling, siehe S. 71

Abbildung auf der Rückseite:
Porträt von Valentine von Seubert, siehe S. 77

Für Publikationsanfragen wenden Sie sich bitte an das Redaktionsteam in den rem:
Dr. Claudia Braun
Luisa Reiblich
Reiss-Engelhorn-Museen
D 5, Museum Weltkulturen
68159 Mannheim